EL DELICADO TRATAMIENTO DEL CONSUMO DE DROGAS EN EL TRABAJO EN ESPAÑA

EL DELICADO TRATAMIENTO DEL CONSUMO DE DROGAS EN EL TRABAJO EN ESPAÑA

EDICIÓN 2024

Álvaro Javier San Martín Rodríguez

Abogado laboralista Bufete Casadeley
Doctor en Derecho por la Universidad Complutense de Madrid

COLEX 2024

© Editorial Colex, S.L.
Calle Costa Rica, número 5, 3.º B (local comercial)
A Coruña, 15004, A Coruña (Galicia)
info@colex.es
www.colex.es

I. S. B. N.: 978-84-1194-640-7
Depósito legal: C 1330-2024

ABREVIATURAS

AA. VV.:	Autores varios.
ACARL:	Asociación de Cajas de Ahorro para Relaciones Laborales.
ACB:	Asociación de Clubes de Baloncesto.
art./s:	artículo/s.
AS:	Revista Aranzadi Social
ATS:	Auto del Tribunal Supremo.
AUDIT:	Alcohol Use Disorders Identification Test.
BOE:	Boletín Oficial del Estado.
BOP:	Boletín Oficial de la provincia.
Cap.:	Capítulo.
CC:	Convenio Colectivo o Código Civil, según contexto.
CC. AA.:	Comunidades autónomas.
CC. OO.:	Comisiones Obreras.
CE:	Constitución Española de 1978.
CEE:	Comunidad Económica Europea.
CEOE:	Confederación Española de Organizaciones Empresariales.
CGPJ:	Consejo General del Poder Judicial.
cit.:	citado.
Comp./s:	Compilador/es.
CONFEBASK:	Confederación Empresarial Vasca.
Cont-Admtivo:	Contencioso-Administrativo.
Coord./s:	Coordinador/es.
CP:	Código Penal.
D.:	Decreto.
DGPND:	Delegación del Gobierno para el Plan Nacional sobre Drogas.
Dir./s:	Director/es.
disp. adic.:	disposición adicional.
DL:	Revista Documentación Laboral.
DO:	Diario Oficial.

DS:	Revista Documentación Social.
Ed./s:	Editor/es.
ET:	Estatuto de los Trabajadores.
ed.:	edición.
EWA:	European Workplace and Alcohol.
EWDTS:	European Workplace Drug Testing Society.
FAD:	Fundación de Ayuda contra la Drogadicción.
FSP:	Federación de Servicios Públicos.
FDUCM:	Facultad de Derecho Universidad Complutense de Madrid.
GS:	Revista Gaceta Sindical.
IEP:	Instituto de Estudios Políticos.
IES:	Instituto de Estudios Sociales.
INSHT:	Instituto Nacional de Seguridad e Higiene en el Trabajo.
INSS:	Instituto Nacional de la Seguridad Social.
ISTAS:	Instituto Sindical de Trabajo, Ambiente y Salud.
JL:	Revista Justicia Laboral.
JS:	Juzgado de lo Social.
LCT:	Ley de Contrato de Trabajo.
LISMI:	Ley 13/1982, de 7 de abril, de Integración Social de los Minusválidos.
LO:	Ley Orgánica.
LOPD:	Ley Orgánica 3/2018, de 5 de diciembre, de Protección de Datos Personales y garantía de los derechos digitales.
LPRL:	Ley 31/1995, de 8 de noviembre, de Prevención de Riesgos Laborales.
MESS:	Ministerio de Empleo y Seguridad Social.
MT:	Ministerio de Trabajo.
MTAS:	Ministerio de Trabajo y Asuntos Sociales.
MTI:	Ministerio de Trabajo e Inmigración.
MTSS:	Ministerio de Trabajo y Seguridad Social.
NIAAA:	National Institute on Alcohol Abuse and Alcoholism.
NTP:	Nota Técnica de Prevención.
núm.:	número.
OGSHT:	Ordenanza General de Seguridad e Higiene en el Trabajo.
OIT:	Organización Internacional del Trabajo.
OM:	Orden Ministerial.
OMS:	Organización Mundial de la Salud.

ONCE:	Organización Nacional de Ciegos Españoles.
ONG:	Organización No Gubernamental.
PAE:	Programa Asistencia al Empleado (EPA en acrónimo inglés).
pág./s.:	página/s.
PJ:	Revista del Poder Judicial.
RD:	Real Decreto.
RDS:	Revista de Derecho Social.
REDT:	Revista Española Derecho del Trabajo.
RIT:	Revista Internacional del Trabajo.
RMTAS:	Revista del Ministerio de Trabajo y Asuntos Sociales.
RMTI:	Revista del Ministerio de Trabajo e Inmigración.
RPS:	Revista de Política Social.
RSE:	Responsabilidad Social Empresarial.
RSP:	Real Decreto 37/1997, de 17 de enero, por el que se aprueba el Reglamento de Servicios de Prevención.
RT:	Revista del Trabajo.
RTL:	Revista Técnico Laboral.
RTSS:	Revista de Trabajo y Seguridad Social.
RTSS (CEF):	Revista de Trabajo y Seguridad Social (Centro de Estudio, Financieros).
s/f:	sin fecha.
SJS:	Sentencia del Juzgado de lo Social.
ss.:	siguientes.
STCo:	Sentencia del Tribunal Constitucional.
STCT:	Sentencia del Tribunal Central de Trabajo.
STJCEE:	Sentencia del Tribunal de Justicia de la Comunidad Económica Europea (desde 1 de diciembre de 2009 STJUE).
STS:	Sentencia del Tribunal Supremo.
STSJ:	Sentencia del Tribunal Superior de Justicia.
T.:	Tomo.
TL:	Revista Temas Laborales.
Trib. Soc.:	Tribuna Social.
TRLGSS:	Real Decreto Legislativo 8/2015, de 30 de octubre, por el que se aprueba el texto refundido de la Ley General de la Seguridad Social.
UE:	Unión Europea.
UGT:	Unión General de Trabajadores.

UNESCO:	Organización de las Naciones Unidas para la Educación, la Ciencia y la Cultura.
USO:	Unión Sindical Obrera.
Vol.:	Volumen.

SUMARIO

PRÓLOGO

(Pág. 15)

RESUMEN/ABSTRACT

(Pág. 19)

CAPÍTULO I
EL CONSUMO DE ALCOHOL, DROGAS Y OTRAS SUSTANCIAS PSICOACTIVAS: ¿UN RIESGO LABORAL?

(Pág. 21)

CAPÍTULO II
PLANTEAMIENTOS EN EUROPA Y ESPAÑA SOBRE ALCOHOL Y DROGAS EN EL TRABAJO

(Pág. 69)

CAPÍTULO III
LA RESPUESTA «CLÁSICA» EN EL ORDENAMIENTO LABORAL: DESPIDO Y COBERTURA POR LA SEGURIDAD SOCIAL

CAPÍTULO IV
BUENAS PRÁCTICAS EN LA NEGOCIACIÓN COLECTIVA SOBRE EL TRATAMIENTO DE LAS ADICCIONES EN LA EMPRESA

(Pág. 227)

CONCLUSIONES

(Pág. 281)

BIBLIOGRAFÍA

(Pág. 291)

PRÓLOGO

En algunas ocasiones la aventura de guiar los pasos de un investigador supone retomar caminos hace tiempo abandonados para descubrir, de su mano, las nuevas sendas por las cuales avanza un conocimiento en permanente renovación. Así, cuando hace algunos años la vida me deparó la fortuna de encaminar en la aventura de la investigación al autor de la monografía que tengo el honor de introducir, le propuse seguir profundizando en un doble objetivo que en su día ocupó y preocupó a quien suscribe: de un lado, lo estéril de mantener una previsión como la contenida en el artículo 54.2 f) del Estatuto de los Trabajadores, por cuanto provoca más problemas que soluciones aporta; de otro, lo fecundo tanto de las políticas públicas como de las iniciativas localizadas en la negociación colectiva en su afán de construir una alternativa preventiva a la perspectiva actual, en lo fundamental reactiva, frente a la presencia de consumos de alcohol y drogas que inciden en el trabajo.

La idea era elaborar una detallada investigación y, para ello, ofrecer a la comunidad científica (y a los profesionales del Derecho, de donde proviene y a quienes se debe el protagonista) un análisis portador de la novedad requerida para cumplir con cuanto exige la academia y demandan las altas expectativas del foro. El resultado ahora ofrecido al lector mostrará que el propósito ha quedado satisfecho en el doble reto afrontado, pues las fuentes utilizadas, tanto bibliográficas como provenientes de la negociación colectiva y de los tribunales, presentan el elemento de actualidad o modernidad que garantizan una perspectiva remozada. El añadido de una alternativa asentada sobre la seguridad y salud en el trabajo al clásico planteamiento disciplinario cualifica adicionalmente el resultado tanto desde un punto de vista sistemático como finalista, aportando ese elemento de innovación que permite su considerar el resultado como una verdadera investigación en el más clásico sentido de la palabra.

En este sentido, la reflexión teórica que incorpora la construcción recién acuñada está al alcance tan solo de quienes tienen una inteligencia notable y una extraordinaria capacidad de trabajo, pues conlleva la relectura imaginativa de categorías a menudo mal tratadas y maltratadas, tanto por un sector de la doctrina como por algunos tribunales poco cuidadosos en esta operación de exigente técnica hermenéutica. Tras corregir con tiento aquellos planteamientos anacrónicos, pero profundamente enraizados, al punto de seguir siendo mayoritarios a día de hoy (aun cuando en franco retroceso), se une en su labor creativa a cuantos van más allá de la ley (y del contenido casi histórico de los convenios que la siguen) para propugnar una alternativa destinada a trocar la disciplina como única respuesta por otra meta distinta que llama a la prevención de riesgos para conseguir un entorno productivo saludable. Ofrece, de este modo, dos logros que destacan por encima del resto:

Por una parte, y a través de distintas vías, demuestra que el artículo 54. 2 f) del Estatuto de los Trabajadores, además de una obsolescencia manifiesta en su redacción (que puede conducir a callejones sin salida en la vinculación de la conducta del trabajador con el resultado negativo para la empresa) y en su finalidad (pues siempre pesará la losa del consumo por enfermedad), no interesa ni siquiera al empresario, habida cuenta de que el recurso al mismo puede (y ahora suele) provocar el indeseado efecto de conducir con frecuencia a su calificación como improcedente. De ahí la necesidad de proceder tanto a su supresión, como a la de aquellas cláusulas contenidas en convenio que en materia de infracciones y sanciones pudieran conducir sin más a aquella decisión última.

Por otra, obra una construcción estrictamente original sobre cuanto pudiera ser un plan acabado de intervención empresarial en materia de alcohol y drogas. El estudio de algunos de los más salientes en el panorama español hace que la propuesta tenga una base sólida, y la experiencia y madurez del autor puedan construir su estructura con el rigor preciso. La idea, adaptable a la concreta mesa de negociación colectiva (pues procede evolucionar desde la responsabilidad corporativa de carácter unilateral al compromiso firme del banco económico con el social), pasa por crear desde el sector las bases que sirvan de guía a la actuación en las distintas unidades de ámbito inferior, según ha ocurrido en la feliz iniciativa de los convenios de transporte suscritos en Asturias y Cantabria. Pero hasta tanto se alcance tal grado de madurez, bueno será observar los numerosos ejemplos que ya existen a nivel empresarial, con variables a ponderar según se estime conveniente, pero coincidiendo en sus premisas básicas de prevenir primero (informar, formar y sensibilizar a la plantilla sobre un problema social con evidentes repercusiones laborales), dar la oportunidad de rehabilitarse a los afectados cuando proceda (y, si fuera necesario, adaptar condiciones de trabajo o suspender la relación laboral) y únicamente en último extremo, ante el incumplimiento de las condiciones del plan, llevar a la extinción del contrato.

Si quien se acerque a la lectura de esta líneas fija su atención en las conclusiones, todo un ejercicio de virtuosísimo, podrá comprender fácilmente el proceso seguido para la elaboración de la obra, en tanto constituyen un acertado compendio de su contenido, al cual se añaden dos elementos dignos de destacar: de un lado, la construcción critica del autor, que si a lo largo del texto ha estado siempre presente, en este momento se convierte en una importante exhibición de ingenio jurídico; de otro, su articulación a través de un discurso que permite el transito fácil de un pensamiento al otro, bajo una sucesión de ideas cuya lógica conduce a la propuesta final en torno a la necesidad de una intervención preventiva sobre un problema de envergadura desde hace tiempo y con traducción en la actividad laboral de manera directa y (casi) inmediata.

Esbozado el contenido del libro, su relevancia va más allá de la opinión del prologuista, para recoger el dato objetivo de proceder de una parte del trabajo para la colación del grado de doctor que fue defendida ante un tribunal integrado por los doctores **Tortuero Plaza**, **Argüelles Blanco**, **Rodríguez Escanciano**, **Martínez Barroso** y **Cristóbal Roncero**, mereciendo por unanimidad la máxima calificación académica de sobresaliente *cum laude*. Nota aún más elevada merece el doctor **San Martín Rodríguez** como persona, pues, según escribiera el ilustre poeta peruano, «la esencia de la bondad lo adorna».

En Valladolid a 19 de julio de 2024

Juan José Fernández Domínguez
Catedrático de Derecho del Trabajo y de la Seguridad Social
Universidad de Valladolid

RESUMEN/ABSTRACT

Tras la espera de la reforma del art. 54. 2 f) del Estatuto de los Trabajadores en las últimas llevadas a cabo por el legislador en dicha norma en los últimos años desde la publicación de investigación del autor «Las drogas y el despido» en el año 2022, un estático panorama legal obliga a publicar las conclusiones de dicha obra actualizadas a la vista de la preocupante problemática que continúa siendo el consumo de drogas en el trabajo en España. Las mismas pretenden demostrar, de un lado, la ineficacia de la previsión contenida en el artículo 54.2 f) del Estatuto de los Trabajadores, por cuanto provoca más problemas que soluciones proporciona en cuanto al fenómeno del consumo de drogas en el ámbito laboral; de otro, en suministrar prueba fehaciente sobre lo acertado de las políticas públicas en su objetivo de construir una alternativa preventiva a la perspectiva actual, en lo fundamental reactiva, frente a esta problemática.

Con el objetivo de alcanzar estos hitos, la investigación aparece dividida en cuatro grandes partes: el primer capítulo analiza la evolución del consumo de alcohol, drogas y sustancias psicoactivas en España y su incidencia en el ámbito laboral, así como los factores que influyen en el consumo (entre los cuales se encuentra el trabajo), incluida la propia incidencia de este en la empresa y la persona, con el fin de defender la necesaria intervención empresarial del problema. El segundo capítulo analiza de forma sistematizada los diversos contextos normativos que abordan este problema en los ámbitos internacional, europeo, nacional y autonómico. En el tercer capítulo el autor realiza un profundo examen del art. 54.2 f) del Estatuto de los Trabajadores desde el punto de vista de su utilidad práctica, a la vista de los requisitos exigidos y del cuantioso número de fracasos a la hora de conseguir un despido no revocado en la búsqueda de la procedencia a través de esta vía. Finalmente, en el cuarto y último capítulo, tras el análisis de más de un millar de convenios colectivos, plantea la solución dada desde la negociación colectiva, donde las declaraciones de intenciones pasan a la planificación efectiva.

Con este planteamiento, el autor defiende desde una perspectiva novedosa (a la vista de la poca cobertura doctrinal y la escasa luz que arroja la jurisprudencia) la necesidad de una reforma normativa de calado que abandone la senda sancionadora para seguir el camino preventivo y rehabilitador en el espinoso asunto del consumo de drogas en el ámbito laboral.

ABSTRACT

After waiting for a reform of art. 54. 2 f) of the Workers' Statute in the latest regulations carried out by the legislator in recent years since the publication of the author's research "Drugs and dismissal" in 2022, a static panorama legal obligation to publish the updated conclusions of this investigation in view of the worrying problem that drug use at work continues to be in Spain. The work aims to demonstrate, on the one hand, the ineffectiveness of the provision contained in article 54.2 f) of the Workers' Statute, since it causes more problems than it provides solutions regarding the phenomenon of drug consumption in the workplace; on the other hand, in providing reliable proof of the success of public policies in their objective of building a preventive alternative to the current perspective, fundamentally reactive, in the face of this problem.

In order to achieve these objectives, the research is divided into four parts: the first analyzes the evolution of the consumption of alcohol, drugs and psychoactive substances in Spain and its incidence in the workplace, as well as the factors that influence consumption (among which is work) and its own incidence in the company and the person, to reason the necessary business intervention of the problem. The second chapter systematically analyzes the various normative contexts that address this problem from the international, European, national and regional point of view. In the third chapter the author performs a thorough examination of art. 54.2 f) of the Workers' Statute from the point of view of its practical utility, in view of the requirements demanded and the large number of failures in the search for provenance through this route. Finally, in the fourth and final chapter, after analyzing more than a thousand collective agreements, he raises the solution given from collective bargaining, where the declarations of intent go to effective planning.

With this approach, it will be defended from a novel perspective (in view of the little doctrinal coverage and the scant light that jurisprudence casts) the need for a significant regulatory reform that abandons the sanctioning path to follow the preventive and rehabilitative path in the thorny issue of drug use in the workplace.

CAPÍTULO I

EL CONSUMO DE ALCOHOL, DROGAS Y OTRAS SUSTANCIAS PSICOACTIVAS: ¿UN RIESGO LABORAL?

1.1. La multicausalidad del problema del consumo

El fenómeno del consumo de drogas no puede entenderse vinculado a una única causa, antes bien, «se relaciona con una diversidad de factores personales y sociales, que en su articulación individual son factores favorecedores, facilitadores y de riesgo del consumo de drogas»[1]. Estos son variados y pueden repercutir en el bienestar y la salud de los trabajadores, así como en el medio que les rodea, significando, por ejemplo, un aumento del riesgo de lesiones por accidente, una mengua de la productividad o una alteración del buen ambiente de trabajo. Por este motivo, es preciso analizar de forma separada las causas capaces de generar el consumo que, además, pueden tener relación con la esfera profesional del individuo[2].

1.1.1. El elemento personal

Las circunstancias individuales propias de cada sujeto juegan un papel imprescindible en el florecimiento de esta patología en la persona; aun cuando la más documentada sea el género del individuo (donde, conforme ya consta, claramente cabe apreciar una diferencia de gran magnitud entre ambos colectivos)[3], la literatura científica también proporciona otras a ponderar con tiento.

1 Ortiz Escribano, J.: *Condiciones de trabajo y consumo de drogas*, cit., pág. 138.

2 Begoña, E. y Cortés, M. T.: *Manual de adicciones para PIREs en formación*, Valencia (Socidrogalcohol), 2011, pág. 28.

3 EUROFUND: *V Encuesta europea de condiciones de trabajo,* Luxemburgo (Oficina de Publicaciones Oficiales de la UE), 2012 o INSHT: *VI Encuesta nacional de condiciones de trabajo*, Madrid (INSHT), 2011.

1.1.1.1. El factor sexual

A pesar de la necesidad de mayores estudios desde esta variable[4], de las aportaciones de autores destinadas a documentar las consecuencias de las adicciones desde esta perspectiva, conviene destacar dos hechos que llaman poderosamente la atención: de un lado, y por desgracia, continúa existiendo mayor precariedad laboral en las mujeres (en cuanto a contratación y salarios); de otro, la extendida segregación en el empleo, con muchos sectores de actividad donde abundan la presencia de mujeres por estar «feminizados» (como la enseñanza, textil, sanidad, hostelería, limpieza) e, incluso en estos, su clasificación profesional es claramente inferior[5].

La diferencia en la ocupación genera una exposición a riesgos, como pueden ser las lesiones psíquicas en ellas, derivadas de los daños lentos y progresivos (normalmente no reconocidas como enfermedades profesionales), así como en cuello y brazos —de ahí, probablemente, el patrón de alto consumo de hipnosedantes y/o psicofármacos frente a los hombres, quienes recurren más a otras sustancias como el alcohol[6]—; a la par, las lesiones físicas en ellos, vinculadas a los accidentes de trabajo que pueden justificar el recurso a sustancias adictivas.

Es indudable que, amén de estos factores que ponen en relación el empleo con el alcohol, y que encontrarían en la doble jornada, sin duda, el elemento más replicado[7], otros tres datos —entre más[8]— habrían de ser tomados en consideración:

1. El incremento del hábito entre las mujeres, con menor edad de comienzo y superior tolerancia cultural vinculada al cambio de rol social[9].
2. La mayor vulnerabilidad de las féminas, pues alcanzan mayor concentración sanguínea para un mismo volumen ingerido que los hombres, dadas sus diferencias fisiológicas: enzimáticas (menor concentración de ADH en el metabolismo oxidativo gástrico), menor peso, menor volumen total de agua corporal, superior cantidad de tejido graso y

4 Como se advierte en UGT: *Mujer y drogodependencia en el ámbito laboral*, cit., pág. 3.

5 Artacoz, L.; Escribá-Aguir, V. y Cortés L.: «Género, trabajos y salud en España», *Gaceta Sanitaria*, Vol. 18, núm. 2, 2004, págs. 24-35.

6 UGT: *Mujer y drogodependencias en el ámbito laboral*, cit., pág. 7.

7 Fernández Domínguez, J. J.: «La incidencia de los factores "extralaborales" en la salud mental de los trabajadores», en AA. VV. (Fernández Domínguez, J. J. y Rodríguez Escanciano, S., Dirs. y Álvarez Cuesta, H., Coord.): *Tiempos de cambio y salud mental de los trabajadores*, Albacete (Bomarzo), 2017, págs. 289-309.

8 Interesante las variantes que conjuga Farapi, S. L.: *Drogas y género*, 2009, en http://www.emakunde.euskadi.es, pdf. Ochoa Mangado, E.: «Mujer y drogodependencia», en AA. VV.: *Avances en drogodependencias*, Madrid (Gafos), 2008, págs. 499-516.

9 Wisnack, S. C.; Wilsnack, R. W. y Kantor, L. W.: «Focus on: women and the costs of alcohol use», *Alcohol Research*, Vol. 37, núm. 4, 2013, págs. 575-577.

menor primer poso hepático[10]. Con ello, el daño aparece antes y se desarrolla más rápido, pudiendo afectar a la salud reproductiva[11].

3. Las mayores dificultades para la inserción laboral una vez desarrollado el hábito[12].

1.1.1.2. Rasgos biológicos y genéticos

A partir de un análisis de la Universidad de Cambridge, podría existir una base genética en el consumo, pues diferencias físicas del cerebro estarían en disposición de explicar la tendencia de algunas personas a las drogas. Los responsables del estudio señalan que podría ser mejor tratar la impulsividad, la cual parece yacer en la raíz de los trastornos compulsivos de drogas y resulta estar muy conectada a la personalidad del individuo[13].

Tema debatido a lo largo de décadas[14], la importancia del componente biológico-genético en la adicción al alcohol o las drogas debe ser ponderado en su justa medida, siempre en relación con otros factores fisiológicos y psicosociales[15] y considerando —como rasgo o enfermedad multifactorial— que «el medio ambiente es un agente tremendamente poderoso en el origen del alcoholismo, pero los genes son más fáciles de estudiar»[16]. Influirá, por tanto, el acervo «natural» del individuo, pero no pasará de ser un elemento más a sopesar, que requiere de un contexto socio-cultural y familiar adverso para su desarrollo[17].

---

10 Frezza, M. *et alii*: «High alcohol levels in women. The role of decreased gastric alcohol dehydrogenase activity in first-pass metabolism», *New England Journal of Medicine*, Vol. 322, núm. 2, 1990, págs. 95-99.

11 Jarrín Moreno, M. A.: *Utilidad diagnóstica del cuestionario AUDIT y de la TDC para detectar consumo de alcohol de riesgo en población laboral femenina*, Tesis Doctoral, Santander (Universidad de Santander), 2015, págs. 46 y 47; Con mayor detalle en este extremo, Fernández-Solá, J.: «Diferentes efectos del alcohol según el sexo», *Jano*, núm. 1636, 2007, págs. 27-36.

12 Fernández Domínguez, J. J. «Dificultades de inserción de mujeres con drogodependencias y otros trastornos adictivos», en AA. VV. (Rodríguez Escánciano, S. y Martínez Barroso, M. R., Dirs. y Álvarez Cuesta, H., Coord.): *La inserción laboral de las mujeres con riesgo de exclusión social*, Valencia (Tirant lo Blanch), 2015, págs. 169-216.

13 Dalley, J. W. *et alii* «Nucleus accumbens D2/3 receptors predict trait impulsivity and cocaine reinforcement», *Science*, Vol. 315, 2007, págs. 1267-1270.

14 Un sucinto y seleccionado muestrario de estudios que plantean la cuestión en Ibáñez Cuadrado, A.: «Genética de las adicciones», *Adicciones*, Vol. 20, núm. 2, 2008. Por extenso, Fernández Domínguez, J. J.: *Pruebas genéticas en el Derecho del Trabajo*, Madrid (Civitas), 1990, en particular pág. 141 y nota 354.

15 Hoenicka, J.; Apuero, I. y Ramos Atance, J. A.: «Aspectos genéticos del alcoholismo», *Trastornos Adictivos*, Vol. 5, núm. 3, 2003, págs. 213-222.

16 La afirmación, todo un clásico, en Bower, B.: «Gener in bottle», *Science*, Vol. 140, 1991, págs. 190 y 191.

17 King, R. *et alii*: *The genetic basis of common diseases*, Nueva York (Oxford University Press), 1992, págs. 837-861.

1.1.1.3. Edad

La edad también puede influir como factor de riesgo importante: «el contacto de los escolares con las drogas se produce a edades tempranas. Las edades medias de inicio para las distintas sustancias son 13.2 años para el tabaco, 13.6 para el alcohol, 14.5 para los tranquilizantes, 14.8 para el cánnabis y 15.7 para la cocaína»[18].

El alcohol suele ser presentado como una «puerta de entrada» a otras sustancias; tránsito hacia las drogas ilegales precedido por el de sustancias legales (siendo la cadena habitual, primero el alcohol, seguido del tabaco, cánnabis y otras drogas ilegales)[19]. La magnitud del consumo de alcohol aparece, así, estrechamente relacionada con el uso de drogas ilegales, de tal forma que el acceso precoz a las bebidas alcohólicas aumenta la probabilidad de añadir más sustancias hasta llegar al policonsumo habitual[20].

En este sentido, cabe avanzar el preocupante dato de un consumo cada vez más temprano de alcohol (y aproximación a otras drogas)[21], particularmente patente en los varones[22], lo cual anticipa los estadios de consumo de riesgo —al punto de llevar al dato, ya significado, de dosis de ingesta similares antes de la incorporación al trabajo que cuando ya se ha accedido a éste[23]— y la cronificación de la enfermedad[24].

Ciertamente cabrá observar patrones y cambios en la adicción con el transcurso del tiempo y según grupos de edad[25], pero tal dato pierde importancia cuando afecta a hábitos firmemente asentados[26].

---

18 Espada, J. P. *et alii*: «Adolescencia: consumo de alcohol y otras drogas», Papeles del Psicólogo, Vol. 23, núm. 84, 2003, págs. 9-17.

19 Arévalo, J. M.; Masip, G. P. y Abecia, L. C: «Consumo de alcohol en una muestra de estudiantes universitarios», *Revista Española de Drogodependencias*, Vol. 22, 1997, págs. 15-34.

20 Secades, R.: *Alcoholismo juvenil. Prevención y tratamiento,* Madrid (Pirámide), 2006, pág. 79.

21 Espada Sánchez, J. P.; Méndez Carrillo, F. X. E Hidalgo Montesinos, M. D.: «Consumo de alcohol en escolares: descenso de la edad de inicio y cambios en los patrones de ingesta», *Adicciones*, Vol. 12, núm. 1, 2000, págs. 57-64.

22 Pérez Milena, A.: «Consumo cualitativo y cuantitativo de alcohol, tabaco y drogas en adolescentes», *Medicina de Familia*, Vol. 1, 2007, págs. 26-32.

23 Gobierno de España. Ministerio de Sanidad, Política Social e Igualdad: *Encuesta Estatal sobre Consumo de Drogas en Estudiantes de Enseñanzas Secundarias (ESTUDES 1994-2010)*, Madrid (DGPNSD), 2010, págs. 6 y ss. Patrones que se repiten en los últimos datos registrados según Gobierno de España. Ministerio de Sanidad: *Encuesta sobre uso de Drogas en Enseñanzas Secundarias en España (ESTUDES 1994-2018/2019). Informe 2020*, Madrid (DGPNSD), 2020, págs. 29.

24 Landa, N. *et alii*: «Alteraciones neuropsicológicas en alcohólicos: un estudio exploratorio», *Adicciones*, Vol. 18, núm. 1, 2006.

25 Pons Díez, X.: «Modelos interpretativos de consumo de drogas», *Polis*, Vol. 4, núm. 2, 2008.

26 Serrat Moré, D.: «Problemas médico-legales del consumo de drogas», *Adicciones*, Vol. 15, núm. 1, 2003, págs. 77-89.

1.1.1.4. Nacionalidad

La nacionalidad del individuo y el hecho de ser extranjero en otro país también tienen importancia; asociado lógicamente con factores raciales y étnicos[27]. En general, «los inmigrantes tienen una percepción de peligrosidad sobre las drogas ilegales elevada, que contrasta con la permisividad y la baja percepción de riesgo que tienen del consumo de drogas legales, sobre todo del alcohol»[28]; con todo, «la condición del inmigrante es constitutivamente una condición de fuerte vulnerabilidad social y, en dicho marco, cualquier fractura en el proceso de integración puede acercar a los inmigrantes a las zonas de la exclusión social y, con ello, a los consumos patológicos de alcohol»[29].

A pesar del difícil acceso a determinados datos de concretos colectivos[30], la tónica parece apuntar a que los problemas de comunicación[31], actitudes aculturales y prejuicios[32] (como trasunto de marginación, desarraigo o exclusión[33]) llevan a hábitos nocivos que incluso se transmiten a la siguiente generación[34], en particular bajo condiciones de precariedad[35].

27 Chávez, L. J. *et alii*: «Racial/ethnic workplace discrimination: association with tobacco and alcohol use», *American Journal of Preventive Medicine*, Vol. 48, núm. 1, 2014, págs. 42-49.

28 Tortajada Navarro, S. *et alii* : «Consumo de drogas y su percepción por parte de inmigrantes latinoamericanos», *Psicothema*, Vol. 20, núm. 3, 2008, págs. 403-407.

29 Conde, F. y Herranz, D.: *Procesos de integración de los emigrantes. Pautas de consumo de alcohol y modelos culturales de referencia*, Madrid (Crefat), 2004, pág. 405.

30 Sirva el ejemplo que relatan Dotinga, A. *et alii*: «Alcohol y emigración: los problemas de medición en la investigación sobre consumo de alcohol entre inmigrantes marroquíes y turcos», *Adicciones*, Vol. 14, núm. especial, 2002, págs. 261-278.

31 Chen, L. Y.; George, M. A. y Amstrong, R. W.: «Country of birth and language spoken at home in relation to illicite substance use», *Canadian Journal of Public Health*, Vol. 93, 2002, págs. 88-92.

32 Navas-Luque, M. *et alii*: «Actitudes de aculturación y prejuicio: la perspectiva de autóctonos e inmigrantes», *Psycothema*, Vol. 18, núm. 2, 2006, págs. 187-193.

33 Catano, R.; Clark, C. J. y Tam, T.: «Alcohol consumption among racial/ethnic minorities. Theory and research», *Alcohol Health Research World*, Vol. 22, núm. 4, 1998, págs. 238-241 o Agra Viforcos, B.: «Dificultades de integración en una sociedad multicultural: los riesgos psicosociales entre los trabajadores inmigrantes», en AA. VV. (Fernández Domínguez, J. J. y Rodríguez Escanciano, S., Dir. y Álvarez Cuesta, H., Coord.): *Tiempos de cambio y salud mental de los trabajadores*, cit., págs. 11-30.

34 Hjern, A. y Allebeck, P.: «Alcohol-related disorders in first —and second— generation immigrants in Sweden: a national cohort study», *Addiction*, Vol. 99, núm. 2, 2004, págs. 229-236.

35 Forcada Chapa, R.: «Inmigración y abuso de sustancias. Una aproximación a la realidad española», *Revista Española de Drogodependencia*, Vol. 31, núm. 31, 2008, págs. 168-179 y Pérez Cárceles, M. D.: *Cribado de consuno de alcohol en trabajadores inmigrantes*, Madrid (Mapfre), 2007.

1.1.1.5. Rasgos de la personalidad

La personalidad es una de las variables psicológicas más ampliamente estudiada en relación con el consumo de alcohol y drogas. A partir del modelo de los Cinco Factores *(Five Factors Model)*[36], y en una de las versiones más acabadas, se ha concluido que[37]:

a) El neuroticismo (N) aparece relacionado con un consumo patológico, aun cuando no quepa apreciar asociaciones significativas con las etapas iniciales o la ingesta moderada.

b) La extraversión (E) ha sido asociada al inicio de su consumo en la adolescencia, como variable capaz de facilitar la interacción social en contexto donde se usa alcohol o droga.

c) La apertura (Ap), a pesar de ser el rasgo menos analizado, cuantos a su examen se han aproximado a él no describen un papel muy importante en el consumo de alcohol, pero sí en otras sustancias como, por ejemplo, el cannabis.

d) Las dimensiones más relacionadas con la conducta adictiva analizada son la baja amabilidad (-A) y la baja responsabilidad (-R), como notas de impulsividad/desinhibición que llevan a una relación con el alcohol y drogas en todas las edades.

A partir de tales consideraciones (u otros que fijan la atención en la rebeldía, alienación, búsqueda de sensaciones o pobre control de los impulsos)[38], parece claro que terminados elementos de la personalidad están en la base de la adicción, bajo la forma de abuso o dependencia[39].

1.1.2. Factores familiares y sociales

Al lado de los factores individuales, no cabe desdeñar la importancia de la influencia familiar y social en el consumo de alcohol, drogas y otras sustancias que, en último extremo, encuentran adecuada réplica en el modelo demanda-control-apoyo social.

---

36 En la versión de Costa, P. T. (Jr.) y Mccrae, R. R.: «Four ways five factors are basic», *Personality and Individual Differences*, Vol. 13, núm. 6, 1992, págs. 653 y ss. Su adaptación para Europa en Salgado, J. F.: «The Five Factor Model of personality and job performance in the European Community», *Journal of Applied Psychology*, Vol. 82, núm. 1, 1997, págs. 30-43.

37 Ibañez, M. J. *et alii*: «Personality and alcohol use», en AA. VV. (Boyle, G. J.; Matthews, G. y Saklofske, D. H., Eds.): *Handbook of Personality. Theory and testing*, Nueva York (Sage), 2008, págs. 673-693.

38 Cortés Tomás, M. T.; Giménez Costa, J. A. y Motos Sellés, P.: «Factores que incremental la vulnerabilidad hacía el alcoholismo», en AA. VV.: *Monografía sobre el alcoholismo*, Barcelona (Socidrogalcohol), 2012, pág. 153.

39 Con contundencia Agrawal, A. *et alii*: «A twin study of personality and illicit drug use and abuse/dependence», *Twin Research and Human Genetics*, Vol. 7, núm. 1, 2004, págs. 72-81.

1.1.2.1. Factores familiares: antecedentes en la familia, consumo en el hogar, doble jornada y problemas en la convivencia

Uno de los elementos más destacables a la hora de definir el perfil del consumo en la persona es su esfera más íntima, donde la familia juega un papel imprescindible (pues en una influencia negativa puede residir el origen del consumo). Así, episodios de violencia, abusos o malos tratos en la pubertad y adolescencia pueden incidir en el uso de drogas de forma prematura[40]; además, «el consumo de drogas por parte de los familiares representa un factor de riesgo para el adolescente que se desarrolla en este ambiente, en particular si se trata de los padres y en especial de la figura paterna»[41].

Es muy común que el inicio de la adicción tenga lugar, entre las féminas, a través de la influencia de individuos varones, desde una relación afectiva y que, además, en pareja, aumenten las dosis, así como los comportamientos de riesgo. De igual modo, ha sido señalado cómo algunas madres y/o amas de casa sin apoyo moral recurren al consumo para aliviar la carga, pese a los riesgos que esto supone[42].

Sin embargo, esta variable no solamente puede jugar un papel negativo en torno al consumo. En determinadas circunstancias la familia resulta imprescindible para la superación de la adicción. Diversas instituciones defienden la entidad de la familia como punto de apoyo vital tanto en la evasión a su consumo, como en la ayuda a la rehabilitación. El Parlamento Europeo, a través de la Resolución sobre una estrategia de la Unión Europea para ayudar a los Estados miembros a reducir los daños relacionados con el alcohol, de 5 de septiembre de 2007, deposita la responsabilidad última del consumo moderado del alcohol en el propio individuo y en su familia.

El Plan de Acción sobre Drogas 2013-2016, estrategia organizada e integrada por un Grupo de trabajo formado por representantes de 17 Planes Autonómicos de Drogas coordinados por la Delegación del Gobierno para el PNSD, contactó y consultó con expertos del sector, ONGs, Sociedades Científicas, Sindicatos, Planes Autonómicos de Drogas, Corporaciones

---

40 Simmons, K. P.; Sack, T. y Miller, G.: «Abuso sexual y sus implicaciones de la dependencia química de mujeres en tratamiento», *Revista de Toxicología*, Vol. 14, 1998, págs. 12-18.

41 Ruiz Candina, H. *et alii.*: «Comportamiento adictivo de la familia como factor de riesgo de consumo de drogas en jóvenes y adolescentes adictos», *Revista Cubana de Investigaciones Biomédicas*, Vol. 33, núm. 4, 2014, págs. 402-409.

42 McMahon, T. J. *et alii*: «Looking for pappa: parenting status of men versus women seeking drug abuse treatment», *American Journal of Drug and Alcohol Abuse*, Vol. 31, núm. 1, 2005, págs. 70-91 y bibliografía allí citada.

Locales y otros Organismos y Departamentos Ministeriales; todos ellos manifestaron, bajo un amplio consenso, que la prioridad de actuación en este campo es la familia, eje capital de acción junto con el ámbito escolar.

Por lo demás, las relaciones personales para los drogodependientes son muy significativas, llegando a dar más importancia, dado el momento, a los intereses de los demás que a los suyos propios —incluso lleva a afirmar que las consecuencias somáticas y familiares derivadas del consumo de droga tienen más incidencia en el alcoholismo femenino, mientras otros problemas como los legales o laborales lo son menos[43]—, buscando una aceptación e identificación del grupo y adaptando de esta forma sus hábitos a las preferencias de aquel (o como mecanismo para manejar el dolor en caso de su perdida[44]). Con todo, y a cambio, de recibir pocos apoyos (cuando no la oposición de sus familias o parejas) para iniciar o mantener el tratamiento, el miedo a perder a estos familiares y la inseguridad llevan muchas veces a una estrategia de ocultamiento en lugar de afrontar la adicción.

Aparecen, así, el haz y el envés de las relaciones familiares en su relación con el alcohol y las drogas: de un lado, factor detonante para una aproximación temprana cuando el ejemplo de sus miembros impulsa a tal convivencia «casi natural»[45], si son continuos los problemas o conflictos en el hogar u obra un distanciamiento físico o emocional entre sus miembros[46], es baja la disciplina y/o la supervisión parental[47], por no aludir al recurso a tales sustancias ante los denominados «acontecimientos vitales» que ocurren de manera brusca o inesperada (como la pérdida o enfermedad grave de un ser querido, la ruptura de pareja o, incluso, la mudanza de hogar) capaces de provocar una reacción aguda de estrés que mueva

43 Ávila Escribano, J. J. y González Parra, D.: «Diferencias de género en la enfermedad alcohólica», *Adicciones*, Vol. 19, núm. 4, 2007, págs. 313-321.

44 Palop Botella, M.: «La dimensión relacional como clave en el proceso de adicción y recuperación», en AA. VV.: *Intervención en drogodependencias con enfoque de género*, Madrid (Instituto de la Mujer), 2007, págs. 99 y ss.

45 Ramírez, A. S.: «Una versión del alcoholismo del padre desde la mirada de los hijos», *Health and Addictions*, Vol. 14, núm. 2, 2014, págs. 109-120; Casas, M. J. y Navarro, J. I.: «Hijos de padres alcohólicos: su nivel de ansiedad en comparación con hijos de padres no alcohólicos», *Revista Latinoamericana de Psicología*, Vol. 33, núm. 1, 2001, págs. 53-58 o Beard, J. *et alii*: «Children of female sex workers and drug users: a review of vulnerability, resilence and family-centred models of care», *Journal of the International AIDS Society*, Vol. 13, núm. 2, 2010.

46 Lloret, D.: «Alcoholismo: una visión familiar», *Salud y Drogas*, Vol. 1, núm. 1, 2001, págs. 113-128.

47 Cortés Tomás, M. T.; Giménez Costa, J. A. y Motos Sellés, P.: «Factores que incremental la vulnerabilidad hacía el alcoholismo», cit., pág. 146.

a acudir a las mismas como medio para huir de la situación[48]; de otro, como soporte moral o primario, en tanto las estadísticas muestran que los solteros, separados, divorciados, viudos, y en general cuantos viven solos, consumen casi el doble que quienes viven en familia[49], así como cuando alguno de sus miembros presenta problemas de alcoholismo o toxicomanía[50].

1.1.2.2. El entorno social: accesibilidad, aceptación social, cultural y desarraigo

Algunas drogas, como el alcohol, están enraizadas en muchas culturas, como la europea, formando parte de su estilo de vida. Este hecho ha sido aceptado por los más altos representantes políticos europeos, que hacen una recomendación de su consumo moderado a través de la Resolución de 5 de septiembre de 2007, sobre una estrategia de la Unión Europea para ayudar a los Estados miembros a reducir los daños relacionados con el alcohol [(2007/2005 (INI))]. El documento reconoce que el consumo de alcohol puede ser considerado parte del patrimonio cultural y del estilo de vida europeos y que, cuando es moderado, no entra en conflicto con una vida saludable.

Más adelante, la Resolución sobre la estrategia en materia de alcohol [(2015/2543 (RSP)] también establece que «la diversidad social, cultural, geográfica y económica de los países de la UE hace necesario distinguir entre diferentes pautas y tendencias de consumo» (Considerando G); con esto, «los daños (...) tienden a ir asociados a una variedad de factores, como el nivel socioeconómico, el trasfondo cultural, las pautas de consumo y la influencia de los padres y del grupo, así como la medida y el nivel de aplicación y ejecución de políticas adecuadas en este sector» (Considerando H).

Estas referencias europeas centran sus esfuerzos en «informar a los ciudadanos sobre los valores culturales de un consumo responsable de alcohol y los efectos positivos para la salud de un consumo moderado de éste, así como su compatibilidad con un estilo de vida sano y equilibrado» (núm. 16), pues no necesariamente debe entrar en conflicto con un modo de vida saludable a pesar de ser un componente importante de la vida

48 Situándolo precisamente en el contexto laboral, Martínez Selva, J. M.: *Estrés laboral. Guía para empresarios y empleados*, Madrid (Pearson Educación), 2004, págs. 10 y 11.

49 Observatorio Español de la Droga y las Toxicomanías: *Encuesta 2013-2014 sobre el consumo de sustancias psicoactivas en el ámbito laboral en España*, pág. 15.

50 Zambrano Guerra, F. X. *et alii*: «Relación entre alcoholismo, el funcionamiento familiar y otras afecciones psicológicas», *Revista de Ciencias Médicas de la Habana*, Vol. 23, núm. 2, 2016, págs. 113-123.

cultural de muchos Estados (núm. 38). Desde este reconocimiento expresó de la socialización de esta droga legal, recomiendan, como principios generales a mejorar en cualquier plan de prevención de consumo de esta sustancia, la promoción de un consumo moderado y de menor riesgo[51].

Sobre tal punto de partida, procederá tener en cuenta el calado de determinadas sustancias como el alcohol en la sociedad y la capacidad de esta para generar los hábitos de inicio y aceptación del consumo. Es una sustancia que no conlleva ni el rechazo, ni la marginación del usuario; lejos de tal, «la prevalencia de consumo de alcohol mantiene una tendencia estable y en niveles altos desde la década de los 90», a diferencia de cuanto ocurre, por ejemplo, con el tabaco, cuyas «cifras son inferiores a las registradas antes de 2005 (entre 34 % y 37 %); descenso en parte relacionado con el debate social y la posterior implementación de la Ley 28/2005, de 26 de diciembre, de medidas sanitarias frente al tabaquismo y reguladora de la venta, el suministro, el consumo y la publicidad de los productos del tabaco»[52].

Determinados factores facilitan la «aceptación social» de una sustancia, como son la facilidad de acceso (Tabla 4), los medios de comunicación y sus estereotipos[53] o la integración e incitación de los amigos al consumo[54] (conforme ocurre en el caso del alcohol y la presión social ejercida por las personas cercanas para su consumo en determinados ámbitos, a modo de vía para facilitar la integración y evitar el aislamiento)[55]. Un estudio realizado en el año 2008 sobre 536 adolescentes demostró que es especialmente relevante la figura del mejor amigo en cuanto a la intención del consumo de drogas, en particular el alcohol y el tabaco, así como la percepción normativa relativa a tal hábito[56].

51 Entre muchos otros, como los contenidos en MUTUA NAVARRA: *El alcohol y otras drogas en el ámbito laboral. Una realidad que afrontar*, cit., págs. 46 y 47.

52 OBSERVATORIO ESPAÑOL DE LA DROGA Y LAS TOXICOMANÍAS: *Estadísticas 2015. Alcohol, tabaco y drogas ilegales en España,* Madrid (Ministerio de Sanidad, Servicios Sociales e Igualdad), 2015. pág. 10.

53 BABOR, T. *et alii: Alcohol no ordinary commodity (Research and Public Policy)*, 2.ª ed., Nueva York (Oxford University Press), 2010, págs. 35 y ss.

54 SONNESTUHL, W. J.: *Working sober: the transformation of an occupational drinking culture*, Ithaca (Cornell University), 1996, págs. 42 y ss.

55 PALOP BOTELLA, M.: «La dimensión relacional como clave en el proceso de adicción y recuperación», cit., págs. 99 y ss.

56 SÁNCHEZ ESPADA, J. P.; PEREIRA, J. R. y GARCÍA-FERNÁNDEZ J. M.: «Influencia de los modelos sociales en el consumo de alcohol en los adolescentes», *Revista Psicothema*, Vol. 20, núm. 4, 2008, págs. 531-537.

Tabla 5.- Accesibilidad percibida de drogas en estudiantes de 14 a 18 años. Castilla-La Mancha 2010-2012. España 2012

DISPONIBILIDAD PERCIBIDA. Porcentaje que piensa que es fácil/muy fácil conseguir la sustancia.			
	CASTILLA-LA MANCHA		NACIONAL
	2010	**2012**	**2012**
Bebidas Alcohólicas	94,8	94.3	92,9
Hachis/marihuana	74,3	71.5	69,4
Tranquilizantes/pastillas para dormir	65,6	54.2	53,3
Cocaína en polvo	44	35.5	33,8
Alucinógenos	40	31.6	30,9
Éxtasis	33,7	24.7	26,2
Anfetaminas	33,4	27.0	28,7
Heroína	32,1	24.4	24,8

Fuente: Plan Regional de Castilla-La Mancha (2016)

El medioambiente (incluyendo la baja percepción social del riesgo y la deprivación económica y social)[57] juega así un papel fundamental: institutos y universidades ofrecen el principal caldo de cultivo entre los jóvenes, quienes encuentran en el consumo una vía de «socializar» más fácilmente y lo convierten en un patrón que, con el paso del tiempo, aumenta en cantidad y frecuencia[58]; es, también, en el lado opuesto, la vía para combatir el desarraigo en quienes no consiguen integrarse[59]. Y cuanto comienza en edades tempranas se convierte en un hábito utilizado —y hasta «exigido»— para una «normal» incorporación al grupo o para sobrellevar la soledad o el rechazo social[60].

57 Cortés Tomás, M. T.; Giménez Costa, J. A. y Motos Sellés, P.: «Factores que incremental la vulnerabilidad hacía el alcoholismo», cit., pág. 151.

58 Kendler, K. S. *et alii*: «Genetic and environmental influences on alcohol, caffeine, cannabis, and nicotine use from early adolescence to middle adulthood», *Archives of General Psychiatry*, Vol. 65, 2008, págs. 674-682; Trucco, E. M.; Colder, C. R. y Wiezorek, W. F.: «Vulneratility to peer influence: a moderated mediation study to early adolescent alcohol use initiation», *Addictive Behaviors*, Vol. 36, núm. 7, 2011, págs. 729-736 o Gallego Moya, A. *et alii*: «Relación de la personalidad y las conductas antinormativas de los amigos en el consumo de alcohol en los adolescentes», *Agora de Salut*, Vol. 1, 2015, págs. 387-396.

59 Long, E. C.: *Developmental trajectories on alcohol use and alcohol use disorder*, Disertación, Virginia Commonwealth University, 2017.

60 Ames, G. M. Y Janes, C.: «A cultural approach to conceptualizing alcohol and the workplace», *Alcohol Health and Research World*, Vol. 16, núm. 2, 1992, págs. 112-119.

1.1.2.3. El apoyo social (modelo demanda-control-apoyo social)

En el contexto de este estudio procederá recordar, al hilo de los factores personales y familiares que influyen en el consumo de alcohol, drogas y otras sustancias, que cuando al modelo demanda-control se añadió el apoyo social como tercera dimensión a la hora de valorar el estrés en una organización productiva[61], cobró relieve adecuado el conjunto de factores extralaborales que pueden influir en la salud mental de la persona del trabajador.

Por ende, llama a que cualquier análisis de factores laborales (como el acto seguido acometido) no olvide nunca el sostén familiar y social como elemento amortiguador del estrés crónico que pudiera haber desarrollado un individuo en relación con su trabajo (pero también por cualquier otro cauce), capaz de generar sentimientos negativos hacia aquellos con los cuales convive, llevando a estar emocionalmente agobiado, con tendencia evidente al enojo, agresividad, desmoralización, cinismo, despersonalización... y, a sus resultas, al uso y abuso del alcohol y drogas.

Alternativas como la empatía, el cuidado, la confianza o el amor son unos desestresores fundamentales que, en cualquiera de sus niveles (integración social, relaciones de calidad, ayuda percibida o actualización de conductas de apoyo), llevan a un bienestar significativo. El individualismo actual, con proliferación de familias de un solo individuo o monoparentales y disminución notable de redes de amigos o personas significativas, dista de ser un marco ideal para evitar el problema o, de estar viviéndolo, poder conseguir una adecuada recuperación[62].

1.1.3. El trabajo y su incidencia en el consumo

Puesta las miras en los factores directamente vinculados al trabajo, varios de ellos han merecido la atención de la literatura científica.

1.1.3.1. Condicionantes físicos del ambiente laboral

El medio laboral puede presentar condiciones de carácter físico capaces de influir decididamente en la conducta del consumo. Entre ellas cabe mentar el polvo, la suciedad y la falta de ventilación, así como el carácter inade-

61 La versión final en Karasek, R. y Theurell, T.: *Healthy work, stress, productivity and the reconstruction of working life*, Nueva York (Basic Books), 1990.

62 Gallaguer, E. N. y Vella-Brodrick, A. A.: «Social support and emotional intelligence as predictors of subjective well-being», *Personality and Individual Differences*, Vol. 44, núm. 7, 2008, págs. 1558-1560.

cuado de las condiciones de mantenimiento mínimas del centro de trabajo[63], el ruido y la hipoacusia[64], la exposición a vibraciones producidas por maquinaria u otros aparatos (con el ejemplo señero de las plataformas petrolíferas o los martillos neumáticos)[65], la humedad, el frio y calor excesivos, así como el viento fuerte o condiciones meteorológicas adversas[66].

De atender con superior detalle a cuanto señalan al respecto las Notas Técnicas de Prevención, y abundan las estadísticas y los autores, cabría considerar que[67]:

A.- La sensación de frío o calor lleva a que el recurso al alcohol alcance cotas muy superiores al ordinario (cifrándose en un porcentaje superior al 7 %), en particular en los trabajos en el exterior, donde las inclemencias del tiempo llevan a tal recurso para calmar la sed o mitigar el frío[68]. Además, la fatiga y malestar que el estrés y la sobrecarga térmica traen aparejados[69] lleva —en algunas encuestas— a considerarlos un factor detonante del consumo[70], al igual que también lo son la humedad o la sequedad[71], declarando un 14,4 % de los consumidores de riesgo el dato de desempeñar una ocupación con excesivo calor o frío[72].

---

63 Denominado también síndrome del edificio enfermo en la NTP 380: *El síndrome del edificio enfermo. Cuestionario simplificado*, 1995 (Solé Gómez, M. D. y Pérez Nicolás, J.).

64 NTP 287: *Hipoacusia laboral por exposición a ruido: evaluación clínica y diagnóstico*, 1991 (Gaynés Palou, E. y Goñi González, A.) y NTP 795: *Evaluación del ruido en ergonomía: criterio RC MARKII*, 2009 (González Través, C.).

65 NTP 784: *Evaluación de las vibraciones de cuerpo completo sobre el confort, percepción y marco producido por el movimiento*, 2008 (Gómez-Cano Alfaro, M.).

66 NTP 350: *Evaluación del estrés térmico. Índice de sudoración requerida*, 1994 (Luna Mendaza, R.) y NTP 779: *Bienestar térmico. Criterios de diseño para ambientes térmicos confortables*, 2008 (Hernández Calleja, A.).

67 Una sistematización acabada en Marín Malo, M.: *La prevención del consumo de alcohol en el medio laboral. Obligaciones empresariales y medidas preventivas*, Tesis Doctoral, Pamplona (Universidad de Navarra), 2017, págs. 168 y ss.

68 UGT/MSPSI: *Prevención del consumo de alcohol en el lugar de trabajo*, Madrid (UGT/MPSI), 2011, págs. 17 y 25, en igual sentido, NTP 1036 y 1037: *Estrés por frio (I y II)*, 2015, (Monroy Martín, E. y Luna Mendaza, P.).

69 NTP 922 y 923: *Estrés térmico y sobrecarga térmica: evaluación de riesgos (I y II)*, 2012 (Monroy Martí, E. y Luna Mendaza, P.).

70 NTP 322: *Valoración del riesgo de estrés térmico: índice WBGT*, 1993 (Luna Mendaza, P.); NTP 350: *Evaluación de estrés térmico. Índice de sudoración requerida* (Luna Mendaza, P.) y NTP 462: *Estrés por frío: evaluación de las exposiciones laborales*, 1997 (Luna Mendaza, P.).

71 González Fernández, M. J. *et alii*: *Percepción y actitud de las empresas españolas ante el alcohol y otras drogas*, cit., pág. 236.

72 Observatorio Español de la Droga y las Toxicomanías: *Encuesta 2013-2014 sobre consumo de sustancias psicoactivas en el ámbito laboral en España*, cit., pág. 21 o Ramsey, J. D.: «Heat and cold», en AA. VV. (Hockey, R., Ed.): *Stress and fatigue in human performance*, Chichester (John Wiley), 1983, págs. 46 y 47.

B.- La contaminación ambiental derivada de concentración de polvo, residuos gaseosos, humos o vapores, en tanto en cuanto provocan sequedad en boca y garganta, dan lugar a una permanente sensación de sed si su nivel es elevado y pueden ser un elemento causal determinante para buscar en el alcohol, drogas y otras sustancias el alivio a tales síntomas[73]. Malestar, con iguales efectos, es suscitado también por el mal olor[74].

C.- La contaminación acústica, el ruido como factor que aumenta la tensión y provoca alteraciones nerviosas, igualmente ha sido señalado como un elemento que, para calmar los síntomas de irritabilidad, cefaleas o insomnio lleva a este recurso en busca de un alivio que puede acabar convertido en dependencia[75].

D.- Como variante de lo anterior, el quedar sometido a vibraciones diarias transmitidas al cuerpo (que, si de baja frecuencia afectarán al sistema nervioso central y, si de alta, provocar lesiones a largo plazo, sin perjuicio de otras a más corto plazo como náuseas y vómitos o dolores músculo-esqueléticos)[76], también ha sido señalado como un potente estresor capaz de conducir al abuso e incluso a la adicción[77].

E.- Mención aparte merecerán cuantos trabajos, dentro de las anteriores categorías (o a añadir a aquellas) merezcan ser calificados como tóxicos, penosos o peligrosos, pues la sensación permanente de inseguridad y riesgo

---

73 Malestar que un 14 % de los encuestados señala como causa del consumo, en el análisis de GONZALEZ FERNÁNDEZ, M. J. *et alii*: *Percepción y actitud de las empresas españolas ante el alcohol y otras drogas*, cit., pág. 2367. NTP 972: *Calidad de aire interior: compuestos orgánicos volátiles, olores y confort*, 2013 (GALLEGO PIÑOL y ROCA MUSSONS, X.); NTP 1064: *Calidad del aire interior. Contaminantes biológicos (I): estrategia de muestreo*, 2015 (CULVER GONZÁLEZ, M. O.); NTP 1065: *Calidad del aire interior. Contaminantes biológicos (II): tipos de muestro*, 2015 (CULVER GONZÁLEZ, M. O.) o NTP 1085: *Calidad del aire interior. Equipos y materiales de oficina: contaminantes químicos*, 2017 (CULVER GONZÁLEZ, M. O.).

74 NTP 1012: *Unidades de olor: evaluación de la molestia en ambientes interiores industriales*, 2015 (GALLEGO PIÑOL, E. *et alii*).

75 Cifrando en un 8 % el nivel de su incidencia, UGT/MSPSI: *Prevención del consumo de alcohol en el lugar de trabajo*, cit., pág. 27. Ejemplar las muestras seleccionadas de ejemplos por NTP 864 y 865: *Ruido en los sectores de la música y el ocio (I y II)*, 2010 VEGA GIMÉNEZ, C.); NTP 950: *Estrategias de medición y valoración de la exposición al ruido (I): incertidumbre de la medición*, 2012 (GARCÍA RUIZ-BAZÁN, J.); NTP 951: *Estrategias de medición y valoración de la exposición al ruido (I y II): tipos de estrategias*, 2012 (GARCÍA RUIZ-BAZÁN, J.); NTP 952: *Estrategias de medición y valoración del ruido III): ejemplos de aplicación*, 2012 (GARCÍA RUIZ-BAZÁN, J.) o NTP 960: *Ruido: control de la exposición. Programa de medidas técnicas o de organización*, 2013 (VEGA GIMÉNEZ, C.).

76 OBORNE, D. J.: «Vibration at work», en AA. VV. (OBORNE, D. J. y GRUNEBERG, M. M., Eds.): *The physical environment at work*, Hardcover (John Wiley), 1983, págs. 183 y ss. NTP 963: *Vibraciones: vigilancia de la salud en trabajadores expuestos*, 2013 (DE LA IGLESIA HUERTA, A.)

77 Valorando en un 7 % el nivel de su influencia, GONZÁLEZ FERNÁNDEZ, M. J. *et alii*: *Percepción y actitud de las empresas españolas ante el alcohol y otras drogas*, cit., pág. 36.

aumenta el consumo[78], al punto de poder establecer una fuerte correlación entre tales condiciones de trabajo y un uso «compensador» del alcohol y otras drogas[79].

F.- Del mismo modo suponen condiciones ambientales físicas desfavorables los trabajos que implican el manejo de productos tóxicos (exposición a agentes biológicos o químicos)[80], dada la complejidad en el uso de los protectores, bajo altas dosis de riesgo y peligro[81], la realización de trabajos poco valorados socialmente o considerados desagradables (como basureros, trabajadores de cementerios, etc.) o la poca adecuación de las áreas de descanso.

G.- La falta de espacio en los trabajos y acumulación de material de desecho o el desorden, la pérdida de cualquier intimidad en ámbitos cerrados o el hacinamiento de empleados —y clientes— pueden conducir a la insatisfacción y al consumo de sustancias[82]; al igual que más instalaciones precarias, sin bebidas adecuadas, o con espacios en la empresa (comedores, cafeterías, salas de efecto) donde se sirve o tolera el consumo de alcohol[83].

Por estos motivos, el empresario ha de asumir la obligación principal de garantizar la seguridad y salud de los trabajadores en todos los aspectos relacionados con el trabajo, según establece la Directiva 89/391, de 12 de junio de 1989, en su art. 5.1, así como «planificar la prevención buscando un conjunto coherente que integre en ella la técnica, la organización del trabajo, las condiciones de trabajo, las relaciones sociales y la influencia de los datos ambientales en el trabajo» [art. 6.2.g]. A tal fin, atender a cuanto disponen las Notas Técnicas de Prevención no sólo constituirá una orientación razonable, sino la vía necesaria a seguir para cumplir con la norma.

---

78 MARÍN MALO, M.: *La prevención del consumo de alcohol en el medio laboral. Obligaciones empresariales y medidas preventivas*, cit., págs. 174-176.

79 UGT/MSPSI: *Prevención del consumo de alcohol en el lugar de trabajo*, cit., pág. 27.

80 SAUTER, S. L. *et alii*: «Capitulo 34. Factores psicosociales y de organización», en AA. VV.: *Enciclopedia de salud y seguridad en el trabajo*, Vol. II, Ginebra (OIT/INSHT), 2001, apartado 34.2. NTP 853: *Recogida, transporte y almacenamiento de residuos sanitarios*, 2009 (CANALEJAS PÉREZ, P.; GADEA CARRERA, E. y SOLÓRZANO FÁBREGA, M.); NTP 858: *Servicios funerarios: exposición laboral a agentes biológicos*, 2010 (CONSTANS AUBERI, A. y SOLANS LAMPURLANÉS, X.); NTP 901: *Riesgo biológico: prevención en mataderos* (MIRÓN HERNÁNDEZ, A.) o NTP 927: *Riesgo biológico en la industria biotecnológica*, 2012 (HERNÁNDEZ CALLEJA, A.).

81 Sirva el ejemplo recogido en NTP 876: *Evaluación de los riesgos específicos derivados de las atmósferas explosivas (ATEX)*, 2010 (ALONSO MARTÍN, M. C.).

82 O'BRIEN, G. E.: «La evolución del sentido de trabajo», en AA. VV. (HARTLEY, J. F. y STEPHENSON, G. H., Comps.): *Relaciones laborales (La psicología de la influencia y del control del trabajo)*, Madrid (MTSS), 1994, pág. 105.

83 COTO, J. C. *et alii*: «Trabajo y drogas», en AA. VV.: *Libro Blanco de las drogodependencias en Euskadi*, Vitoria (Servicio Central de Publicaciones el País Vasco), 1987, págs. 189 y ss.

1.1.3.2. Condiciones socio-laborales y de convivencia

El ámbito laboral es uno de los espacios que más tiempo copa del individuo y, por lo tanto, las condiciones de ambiente social y de convivencia no son ajenas a una mayor o menor incitación al consumo.

Dos son los condicionantes principales analizados a este respecto:

A.- Las malas relaciones interpersonales, «estereotipadas, de desconfianza, de recelo, de rivalidad, sin apoyos emocionales, poco cooperativas o destructivas»[84]. Cuando la exigencia es elevada y se fomenta la competitividad sin control es sencillo que el fallo en la «cultura de empresa» (favoritismos injustificados, negligencia y falta de atención a problemas personales o profesionales) desemboque en polarizaciones hostiles y quiebra (o anulación) en la convivencia entre compañeros[85], proliferando la organización desleal y el trepismo[86], la sensación de aislamiento[87], las divergencias de todo tipo que llevan a una sensación de asfixia y al recurso de las sustancias como vía para hacer frente a un clima poco propicio[88].

B.- En íntima conexión con el sistema de relaciones se encuentra la estructura y dirección de la empresa, de la que en tantas ocasiones deriva el enfrentamiento interpersonal, pues tan negativo resulta un estilo de dirección sofocante en grado sumo, con excesivo control y aparición de múltiples jerarquías internas, como otro donde la dejación es tónica y no existe un mínimo control[89].

Fácil es constatar cómo, en este escenario y en el precedente, al deterioro de las relaciones cabrá unir la ambigüedad y conflicto sobre el papel a asumir en el trabajo; esto es, falta de claridad sobre las tareas a desarrollar, los objetivos a conseguir o una abierta discrepancia entre las expectativas del trabajador y cuanto le exige la organización.

---

84 En la presentación de Fernández Domínguez, J. J.: *Alcohol y drogas en el trabajo. Del despido disciplinario y sus problemas a la prevención del riesgo y asistencia al trabajo*, Madrid (Wolters Kluwer), 2013, pág. 186.

85 Alonso Ramos, E.: «Límites de la "cultura de empresa"», *Revista del Ministerio de Trabajo e Inmigración*, núm. 76, 2008, pág. 101.

86 NTP 776: *Promoción organizacional desleal: trepismo*, 2008 (Rolsma Tehsijarana, D. H.; García Romero, P. y Llacuna Morera, J.).

87 Llaneza Álvarez, F. J.: *Ergonomía y psicología aplicada. Manual para la formación del especialista*, Valladolid (Lex Nova), 2005, pág. 437.

88 Por todos, Estruch, R.: «Efectos del alcohol en la fisiología humana», *Adicciones*, Vol. 14, núm. 1, 2002, pág. 57 o Martínez Selva, J. M.: *Estrés laboral. Guía para empresarios y empleados*, cit., pág. 96.

89 Una extensa descripción de la situación en Odorne, G. S.: *El lado humano de la dirección*, Madrid (Díaz de Santos), 1989, págs 53 y ss.

Cuando el rol es ambiguo o provoca desavenencias surge el estrés en el trabajador por no saber lo que se espera de él (asociado a insatisfacción laboral, baja autoestima o depresión), o expectativas divergentes sobre qué hacer y cómo actuar (en particular si cuanto se le solicita aparece enfrentado a sus valores personales)[90] y, desde esta situación, al estrés y al consumo de sustancias[91].

En el fondo, late un estilo de dirección inadecuado donde los flujos de información son pobres, contradictorios o están distorsionados[92] y la participación del trabajador en la toma de decisiones es escasa, para afectar al nivel de autonomía o iniciativa mínima y llevarlo a sentirse quemado, injustamente tratado y sin expectativas[93]. Nuevo riesgo psicosocial con entronque directo en las adicciones[94] y claro entronque con el enfoque que analiza la inteligencia emocional en el trabajo[95].

C.- Mención aparte ha de merecer la violencia «interna» en la empresa[96], que además de las muestras de malas relaciones interpersonales significadas, puede alcanzar extremos de episodios de acoso moral o sexual, pues amén del daño físico (incluidas enfermedades graves como las cardiovasculares), puede llevar a problemas conductuales y trastornos por estrés postraumático en los cuales el recurso a alcohol drogas y fármacos (prescripción de antidepresivos o automedicación) resulta tónica habitual[97].

---

90 GONZÁLEZ FERNÁNDEZ, M. J. *et alii*: *Percepción y actividad de las empresas españolas ante el alcohol y otras drogas*, cit., pág. 237.

91 Ilustrativa la muestra de opiniones en este ARANA, X. y GERMÁN, I.: «Consumo de drogas: repercusiones socio-jurídicas en el ámbito laboral», s/f, en https://www.ehu.eus/documents/1736829/ 2118745,.pdf., págs. 166 y 167

92 JIMÉNEZ GARCÍA, J.: *Participación y control en la empresa*, Las Palmas (Universidad de Las Palmas/UGT), 1994, págs. 32 y ss.

93 NTP 704: *Síndrome de estar quemado por el trabajo o «burnout» (I): definición y proceso de generación*, 2006 (FIDALGO VEGA, M.); NTP 705. *Síndrome de estar quemado por el trabajo o «burnout» (II): consecuencias, evaluación y prevención*, 2006 (FIDALGO VEGA, M.) o NTP 732: *Síndrome de estar quemado o «burnout» (III): instrumentos de medición*, 2007 (BRESO ESTEVE *et alii*).

94 RAMOS, F.: *El síndrome de burnout*, Madrid (UNED), 1999, págs. 68 y 69; GIL-MONTE, P. R.: *El síndrome de quemarse por el trabajo (burnout). Una enfermedad laboral en la Sociedad del Bienestar*, Madrid (Pirámide), 2005, pág. 47.

95 CONTRERAS CASADO, D.: «Inteligencia emocional y consumo de drogas en el ámbito laboral», *Revista de la Sociedad Española de Salud Laboral en la Administración Pública*, Vol. II, núm. 12, 2011, págs. 27-29.

96 NTP 854: *Acoso psicológico en el trabajo: definición*, 2009 (FIDALGO VEGA, M. *et allí*). Un planteamiento preventivo muy importante sobre la violencia interna en CHAPELL, D. y DI MARTINO, V.: *Violence at work*, Ginebra (OIT), 2006.

97 Ilustrativos los datos, y amplias las referencias bibliográficas recogidas a este respecto en ROJO RODRÍGUEZ, C.: *Evaluación de los factores psicosociales de riesgo laboral, los riesgos psicosociales (burnout y acoso laboral) y el capital psicológico de una muestra de docentes*

Figura 1.- Repercusiones de la falta de liderazgo y origines del conflicto para el trabajador

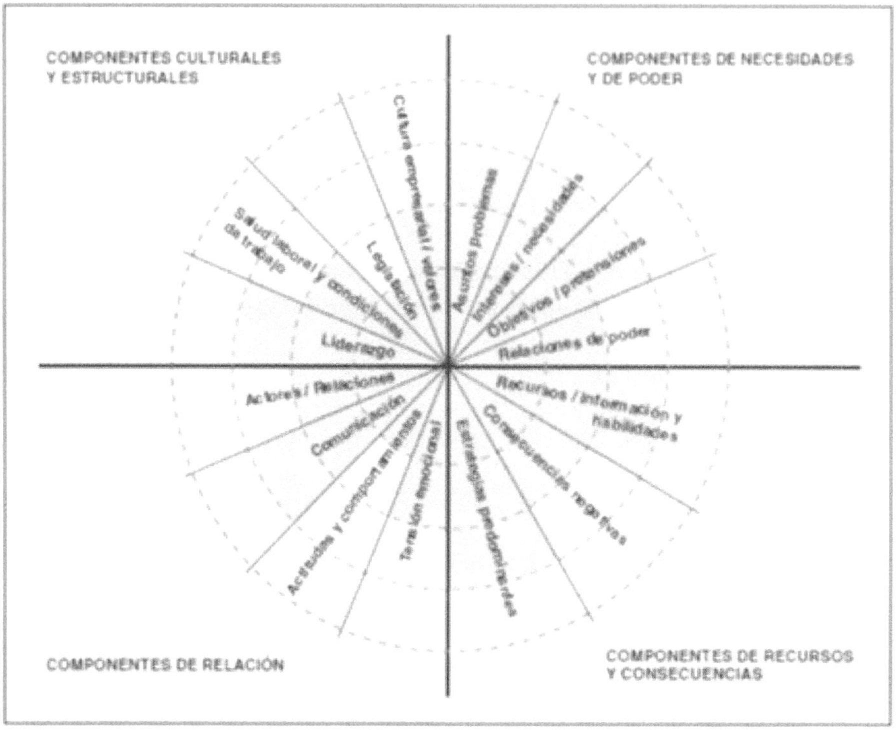

Fuente: NTP 1096 (2017)[98]

1.1.3.3. Prácticas contractuales, formas de ocupación y características del puesto de trabajo

La forma de ocupación y el concreto quehacer del trabajador, tiene mucho que ver con la tendencia al consumo, por cuanto son elementos con potencial para modificar estados de salud y generar o agravar esa adicción. Un repaso a los más destacados en la literatura lleva a tomar en consideración los siguientes puntos:

A.- La precariedad laboral, con el aumento de la contratación temporal y a tiempo parcial, supone una exposición a riesgos directos (físicos para ellos y

no universitarios en la Región de Murcia, Tesis Doctoral, Murcia (Universidad de Murcia), 2015, págs. 48-61 y 171-172.

98 NTP 1096: *Liderazgo, conflicto y condiciones de trabajo (I): el análisis*, 2017 (Bestratén Belloví, M. y Castillo Baiges, F.) o NTP 1097: *Liderazgo, conflicto y condiciones de trabajo (II): la negociación*, 2017 (Bestratén Belloví, M. y Castillo Baiges, F.).

psicológicos para ellas, como regla general) y, por lo tanto, a un posible consumo de drogas. La precariedad laboral puede ser observada con respecto a factores como un ínfimo salario, un bajo nivel de prevención o contratos con poca previsión de continuidad en el tiempo.

Aludir a la precariedad como lugar común constituye casi un tópico que, puesto en relación con el consumo de alcohol o drogas, aparece asociado a periodos en los cuales se alternan trabajo (incluso trabajo agotador) y falta de ocupación, obligando a mirar el futuro profesional y personal con incertidumbre, horarios a la carta a disposición del empleador (incluido el trabajo *on call*), salarios mínimos, falta de preocupación por la formación, quehaceres monótonos o repetitivos, sin ningún margen para el progreso, y un largo cúmulo de factores que introducen al trabajador en la «trampa de la pobreza», en la cual la adicción viene a ser una abdicación temprana al fracaso[99].

Figura 2.- Elementos de precariedad y expresión de algunos de los principales factores de riesgos psicosociales

Características del trabajo - Horarios atípicos e intempestivos. - Falta de participación y control. - Inviabilidad de conciliación. - Alta probabilidad de accidentes.	Riesgos psicosociales y precariedad	Contexto laboral - Baja remuneración o salario a destajo. - Inseguridad laboral. - Falta de perspectivas profesionales - Falta o exceso de capacidad.
Cultura de la organización - Desconocimiento del responsable. - Baja o nula comunicación. - Desconocimiento del rol dentro de la organización.		Relaciones interpersonales - Cosificación del trabajador. - Inexistencia de interacción con el grupo.

Fuente: Elaboración propia sobre la propuesta de **LÓPEZ CABREIRA, A.** (2015)[100]

B.- En conexión, (o no), con la precariedad, el tiempo de trabajo influye de manera importante en la estabilidad y conciliación adecuada de la vida personal, familiar y social. De este modo, varios factores aparecen como

99 Un extenso análisis en ÁLVAREZ CUESTA, H.: *La precariedad laboral: análisis y propuestas de solución*, Albacete (Bomarzo), 2008.

100 LÓPEZ CABREIRA, A.: «Riesgos psicosociales derivados de la precariedad laboral en la CAV: posibles líneas de actuación», *Lan Harremanak. Revista de Relaciones Laborales*, núm. 32, 2015, pág. 347.

especialmente destacados, asociados siempre a la fatiga, la tensión y la desestructuración en las relaciones:

- La prolongación excesiva de las jornadas (incluidas prestaciones de hasta 24 horas, por ejemplo, en médicos de urgencias o Cuerpos y Fuerzas de Seguridad del Estado) como factor al cual se asocia un mayor recurso al alcohol y drogas[101].
- La jornada partida, en la medida en que no deja espacios para gestionar correctamente la vida personal y laboral y puede suponer horarios irregulares que impiden planificar de manera adecuada el quehacer en el hogar, o asumir compromisos sociales, al exigir un proceso continuo de cambio y adaptación[102]; a la postre, la falta de pausas y descansos adecuados (o en sitios apropiados) que impiden una adecuada recuperación e integración de la vida personal o familiar[103].
- Los horarios «a llamada» o las guardias y los trabajos «a disposición» en los cuales la necesidad de trabajar a cualquier hora se actualiza con frecuencia, en tanto tienen un efecto «disruptor» en la vida cotidiana de cualquier persona[104].
- Las situaciones de agobio de jornada, cuando el salario lo es a producción, exige trabajos complementarios en casa o realizar varios empleos para obtener la retribución necesaria[105] y constituyen un estresor de primer orden que puede derivar en adicciones. No lejos en sus efectos cabe situar el precio del éxito, haciendo surgir los «adictos al trabajo», con el resultante de un desgaste profesional, al convertir el trabajo en una actividad patológica por miedo a ser privados de su posición actual o futura en el escalafón[106] que, a la larga, lleva a perder cualquier referencia vital, sentirse quemado y —con harta probabilidad— a consumos de riesgo[107]. Surge así el reto

101 Virtanen, M. *et alii*: «Long working hours and alcohol use: systematic review and meta-analysis of published studies and unpublished individual participant data», *British Journal of Medicine*, 2015, *BJM 2015. 250 y 7772.*

102 Observatorio Español de la Droga y las Toxicomanías: *Encuesta 2013-2014 sobre consumo de sustancias psicoactivas en el ámbito laboral en España*, cit., págs. 12 y 13.

103 NTP 916: *El descanso en el trabajo (I): pausas*, 2011 (Nogareda Cuixart, S. y Bestratén Belloví, M.) y NTP 917: *El descanso en el trabajo (II): espacios*, 2011 (Bestratén Belloví, M. y Nogareda Cuixart, S.) o Ricardo Rivas, R.: «Algunos criterios ergonómicos sobre la distribución del tiempo de trabajo», *Salud Ocupacional*, núm. 55, 1994, págs. 22-27.

104 García-Díaz, V. *et alii*: «Consumo de tabaco y alcohol según jornada laboral en España», cit., págs. 364-369.

105 Volwoff, S.: *Evolutions technologiques, densité du travail, contraites temporelles. La dictature du temps*, Loussane (Page Deux), 1996, págs. 51 y ss.

106 NTP 759: *La adicción al trabajo*, 2008 (Salanova, M. *et alii*).

107 Merino-Tejedor, E.; Boada-Grau, J. y Primic-Kuzmica, A. J.: «La relación entre la irritación laboral y la adicción al trabajo en una muestra ocupacional española», *Universitas*

de cohonestar una adecuada productividad con unas condiciones de trabajo que favorezcan el bienestar del trabajador como índice más fiable para una mayor rentabilidad de su esfuerzo a medio y largo plazo[108].

Tabla. 6.- Relación entre la adicción al trabajo *(workaholism)*, síndrome de desgaste profesional *(burnout)* y la vinculación psicológica con el trabajo *(work engagement)*

Efecto	Adicción al trabajo (*workaholism*)	Síndrome de Desgaste profesional (*burnout*)	Vinculación psicológica con el trabajo (*work engagement*)
Exceso en el trabajo	++	0	+
Funcionamiento social	–	–	+
Demandas laborales	++	++	+
Recursos laborales	–	–	+
Salud mental	–	–	+
Satisfacción laboral	–	–	+
Compromiso organizacional	+	–	+

Fuente: **Schaufeli, W.; Taris, T. y Van Rhenen, W.** (2005)[109], completado con **Serrano-Fernández, M. J.** *et alii* (2016)[110]

- De seguro, uno de los más analizados (y probablemente con mayor incidencia)[111] es el que pone en relación la ruptura del equilibrio biológico y la grave perturbación de las relaciones familiares y sociales con el abuso de alcohol, droga y otras sustancias en trabajos nocturnos y a turnos[112].

Psychological, Vol. 13, núm. 2, 2014, págs 478 y 479 o Del Líbano, M. *et alii*: «Adicción al trabajo: concepto y evaluación», *Gestión Práctica de Riesgos Laborales*, núm. 27, 2006, págs. 24-30.

108 NTP 911: *Productividad y condiciones de trabajo (I): bases conceptuales para su medición*, 2011 (Bestratén Belloví, M.); NTP 912: *Productividad y condiciones de trabajo (II): indicadores*, 2011 (Bestratén Belloví, M.) y NTP 913: *Productividad y condiciones de trabajo (III): el modelo SIMAPRO*, 2011 (Bestratén Belloví, M.).

109 Schaufeli, W.; Taris, T. y Van Rhenen, W.: «Workaholism, burnout and work engagement: three of a kind or three different kind of employee well-being», *Applied Psychology*, Vol. 57, núm. 2, 2005, pág. 173-203.

110 Serrano-Fernández, M. J.: «A predictive study of antecedent variables of *workaholism*», *Pschicotema*, Vol. 28, núm. 4, 2016, págs. 401-406.

111 Observatorio Español de la Droga y las Toxicomanías: *Encuesta 2013-2014 sobre consumo de sustancias psicoactivas en el ámbito laboral en España*, cit., pág. 16.

112 NTP 260: *Trabajo a turnos: efectos médico patológicos*, 1989 (Úbeda Asensio, R.); NTP 455: *Trabajos a turnos y nocturnos. Aspectos organizativos*, 1997 (Nogareda Cuixart, C. y Nogareda Cuixart, S.) o NTP 502: *Trabajo a turnos: criterios para su análisis*, 1998 (Nogareda Cuixart, C. y Nogareda, Cuixart, S.).

- Alusión aparte y específica (pues transciende del propio sustantivo), merece la «doble jornada» de las mujeres, que sirve para destacar, no obstante, el problema del tiempo de trabajo y acumulación de esfuerzos «extralaborales» como una cuestión de género con las características *supra* reseñadas[113].

C.- El concreto puesto de trabajo, por las tareas que conlleva, puede ser un elemento de afectación psicológica que conduzca también a la adicción. Entre los aspectos con mayor influencia, la doctrina viene destacando los que a continuación son señalados[114].

Entendida como «el conjunto de exigencias físicas (posturales, esfuerzos, manipulaciones, etc.) y no físicas (perceptivas, cognitivas, etc.) de la tarea»[115], la carga de trabajo tiene ese primer aspecto cuantitativo vinculado a la productividad (con independencia de la duración de la jornada, pues la intensidad puede ser requerida en jornadas muy breves); también otro cualitativo, a entender como «el grado de movilización, el esfuerzo intelectual que debe realizar el trabajador para hacer frente al conjunto de demandas que recibe del sistema nervioso en el desarrollo de su trabajo»[116].

Fácil de medir objetivamente la primera (a través de movimientos repetitivos, posturas forzadas, etc.)[117], el carácter subjetivo de la segunda hace más difícil su evaluación (aun cuando existan sugerentes propuestas como el Método del INSHT, la Escala Cooper-Harper, el Método LEST, Método RNUR, el Método ERGOS, etc.)[118], para demandar, en ambas, una relación de la

113 Un resumen muy acertado desde el punto de vista del presente enfoque aquí acometido, MARTÍNEZ-BENLLOCH, I.: «Los efectos de las asimetrías de género en la salud de las mujeres», *Anuario de Psicología*, Vol. 34, núm. 3, 2003, págs. 253-266.

114 Una amplia perspectiva en COLELL, E. *et alii*: «The relationship between labour market categories and alcohol use trajectories in midlife», *Journal of Epidemiology and Community Health*, Vol. 68, núm. 11, 2014.

115 LLANEZA ÁLVAREZ, F. J.: *Ergonomía y psicología aplicada. Manual para la formación del especialista*, cit., págs. 257 y ss.

116 NTP 443: *Factores psicosociales: metodología de evaluación*, 1999 (MARTÍN DAZA, F. y PÉREZ BILBAO, J.).

117 NTP 177: *La carga física de trabajo, definición y evaluación*, 1986 (CHAVARRÍA COSAR, R.); NTP 295: *Valoración de la carga física mediante la monitorización de la frecuencia cardíaca*, 1991 (SOLÉ GÓMEZ, M. D.); NTP 413: *Carga de trabajo y embarazo*, 1999 (NOGAREDA CUIXART, S.); NTP 629: *Movimientos repetitivos: Método OCRA: actualización*, 2003 (ROJAS PICAZO, A. y LEDESMA DE MIGUEL, J.); NTP 601: *Evaluación de las condiciones de trabajo: carga pastoral. Método REBA*, 2001 (NOGAREDA CUIXART, S.) y NTP 844: *Tareas repetitivas: método Ergo/IBV de evaluación de riesgos ergonómicos*, 2009 (NOGAREDA CUIXART, S. y GARCÍA, C.).

118 Su descripción en detalle y referencias en MARÍN MALO, M.: *La prevención del consumo de alcohol en el medio laboral. Obligaciones empresariales y medidas preventivas*, cit., págs. 162-164. En los documentos técnicos, NTP 179: *La carga mental del trabajo. Definición y evaluación*, 1986 (NOGAREDA CUIXART, C.); NTP 445: *Carga mental de trabajo: fatiga*, 1997

exigencia concreta con las características tanto físicas como psicológicas del empleado, pues cuanto para ciertos trabajadores puede ser un ritmo de trabajo cómodo y aceptable, para otros puede ser una exigencia que genere unos niveles elevados de estrés, teniendo siempre presente que tan negativa puede ser una excesiva demanda en cantidad o calidad[119], como la falta de ella o de estímulos para su realización.

Aparecen, así, junto a la edad o condición física, otros factores determinantes, como una falta de formación continuada que impide la adaptación a las continuas innovaciones (de la que sería paradigmático ejemplo el tecnoestrés)[120]; las dificultades para dominar o controlar la información que se le proporciona, por su volumen elevado (que provoca saturación y lo hacen inmanejable) o por su escasez (fuera de tiempo, insuficiente, falta de concisión, etc.)[121]; por no seguir, y a partir de la proliferación de medios tecnológicos de control empresarial, la sensación de sentirse permanentemente vigilado[122].

Los datos de las estadísticas son claros: el 11,9 % de los trabajadores que en la última macroencuesta nacional declararon consumir alcohol a diario señalaron que en su puesto existía una sobrecarga cuantitativa; el 19,8 % afirmaron estar expuestos a factores relacionados con una carga cualitativa, al encontrarse poco capacitados para desarrollar sus tareas o que, por el contrario, el trabajo desempeñado estaba por debajo de su cualificación[123].

D.- Al margen de la circunstancia anterior, otra serie de factores puntuales vinculados al concreto puesto de trabajo y sus circunstancias han sido destacados por su relación con el alcohol, drogas y otras sustancias[124],

(De Arquer, M. L.); NTP 534: *Carga mental de trabajo: factores*, 1999 (De Arquer, M. L.); NTP 544: *Extimación de la carga mental de trabajo: el método NASA TLX*, 2001 (De Arquer M. I. y Nogareda Cuixart, C.).; NTP 575: *Carga mental de trabajo: indicadores*, 1999 (De Arquer, M. I.) o NTP 659: *Carga mental de trabajo: diseño de tareas*, 2005 (De Arquer, M. I. y Nogareda Cuixart, C.).

119 Moya-Albiol, L. *et alii*: «Respuesta psicofísica de estrés en una jornada laboral», *Psicothema*, Vol. 17, núm. 2, 2005, pág. 205.

120 NTP 730: *Tecnoestrés. Concepto, medida e intervención psicosocial*, 2007 (Salanova, M. *et alii*).

121 Gowler, D.: «The meaning of management and the management o meaning», en AA. VV. (Earl, M., Comp.): *Perspectives on management: a multidisciplinary analysis*, Oxford (Oxford University Press), 1983, Cap. 8.

122 Rodríguez Escanciano, S.: «Los riesgos psicosociales ante una vigilancia empresarial tecnológicamente avanzada», en AA. VV. (Fernández Domínguez, J. J. y Rodríguez Escanciano, S., Dirs. y Álvarez Cuesta, H., Coord.): *Tiempos de cambio y salud mental de los trabajadores*, cit., págs. 211-247.

123 Observatorio Español de la Droga y las Toxicomanías: *Encuesta 2013-2104 sobre consumo de sustancias psicoactivas en el ámbito laboral en España*, cit., pág. 17.

124 Fernández Domínguez, J. J.: *Alcohol y drogas en el trabajo. Del despido disciplinario y sus problemas a la prevención del riesgo y la asistencia al trabajador*, cit., págs. 183-185.

amén de la conducción, en la cual pueden concurrir muchos de ellos[125]. Cabría aludir a: la realización de quehaceres monótonos, repetitivos y sin expectativas de mejora profesional, calificados como «contrarios a cualquier propósito de realización personal a través del trabajo»[126]; las ocupaciones que conllevan largos periodos de tiempo aislado tanto física como psicológicamente, en tanto la falta de contacto y ayuda para adoptar decisiones, pueden alterar la conducta en un plano cognitivo y provocar una fatiga tanto psico-afectiva como psicológica[127]; en íntima relación con el anterior, los largos periodos de alejamiento del entorno familiar o social que acaban provocando una sensación de desamparo[128]; por no seguir, los trabajos con una alta carga emocional, al precisar interacciones personales en las cuales el contacto con clientes, usuarios o pacientes durante gran parte de la jornada exige un grado de satisfacción al cliente difícil de alcanzar o tiene un gran contenido emotivo (conforme ocurre con teleoperadores, policías, médicos, etc.)[129], en particular si lleva a situaciones comunicativas emocionalmente desagradables[130].

E.- Especial consideración han de merecer aquellos en los que el contacto directo con el alcohol (hostelería, bodegas, etc.) o determinadas drogas (médicos, personal sanitario)[131] es continuo y necesario, al ser un medio de trabajo imprescindible; igualmente aquellos en los cuales es relativamente fácil introducir o acceder a los mismos o conllevan una intensa vida social en

125 NTP 1090 y 1091: *Riesgos laborales varios: marco conceptual (I y II)*, 2017 (Bestratén Bellovi, M. y Ferri Tomás, M.).

126 Sparks, K.; Faragher, B. y Cooper, L.: «Well-being and occupational health in the 21st century workplace», *Journal of Occupational and Organizational Psychology*, Vol. 74, núm. 11, 2001, pág. 89 y NTP 499: *Nuevas formas de organizar el trabajo: la organización que aprende*, 1998 (Oncins de Frutos, M. y Mourenza Barrio, T.).

127 NTP 344: *Trabajos en situación de aislamiento*, 1995 (Oncins de Frutos, M.).

128 Parker, K. R.: «Estrés, trabajo y salud: características laborales, contexto ocupacional y diferencias individuales», en AA. VV. (Buendía, J., Ed.): *Estrés laboral y salud*, Madrid (Biblioteca Nueva), 1998, pág. 94.

129 NTP 720: *El trabajo emocional: concepto y prevención*, 2007, (García, E.; Martínez, I. M. y Salanova, M.).

130 Lazarus, R.: *Estrés y emoción. Manejo e implicaciones en nuestra salud*, Bilbao (De Brouwer), 2000 o NTP 885: *Situaciones comunicativas emocionalmente desagradables: respuesta verbal y no verbal*, 2010, Llacuna Morera, J.).

131 Otero Dorrego, C.; Huerta Camarero, C. Y Duro Perales, N.: «Drogodependencias en personal sanitario, una versión desde la Medicina del Trabajo (I): aspectos jurídico-legales y epidemiológicos», *Medicina y Seguridad del Trabajo*, Vol. 54, núm. 212, 2008, págs. 18 y 19 o UGT: *Guía Prevención de las drogodependencias en trabajadores de atención primaria* (UGT/Ministerio de Sanidad, Política Social e Igualdad), 2011 o, con amplia muestra, Edvardsen, H. M. *et alii*: «Use of alcohol and drugs among health professionals in Norway: a study using data from questionnaires and samples of oral fluid», *Journal of Occupational Medicine and Toxicology*, Vol. 9, núm. 8, 2013 .

la que su utilización puede llegar a ser habitual[132]. En todos ellos, el alcohol no es algo «externo», sino «interno», y habrá de merecer una consideración específica como riesgo de consumo o adicción, de conformidad con cuanto se pasa a analizar a renglón seguido.

F.- En fin, las circunstancias violentas acaecidas en el trabajo cobran protagonismo por la tensión que conlleva el sometimiento a situaciones inseguras, como hacer frente a aspectos organizativos capaces de generar cierta desconfianza (vigilantes trabajando solos, trabajos nocturnos, atención al público de personas problemáticas, custodia de bienes valiosos, etc.), conocer la temeridad de los perpetradores (trabajadores de centros de menores o centros penitenciarios)[133] o el hecho de no ser consultados respecto de las medidas de seguridad[134]. Estas situaciones, sobre todo de haber tenido lugar previamente otros episodios violentos, provocan estados vulnerables (hipervigilancia de signos de peligro) que pueden conducir al consumo de sustancias de manera abusiva, en particular si no obra la necesaria reacción organizativa capaz de evitar los factores que acentúan el temor o el recelo.

1.1.4. Una primera aproximación a la valoración del consumo de alcohol, droga y otras sustancias como riesgo laboral

A tenor del art. 4.2 Ley 31/1995, de 8 de noviembre, de prevención de Riesgos Laborales (en adelante LPRL), «se entenderá como «riesgo laboral» la posibilidad de que un trabajador sufra un determinado daño derivado del trabajo. Para calificar un riesgo desde el punto de vista de su gravedad, se valorarán conjuntamente la probabilidad de que se produzca un daño y la severidad del mismo».

El concepto jurídico se construye a partir de un doble concepto: su proveniencia del trabajo y la probabilidad de un daño.

De conformidad con el primero de los factores, bien cabría seguir que el consumo de alcohol, drogas y otras sustancias psicoactivas no constituye un riesgo laboral en sentido estricto, salvo situaciones excepcionales dadas por aquellas actividades como la fabricación, envasado, distribución, manejo y venta de alcohol o la producción, empleo y distribución de medicamentos, en

---

132 Ejemplar el ensayo de Forsyth, A. J. M.; Lennox, J. y Emslie, C.: «That's cool, you're a musician and you drink': exploring entertainers' accounts of their unique workplace relationship with alcohol», *The International Journal of Drug Policy*, Vol. 36, 2016, págs. 85-94.

133 Según establecen las guías UGT: *Prevención de las drogodependencias en trabajadores/as de centros penitenciarios,* Madrid (UGT/Ministerio de Sanidad, Política Social e Igualdad), 2011 y UGT: *Prevención de adicciones en los trabajadores de Instituciones Penitenciarias,* Madrid (UGT/Ministerio de Sanidad, Política Social e Igualdad), 2010.

134 NTP 489: *Violencia en el lugar de trabajo,* 1998 (Pérez Bilbao, J. y Nogareda Cuixart, C.).

las cuales el necesario contacto o fácil accesibilidad a las sustancias podría llevar a su consumo.

En el resto, el riesgo no deriva del trabajo, sino de fuera, conforme demuestran dos datos concluyentes[135]: de un lado —y conforme consta—, la tasa de consumo ya está asentada en los individuos en la época juvenil, antes de incorporarse al mercado laboral, en un porcentaje similar al que acreditan como trabajadores, y solo se eleva de manera apreciable precisamente en la situación de desempleo; de otro, las estadísticas también son concluyentes a la hora de mostrar las causas a las cuales los propios interesados imputan el abuso, donde el trabajo se sitúa en márgenes muy poco representativos. (Gráfico 3).

Gráfico 3.- Motivos aducidos por los bebedores para el consumo de alcohol

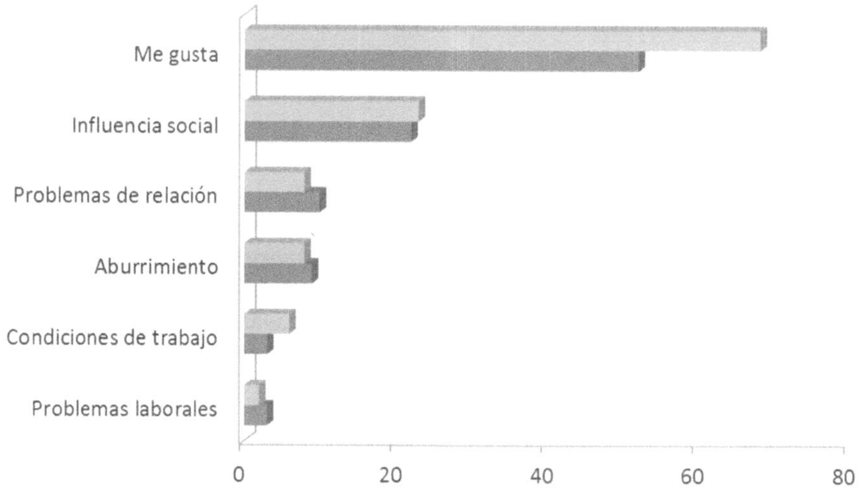

Fuente: FAD (1984-2006)[136]

135 Por extenso, Frone, M. R.: *Alcohol and illicit drug use in the workforce and workplace*, Washington (American Psychological Association), 2013, Capítulos I y II.

136 EDIS/FAD: *La incidencia de las drogas en el medio laboral de la Comunidad de Madrid*, Madrid (Agencia Antidroga), 1996. Los datos pueden ser corroborados en otras encuestas también realizadas bajo los auspicios de la misma Fundación, como *La incidencia de las drogas en el medio laboral de la Comunidad Valenciana (I)*, Valencia (Generalitat Valenciana/FAD), 1999, pág. 158; *El consumo de las drogas en Galicia*, Santiago de Compostela (SERGAS), 2004, pág. 170; *La incidencia de las drogas en el medio laboral de la Comunidad Valenciana (II)*, Valencia (Generalitat Valenciana), 2006, págs. 110-112. Los resultados son semejantes en el estudio dirigido por la Fundación Andaluza para la Atención a las Drogodependencias e Incorporación Social: *Los andaluces ante las drogas (X)*, Sevilla (Dirección General para las Drogodependencias y Adicciones de Andalucía), 2007, pág. 92.

Más aún, incluso de admitir que algunas condiciones de trabajo pudieran actuar desde este plano como concausa para el desarrollo o arraigo del hábito, difícilmente cabrá apreciar una relación directa entre aquellas y el consumo, pues (a diferencia de los riesgos psicosociales) media un acto de voluntad del trabajador, con lo cual su conducta será el origen inmediato del riesgo. Tomarlo como laboral exigiría del empresario proteger al trabajador de sí mismo, aun cuando por las tareas desempeñadas no mediara probabilidad de accidente y pudiera desconocerse si y en qué momento puede acaecer la situación.

Únicamente, por tanto, cuando el trabajador hubiera comunicado al empleador su dependencia aparecerá un riesgo laboral concreto que demandará las oportunas medidas preventivas, al ser un trabajador especialmente sensible (art. 25 LPRL).

El plano de análisis y las conclusiones varían radicalmente de sopesar el segundo inciso de precepto, donde el riesgo laboral ya no deriva literalmente del trabajo, sino que se introduce en el trabajo cuando el empleado acude a realizar la prestación o este alcanza durante su transcurso un estado de intoxicación. Bajo esta perspectiva, el riesgo aparece definido en su dimensión cualitativa y cuantitativa por la noción de gravedad (probabilidad del daño y su severidad)[137] que, conforme interpreta el Tribunal Supremo[138], exige atender tanto a la actividad de la empresa como al concreto puesto ocupado por el trabajador. En consecuencia, procederá valorar en cada caso concreto si la presencia en la empresa de quien ha consumido, por las tareas realizadas y el contexto donde lo hace, constituye un peligro para sí mismo, para sus compañeros o para clientes, usuarios o terceros.

Dos parámetros harán de ser ponderados en este punto[139]:

A.- La dimensión cuantitativa y conjunta de la probabilidad de daño y severidad entra dentro de la definición de evaluación de riesgos tal y como la entiende el art. 3.1 RPS. La práctica muestra, sin embargo, que en la evaluación inicial del art. 16.2 LPRL no aparece entre los índices a ponderar, con lo cual, y con carácter general, los operadores jurídicos descartan su consideración como riesgo al carecer de la entidad necesaria, *a priori*, para una intervención preventiva. Distinto será cuando proceda una revisión de aquella decisión o calificación previa *ex* art. 6 RSP por haberlo establecido así una norma, obrar el acuerdo entre la empresa y los representantes de los trabajadores o si los controles periódicos de salud hubieran mostrado la insuficiencia o inadecuación de las actividades preventivas, en particular de haber acaecido algún accidente de trabajo[140].

---

137 Botana López, J. M. «Comentario al art. 4», en AA. VV. (Iglesias Cabero, M., Coord.): *Comentario a la Ley de Prevención de Riesgos Laborales*, Madrid (Civitas), 1997, pág. 41.

138 STS 25 junio 2008 (RJ 4450).

139 Igartua Miró, M. T.: *La obligación general de seguridad*, Valencia (Tirant lo Blanch), 2000, págs. 72 y ss.

140 Núñez González, C.: *La evaluación de los riesgos derivados del trabajo*, Valencia (Tirant lo Blanch), 1999, págs. 75 y ss.

B.- El carácter coextenso a la declaración de riesgo laboral con el ámbito de los reconocimientos médicos recogidos en el art. 22 LPRL, pues no cabrá imponer obligación alguna al empresario sin dotarlo, al tiempo, de los medios necesarios para abordarlo. De este modo, reconocer formalmente el riesgo supondría hacerlo igualmente del carácter obligatorio de los reconocimientos, lo cual pugna con la tesis del Tribunal Constitucional sobre su carácter voluntario con carácter general, cuando sienta que únicamente podrán ser de recibo tan singulares controles por razones de interés general, cuando así lo determine una ley en relación con la protección de riesgos específicos y actividades de especial peligrosidad o por la probabilidad de que acaezca un siniestro (posibilidad de riesgo de cierta gravedad) en atención a la actividad o funciones desarrolladas por el trabajador[141].

A resultas de tal lectura, el art. 4 LPRL habría de ser leído en la mentada clave constitucional uniendo, a las excepciones antes mencionadas, la consideración del alcohol, drogas y sustancias como riesgo cuando su consumo, por las características de las tareas desempeñadas por el trabajador, pudiera suponer un riesgo grave para su salud y seguridad, o la de sus compañeros o terceros. Es precisamente en este extremo donde la negociación colectiva habría de servir de valiosísima ayuda a la hora de localizar tales puestos y tareas.

Otra valoración merecerá, en esta perspectiva poliédrica, la consideración de los problemas de adicción del trabajador bajo el aspecto de factores extralaborales con incidencia en su salud mental[142], pues el Comité Mixto de la OIT y de la OMS, ya en un documento veterano[143], entiende que entre los riesgos psicosociales procedería incluir todas las «interacciones entre el trabajo, su medio ambiente, la satisfacción en el empleo y las condiciones de su organización, por una parte, y por la otra, las capacidades del empleado, sus necesidades, su cultura y su situación personal fuera del trabajo; todo lo cual, a través de percepciones y experiencias, puede influir en su salud, en el rendimiento en la satisfacción del trabajador».

Cuanto no tiene cabida como riesgo autónomo, sí podría y debería ser considerado como uno de esos factores aludidos dentro de «las capacidades del empleado, sus necesidades, su cultura y su situación personal fuera del trabajo»[144], completando así el triángulo sobre el cual articulan sus propuestas las Organizaciones Internacionales.

---

141 STCo 196/2004, de 15 de noviembre.

142 Charro Baena, B.: «El consumo de sustancias psicoactivas como riesgo psicosocial en el ámbito laboral. Una revisión», *International Psychology, Practice and Research*, Vol. 3, 2012, págs. 3-13.

143 Oficina Internacional del Trabajo: *Factores psicosociales en el trabajo: naturaleza, incidencia y prevención (Informe del Comité Mito OIT-OMS sobre Medicina del Trabajo)*, 1984, en http://factorespsicosociales.com/biblioteca/publicaciones/FPS-OIT-OMS.pdf, pág. 12.

144 Al respecto, Fernández Domínguez, J. J.: «La incidencia de los factores "extralaborales" en la salud mental de los trabajadores», cit., págs. 189-209. Arana, X. y German, I.: «Consumo de drogas: repercusiones socio-económicas en el ámbito laboral», cit., pág. 168.

Figura 3.- Factores de riesgos psicosociales. Esquema OIT-OMS

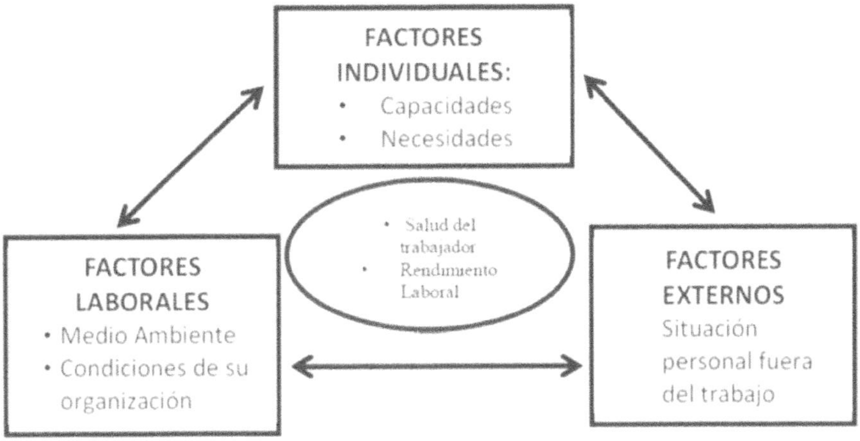

Fuente: **Bucci, N.** y **Luna Cardozo, M.** (2015)[145]

Es este un camino donde aún queda mucho por avanzar, incluso a nivel legal. Con todo, y sin duda, es la senda por donde cabe transitar en interés del trabajador; también de la empresa, conforme se pasa a analizar.

1.2. Los efectos del alcohol y las drogas en el trabajo

Existen multitud de investigaciones destinadas a analizar el problema del consumo de sustancias psicoactivas dentro del ámbito laboral desde diversos puntos de vista. Algunos de estos estudios suscitan dudas por el escaso contraste de sus datos, al estar construidos sobre opiniones subjetivas basadas en información recogida de diferentes cuestionarios laborales. A ello procede añadir otros obstáculos como la poca credibilidad de los autoinformes realizados por los trabajadores (pues ocultan hechos para evitar de esta forma represalias), los límites de los resultados obtenidos de los biomarcadores, la falta de colaboración por parte de las empresas a la hora de facilitar información relativa a estos hechos que puedan transcender a los usuarios o las limitaciones legales para realizar test de drogas en el trabajo[146].

145 Bucci, N. y Luna Cardozo, M.: «Modelo de evaluación de riesgos psicosociales determinado por factores internos, individuales, doble presencia y externos para entornos laborales», *Revista Digital de Investigación y Postgrado UNEXPO*, Vol. 5, núm. 1, 2015, pág. 618.

146 Tejero Acevedo, R. *et alii*: «Implicaciones psico-legales del consumo de alcohol y otras drogas en el ámbito laboral», *Psicopatología Clínica, Legal y Forense*, Vol. 2, núm. 2, 2002, págs. 68 y 69.

En estos cuestionarios los trabajadores son interrogados sobre las sustancias en el ámbito empresarial y responden, bien expresando desconocimiento total sobre el tema (para proteger de esta forma a otros compañeros y evitarles complicaciones), admitiendo al mismo tiempo que el consumo de sustancias supone un importante problema dentro de la compañía[147]; bien guardando silencio, por considerarlo como un problema propio de cada trabajador y no de la empresa[148].

Otras investigaciones son más limitadas en su ámbito de estudio y obtienen sus datos de pautas tomadas en una zona territorial muy específica[149], en una sección de actividad muy delimitado e incluso en empresas concretas[150]. Sin embargo, debido al considerable número de muestras y a las rigurosas técnicas de investigación utilizadas, estos estudios han sido ampliamente aceptados[151],

147 Según los datos que aportan Observatorio Español sobre Drogas: *Encuesta 2007-2008 sobre consumo de sustancias psicoactivas en el ámbito laboral en España*, cit., pág. 29.

148 González Fernández, M. J. *et alii*: *Percepción y actitud de las empresas españolas ante el alcohol y otras drogas,* cit., págs. 77 y 78.

149 Confederación Empresarial de la Provincia de Alicante: *Drogodependencias en el mundo laboral*, 2003, en http://www.coepa. es/prevención/guías/_pdf716_drogodependencia. pdf., págs. 3-6; Navarro Botella, J. y Megías Valenzuela, E.: *La incidencia de las drogas en el mercado laboral de la Comunidad Valenciana* (FAD/Generalitat Valenciana), 2006, págs. 130-132; Ramírez Olmedo, A. N.: «Identificación precoz de bebedores de riesgo en empleados públicos de la provincia de Cádiz», *Medicina y Seguridad del Trabajo*, Vol. 56, núm. 219, 2010, págs. 132-146; Gobierno Vasco (Departamento de Trabajo y de Seguridad Social): *Consumo de drogas en el mundo laboral,* Vitoria (Servicio Central de Publicaciones del Gobierno Vasco), 1992; CONFEBASK: *Cómo prevenir los riesgos derivados del consumo de alcohol y otras sustancias en el ámbito laboral,* 2004, en http://www.lineascen. cenavarra.es/documento/ficheros-recursos/Drogas.pdf, págs. 2 a 7; Pacheco Reyna, L. *et alii*: «Consumo de alcohol en la población laboral sevillana», en AA. VV.: *Libro de Actas del X Congreso Nacional de Medicina, Higiene y Seguridad del Trabajo*, T. II, Madrid (MTSS), 1986, págs. 992 y ss.; Herrera Wehbe, A. y Lafuente Llera, A.: «Screening de drogas de abuso en el personal laboral de Aragón. Estudios por edades», *Mapfre Medicina*, Vol. 4, núm. 3, 1993, págs. 59-61.

150 Entre los estudios más notables, Otero Dorrego C.; Huerta Camarero, C. y Duro Perales, N.: «Drogodependencia en personal sanitario: una visión desde la Medicina del Trabajo (I): aspectos jurídico-legales y epidemiológicos», cit., págs. 17 y 18 o Tejero Acevedo, R. *et alii*: «Implicaciones psico-legales del consumo alcohol y otras drogas en el ámbito laboral», cit., págs. 63-71.

151 Cabe destacar las estadísticas expuestas en FAD/DGPNSD: *La incidencia de las drogas en el mundo laboral*, cit.; González Fernández, M. J. *et alii*: *Percepción y actitud de las empresas españolas ante el alcohol y otras drogas*, cit., págs. 77-81; Observatorio Español sobre Drogas: *Encuesta 2007-2008 sobre consumo de sustancias psicoactivas en el ámbito laboral en España*, cit., págs. 12-30; EDIS/ UGT: *Drogodependencias*, Madrid (Torreblanca), 1977; APTA: «Incidencia del consumo de drogas en la población laboral española y problemática derivada», en AA. VV.: *I Jornada Internacional sobre Drogas en el Medio Laboral*, Madrid (Plan Regional de Drogas), 1993, págs. 1-9; Caballero Vallés, P. J. *et alii*: «Consumo de alcohol y tabaco en el medio laboral. Estudio de 1.601 exámenes de salud», en AA. VV.: *Actas del I Congreso Nacional de Medicina del Trabajo*, cit., págs. 841 y ss. o Mansilla Izquierdo, F.: «Reflexiones en torno a la drogodependencia en el medio laboral», *Revista Española de Drogodependencias*, Vol. 32, núm. 1, 2007, págs. 63-67.

permitiendo acreditar una prevalencia a nivel internacional y europeo del consumo de sustancias en la población laboral[152].

Los datos desprendidos de los estudios destinados a acreditar este fenómeno en la empresa varían mucho dependiendo de las variables utilizadas. El consumo es distinto según el sector productivo empresarial (pudiendo observar —según ya consta— distintas tendencias, como pueden ser en sectores como la construcción, el transporte, hostelería o comercio, donde la inclinación es más acusada)[153], el tamaño de la empresa (donde es superior en empresas medianas y pequeñas que en empresas grandes), el género (siendo superior en el género masculino —excepto en consumo de hipnosedantes— que en el femenino), así como la situación laboral del individuo (con índices superiores entre los desempleados que en el colectivo de la población laboral).

Con todo ello, las consecuencias del consumo de alcohol y otras drogas en el lugar de trabajo continúan siendo evidentemente drásticas: el número de accidentes de trabajo entre personas alcohólicas es entre dos y tres veces superior a aquellos que padecen el resto de trabajadores; los daños suelen ser corporales del propio trabajador, a terceros, o afectar a maquinaria y equipos de trabajo[154]; quienes causan baja laboral o abandonan su puesto de trabajo por absentismo llegan a ser el triple y con interrupciones más frecuentes y duraderas; las sanciones disciplinarias que están relacionadas con este tipo de consumo son entre un 15 y un 40 %; por no seguir, los gastos adicionales que genera como el sanitario y social en concepto de atención médica, bajas, declaraciones de incapacidad y enfermedades que provocan una decisión de jubilación anticipada[155].

No solamente los efectos alcanzan proyección sobre el trabajador, con la pérdida de su puesto de trabajo y, consecuentemente, de sus ingresos, pagos por atención médico-farmacéutica, perdida de salud y calidad de vida y deterioro de sus relaciones familiares y sociales; también en la empresa, con los costes de los accidentes de trabajo para el empleador, pérdida de productividad y absentismo, preocupaciones en el trabajo para sus compañeros o conductas antisociales que

---

152 Ochoa Mangado, E. y Madoz Gurpide, A.: «Consumo de alcohol y otras drogas en el medio laboral. España», *Medicina y Seguridad del Trabajo*, Vol. 54, núm. 213, 2008, págs. 190-194.

153 Interesantes las propuestas manifestadas en UGT: *Guía sectorial. La prevención de las drogodependencias en la Federación de Transportes, Comunicación y Mar (FETCM)*, en www. ugt. es. campañas/FETCMdrogas. pdf; Guía sectorial. La prevención de drogodependencias en la Federación Agroalimentaria, en www.ugt.es.campañas/FTAdrogas.pdf; o *Guía sectorial. La prevención de las drogodependencias en la Federación de Servicios Públicos (FSP)*, en www.ugt. es. campañas/FSPdrogas. pdf.

154 Edwards. C. E.: *Lugares de trabajo libres de drogas. Establecimiento de una política y un programa,* Arizona (HIDATA), 2004, disponible en http://vwvw.drugwatch.org/reports/DFWWorkPlace ManualSpan.pdf, pág. 4.

155 Resumiendo las aportaciones de distintas fuentes, Confederación Empresarial de la Provincia de Alicante: *Drogodependencias en el mundo laboral*, cit., pág. 6.

solo pueden empeorar la situación laboral, pues la incorporación de las drogas al ámbito empresarial desequilibra las relaciones de compañerismo, genera conductas antisociales e improductivas y suele ser ocultada a la dirección de la empresa, ayudada en muchos casos por la connivencia con otros trabajadores.

Un análisis de las consecuencias más destacadas podría ser reconducido al siguiente cuadro.

1.2.1. Incidencia en la persona y capacidad del trabajador

El alcohol y las drogas deterioran la salud del trabajador, actuando —por lo general (Tabla 6)— como depresivas del sistema nervioso central, en tanto «ralentizan (imprimen lentitud) el funcionamiento del cerebro, pudiendo provocar desde desinhibición hasta coma, en un proceso progresivo de adormecimiento cerebral»[156]. Sin perjuicio de su actuación a medio y largo plazo, es importante retener que cualquier consumo, «por pequeño que sea, puede alterar la capacidad del individuo»[157]. Esta alteración, además, no solo puede ser manifestada cuando se consume, sino horas después (en un lapso de hasta 18 horas aproximadamente), introduciéndose así como un factor perturbador en el desarrollo de la relación laboral.

Tabla 7.- Clasificación de las drogas según su efecto en el SNC

CLASIFICACIÓN	ACCIÓN	SUSTANCIAS REPRESENTATIVAS
Depresoras del SNC	Enlentecen la función del SNC	• Alcohol • Opiáceos (heroína, morfina, metadona, propoxifeno, meperidina) • Tranquilizantes: ansiolíticos • Hipnóticos • Disolventes
Estimulantes del SNC	Activan el estado de vigilia	• Estimulantes mayores: cocaína y anfetaminas • Estimulantes menores: nicotina • Xantinas: cafeína, teobromina, etc.
Alucinógenas	Distorsionan la función del cerebro, dando lugar a alteraciones perceptivas, tales como alucinaciones, ilusiones, etc.	• LSD • Hongos del género psilocibis • Datura arbórea (Floripon)Derivados del cannabis • Drogas de síntesis: Éxtasis • Ketamina

Fuente: OMS (1995)

156 Rodríguez, J. L. *et alii*: *Orientaciones sobre intervención sindical en drogodependencias*, Madrid (CC. OO.), 2009, pág. 28.

157 AA. VV. (Sánchez Pérez, P., Coord.): *El alcohol y la conducción*, Madrid (Ministerio del Interior/Dirección General de Tráfico), 2014, pág. 11.

A la hora de ponderar sus efectos sobre el trabajador es obvio que las características subjetivas de la persona influirán de manera significativa[158], pues, por ejemplo, «tras la ingestión de una misma cantidad de alcohol, la alcoholemia no es la misma en todas las personas, ni en la misma persona en todo momento. Existen una serie de factores que modifican la concentración de alcohol al actuar sobre la absorción del mismo y otros factores que modifican la alcoholemia, así como su eliminación. Algunos de los factores que afectan a la alcoholemia son el peso, la cantidad de agua del organismo, el género o el hábito de beber»[159]; también el estado de la persona, no en vano la fatiga, la somnolencia, la ansiedad o el estrés influirán de manera decisiva en su metabolización[160].

Mayor complejidad supone evaluar los efectos de otras drogas, habida cuenta de que dependerán del tipo y cantidad, frecuencia, rapidez en llegar al cerebro, mezcla con otras drogas o sustancias o alimentos ingeridos al propio tiempo y, de nuevo, el tamaño, genero, estructura corporal y química de la persona. Con particular relieve habrán de analizarse los supuestos muy frecuentes de policonsumo (Gráfico 4), en los cuales la mezcla provoca una sinergia multiplicadora.

Gráfico 4- Hábitos de consumo (policonsumo) en España

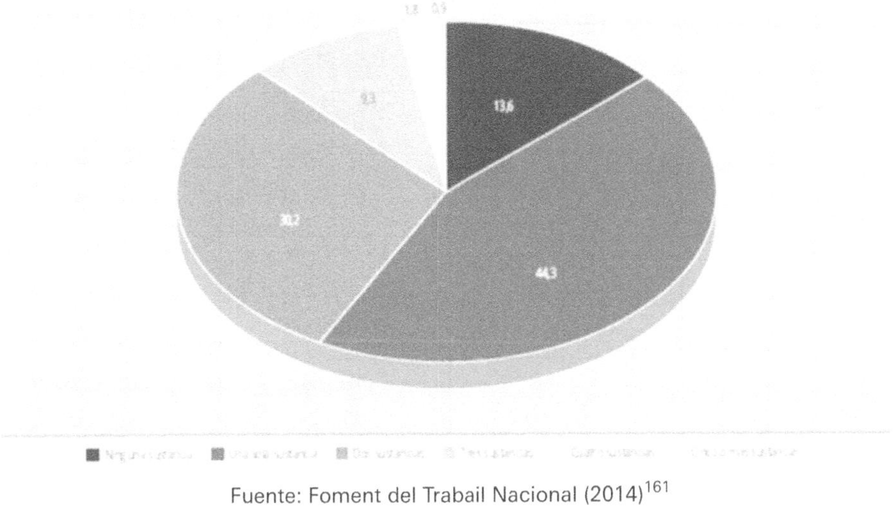

Fuente: Foment del Trabail Nacional (2014)[161]

158 Punto de partida, por ejemplo, en el estudio VICENTE-HERRERO, M. T de.: «Parámetros de riesgo cardiovascular, metabólico y de consumo de alcohol en población laboral», *Endocrinología y Nutrición*, Vol. 62, núm. 4, 2015, págs. 161-167.

159 MINISTERIO DE SANIDAD, SERVICIOS SOCIALES E IGUALDAD: *Alcohol, conducción y accidentes de trabajo*, Madrid (MSSI), s/f, pág. 12.

160 UGT/MSPI: *Prevención del consumo de alcohol en el lugar de trabajo*, cit., pág. 8.

161 FOMENT DE TREBALL NACIONAL: *Guía de abordaje de la drogodependencia en el ámbito laboral*, Barcelona (Foment de Treball Nacional), 2014, pág. 15.

Siguiendo con el alcohol como ejemplo —por ser el más común y el más estudiado—, y para valorar el estado en un momento dado del trabajador tomando en cuenta las características subjetivas anteriores, puede ser indicativo el siguiente cuadro orientativo a la hora de trazar la frontera para considerar un consumo de riesgo (sin tener en cuenta, no obstante, otras variantes también a ponderar, entre las cuales la rapidez en la ingesta —a mayor rapidez, superior absorción—, el carácter fermentado o destilado de la bebida —esta última de absorción más lenta—, su mezcla con bebidas gaseosas o en caliente —en cuyo caso la alcoholemia aparecerá antes— o la presencia o no de alimentos en el estómago —pues el déficit hará que el alcohol se introduzca antes en sangre—)[162].

Tabla 8.- Tasas de alcoholemia

TASA DE ALCOHOLEMIA DE BEBIDAS MÁS HABITUALES			
TIPO DE BEBIDA	CANTIDAD	HOMBRE (70/90Kg)	MUJER (50/70Kg)
CERVEZA (330 ml./5.º)	1 tercio	0,21-0,28	0,34-0,48
	2 tercios	0,43-0,55	0,68-0,95
	3 tercios	0,64-0,83	1,02-1,43
VINO/CAVA (100 ml./12.º)	1 vaso	0,16-0,20	0,25-0,35
	2 vasos	0,31-0,40	0,50-0,69
	3 vasos	0,47-0,60	0,74-1,04
VERMÚ (70 ml./17.º)	1 vaso	0,15-0,20	0,25-0,34
	2 vasos	0,31-0,40	0,49-0,69
	3 vasos	0,46-0,60	0,74-1,03
LICOR (45 ml./23.º)	1 vaso	0,13-0,17	0,21-0,30
	2 vasos	0,27-0,35	0,43-0,60
	3 vasos	0,40-0,52	0,64-0,90
BRANDY (45 ml./38.º)	1 vaso	0,22-0,29	0,35-0,49
	2 vasos	0,44-0,57	0,71-0,99
	3 vasos	0,67-0,86	1,06-1,48

162 AA. VV. (SÁNCHEZ PÉREZ, P., Coord.): *El alcohol y la conducción*, cit., pág. 14.

TASA DE ALCOHOLEMIA DE BEBIDAS MÁS HABITUALES			
COMBINADO (50 ml./38.º)	1 vaso 2 vasos 3 vasos	0,25-0,32 0,49-0,63 0,74-0,95	0,39-0,55 0,78-1,10 1,18-1,65

Fuente: DGT (2014)[163]

La situación del trabajador, según grado de concentración en sangre y efectos, podrá ser sopesada, igualmente, a partir de la siguiente tabla

Tabla 9.- Efectos del consumo de alcohol y estado del trabajador según concentración de alcohol en sangre

ESTADO	CONCENTRACIÓN EN SANGRE DE ETANOL	EFECTO
Sobriedad	Entre 0,1 y 0,5 g/l.	Tiene una conducta aparentemente normal y no se observan síntomas de un consumo de alcohol, únicamente serían detectables con pruebas específicas o análisis clínicos.
Euforia	Entre 0, 3 y 1,2 g/l.	Ligera euforia, aumento de la sociabilidad, se relaciona más con las personas, aumento de la autoestima y disminuye la inhibición social. La capacidad de atención, la de enjuiciamiento y el control disminuyen.
Excitación	De 0,9 a 2,5 g/l.	Todos los efectos que aparecen son negativos y afectan a la persona: inestabilidad emocional (pasan de la risa al llanto), disminución de las inhibiciones (hacen cosas sin sentido), disminución de la atención (estar en otro mundo, estar ido), pérdida del juicio crítico, alteración de la memoria y de la comprensión, menor respuesta a los estímulos sensoriales, baja capacidad de reacción (peligro al conducir) y ligera descoordinación muscular (movimientos incontrolables al andar).
Confusión	De 1,8 a 3 g/l.	Se produce desorientación y confusión mental, mareos, alteraciones en la percepción del color, formas y movimiento. Disminuye el umbral del dolor y se exagera la manifestación de sentimientos (tanto de cariño como violentos), alteración del equilibrio (marcha insegura), descoordinación muscular y habla pastosa.

163 AA. VV. (SÁNCHEZ PÉREZ, P., Coord.): *El alcohol y la conducción*, cit., pág. 12.

ESTADO	CONCENTRACIÓN EN SANGRE DE ETANOL	EFECTO
Estupor	De 2,7 a 4 g/l.	Apatía, inercia (dejarse llevar), incapacidad y descoordinación muscular (movimientos lentos y descoordinados), incapacidad de caminar y permanecer de pie, vómitos e incontinencia, estado alterado de la consciencia, sueño y estupor.
Coma	De 3,5 a 5 g/l.	Se produce una inconsciencia completa.
Muerte	Por encima de 4,5 g/l.	A partir de esa tasa de alcohol en sangre se puede producir la parálisis respiratoria.

Fuente: UGT (2012)[164]

En fin, y con carácter ya no puntual, sino de situación, el tipo de consumo que sigue como patrón un trabajador en una determinada época de su vida podrá ser calificado según los valores de la tabla siguiente:

Tabla 10.- Tipos de consumo de alcohol

TIPO DE CONSUMO	BREVE DESCRIPCIÓN
Experimental	Consumo realizado por aquella persona que, guiada por la curiosidad, se anima a probar el alcohol, pudiendo continuar a posteriori con el consumo o limitarse a probarlo.
Ocasional	Consumo esporádico de alcohol.
Episódico	Consumo durante un periodo de tiempo determinado, que puede durar desde una hora a varios días.
Habitual	El consumidor busca el alcohol y sus efectos de manera habitual.
Sistemático	Consumo realizado varias veces al día, puede ser que «su vida se vaya estrechando hasta girar obsesivamente en torno al alcohol».
Consumo de riesgo	El consumo puede producir un problema para la salud, pero no se puede clasificar de dependencia.
Abuso	El consumo de abuso es aquel que puede poner en riesgo al consumidor y afectar a su entorno físico, psíquica o socialmente.

164 UGT: *Drogodependencia y adicciones*, Madrid (UGT), 2012.

TIPO DE CONSUMO	BREVE DESCRIPCIÓN
Dependencia	El consumo genera un estado de cambios de comportamiento «que comprenden un impulso irreprimible por tomar la sustancia». En caso de privación se produce el síndrome de abstinencia.
Policonsumo	Abuso simultaneo de varias sustancias con distintos efectos farmacológicos y que puede crear dependencia.

Fuente: UGT (2011)[165]

Por su parte, y respecto de la droga cabrá trazar la siguiente semblanza

Tabla 11.- Niveles de consumo de drogas

No consumo	Nunca ha consumido drogas en particular.
Experimental	Ha probado una sustancia una o algunas veces. El motivo es la curiosidad por los efectos de la droga.
Esporádico	Consumo infrecuente e irregular, generalmente en ocasiones especiales (vacaciones, fiestas, etc.) o se presenta la oportunidad
Habitual	El consumo sigue un patrón predecible, que puede ser frecuente o infrecuente. El consumidor busca los efectos de las drogas o participar en consumo de su grupo. Generalmente tiene la sensación de controlar el consumo.
Dependencia	Consumo regular y, por lo general, frecuente. Dependencia física y/o psíquica de la droga. El consumidor siente que ha perdido el control, pero continua a pesar de las consecuencias negativas.

Fuente: Fundación Salud y Comunidad (2021)[166]

Como es obvio, los problemas laborales y su abordaje habrían de ser distintos según las situaciones de cada trabajador, y los perjuicios serán diversos para la empresa en supuestos puntuales o arraigados, abriendo el discurso a cuanto se abordará en el apartado destinado a la prevención de riesgos; con

165 UGT/MSPI: *Prevención del consumo de alcohol en el medio laboral*, cit., pág. 11

166 Fundación Salud y Comunidad: *Guía Profesorado - Módulo 2.3 El continuo de consumo de drogas*, Barcelona (Lasdrogas.info), 2021, en https://www.lasdrogas.info/guias/guia-profesorado/guia-profesorado-modulo-2-ayudar-a-los-estudiantes/guia-profesorado-modulo-2-3-el-continuo-de-consumo-de-drogas/.

todo, el lema general de las OMS, «Alcohol, cuanto menos mejor», cuando se refleja en su relación con el trabajo encuentra un eslogan más certero en cuanto algunos Estados proclaman como «Meta 0,0»[167]. En particular, atendiendo al patrón-tipo dado por las estadísticas de quien consume a diario, o relacionado con una persona de nivel bajo de estudios e ingresos[168], sexo masculino, trabajo en sector primario, construcción y hostelería, cuya adicción encuentra los picos más altos entre los 24 y 34 años aun cuando su estado patológico se agrava con la edad.

1.2.2. Consecuencias negativas para la empresa

Sin perjuicio de no alcanzar a cuanto señalan algunas valoraciones («aproximadamente el 50 % de las empresas españolas han tenido que enfrentarse en los últimos tiempos a problemas derivados del consumo de alcohol»)[169], ni la «política de avestruz» del empresario, ni el «silencio cómplice de los empleados por no perjudicar ni a la empresa ni a los compañeros»[170], consiguen ocultar un fenómeno de incidencia preocupante para el empleador por varias razones ampliamente documentadas a nivel mundial, europeo y español.

1.2.2.1. Absentismo laboral

Define la Organización Internacional del Trabajo (OIT) absentismo o ausentismo (más común en Latinoamérica) como «la no asistencia al trabajo por parte de un empleado del que se pensaba que iba a asistir, quedando excluidos los periodos vacacionales y las huelgas»[171]. Esta situación supone para la dirección de la empresa una incidencia negativa sobre los costes y productividad, para los compañeros un aumento de la carga de trabajo y de malestar laboral y para el propio trabajador un síntoma de falta de compromiso con la entidad que puede llegar a hacer tambalear su relación contractual.

Existe un claro perjuicio para el empresario cuando ha lugar la ausencia y abandono por parte del trabajador con incumplimiento de las obligaciones derivadas del contrato, entre cuales están tanto la asistencia al mismo como la permanencia en el puesto realizando su cometido durante el período de

167 Wilhelm, K. *et alii*: «Workand mental health», *Social Psychiatry and Psychiatric Epidemiology*, vol. 39, 2004, págs. 866-873.

168 Un análisis de esta pauta en Ruiz-Flores Bistuer, M. *et alii*: «Prevalencia de consumo de alcohol en trabajadores de la función pública», cit., págs. 111-114.

169 UGT/MSPSI: *Prevención del consumo de alcohol en el lugar de trabajo*, cit., pág. 16.

170 Un estudio de contraste exhaustivo en Frone, M. R.: *Alcohol and illicit drugs in the workforce and workplace*, cit., Capítulos III y IV.

171 Porret Gelabert, M.: «El absentismo laboral en la empresa española», *Revista Técnico Laboral*, Vol. 34, núm. 131, 2012, págs. 5-81.

tiempo determinado, pues de él cabe esperar un cumplimiento de las obligaciones laborales con buena fe y diligencia[172].

El sentido de evitar el absentismo laboral radica en proteger el resultado útil que cabe esperar en la deuda de trabajo de un empleado, no como una mera aportación cuantitativa, sino también cualitativa, perdida por la interrupción o realización deficiente de la prestación[173]. Esta circunstancia aparece conectada con la esfera disciplinaria, pudiendo provocar el despido del empleado si concurren las exigencias del art. 54.2 a) del Real Decreto Legislativo 2/2015, de 23 de octubre, por el que se aprueba el texto refundido de la Ley del Estatuto de los Trabajadores (en adelante ET).

El absentismo es una de las más habituales consecuencias del consumo de estas sustancias, además de ser la más acreditada[174], llegando a acaecer con una frecuencia de hasta dos y tres veces superior en quienes son consumidores de alcohol y drogas[175] —es más, llama la atención porque en ocasiones haya sido cifrada en nueve veces superior[176], e incluso en dieciséis[177], en comparación con otros empleados— y provocando un riesgo identificado en la unidad productiva, a través de quienes sufren estos problemas.

Estos trabajadores, en ocasiones, manifiestan altos índices de retrasos, ausencias injustificadas (aunque sí justificadas por su enfermedad)[178], abandonos, disminución de la productividad[179] (el incluido llamado «presentismo» poco productivo)[180] o sufren bajas por enfermedad que son extendidas du-

172 «El trabajador debe al empresario, a cambio de un salario, un tiempo de trabajo y además también un trabajo durante un tiempo», STSJ de Cantabria, 26 septiembre 1995 (Rec. 862/1995).

173 García Fernández, M.: «El rendimiento debido en la relación de trabajo», *Revista Española de Derecho del Trabajo*, núm. 3, 1980, págs. 361-394.

174 Según Esteban Valencia, J. y Pérez Gómez, A.: «Ausentismo laboral y su relación con el consumo de alcohol y otras sustancias psicoactivas», 2008, en http://www.cicad.oas.org/OID/Mainlage/ Costs/Protocol/Ausentismo. pdf; o, a nivel internacional, por la exposición y síntesis de la información ofrecida, la obra Johansson, E.; Bakerman, P. y Uutela, A.: «Alcohol consumption and sickness absence: evidence from microdata», *European Journal of Public Health,* Vol. 19, núm. 1, 2009, págs. 19-22.

175 FCC-Medio Ambiente (Delegación Tarragona-Lleida): *Programa preventivo del consumo de alcohol y otras drogas*, 2011, en www.insht.es/.../Prácticas/Ficheros/20_2_FCC. pdf.

176 Blanco, A. y Antequera, R.: «Alcohol en la empresa», *Monografías Psiquiátricas*, Vol. 9, núm. 1, 1997, págs. 18-31.

177 Edwards, C. E.: *Lugares de trabajo libres de drogas. Establecimiento de una política y un programa*, cit., págs. 3 y 4.

178 Vicente-Herrero, T. *et alii*: «Consumo de alcohol en población trabajadora española y repercusiones metabólicas», *Revista Cubana de Salud Pública*, Vol. 40, núm. 1, 2014.

179 García-Sempere, A.: «Los estudios del coste del absentismo: marco conceptual, limitaciones y resultados», *Adicciones*, Vol. 14, núm. 1, 2002, pág. 14.

180 Cooper, C. y Dewe, P.: «Well-being. Absenteeism, presenteeism, costs and challenges», *Occupational Medicine*, Vol. 58, 2008, págs. 522-524 o AAS, R. W. *et alii*: «The influence of

rante más tiempo (sobre 45 días si de «bebedores excesivos» se trata)[181], generando, por tanto, un incremento de costes médicos[182].

La importancia es tal que, quienes están al frente del problema muestran su parecer en la siguiente tabla.

Tabla 12. Grado de relación entre consumo de alcohol y absentismo según estamento y sexo

GRADO DE RELACIÓN	ESTAMENTO Y SEXO					
Mucha	42	48	35	42	36	40
Alguna	43	39	53	54	46	43
Poca	9	6	4	2	8	11
Ninguna	4	3	4	2	5	1
NS/NC	2	4	4		3	5

Fuente: **González Fernández** *et alii* (2006)[183]

La tendencia, por lo demás, en vez de disminuir, aumenta con el paso del tiempo de no obrar el necesario abordaje del problema[184], hasta el punto de «cronificarse» la falta de productividad[185].

1.2.2.2. Siniestralidad o accidentalidad

Otro de los indicadores laborales sobre el consumo de estas sustancias son las estadísticas de siniestros o accidentes de trabajo. Sin duda es incuestionable la estrecha conexión entre estos dos elementos, acreditado con datos que demuestran cómo en alrededor del 23 % de los accidentes,

alcohol consumption on sickness presenteeism and impaired daily activities. The WIROS secreenmg studies», *Plos one*, Vol. 12, núm. 10, 2017.

181 Martín Díez, M. J. *et alii*: *Guía para la implantación de un plan de prevención de las adicciones en la empresa*, Bilbao (OSALÁN), 2014, pág. 15.

182 Un análisis concluyente en Leggat, P. A. y Smith, D. R.: «Alcohol-related absenteeism: the need to analyse consumption patterns to target screening and brief interventions in the workplace», *Industrial Health*, Vol. 47, 2009, págs. 345-347.

183 González Fernández, M. J.: *et alii*: *Percepción y actitud de las empresas españolas ante el alcohol y otras drogas*, cit., pág. 150.

184 McFarlin, S. K. .y Fals-Stewart, W.: «Workplace absenteeism. A sequential analysis», *Psychology of Addictive Behaviors*, Vol. 16, núm. 1, 2002, págs. 17-21.

185 Bergstrom, G. *et alii*: «Sickness presenteeism today, sickness absenteeism tomorrow? A prospective study on slickness presenteeism and future sickness absenteeism», *Journal of Occupational and Environmental Medicine*, Vol. 5, núm. 6, 2009, págs. 629-638.

los individuos implicados en su producción han dado positivo en los controles de sustancias[186].

También es reflejado en el parecer de los interesados —según un 34 % de los trabajadores y un 48 % de las empresas[187]—, siendo acreditado que es tres veces mayor la posibilidad de sufrir cualquier tipo de siniestro laboral si existe una adicción a este tipo de sustancias[188]. Procederá destacar, además, las consecuencias indirectas derivadas de estos accidentes, tales como los gastos de asistencia sanitaria, bajas, pérdida de producción, indemnizaciones y demás secuelas bajo las distintas formas de responsabilidad[189].

Un estudio de campo en España, especialmente destacable por su rigor[190], así como la revisión gráfica ulterior de sus datos[191], comprueba que en los accidentes de trabajo mortales acaecidos en Málaga en un periodo de tiempo dado, el 20,7 % de los supuestos dieron positivo en alcohol etílico (12 de 58 trabajadores) y el 8,6 % en otras drogas (5 de 58), siendo abrumadoramente mayoritarios los supuestos de precipitación y atrapamiento que acabaron en fallecimiento. La recopilación más exhaustiva de estudios en la materia confirma una media del 31,4 % de siniestros con consumo de alcohol: 21,3 % mortales, 26,4 % graves y 42,3 % leves[192].

De atender a las encuestas sobre la valoración que merece a los trabajadores, es concluyente el rechazo a trabajar con personas que tienen conocidos problemas de consumo (93 %), y se considera que son causa directa de siniestralidad en más de la mitad de los supuestos que conocen (54 %), siéndoles imputada la causa de baja por accidente o enfermedad en un por-

---

186 EDWARDS, C. E.: *Lugares de trabajo libres de drogas. Establecimiento de una política y un programa,* cit., pág. 4. En el mismo sentido, OCHOA MANGADO, E. y MADOZ GÚRPIDE, A.: «Consumo de alcohol y otras drogas en el medio laboral. España», cit., pág. 176 y OROZCO, R.: «El lugar donde ocurren las lesiones y su relación con el consumo de alcohol. Estudio en sala de urgencias», cit., págs. 53 y ss. A nivel mundial, los datos de OIT: «Progresos en la lucha contra las drogas y el alcohol en el trabajo», *Revista de Trabajo*, núm. 23, 1998, pág. 16.

187 Datos en FERNÁNDEZ, M. J. *et alii*: *Percepción y actitud de las empresas españolas ante el alcohol y otras drogas*, cit., págs. 156-181.

188 EDWARDS, C. E.: *Lugares de trabajo libres de drogas. Establecimiento de una política y un programa*, cit., pág. 4.

189 CONFEDERACIÓN EMPRESARIAL DE LA PROVINCIA DE ALICANTE: *Drogodependencias en el mundo laboral*, cit., pág. 6.

190 DÍAZ RUIZ, S. *et alii*: «Accidentes laborales en la provincia de Málaga. Participación del alcohol etílico y las drogas de abuso», *Medicina y Salud del Trabajo*, Vol. 224, núm. 57, 2011, pág. 249.

191 MARÍN MALO, M.: *La prevención del consumo de alcohol en el medio laboral. Obligaciones empresariales y medidas preventivas*, cit., págs. 55 y ss.

192 CERCARELLI, R. *et alii*: *Reducing alcohol: related harm in the workplace (An evidence review: full report)*, Melbourne (Health Promotion Foundation), 2012, págs. 14-17.

centaje del 43,2 %[193]. De extender el interés en el muestreo a la cualificación profesional, el riesgo es especialmente problemático en la agricultura, los trabajos manuales (cualificados o no) y en los grupos de edad a partir de los 40 años o en los trabajadores a tiempo parcial[194].

En cuanto a los costes, directos e indirectos, provocados por el alcohol y vinculados a merma de productividad, hospitalización, bajas laborales, indemnizaciones y responsabilidad del más variado tipo[195], su magnitud —siendo conservadores— cabría situarla, al menos, en un 1 % de PIB[196].

Este efecto, al tener un marcado interés general por el número de sucesos que provoca, ha marcado una de las pautas a seguir en el Ejecutivo, quien lo ha plasmado a través del conjunto de propuestas recogidas a través de la Estrategia Nacional sobre Drogas 2009-2016[197], desde donde aprecia de vital importancia el «considerar los problemas de salud o incapacitación provocados por diversas circunstancias relacionadas con el consumo de sustancias psicoactivas, tanto en personas que consumen drogas como en las que constituyen su entorno cercano. Es el caso de las lesiones o la incapacidad permanente derivadas de los accidentes de tráfico en los que el uso de alcohol o de drogas juega un papel decisivo, al igual que ocurre para una parte significativa de los accidentes laborales». Por este motivo, valora como tarea imprescindible actuar para conseguir una salud integral de las personas, enfocándolo siempre desde el punto de la prevención y reinserción laboral a través de la coordinación de todos los implicados.

1.2.2.3. Conductas improductivas o antisociales. La imagen de la empresa

El consumo de drogas dentro del ámbito laboral es un obstáculo al buen hacer y productividad de la empresa en todos los sentidos. Está de sobra acreditada la relación existente entre el consumo de drogas y las conductas desviadas de las normas de comportamiento social[198].

---

193 Spicer, R. S; Miller, T. R. y Smith, G. S.: «Worker substance use, workplace problems and the risk of occupational injury. A matched case-control study», *Journal of Studies on Alcohol*, Vol. 64, núm. 4, 2003, págs. 570-578.

194 Rommel, A. *et alii*: «Occupational injuries in Germany: population-wide national survey data emphasize the importance of work-related factors», *Plos One*, Vol. 11, núm. 2, 2016.

195 Rehm, J.: «Global burden of disease and injury and economic costa attributable to alcohol use and alcohol-use disorders», *Lancet*, Vol. 373, núm. 9682, 2009, págs. 2223-2233.

196 Ivano-Scandurra, R.; García-Altés, A. y Nebot, M.: «Impacto social del consumo abusivo de alcohol en el Estado español. Consumo, coste y políticas», cit., págs. 141-147 o Pulido, J. *et alii*: «Estudios poblacionales en España sobre daños relacionados con el consumo de alcohol», *Revista Española de Salud Pública*, Vol. 88, núm. 4, 2014, págs. 493-513.

197 Gobierno de España. Ministerio de Sanidad, Politica Social e Igualdad: *Estrategia Nacional sobre Drogas, Informe de la Evaluación Final*, Madrid (DGPNSD), 2017, págs. 37-85.

198 Muñoz Rivas, M. J. *et alii*.: «Influencia de la conducta antisocial en el consumo de drogas ilegales en población adolescente», *Adicciones*, Vol. 14, núm. 3, 2002, págs. 313-320.

El consumidor habitual puede generar, además de accidentes laborales y absentismo prolongado, un ambiente irritante y muy negativo dentro del centro de trabajo capaz de frustrar la calidad y la productividad en el mismo. Un estudio realizado en una planta industrial a 832 empleados (de los cuales más del 80 % eran varones), acerca de la ingesta de alcohol y sus consecuencias en la salud y en el trabajo, demostró que el hecho de beber durante la jornada laboral o acudir con resaca post-ingesta al trabajo influía en las conductas antisociales e improductivas, ocasionando frecuentes discusiones con los compañeros y supervisores[199].

El mal clima laboral no solo se traduce en esa pérdida de productividad o rendimiento *supra* analizados, sino que tiene la negativa consecuencia de trasladar los problemas familiares y sociales que provoca el alcohol al trabajo, y llevar también los laborales a las personas con las que el afectado se relaciona[200]. En la empresa eso supondrá trabajos deficientes, distracciones, agresiones, insultos, peleas, conflictos con compañeros...; «descenso de moral y de ganancias»[201] que mina la cohesión del grupo y provoca estrés por hipervigilancia[202], arrumbando con cualquier intento de red de apoyo[203].

Especial hincapié ha de hacerse respecto a la imagen que de la empresa trasmite un trabajador que está en su puesto de trabajo bajo los efectos de la droga; en igual sentido, de siniestros en los cuales llega a conocerse la implicación del alcohol.

Los Tribunales muestran, como se verá, la especial trascendencia que tal imagen tienen en determinados ámbitos. No solo en aquellos en cuyo ideario precisamente figura el no consumo de alcohol, sino también (sin ser «ideológicas») en aquellas otras empresas en las cuales, por su objeto social, el mal ejemplo para clientes o usuarios podría resultar determinante (docentes, trabajadores sociales, etc.) al poner en cuestión la dignidad social de la per-

199 Bastida N. «Problemas laborales asociados al consumo de alcohol», *Adicciones*, Vol. 14, núm. 1, 2002, 239-251. Un muestreo más pequeño, pero muy cuidado, en Marín Malo, M.: «Adicciones que dificultan las tareas profesionales», cit., pág. 91.

200 Head, J.; Stansfeld, S. A. y Siegrist, J.: «The psychosocial work environment and alcohol dependence. A prospective study», *Journal of Occupational and Environmental Medicine*, Vol. 61, 2004, págs. 219-224.

201 Frone, M. R.: «Does permissive workplace substance use climate affects employees who do not use alcohol and drugs at work?. A U.S. national study», *Psychology of Addictive Behaviour*, Vol. 23, 2009, págs. 386-390.

202 Berger, L. K.: «Employee drinking practices and their relationship to workplace alcohol social control and social availability», *Journal of Workplace Behavioral Health*, Vol. 24, 2009, págs. 367-382.

203 Bennet, J. B. *et alii*: «Team awareness, problem drinking, and drinking climate: workplace social health promotion in a policy context», *American Journal of Health Promotion*, Vol. 19, 2004, págs. 103-113.

sona jurídica[204]. «Imagen», «prestigio», «nombre» que, en particular en el sector servicios, se traduce en quejas y/o pérdida de clientes, alcanza especial significado en algunas relaciones especiales (sirva la remisión a deportistas, altos cargos, etc.) y puede extenderse —en ocasiones excepcionales— fuera del lugar del trabajo si, por ejemplo, el empleado viste uniforme o porta otros signos distintivos de su empleador.

Bajo todas las situaciones apuntadas, y otras sencillas de imaginar, la conducta del empleado es fuente directa de pérdida de reputación empresarial que demanda adoptar, también, medidas de reacción inmediata[205].

1.3. Sobre la necesidad de intervención empresarial

El conjunto de aspectos significados apuntan, todos, en una misma dirección: la empresa no puede seguir considerando que el problema del alcohol y drogas es algo ajeno a la esfera de sus competencias y que, de actualizarse, la aplicación de las sanciones previstas en convenio será suficiente.

Este es, sin embargo, el panorama generalizado a día de hoy, según se desprende de una relevante encuesta realizada en España[206], de conformidad con la cual la línea de intervención de las empresas aparece centrada, principalmente, en el tabaco (85 %), el alcohol (47 %) y, por último, otro tipo de drogas (23 %). Llama la atención que la mayor parte de los encuestados alegaron no haber recibido en el último año ninguna clase de información relacionada con la seguridad y salud laboral enfocada a la materia del consumo de drogas, alcohol o tabaco.

Los encuestados advierten sobre la necesidad de la realización de exámenes médicos (22 %), la detección de factores de riesgo (37 %), la importancia sobre la promoción de políticas de formación (59 %) o el asesoramiento (41 %); por su parte, la mayoría de las empresas decantan su criterio por no intervenir (55 %), al amparo de los altos gastos económicos que supone (33 %), desgaste de imagen (15 %), diferencia con las necesidades apreciadas respecto a las manifestadas por los representantes de los trabajadores (20 %) o la tolerancia social existente (56 %).

Las reacciones al detectar alguno de estos problemas en el medio laboral, cuando no afectan a las relaciones con el resto de los trabajadores y la producción, son variadas: algunas entidades deciden realizar un seguimiento más intenso al empleado (6 %), otras tienen una conversación directamente con él (22 %), muchas de ellas no llegan a hacer absolutamente nada al no considerarse competentes (45 %), pasando por informar a los responsables de seguridad

---

204 ROMERO RÓDENAS, M. J.: *Sida y toxicomanías (Un análisis jurídico laboral y de Seguridad Social)*, Madrid *(Ibidem)*, 1995, págs. 229-232.

205 En un ámbito que se extiende a toda la salud mental, NTP 1045: *Salud mental: etapas para su promoción en la empresa*, 2015 (GÁLVEZ HERRER, M. y SOLÉ GÓMEZ, M. D.).

206 GONZÁLEZ FERNÁNDEZ, M. J. *et alii: Percepción y actitud de las empresas españolas ante el alcohol y la droga,* cit., sobre todo págs. 81-139 y 198-214.

y salud de la empresa (4 %) y a los facultativos encargados de la prevención (7 %), valorar la posibilidad de que no tenga ningún efecto sobre el individuo esa ingesta (3 %) y hasta llegar, incluso, a plantearse la falta de importancia del asunto (10 %).

Las empresas que deciden tomar medidas suelen desarrollar un programa de actuación (45 %), crear grupos de trabajo (20 %) o realizar investigaciones sobre el problema (12 %). Los programas de actuación hacen referencia, los menos, a descartar la solución disciplinaria para buscar una vía rehabilitadora y de reinserción laboral y ayudar al afectado y a su familia desde un punto de vista global de buscar la solución al problema; la mayoría de ellos, sin embargo, limitan su contenido a la información y formación como medidas de una política de salud que, cuando pretenden ir más allá, ofertan medidas de valoración de los factores de riesgo en el medio laboral, controles médicos, asesoramiento a los interesados y otras estrategias entre las cuales la más común es la asistencia en centros socio-sanitarios (3,5 %).

Triste panorama que apenas va modificándose con una lentitud exasperante frente a cuanto resulta una necesidad apremiante por varias razones:

A.- En primer lugar, porque en algunos supuestos ya mentados constituye un riesgo laboral a considerar como tal (empresas en las cuales ha de trabajarse con alcohol o drogas, actividades que implican su contacto frecuente, empleados que han comunicado el problema a los servicios de prevención y obligación —legal o convencional— de evaluar o reevaluar cuando algún acontecimiento vinculado a tales factores lo exigiera); incluso, cuando no es así, aún restará su vinculación a la salud mental de los trabajadores que, a través de la influente categoría de riesgos psicosociales, cada día está más presente como responsabilidad empresarial específica.

B.- En segundo término, la degradación psicofísica del trabajador unida a la laboral se traduce en conductas improductivas y antisociales en la empresa, aumento de los niveles de absentismo y pérdida de imagen. Factores todos que, conforme ha sido demostrado en múltiples estudios, no encuentran en el tradicional recurso al despido disciplinario y a la Seguridad Social —en último extremo— la solución económica más eficiente, ni para el sistema productivo general[207], ni para la propia empresa[208], pues cuando se aplica la reacción punitiva ya se han interiorizado la mayor parte de los costes tanto tangibles como intangibles para la empresa y, además, tal decisión únicamente supone su traslación a la sociedad[209]. Por contra, un enfoque preventivo evitaría tal sangría en vano, aun

207 Ribas, E. *et alii*: «Los costes derivados del consumo de alcohol para el sistema productivo en España», *Adicciones*, Vol. 11, núm. 1, 1999, págs. 33 y ss.

208 Fortuny, R.: «Evaluación de resultados y rentabilidad», *Mapfre Medicina*, Vol. 4, núm. 1993, págs. 34-38.

209 Oliva, J. y Rivera, B.: «Los costes sociales del consumo de drogas ilegales en la Comunidad de Galicia», *Presupuesto y Gasto Público*, núm. 44, 2006, págs. 105-131 y García-Altés, A. *et alii*: «The social cost of illegal drug consumption in Spain», *Addiction*, Vol. 97, núm. 2,

cuando para ello procedería considerar el problema no como exclusivamente empresarial, sino social, y contar con el compromiso de la Administración para actuar en el lugar del trabajo[210].

C.- Igual importancia debe conferirse al interés que el asunto merece para la población laboral (Tabla 3) y el actual déficit empresarial en su cobertura (Tabla 12).

Tabla 13.- Porcentaje de población laboral que ha recibido información por su empresa sobre los riesgos o la prevención del consumo de sustancias psicoactivas según sector, categoría y jornada

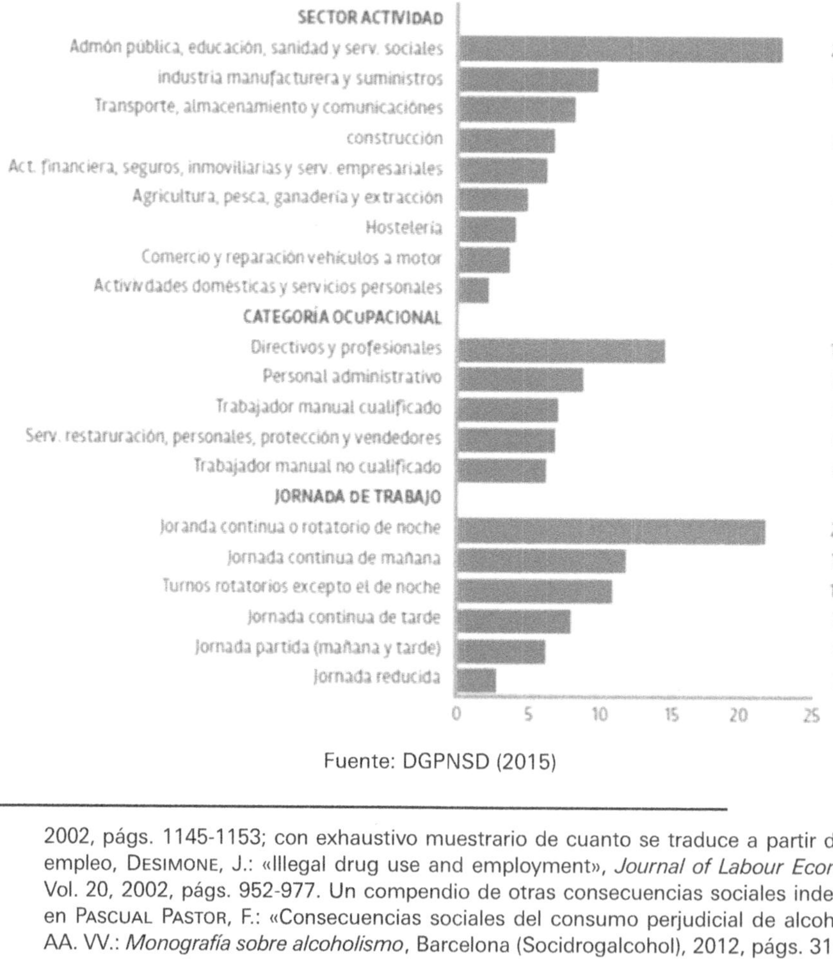

Fuente: DGPNSD (2015)

2002, págs. 1145-1153; con exhaustivo muestrario de cuanto se traduce a partir del desempleo, DESIMONE, J.: «Illegal drug use and employment», *Journal of Labour Economics*, Vol. 20, 2002, págs. 952-977. Un compendio de otras consecuencias sociales indeseadas en PASCUAL PASTOR, F.: «Consecuencias sociales del consumo perjudicial de alcohol», en AA. VV.: *Monografía sobre alcoholismo*, Barcelona (Socidrogalcohol), 2012, págs. 310-317.

210 ANDERSON, P. y BAUMBERG, B.: *Alcohol in Europe. A public health perspective (A report for the European Commission)*, Londres (Institute of Alcohol Studies), 2010, págs. 47-74. Sobre el éxito de los convenios firmados por la Administración para dispensar servicios de información, formación y asesoramiento a empresas interesadas en políticas de vida saludable, MUÑOZ RUIZ, A B.: «Empresa saludable y promoción de la salud en la negociación colectiva: más allá de la prevención de riesgos laborales», *Información Laboral*, núm. 8, 2014, BIB 2014\3749.

Tabla 14.- Porcentaje de la población laboral que considera importante cada actuación y porcentaje que afirma que ha realizado en su empresa. España 2013

	% que considera importante cada actuación[1]	% que afima que se ha realizado cada actuación[2]
Información y formación de los trabajadores sobre las drogas	55,4	8,6
Orientar a los trabajadores con problemas de uso de alcohol o drogas hacia centros especializados	34,8	3,0
Servicios de atención socio-sanitaria a consumidores de drogas	27,9	2,3
Chequeos médicos a los trajadores con problemas de alcohol o drogas	22,8	4,0
Ayudas o asesoramiento a familias de consumidores de drogas	21,8	2,1
Análisis para detectar drogas en aire respirado, sangre, cabello u otra muestra orgánica	17,1	4,0

Fuente: DGPNSD (2015)[211]

Siendo tal el interés de los trabajadores, solo un enquistamiento en las posiciones empresarial (preferencia por las medidas disciplinarias, exigencia de controles de consumo y, en todo caso, inclinación por su ubicación como materia propia de Responsabilidad Social Corporativa), pero también de los representantes de los trabajadores (situándolo solo en el marco de la negociación colectiva, con renuncia expresa patronal a medidas disciplinarias y restrictiva aceptación de los test de cribaje), explica el vigente estado de la cuestión, cuando, como se desarrollará y se explicara a lo largo de los siguientes capítulos, la intervención no es un reto más o menos voluntario para la salud laboral[212], sino una verdadera obligación[213].

D.- En fin, y como se pasa a analizar, tal es también la política propugnada a nivel mundial, europeo y español, así como la práctica seguida en los Estados más desarrollados, por lo que mantener la inercia supone una clara anacronía[214].

---

211 Observatorio Español de la Droga y las Toxicomanías: *Encuesta 2013-2014 sobre consumo de sustancias psicoactivas en el ámbito laboral en España*,

212 Fernández-Montalvo, J. y Echeburúa, E.: «El consumo excesivo de alcohol: un reto para la salud laboral», *Salud y Drogas*, núm. 1, 2001, págs. 17-31.

213 Melero, J. C. y Ortíz, A.: *Lugar de trabajo libre de drogas*, Bilbao (EDEX), 2002.

214 Al respecto, Pidd, K.; Kostadinov, V. y Rochë, A.: «Do workplace policies work? An examination of the drugs policies and workers' substance use», *International Journal of Drug Policy*, Vol. 28, 2016, págs. 48-54.

CAPÍTULO II

PLANTEAMIENTOS EN EUROPA Y ESPAÑA SOBRE ALCOHOL Y DROGAS EN EL TRABAJO

2.1. El acervo internacional

Problema sin fronteras, las distintas caras que conforman su poliédrica figura encuentran marco de referencia ineludible en la Declaración Política y Plan de Acción de las Naciones Unidas sobre cooperación internacional a favor de una estrategia integral y equilibrada para contrarrestar el problema de la droga de 2009. Entre los aspectos destinados en concreto a la colaboración de la sociedad civil, aparecen mentados los siguientes, por cuanto a este trabajo importa: el interés por ejecutar programas de prevención dirigidos a grupos específicos de destinatarios, como los ubicados en los lugares de trabajo [apartado 3 f)]; atenuar las consecuencias sanitarias de los accidentes laborales [apartado 4 i)]; garantizar la incorporación de cuantas medidas contempla en la prestación dispensada por los servicios de salud, formación, asistencia social y empleo [apartado 12 a)]; o, por no seguir, el compromiso de los empleadores en la planificación, ejecución, vigilancia y evaluación de las iniciativas para reducir la demanda de drogas [apartado 12 b)].

Como Organización especializada *ratione materiae*, la OIT asumió el reto de liderar un proyecto mundial para combatir el abuso de sustancias considerando sus serias consecuencias para el lugar de trabajo, así como que cualquier iniciativa en este ámbito constituye un medio efectivo de prevenir y reducir el abuso de las drogas en general[215]. Lejos de transitar un camino normativo (aun cuando siempre resultarán un marco de necesaria referencia su Convenio núm. 155, sobre seguridad y salud de los trabajadores y

215 OIT: *Alcohol and drug problems at work. The shift to prevention: drug abuse, alcoholism, occupational health, personnel policy*, Ginebra (OIT), 2003, pág. 22.

medio ambiente de trabajo, de 1981, así como su núm. 187, sobre el marco promocional para la seguridad y salud en el trabajo, de 2006, o las Recomendaciones núms. 164 y 197[216] que completan lo previsto en los anteriores instrumentos), su labor es de continuo fomento a través de publicaciones avaladas por el consenso nacido del tripartismo y el prestigio de sus autores.

Esta tarea, periódicamente actualizada, encuentra, sin embargo, sus muestras más salientes en dos referencias básicas de finales del siglo pasado:

A.- El *Repertorio de recomendaciones prácticas sobre tratamiento de cuestiones relacionadas con el alcohol y las drogas en el trabajo*, de 1995[217]. Respetando la normativa interna de cada país y las peculiares circunstancias locales y actividades culturales, así como acomodándose a los medios técnicos y financieros disponibles, la idea es que sea de aplicación a todos los empleos, tratando el consumo como un problema cualquiera de salud, preferiblemente en un escenario negociado, que requiere prescindir de cualquier ambigüedad empresarial y una eficaz actividad programada de información, instrucción y capacitación.

La preocupación por la estabilidad en el empleo lleva a aconsejar su abordaje junto a otros problemas de salud, garantizando la confidencialidad adecuada y ofertando programas de tratamiento y rehabilitación. Como clave de bóveda, la prohibición de discriminación por motivos de salud y el reparto de roles entre los agentes implicados bajo la siguiente propuesta:

a) Sobre las autoridades estatales pesa la labor de diseñar una normativa preventiva atenta a proporcionar un enfoque apropiado al problema y elaborar unas políticas acordes con tal objetivo, incluida la adecuada información estadística como instrumento imprescindible para la adopción de decisiones, el soporte técnico y personal necesario para implementar las acciones y la vigilancia de su adecuado cumplimiento (disposición general 2.1).

b) Sobre los empleadores, el cumplimiento leal de la norma y la colaboración en las políticas gubernamentales, en lo fundamental la prevención de accidentes y protección de la salud a través de una mejora de las condiciones de trabajo y la realización de acciones de información y formación, negociando las directrices aplicables al consumo de alcohol y drogas y garantizando la confidencialidad de los datos sanitarios (disposición general 2.2).

c) Por último, los trabajadores y sus representantes no solo habrán de cumplir la política empresarial sobre alcohol y drogas, sino cooperar

216 Por extenso, RODRÍGUEZ MARTÍN-RETORTILLO, R. M.: «Convenio OIT, núm. 187 OIT, sobre Marco Promocional para la Seguridad y Salud en el Trabajo: razones para su previsible ratificación por España», *Actividad Laboral*, núm. 5, 2009, págs. 529-534.

217 OIT: *Tratamiento de cuestiones relacionadas con el alcohol y las drogas en el trabajo*, Ginebra (OIT), 1996.

en su diseño y participar de forma permanente en las acciones de información y formación diseñadas, dando cuenta de todos los factores que pudieran suponer accidentes de trabajo, condiciones laborales capaces de influir en el alcohol (proponiendo medidas correctivas) y prestar asistencia a quienes tuvieran este problema (directriz general 3.3).

A partir de tales directrices, el contenido de las recomendaciones puede quedar sintetizado en las siguientes:

- Las políticas y los programas en materia de drogas habrán de promover la prevención, la reducción y el tratamiento de los problemas relacionados con estas sustancias en el lugar de trabajo.
- Las recomendaciones han de aplicarse a todo tipo de empleos, tanto públicos como privados.
- La política y legislación relacionada con las drogas en el ámbito laboral tendrían que ser establecidas tras la consulta con las organizaciones empresariales y sindicales.
- Los problemas relacionados con los consumos de drogas deben ser considerados como problemas de salud, y tratarse como tal en el trabajo, sin ningún tipo de discriminación.
- Las organizaciones empresariales y sindicales están llamadas a evaluar conjuntamente los efectos de los consumos de drogas en el lugar de trabajo y deberían cooperar en la elaboración, por escrito, de una política para la empresa.
- Las organizaciones empresariales, en colaboración con los trabajadores y sus representantes, han de adoptar disposiciones razonablemente factibles para identificar condiciones de trabajo que influyan en los problemas relacionados con los consumos de drogas, así como adoptar medidas de prevención o corrección.
- Es menester que el sector empresarial aplique las mismas limitaciones en relación al alcohol entre el personal de dirección y el resto de la plantilla.
- Con el objeto de fomentar la seguridad y la salud en el lugar de trabajo, procedería realizar programas de información, instrucción y capacitación sobre las drogas; integrados, en la medida de lo posible, en programas de salud más amplios.
- El sector empresarial debe establecer un sistema para asegurar el carácter confidencial de toda la información comunicada en relación con los problemas por consumos de drogas. Del mismo modo, informará a los trabajadores sobre las excepciones a dicha confidencialidad.
- Los análisis toxicológicos para determinar los consumos de sustancias en el trabajo planean problemas fundamentales de orden moral

y ético, motivo por el cual procede determinar con tiento cuándo es justo y apropiado realizarlos.

- El trabajo es un factor importante para facilitar la superación de los problemas relacionados con los consumos de drogas, y todas las partes implicadas han de reconocer que el lugar de trabajo tiene un papel importante para ayudar a quienes tienen problemas de consumo.

B.- Los *Principios rectores para pruebas destinadas a detectar el consumo de alcohol en el trabajo*, elaborados en 1993, han sido un importante referente sobre el cual se asientan gran parte de las pautas que recogen formulaciones posteriores más avanzadas.

Asentados sobre el necesario consenso para su establecimiento, no se conciben como una actuación aislada y aleatoria del empleador, sino formando parte de un plan global con enfoque preventivo, nunca sancionador.

Entre sus requisitos, presta específica atención a una adecuada elección del biomarcador y el concreto test a realizar (siempre exigiendo una prueba de contraste o confirmación fundada en principios de química analítica y/o modalidades de separación cromotográficas diferentes); garantía de laboratorios y medios independientes; toma de muestras asegurando la adecuada intimidad; consentimiento informado; preservación del secreto profesional y previsión de adecuados métodos de supervisión y evaluación del programa para su adecuación a cuantas innovaciones técnicas acaezcan.

De descender a su contenido, en apretada síntesis atenta a cuanto siguen constituyendo los fundamentos del modelo actual, cabría destacar los condicionantes siguientes:

a) Valoración sobre su oportunidad y operatividad no solo por los interlocutores sociales, sino también por la autoridad legislativa, en particular tomando en consideración la mundialización de la economía y la proliferación de empresas transnacionales.

b) Formulación del programa de implantación, fijando con claridad sus objetivos. Para resultar realmente eficaz habría de contar, idealmente, con el mayor consenso posible tanto sobre su implantación como sobre su finalidad, ya asistencial, con fines disuasorios, de investigación de accidentes etc. En él, además, resultará básico el componente educativo que incorpore, orientado hacia la promoción de una vida sana.

c) Respeto escrupuloso a la normativa vigente y discriminación entre profesiones en función del riesgo y las características del sistema de cribado elegido.

d) Elección de la prueba toxicológica a realizar, atenta a la evolución científica, a fin de cohonestar de la forma más adecuada la fiabilidad del resultado con el respeto a la intimidad del trabajador; en todo caso, siempre exigiendo que la prueba de despistaje inicial siga otra de confirmación fundada en principios de química analítica o modalidades de separación cromatográficas diferentes.

e) Diseño de un protocolo de seguridad y control de calidad en todo el proceso, desde la toma de muestras, pasando por la cadena de custodia, hasta la comunicación de resultados, lo cual supone, al menos:
   - La realización por médico independiente.
   - La protección a la intimidad del trabajador (secreto en su identidad, exigencia de consentimiento informado para la prueba y comunicación de su resultado y custodia del expediente en lugar seguro), con garantía específica de confidencialidad.
   - La confirmación del resultado positivo en laboratorio distinto y acreditado.
   - La observancia escrupulosa del secreto profesional por quienes intervienen en el proceso.

f) Aplicación de lo previsto en la norma o convenio de aplicación en caso de confirmación de un positivo, primando las medidas de conservación del puesto de trabajo (con cuantas adaptaciones se consideren oportunas, si fuera menester) sobre el efecto de expulsión directa.

g) Establecimiento de los métodos de supervisión y evaluación del programa, adoptando las medidas precisas para su corrección de haber sido detectados fallos o resultar factible la introducción de mejoras necesarias.

2.2. Estrategia europea sobre drogas 2013-2020 y Plan de acción de la Unión Europea en materia de lucha contra la droga 2013-2016: aspectos laborales

La Unión Europea siempre se ha esforzado por mantener políticas destinadas a la lucha y erradicación del alcohol y las drogas, promocionándolas en todos los Estados miembros sin interferir en sus propias regulaciones. Sin embargo, antes de comenzar a analizar los instrumentos normativos y de gobierno destinados a regular la materia, procederá tener en cuenta cómo mientras España acude a estrategias comunes de lucha contra la adicción a todas sustancias, en la Unión Europea no ha lugar a tal asociación, debido al trato especial dispensado al alcohol.

Para comprender esta separación, menester será sopesar los diversos elementos que lo hacen posible, como el aspecto integrado del alcohol en la cultura continental —donde el propio Parlamento manifiesta que su consumo con moderación es compatible con un estilo de vida saludable—, así como la diversidad cultural, económica y de tradición social existente en los distintos países, donde, gracias a la función de complementariedad («doble» subsidiariedad)[218] del art. 148 TFUE, han alcanzado prioridad las necesidades de los Estados en atención a sus circunstancias particulares.

El factor económico prevalece en esta decisión, pues la producción de alcohol en muchas Regiones es un pilar fundamental de la economía y el turismo, haciendo necesario encontrar un espacio de convivencia pacífica entre un próspero negocio y la calidad de una vida sana. A pesar de ello, debe existir una clara diferencia entre la promoción del consumo nocivo y el responsable, obrando una actuación contundente frente al primero.

Respecto a los instrumentos actuales en materia de lucha contra la droga en la Unión Europea, ya sus precedentes herramientas, tanto la Estrategia de la Unión Europea en materia de drogas (2005-2012) como cuantos instrumentos la desarrollaron [tanto el Plan de acción de la UE en materia de lucha contra la droga (2005-2008) como el posterior (2009-2012)], establecieron los objetivos y la forma de actuar que han sido recogidos hoy en día. En estos cabe observar cómo todas las políticas pivotan sobre el fomento de las estrategias de cada País miembro, limitando su competencia a la parcela destinada a reducir los daños de la salud producidos por las drogas a través de la información y prevención, con objetivo de crear un escenario de actuaciones comunes coordinado y eficaz, a lo cual obedecen las herramientas a continuación detalladas.

2.2.1. Estrategia de la UE en la materia de lucha contra la droga 2013-2020 (recomendación 2013/c 402/01)

La Estrategia actual de la UE en materia de lucha contra la droga proporciona un marco común contra este fenómeno que obedece claramente a un contexto internacional heterogéneo. Ya en su Preámbulo aclara su finalidad: establecer un «marco para la realización de acciones conjuntas y complementarias [y] garantizar que los recursos invertidos en este ámbito se usen de forma eficaz y eficiente, a la vez que tiene en cuenta tanto las limitaciones como las capacidades institucionales y financieras de los Estados miembros y de las instituciones de la UE».

Avanza, pues, las principales líneas de actuación para la elaboración de dos Planes de acción cuatrienales consecutivos (2013-2016 y 2017-2020), en los cuales aclara los problemas más preocupantes de las últimas tendencias en el consumo, como la aparición de nuevas sustancias psicoactivas o la combinación de todo tipo de sustancias (tanto legales como ilegales); al tiempo, afirma la voluntad de ayudar a una disminución significativa en la

218 Por todos, el ya clásico ensayo de CASAS BAAMONDE, M.ª E.: «"Doble" principio de subsidiariedad y competencias comunitarias en el ámbito social», *Relaciones laborales*, T. I, 1993, págs. 49-58.

demanda de droga, su dependencia y los perjuicios para la salud y la sociedad, así como el propósito de invertir en los servicios destinados a tal fin, en un contexto en el cual persiste el número de víctimas relacionadas con este problema y la propensión al uso de drogas con un alto componente adictivo.

Como objetivos establece los siguientes: contribuir a una reducción apreciable de demanda, la dependencia y los riesgos y perjuicios sociales y en la salud que provoca; estar al frente en el afán de desmantelar el mercado de las drogas ilegales, haciendo frente a su disponibilidad; fomentar la coordinación mediante un análisis de la evolución y los retos planteados en la materia a nivel internacional y de la UE; seguir reforzando el diálogo y la cooperación entre la UE, terceros países y organizaciones internacionales; contribuir a una mejor difusión de la investigación y evaluación de los resultados y a una mejor comprensión de todos los aspectos de este fenómeno y del impacto de las intervenciones realizadas, a fin de obtener datos empíricamente contrastados, sólidos y generales que fundamenten las medidas y acciones tomadas.

Establece como temas transversales la coordinación, la cooperación internacional y la información, investigación, seguimiento y evaluación.

Cada uno de estos temas trasversales contiene una serie de acciones concretas, dentro de las cuales, y por cuanto importa al presente discurso, destacan la elaboración y aplicación de normas de calidad en la prevención, la detección e intervención, la reducción de los riesgos y perjuicios o el tratamiento, la rehabilitación y la reinserción social.

Además, pretende optimizar el acceso y la eficacia de los programas de prevención y fomentar la sensibilización respecto al riesgo que supone el consumo de drogas u otras sustancias psicoactivas ilegales y sus consecuencias, fomentando el uso de medidas para la detección precoz de la adicción y un estilo de vida sano y saludable. Bajo su parecer, la reducción de la demanda debe centrar su atención en decisiones coherentes y versátiles para enfrentar al aumento del consumo, en particular tomando en consideración el emergente fenómeno del policonsumo o la aparición de nuevas sustancias.

Las instituciones europeas muestran, así, su preocupación sobre la materia, considerando imprescindible el flujo de información e investigación mediante la cooperación de todos los Estados, y obviando cómo los indicadores del Observatorio Europeo de las Drogas y las Toxicomanías relativos a la reducción de la demanda están llamados a jugar un papel imprescindible en la colaboración a todos los niveles.

2.2.2. Plan de acción de la UE en materia de lucha contra la droga 2013-2016 (2013/c 35/01)

La herramienta encargada de desarrollar la Estrategia de la UE en materia de Lucha contra la Droga para 2013-2020, el Plan de Acción de la UE en materia de lucha contra la droga 2013-2016 (2013/C 35/01), fue el primero de los Planes cuatrienales destinados a establecer las actuaciones necesarias para lograr los objetivos de aquella. Como determina en el Preámbulo, sus medidas «corresponden a los dos ámbitos de la Estrategia: la reducción de la demanda de drogas y la reducción de la oferta de drogas; al tiempo, a tres temas transversales: coordinación, cooperación internacional e información, investigación, seguimiento y evaluación».

Fundado en su antecesor [el Plan de Acción de la Unión Europea en materia de lucha contra la droga 2009-2012, (2008/C 326/09)], manifiesta la voluntad de incentivar a las organizaciones de la sociedad civil de toda la UE (como ONGs, empresas, escuelas u organismos públicos) para participar en un escenario común destinado a promover el compromiso del público respecto a los problemas creados por las drogas en la sociedad.

Establece varios objetivos a alcanzar a través de una serie de actuaciones que señala, así como las entidades competentes para realizarlos y los mecanismos para recopilación de datos y su evaluación.

De entre los objetivos y sus actuaciones destacan:

A.- Prevenir el consumo de drogas a través de la mejora de la disponibilidad y la eficacia de las medidas de prevención y los factores de riesgo, así como la concienciación de la población de los riesgos y consecuencias del consumo de drogas y otras sustancias psicoactivas ilegales.

B.- Aumentar la eficacia de los tratamientos contra la adicción y los tratamientos de rehabilitación; apoyar, también, la recuperación y la integración social de los consumidores de drogas problemáticos y dependientes, actuando a través de la ampliación de los servicios de rehabilitación o recuperación y de su integración o reintegración social.

C.- Buscar el arraigo de los enfoques basados en la coordinación, las buenas prácticas y la calidad en relación con la reducción de la demanda de droga a partir de la aprobación y puesta en marcha de normas mínimas de calidad de la UE que contribuyan a salvar la distancia entre la Ciencia y la praxis en cuanto a medidas de prevención ambiental, universal, selectiva e indicada; de reducción de los riesgos y los daños; y, en fin, de tratamiento, rehabilitación e integración social y recuperación.

D.- Garantizar la participación de la sociedad civil en la política contra la droga, promoviendo el diálogo con aquélla y la comunidad científica; también la participación de ambas en el desarrollo y aplicación de políticas al efecto tanto en los Estados miembros como a nivel de la propia UE.

E.- Asegurar una inversión adecuada en el ámbito de la investigación, recogida de datos, seguimiento e intercambio de información sobre todos los aspectos del fenómeno de la droga, para lo cual es precisa una financiación adecuada abierta a estudios multidisciplinares.

F.- En fin, mantener la red de cooperación y desarrollar capacidades en toda la infraestructura de conocimientos de la UE para información, investigación, control y evaluación de drogas. A tal fin, resulta imprescindible la colaboración con las partes interesadas, mejorando la financiación de quienes se ocupan de luchar contra el fenómeno de las drogas y la recopilación de datos, la investigación, el análisis y la presentación de informes.

2.2.3. Plan de acción de la UE en materia de lucha contra la droga 2017-2020 (2017/c 215/02)

Sobre los mismos objetos de la Estrategia 2013-2020, y considerando los resultados y principales cambios en la situación y en las políticas en materia de drogas desde la aprobación del Plan anterior, el vigente muestra los siguientes aspectos de interés:

1.- Como objetivo núm. 1 sitúa el de prevenir el consumo, mejorando la disponibilidad y eficacia de las medidas de prevención empíricamente contrastadas que tenga en cuenta los siguientes factores de riesgo y protección: aspectos demográficos, tales como la edad, el género y los condicionantes educativos, cultural y sociales; las diversas situaciones en presencia, en particular la carencia de hogar, la migración y la condición de solicitante de asilo, el consumo en la vida nocturna y en lugares de ocio, el lugar de trabajo y la conducción bajo los efectos de la droga; por último, los personales como la salud mental, los comportamientos y el desarrollo psicosocial y otros conocidos por afectar a la vulnerabilidad personal de cara al consumo de drogas, como pudieran ser la herencia genética y las circunstancias familiares.

Entre las vías para conseguirlo aparece la de concienciar acerca de los riesgos y consecuencias del consumo de drogas ilícitas y otras sustancias psicoactivas, mejorando las capacidades y competencias para la prevención del hábito y del uso incorrecto de medicamentos psicoactivos.

2.- Entre las iniciativas previstas en el objetivo núm. 2, destinado a aumentar la eficacia de los tratamientos ante la adicción, obran diversos aspectos aquí de interés, como la mejora en la formación de los profesionales de la salud y de la asistencia social respecto a las conductas adictivas, o la provisión de servicios de rehabilitación/integración y recuperación, haciendo específica mención a cuantos se centran en apoyar la (re)integración social, incluyendo la empleabilidad.

3.- El objetivo núm. 3 aspira a incorporar los enfoques fundados sobre la coordinación, las mejores prácticas y la calidad de las propuestas para reducir la demanda de drogas, aplicando las normas aprobadas como mínimas por el Consejo en 2015[219], las cuales contribuyen a salvar la brecha entre la Ciencia y la práctica en cuanto hace, también, a prevención medioambien-

219 Conclusiones del Consejo sobre la aplicación del Plan de Acción de la UE en materia de Lucha Contra la Droga 2013-2016 en lo que respecta a las normas mínimas de calidad en la reducción de la droga en la UE (Documento 11985/15).

tal selectiva e indicada (incluyendo los centros de trabajo), la reducción de riesgos y daños y el tratamiento, rehabilitación, integración y recuperación social.

4.- Dentro del objetivo núm. 15, destinado a mejorar la difusión del control, investigación y evaluación de los resultados a escala nacional y de la UE contempla la organización de actos europeos centrados en la transferencia y la divulgación de conocimientos de la investigación a los responsables de las políticas y a profesionales. Es importante hacer notar cómo, en el marco de la Estrategia Horizonte 2020 (2014-2020), ya han sido asignados más de 27 millones de euros a proyectos destinados a la toxicomanía.

Entre los indicadores a ponderar, importan a este discurso los enunciados como núm. 11, referido a evaluación de la disponibilidad, cobertura y calidad de los servicios de intervención en los ámbitos de la prevención, la reducción de daños, la reinserción social y el tratamiento (OEDT: Respuestas de orden social y sanitario) y núm. 12, relativo a intervenciones fundadas en datos contrastados en los ámbitos de la prevención, el tratamiento, la reinserción social y la recuperación y los efectos esperados en la prevalencia del consumo de drogas y del consumo problemáticos (OEDT: Portal de mejores prácticas).

2.2.4. El fracaso en la política de la UE en materia de alcohol. Su integración con el plan de acción europeo para reducir el uso nocivo del alcohol 2012-2020

La falta de renovación de la Estrategia de la UE 2006-2012 sobre alcohol[220] (en la cual se contemplaba específicamente —objetivo 8— «reducir los daños relacionados con el alcohol en el lugar de trabajo y fomentar acciones destinadas a este último») da cuenta de la ambigüedad en las políticas de la UE en una materia en la cual los intereses económicos en presencia pugnan abiertamente con los sociales.

En aras de la importancia estratégica del alcohol vinculado a la cultura, el turismo o al *modus vivendi* de amplias zonas de Europa, es patente la falta del consenso imprescindible para diseñar un proyecto común a todos los Estados miembros. Queda abandonada, así, a la iniciativa de cada país. Y ello pese a que el Parlamento, sobre el precedente dado por su Resolución de 5 de septiembre de 2007[221], inste fervientemente a la Comisión a diseñar de

220 «Una estrategia de la Unión Europea para ayudar a los Estados miembros a reducir los daños relacionados con el alcohol», COM (2016) 625 final.

221 «Resolución sobre una estrategia de la Unión Europea para ayudar a los Estados miembros a reducir los daños relacionados con el alcohol», 2007/2015 (INI).

una nueva iniciativa en una nueva «Resolución sobre la estrategia en materia de alcohol»[222], hasta ahora ignorada por su destinataria.

Tan solo procedería añadir cómo, frente a las concluyentes declaraciones de la primera Resolución [«las condiciones económicas y sociales (estrés en el trabajo, exceso de trabajo, desempleo, precariedad, etc.) pueden desempeñar un papel importante en el consumo imprudente y normal de alcohol y llevar a la aparición de un comportamiento de dependencia del alcohol» —Considerando E— o «la necesidad de un mejor conocimiento del consumo de alcohol y su relación con la baja por enfermedad, la baja por enfermedad de larga duración y la jubilación anticipada; (...) es importante, por lo que se refiere a la legislación laboral comunitaria y de los Estados miembros, que se aborde el problema del consumo de alcohol en el lugar de trabajo, animando a las personas afectadas a buscar ayuda, pero recordando que, al hacerlo, se respetarán siempre debidamente la intimidad y los derechos de la persona; en fin, insta a los empleadores a prestar particular atención al consumo imprudente de alcohol en el trabajo desarrollando programas educativos preventivos y proporcionado ayuda a los trabajadores con problemas relacionados con el alcohol» —apartado 25—], cualquier referencia al ámbito laboral desaparece en la segunda.

Tal carencia solo puede ser parcialmente subsanada por el referente más específico que cubre el «Plan de Acción sobre el consumo de alcohol en jóvenes y consumo episódico excesivo (consumo de atracción) 2014-2016»[223], o el más amplio —y menos vinculante[224]— dado por el «Plan de acción europeo para reducir el uso nocivo del alcohol 2012-2020»[225], aplicable a los 53 Estados del continente.

Con el objetivo puesto —entre un cúmulo de otros con diferente ámbito— en incrementar el número de lugares que implementan políticas y programas sobre alcohol en los centros de trabajo, relaciona los efectos negativos del mismo tanto sobre la persona del trabajador, por mor de condiciones inapropiadas, como sobre la empresa a resultas de la presencia de trabajadores con estos problemas. Su apuesta es firme en favor de políticas de trabajos libres de drogas y estilos de dirección destinados a reducir el estrés e incrementar las recompensas e intervenciones como la mejor solución, dentro de programas que se han de revisar periódicamente en función de las necesidades (número de personas que soliciten ayuda, o accidentes bajo la influencia del

222 2015/2543 (RSP).

223 Su texto en https://ec.europa.eu/health/alcohol/Key_documents_en.

224 Sobre sus límites Allaman, A.; Beccaria, F. y Einstein, S.: «A commentary of the limits of alcoholic beverage policies», *Alcohol and Alcoholism*, Vol. 52, núm. 6, 2017, págs. 706-714.

225 OMS (Oficina Regional para Europa): *European action plan to reduce the harmful use of alcohol 2012-2020*, Copenhage (OMS), 2012.

alcohol) y deben estar convenientemente financiados, construidos sobre una iniciativa en la cual indefectiblemente han de ser recogidos tanto los test de cribaje, como una incisiva actuación administrativa de orientación (guías, material, personas cualificadas para la formación) y fomento.

2.2.5. La estrategia del Observatorio Europeo de las Drogas y las Toxicomanías (OEDT) 2025

Por su incidencia en el desarrollo de las distintas Estrategias nacionales, no cabrá ignorar en este repaso de fuentes internacionales ineludibles la Estrategia del OEDT 2025[226].

Presentada bajo la doble meta de «Contribuir a una Europa más saludable» y «Contribuir a una Europa más segura», su estructura es marco de referencia obligado para todas los Estados miembros.

Por cuanto a su contenido laboral hace, llama poderosamente la atención la advertencia que contiene a adoptar medidas fundadas en evidencias científicas y elaboración de programas fundados en experiencias de resultados positivos, sopesando siempre el carácter multifuncional de los problemas de las drogas y su interacción con las circunstancias sociales y su evolución; si se prefiere, su carácter holístico en el cual destacan cuatro áreas: familia, empleo, prevención del crimen y seguridad.

Entre los objetivos estratégicos, que luego detalla en su «Hoja de Ruta 2020», cabría mencionar, por cuanto aquí interesa, los siguientes:

- Necesidad de conocer y difundir las mejores prácticas relacionadas con intervenciones en la lucha contra la droga en todos los ámbitos, entre los cuales aparece expresamente mentado el laboral.
- No finalizar ningún programa sin la pertinente evaluación, condicionando su continuidad (cuando se estimara pertinente) a rectificar sobre los puntos débiles descubiertos.
- Valoración de las empresas como un socio necesario en cualquier estrategia global; en particular en las intervenciones selectivas que tenga como población diaria al trabajador.

Bajo la premisa de querer constituir un instrumento útil a la sociedad europea, su actividad de apoyo tiene cuatro tipos de medidas de alto interés: recopilación de datos y mejores prácticas, coordinación, investigación y apoyo técnico.

226 OEDT: *EMCDDA Strategy to 2025*, Luxemburgo (Oficina de Publicaciones de la Unión Europea), 2017.

2.2.6. La ausencia de una normativa específica, pero que proporciona anclaje suficiente al desarrollo por los Estados de una normativa propia (y harto heterogénea)

Las políticas descritas no encuentran translación en una normativa europea específica, sin duda en el entendimiento de que, para cumplir cuanto establece el art. 153.2 b) TFUE, basta con cuanto dispone la Directiva 89/391, de 12 de junio, relativa a la aplicación de medidas para promover la mejora de la seguridad y salud de los trabajadores en el trabajo, adecuadamente traspuesta a los ordenamientos de los Estados miembros[227]. A ella, y para el concreto —y debatido— asunto de los test de cribaje, habrán de unirse tres referentes fundamentales:

A.- La Directiva 95/46/CEE, del Parlamento Europeo y del Consejo, de 29 de octubre, relativa a la protección de las personas físicas en lo que respecta al tratamiento de datos personales y a la libre circulación de estos datos; la cual, a partir del 27 de mayo de 2018 se ha visto sustituida por el nuevo Reglamento 2016/679, de 27 de abril, cuya trasposición —no necesaria, pero si conveniente— ya cuenta en España con la Ley Orgánica 3/2018, de 5 de diciembre, de Protección de Datos Personales y garantía de los derechos digitales.

B.- La importante labor aclaratoria de la Recomendación núm. R (97) 5 del Comité de Ministros del Consejo de Europa, en tanto considera expresamente como datos de salud los relativos al abuso de las drogas, abuso del alcohol y nicotina o consumo de drogas[228].

C.- En fin, la Carta de Derechos Fundamentales de la Unión Europea de 2000 (2000/C 83/02), en conexión con cuanto dispone el art. 8 del Convenio Europeo de Derechos Humanos de 1950, por haber servido para crear una doctrina en el TEDH llamada a actuar como pauta de interpretación para los Tribunales de los distintos países[229].

---

227 Sobre su incidencia sobre el ordenamiento español, por todos, Pérez de los Cobos Orihuel, F.: «La Directiva Marco sobre medidas de seguridad y salud en el trabajo y la adaptación del ordenamiento español (I y II)», *Relaciones Laborales*, T. I, 1991, págs. 1221-1253 o Moreno Vida, M. N.: «La seguridad y salud en el trabajo: el deber de prevención de riesgos laborales. Un análisis desde la perspectiva de la Directiva 89/391/CEE», en AA. VV. (Monereo Pérez, J. L., Coord.): *La reforma del mercado de trabajo y la seguridad y salud laborales*, Granada (Universidad de Granada), 1996, págs. 556 y ss.

228 Siguiendo su criterio, los Informes de la Agencia de Protección de Datos núm. 128/2004, sobre el carácter de datos de salud de los datos sobre drogodependencia, y núm. 129/2005, sobre la naturaleza del dato de fumador como dato de salud.

229 Asuntos *Wentlund c. Suecia* (solicitud 469/99 y Decisión de marzo de 2004) [Sección IV] y *Madsen c* Dinamarca (solicitud 58341/00 y Decisión de 7 de noviembre de 2002 [Sección I], con cuidada presentación en Fernández Domínguez, J. J.: *Análisis de la problemática*

A partir de tal suelo mínimo de referencia, no puede extrañar la heterogénea y compleja situación en los diversos Estados, con orientaciones muy diversas sobre extremos fundamentales, como previsiones legales al respecto (generales y/o sectoriales), frente a la alternativa de su regulación por convenio colectivo o, incluso, remisión expresa al poder de dirección empresarial en el desarrollo de la política a aplicar; enfoques netamente preventivos al lado de aquellos que priman o toleran la reacción punitiva respecto a quienes manifiestan los efectos del consumo durante la prestación laboral; cuantos recogen como normal (incluso obligatorio) el diseño de programas completos a nivel de empresa —desde la prevención, pasando por la intervención, para llegar a la recuperación y rehabilitación—, al lado de otros en los cuales no solo no se datan mayores preocupaciones a este respecto, sino que incluso se niega la premisa mayor de un consumo problemático; aquellos con previsiones (específicas o generales) de medidas públicas de protección social para los enfermos por esta causa, junto a otros abiertos a la exclusión del seguro por conducta temeraria del afectado en caso de accidente de trabajo; en fin, y con toda probabilidad el problema jurídico donde obra una mayor controversia y diferencias jurídicas (y por ello objeto de análisis separado en la investigación), cuantos admiten los test de despistaje con naturalidad (incluso a fuerza de ignorar la presencia de datos de salud), los que exigen el ajuste a un protocolo más o menos garantista, aquellos que los admiten únicamente en determinadas actividades o cuantos los consideran excepcionales y/o, en todo caso, ceñidos a programas preventivos, sin margen alguno para una reacción disciplinaria en virtud de sus resultados[230].

2.3. Normativa, estrategia y política estatal

2.3.1. Alusiones genéricas en las normas fundamentales: el marco para la actuación

La conexión drogas-medio laboral aboca inexorablemente al empresario a tomar una decisión sobre cómo resolver el problema de la manera más rápida y eficiente, lo cual no siempre resulta en el mantenimiento de la relación laboral, sino más bien en la rescisión del contrato para poner fin a la cuestión de la forma más simple y barata posible.

derivada del consumo de alcohol, drogas y otras sustancias en el ámbito laboral, Madrid (CEOE), 2015, págs. 46-50.

230 Por extenso, en el examen de la realidad de los diferentes Estados de la UE a 2014, FERNÁNDEZ DOMÍNGUEZ, J. J.: *Análisis de la problemática derivada del consumo de alcohol, drogas y otras sustancias en el ámbito laboral*, cit., págs. 67-125

Ciertamente existen pocas alternativas eficaces posibles a esta salida, al no mediar una tendencia clara dirigida a impulsar programas empresariales enfocados a combatir el consumo de estas sustancias (como por ejemplo, a través de incentivos fiscales, bonificación en las cotizaciones, consideración de la empresa como socialmente responsable, etc.)[231] y luchar por el mantenimiento de la relación laboral, dando pie a una indefensión para quien puede llegar a ser considerado como un enfermo: el trabajador. Por ello, es responsabilidad del ordenamiento social (y quienes lo deben aplicar) proporcionar cobertura al afectado y poner a su disposición mecanismos jurídicos para la defensa de sus derechos, como la responsabilidad penal, administrativa, social y civil[232].

Estos derechos del trabajador son recogidos por la Constitución Española a través de los principios generales destinados a ordenar la seguridad y salud laborales, en los cuales puede encajar la regulación de este fenómeno, concretamente en la obligación atribuida a los poderes públicos de velar por la seguridad e higiene en el trabajo, reconociendo el derecho a la protección de la salud y estableciendo su organización y tutela a través de medidas preventivas como uno de los principios rectores de la política social y económica, vinculado al derecho fundamental a la integridad física y moral (arts. 40. 2 y 43 CE en relación con art. 15 CE).

No cabrá ignorar, empero, el juego de otros preceptos constitucionales, como los arts. 14 (principios de igualdad y no discriminación), 17 (derecho a la intimidad), 35 (derecho a la libre elección de profesión y oficio y a la promoción a través del trabajo), 41 (mandato a los poderes públicos para garantizar la asistencia y prestaciones sociales suficientes ante situaciones de necesidad) o 129 (obligación de los poderes públicos de promover las diversas formas de participación en la empresa) de la norma suprema.

Otras normas clave también utilizan el texto constitucional como apoyo para dotar de contenido sus previsiones; por cuanto al discurso interesa, entre más, el Real Decreto Legislativo 2/2015, de 23 de octubre, por el que se aprueba el texto refundido de la Ley del Estatuto de los Trabajadores o la LPRL, fundamentalmente. También, en un plano más parcial, la Ley Orgánica 10/1995, de 23 de diciembre, del Código Penal; el Real Decreto Legislativo 5/2000, de 4 de agosto, por el que se aprueba el texto refundido de la Ley sobre Infracciones y Sanciones en el Orden Social; Real Decreto de 24 de julio de 1889 por el que se publica el Código Civil; la Ley Orgánica 4/2015, de 30 de marzo, de Protección de la Seguridad Ciudadana; la Ley 41/2002, de 14 de noviembre, reguladora de la Autonomía del Paciente y obligaciones

231 OIT: *Alcohol y drogas. Programa de asistencia a los trabajadores*, Madrid (MTSS), 1989, págs. 29 y 30.

232 Fernández Avilés, J. A.: «Las adicciones en el trabajo como riesgo profesional: prevención, aseguramiento y responsabilidades jurídicas», *Tribuna Social*, núm. 219, 2009, págs. 27-42.

en materia de información y documentación clínica; la Ley 14/1986, de 25 de abril, General de Sanidad; La Ley Orgánica 3/2018, de 5 de diciembre, de Protección de Datos Personales y garantía de los derechos digitales; o, en fin, el Real Decreto Legislativo 8/2015, de 30 de octubre, por el que se aprueba el Texto Refundido de la Ley General de la Seguridad Social (en adelante LGSS).

2.3.2. Ambigüedad en el Estatuto de los Trabajadores: entre la protección y la sanción

El Estatuto de los Trabajadores reconoce el derecho a la integridad de la persona del empleado y a una adecuada política capaz de proporcionarle eficaz protección en seguridad y salud dentro del ámbito laboral, recogido en sus arts. 4.2 d) y 19.1 como extensión de los principios generales contenidos en los arts. 15 y 40 CE y vinculados a la obligación de los poderes públicos de velar por la seguridad e higiene en el trabajo, atribuyendo derechos y deberes a las partes del contrato. Deuda de seguridad que pesa sobre el empresario; a la par, derecho correlativo del trabajador para cuyo disfrute habrá de seguir las instrucciones impartidas por aquel a quien se ha atribuido la obligación (art. 20 ET), debiéndosele proporcionar la adecuada formación a estos efectos.

Sin embargo, y con una ambivalente posición, mantiene al mismo tiempo la posibilidad de sancionar al trabajador, incluso con el despido disciplinario, al preservar (pese a solicitudes constantes instando su derogación)[233] la vigencia de cuanto se introdujo con la modificación del art. 89 Ley de contrato de Trabajo de 1931 a través de la Ley 6 noviembre de 1941. Permite la coexistencia de una solución preventiva junto con la clásica disciplinaria, sin decantarse por ninguna de ellas, dejando abierta la puerta a cuanto contemple la negociación colectiva.

De atender a esta —y como se verá—, la inercia histórica y la falta de compromiso o sensibilidad llevará a constatar la amplia prevalencia del plano disciplinario frente al preventivo en una decisión que, sin duda (y será el núcleo de la investigación), ha quedado claramente obsoleta y clama por una reforma legal que anime a canalizar cuanto cabe considerar constituye un pobre bagaje convencional[234].

---

233 Plan Andaluz sobre drogas y Adicciones, aprobado por Real Decreto 208/2002, de 23 de junio, o Proposición de Ley 122/000074, de 6 de octubre de 2000 (VII Legislatura). En la doctrina, entre otros y por la recopilación de argumentos que recoge, Fita Ortega, F.: «La relación laboral y el consumo de alcohol o sustancias tóxicas: en torno a la conveniencia de suprimir la embriaguez habitual o toxicomanía como causa de despido», en AA. VV. (Pérez Amorós, F., Dir.): *La extinción del contrato de trabajo*, Albacete (Bomarzo), 2006, págs. 173 y 180.

234 Sin perjuicio de volver con más calma sobre su ejemplos, la valoración de Marín Malo, M.: «La prevención del consumo de alcohol por parte de los trabajadores en la negociación colectiva de los años 2016 y 2017», *Información Laboral*, núm. 11, 2017, BIB 2017\43182.

2.3.3. El carácter fundamental de la Ley de Prevención de Riesgos Laborales sobre la interpretación «razonable» de sus preceptos

Las coberturas constitucionales señaladas tienen su reflejo en la LPRL, la cual «establece los principios generales relativos a la prevención de los riesgos profesionales para la protección de la seguridad y de la salud, la eliminación o disminución de los riesgos derivados del trabajo, la información, la consulta, la participación equilibrada y la formación de los trabajadores en materia preventiva» (art. 2.1 LPRL). En los artículos siguientes define la prevención como «conjunto de actividades previstas en todas las fases de la actividad de la empresa con el fin de evitar o disminuir riesgos derivados del trabajo» (art. 4.1 LPRL) dirigiendo los objetivos a «elevar el nivel de protección de la seguridad y la salud de los trabajadores en el trabajo» (art. 5.1 LPRL). De esta forma, el análisis de la materia y cualquier planteamiento relacionado deberán partir de los señalados preceptos, aun cuando esta normativa no haga referencia expresa no sólo al riesgo del consumo sino a ningún otro en particular.

La norma establece que debe ser el empresario el que debe garantizar esta seguridad y salud, realizando «la prevención de los riesgos laborales mediante la integración de la actividad preventiva en la empresa y la adopción de cuantas medidas sean necesarias para la protección de la seguridad y la salud de los trabajadores» (art. 14.2 LPRL)[235], con fundamento en los principios de acción preventiva enunciados en el artículo siguiente.

En cuanto respecta al consumo de sustancias psicoactivas, implica actuar directamente sobre los factores de riesgo laborales que pueden tener influencia[236], para así garantizar un entorno libre de riesgos, sano y seguro para todos sus integrantes. Estos específicos objetivos encuentran su desarrollo a través de la Ley 54/2003, de 12 de diciembre, de reforma del marco normativo de la prevención de riesgos laborales y el Real Decreto 604/2006, de 19 de mayo, que contiene el Reglamento de los Servicios de Prevención (en adelante RSP)[237].

De tal conjunto normativo cabe colegir la obligación empresarial de una planificación continua del sistema preventivo dentro de su empresa, protegiendo en concreto a aquellos trabajadores más vulnerables, como pueden ser los adictos a las drogas y alcohol (según «sus propias características per-

---

235 RODRIGUEZ-MARTOS DAUER, A.: *Problemas de alcohol en el ámbito laboral*, Madrid (FAD), 1998, pág. 12.

236 UGT: *Drogodependencia y adicciones. Prevención en el ámbito laboral*, cit., pág. 58.

237 MERCADER UGUINA, J. R.: «El Reglamento de los Servicios de Prevención: crónica de una norma largamente esperada», *Relaciones Laborales*, núm. 8, 1997, págs. 94 y 95.

sonales o estado biológico conocido», en aplicación del art. 25.1 LPRL)[238]. Tal planificación debe tener lugar a través de un sistema de vigilancia de la salud periódica realizada a través de los profesionales adecuadamente formados *ex profeso* (en aplicación del art. 31.4 LPRL), que garanticen los derechos del trabajador en cuanto al consentimiento informado previo y la confidencialidad de los datos obtenidos, según determina el art. 22 LRPL.

Tal atribución de imperativa observancia garantizará al trabajador, y a todos cuantos aparecen vinculados a la relación laboral, un centro de trabajo en condiciones adecuadas y dignas, con respeto a su seguridad y salud, aun cuando lamentablemente no sean siempre atendidas de manera precisa. Por tal motivo, si los trabajadores se encuentran en situación de desamparo por falta de adopción de las medidas oportunas para mejorar las condiciones, y evitar así los riesgos del consumo, pueden acudir al auxilio de la protección dispensada por la Inspección de Trabajo o, incluso, a la vía jurisdiccional con el objeto de instar su oportuna cumplimentación.

Sin perjuicio de volver con más calma, bien cabe descubrir dentro de la obligación general del art. 14 LPRL, en su extensión genérica —incluso a falta de norma específica[239]—, el pórtico a un verdadero programa que necesariamente habrá de encontrar en la negociación colectiva el complemento necesario y dinámico exigido y exigible a partir de las muchas circunstancias en presencia. En él resultarán fundamentales:

- La necesaria incorporación al plan de prevención cuando de un riesgo se trate o la intervención se considere apropiada[240], contando con la necesaria —y obligada— cooperación de los empleados, a fin de conseguir una «seguridad integrada»[241] como meta última. La clave en esta operación surgirá de la evaluación previa, «incluso cuando sea un simple riesgo hipotético, por no descartable»[242], y no únicamente cuando derive de una obligación normativa, sino también provenga de la voluntad de quienes negociaron el convenio colectivo[243]

---

238 MASIP, J. M.: *Prevención de riesgos laborales: estrategia, gestión y prevención de las adicciones en el mundo laboral*, Madrid (Síntesis), 1999, págs. 18 y ss.

239 CAMAS RODA, F.: *Las obligaciones del empresario en la normativa de prevención de riesgos laborales*, Madrid (La Ley), 2002, pág. 43.

240 DE LA QUESADA, S. y GARCÍA JIMÉNEZ, M.: *El plan de prevención de riesgos laborales en la empresa: organización, evaluación y planificación*, Granada (Comares), 2009, págs. 19 y ss.

241 SENRA BIEDMA, M.: «Las obligaciones del trabajador en materia de prevención de riesgos laborales. Sus responsabilidades», en AA. VV. (ARAMENDI SÁNCHEZ, P.): *La prevención de riesgos laborales. Últimas reformas y análisis de normativa específica en la materia*, Madrid (CGPJ), 2006, págs. 418 y 419.

242 Interpretando cuanto dispone el art. 3 RSP, MARTÍN HERNÁNDEZ, M. L.: *El derecho de los trabajadores a la seguridad y salud en el trabajo*, Madrid (CES), 2006, pág. 205.

243 IGARTUA MIRÓ, M. T.: *Sistema de prevención de riesgos laborales*, Madrid (Tecnos), 2008, págs. 45 y ss.

y aun cuando para ello proceda desarrollar sistemas específicos[244] y, en todo caso, previendo secuencialmente las actuaciones necesarias para erradicar los factores de riesgo detectados o, si no fuera menester, las medidas de carácter genérico consideradas oportunas.

- Siendo la evaluación una tarea periódicamente actualizable, la planificación será permanente o dinámica, abierta a la participación de los trabajadores y a las nuevas necesidades y posibilidades [art. 16.2 a) LPRL], incluyendo plazos para llevar a cabo las actividades imprescindibles, designando a los responsables y disponiendo los recursos humanos y materiales apropiados a tal fin [art. 16.2 b) y Capítulo IV], para llevar así a un conjunto coherente [art. 15. 1 g)]. Contexto en el cual deviene fundamental la información, consulta y participación de los trabajadores[245].
- Complemento imprescindible será una adecuada formación (arts. 14 y 19 LPRL), centrada en el puesto de trabajo o función del trabajador cuando así fuere necesario, o general para toda la plantilla, como medio para abordar «tanto las creencias y conocimientos de los trabajadores sobre el tema como a modificar las condiciones del trabajo que se consideren factores de riesgo para el consumo»[246]; al tiempo, adaptada a las diferencias, según los niveles funcionales apropiados (personal de dirección, de prevención, representantes en materia preventiva, representantes de los trabajadores y plantilla) y a las variadas situaciones que pudieran y/o debieran afrontarse[247].
- Particular consideración habrán de merecer los medios diseñados para la vigilancia periódica de la salud de los trabajadores (art. 22 LPRL), que, si puestos en relación con el concreto problema del alcohol y las drogas, exigen una permanente atención a la normativa sanitaria (pues de un acto médico se trata) y de protección de datos (en tanto datos de salud), al deber estar necesariamente en conexión y ser convenientemente adecuados cuando su expresión venga dada por los test de cribaje[248].

---

244 OEDT: *European drug prevention quality standards (A manual for prevention professionals)*, Luxemburgo (EMCDDA), 2011, pág. 196.

245 EWA: *Good practice review and case studies*, en http://www.ewaproyect.eu, pág. 25.

246 AA. VV.: *Guía para empresas interesadas en promover programas de prevención frente a drogodependencias*, Santiago de Compostela (Conselleria de Sanidade), 2008, pág. 36.

247 UGT: *Manual de formación en drogodependencias en el ámbito laboral para delegadas y delegados sindicales*, Madrid (UGT), 2003, págs. 7 y ss.

248 Verstraette, A. G. y Pierce, A.: «Workplace drug testing in Europe», *Forensic Science International*, núm. 121, 2001, págs. 3 y 4.

2.3.4. Cuestiones laborales en la Estrategia nacional sobre drogas 2009-2016 y en el Plan de acción 2013-2016. Informe de su evaluación final

En 2016 finalizó la vigencia de la Estrategia Nacional sobre Drogas, aplicable desde 2009. Durante la redacción de esta investigación se aguardó con impaciencia la promulgación de otra nueva, pero 2017 transcurrió sin que viera la luz, aun cuando el 29 de julio dicho año el Secretario del Plan Nacional de Drogas informara sobre un primer borrador que iba a ser enviado a los integrantes de la Conferencia Sectorial para que pudieran efectuar las oportunas alegaciones[249].

En tal noticia, amén de los créditos para que continúen las iniciativas autonómicas, únicamente se da cuenta de la especial atención dedicada a la prevención del consumo, así como al ajuste de las políticas a la perspectiva de género y a la planificación de acciones frente a otras adicciones distintas a las drogas, como la ludopatía.

Durante mucho tiempo constituyó en marco de referencia ineludible para este estudio, y a día de hoy su contenido ofrece interés por un doble motivo: de un lado, constituye el precedente en el cual cabe encontrar la continuidad a iniciativas ahora en marcha; de otro, su evaluación final dibuja un mapa fidedigno de logros y temas pendientes que siempre procederá tener presente.

De acudir a su contenido, la Estrategia Nacional sobre Drogas 2009-2016[250] desarrollaba la perspectiva preventiva y rehabilitadora planteada en la LPRL. Materializaba este objetivo de búsqueda de la seguridad y la salud adecuada en la empresa apartándose de la vía sancionadora y afrontando el problema desde el punto de vista social y rehabilitador.

Fue aprobada mediante acuerdo de instituciones, organizaciones sindicales, empresariales y científicas, para enfocar el problema desde un punto de vista conjunto y eficaz a nivel nacional, a través de políticas de actuación comunes centradas en concienciar acerca de la implicación que tiene el consumo de alcohol y drogas en la salud, tanto en la provocación de accidentes (sean o no laborales), con resultados de incapacidad y lesiones permanentes, como en graves disfunciones psicológicas capaces de afectar de manera directa a quienes integran el círculo próximo del trabajador.

Recogía que, para prevenir y resolver esta situación, era necesario partir siempre del mantenimiento del puesto de trabajo, tomando como punto de partida —cuando fuera preciso— la reinserción en el medio laboral, dado su carácter rehabilitador; hacerlo, además, a través de la interacción de los

249 Nota de Prensa en www.pnsd.mssi.gob.es/noticiasEventos/notas/2017/pdf/NP_Conferencia_ Sectorial_Drogas.pdf.

250 Gobierno de España. Ministerio de Sanidad, Politica Social e Igualdad: *Estrategia Nacional sobre Drogas,* cit., págs. 37- 85.

distintos actores sensibilizados con el problema: empresas, organizaciones sindicales y representantes de los trabajadores, todo coordinado desde los Servicios de Prevención de Riesgos Laborales para que, a través de determinadas iniciativas, como las políticas de prevención de riesgos y reintegración laboral, cupiera construir las bases de un buen sistema preventivo para los afectados por un consumo problemático.

La Estrategia insistía, en cuanto hace al ámbito laboral, en la necesidad de adoptar el enfoque preventivo que desarrolla el Plan Nacional sobre Drogas, como extensión de la LPRL, actuando a través de una estrategia conjunta centrada en el problema del consumo, con la implicación de empresas y trabajadores —a través de sus sindicatos y los servicios de prevención, dado el importante papel que juegan en este fenómeno—, mediante planes y protocolos de actuación en drogodependencias. Estos últimos aparecían íntimamente ligados al concepto social de la empresa en cuanto hace a su responsabilidad —entendida como conjunto de obligaciones legales y morales dimanantes de los efectos de las actividades de los empleadores en varios ámbitos como el social, de derechos humanos y medio ambiente—, debiendo quedar ordenada a la búsqueda de la perspectiva humana de esta lacra y teniendo en cuenta cómo, mediante políticas de voluntariado y reintegración laboral (con la ayuda tanto de los sindicatos y otras organizaciones como las ONG), cabe facilitar enormemente la rehabilitación del individuo.

En esta línea también hacía referencia a los empleados públicos, en cuanto respecta a la responsabilidad empresarial de la propia Administración, entendida como empresa de todos. Mencionaba que, en tanto empleadora de un elevado número de trabajadores públicos, estaba llamada a asumir hacia ellos la obligación de garantizar unas condiciones de salud y bienestar a través de las distintas herramientas que dispone, como la extensión de los propios programas de prevención de riesgos laborales, de responsabilidad social y otros concretos destinados a la promoción de la salud laboral.

Como desarrollo y complemento al marco establecido en la misma, anunciaba que verían la luz dos Planes de Acción cuatrienales y consecutivos destinados a operar durante todo su periodo de vigencia[251]. Estos eran el Plan de Acción sobre Drogas 2009-2012, para el primer periodo de la Estrategia y el Plan de Acción sobre Drogas 2013-2016, para el segundo.

El Plan de Acción 2009-2012[252] establecía la línea de actuación en la materia, los métodos a utilizar y los mecanismos de control a llevar a cabo, así como fechas y plazos para su implementación.

251 Gobierno de España. Ministerio de Sanidad y Política Social: *Plan de Acción sobre Drogas 2013-2016*, Madrid (DGPNSD), 2013, pág. 2.

252 Gobierno de España. Ministerio de Sanidad y Política Social: *Plan de Acción sobre Drogas 2009-2012*, 2010.

Algunos de los objetivos fundamentales recogidos en este primer Plan fueron: impulsar programas empresariales para incluir acciones organizadas dentro de los centros de trabajo y comenzar tratamientos de desintoxicación con apoyo y ayuda a la reintegración laboral para aquellos trabajadores con problemas de adicción; implantar protocolos de detección e intervención sobre el consumo de sustancias psicoactivas en los servicios de salud laboral como competencia propia de los servicios de prevención (tanto internos como externos de la empresa), así como la investigación sobre las causas sociales del consumo de drogas y la morbi-mortalidad; incrementar los programas de formación, con la inclusión de los últimos avances en este sentido, así como promocionar la RSC en el ámbito de las drogodependencias (donde intervengan todos los agentes promoviendo la prevención, la integración laboral y el voluntariado); por no seguir —y completando el elenco de las más destacadas—, impulsar la cooperación de la Delegación del Gobierno para el Plan Nacional sobre Drogas (DGPNSD) con la sociedad, sus organizaciones civiles y, en cuanto hace al trabajo, con especial referencia a Comisión Nacional de Prevención y Tratamiento de las Drogodependencias en el Ámbito Laboral.

Tras la finalización del primer Plan en 2012, procedió a dar continuidad a lo previsto en la Estrategia a través del Plan de Acción 2013-2016, correspondiente al segundo período (y con una «prórroga» atípica en 2017). Este fue elaborado teniendo en cuenta los resultados de la evaluación preliminar del primer Plan de Acción 2009-2012 y era portador del acuerdo fundado sobre un diagnóstico consensuado de los problemas, ofreciendo un elenco de actuaciones fruto del trabajo de todos los integrantes del Plan Nacional sobre Drogas: DGPNSD, Comunidades y Ciudades Autónomas, Departamentos de la Administración General del Estado con competencias en la materia, Corporaciones Locales, ONGs, Sociedades Científicas y expertos en drogas, dentro de los cuales, entre otros, y para determinados ámbitos relacionados con su quehacer, también figuraban los sindicatos y las asociaciones empresariales[253].

De la misma manera que su predecesor, asume la tarea encomendada por la Estrategia, estableciendo las acciones concretas y específicas a realizar y fijando los objetivos inmediatos a alcanzar, el tiempo previsto para cada acción y las herramientas a utilizar para su evaluación.

Centró sus objetivos principalmente en la coordinación nacional de los distintos agentes implicados en el problema, la reducción tanto de la demanda de la droga como de la oferta y la mejora del conocimiento respecto a estas sustancias, así como los datos obtenidos sobre ellas a través de la investigación, evaluación y formación. Como último apartado, prestó atención a

253 Gobierno de España. Ministerio de Sanidad y Política Social: *Plan de Acción sobre Drogas 2013-2016*, cit., pág. 2.

la coordinación internacional que debe de existir en este asunto a través de la participación española en el seno de la ONU, la UE y en América Latina y otras Áreas de interés estratégico, con especial apoyo y seguimiento del proyecto de Cooperación entre la Unión Europea y América Latina y el Caribe (COPOLAD).

Con menos cantidad de acciones que su predecesor —36 frente a las 68 del Plan de Acción 2009-2012—, llaman la atención del Plan de Acción sobre Drogas 2013-2016 los siguientes puntos en lo referente a este estudio:

- «Plan de prevención en el ámbito laboral: se crearán plataformas de coordinación con sindicatos y asociaciones empresariales en las Comunidades Autónomas que no dispongan de ellas. Se elaborará un modelo marco de intervención integral en el lugar de trabajo para la prevención, asistencia e inserción social. Se fomentará la implicación de grandes empresas en proyectos de reducción de la demanda de drogas a través de sus programas de Responsabilidad Social Corporativa (RSC)» (Acción 11).
- «Plataformas de Coordinación inter e intra-sectoriales: se crearán mesas de coordinación y grupos de trabajo para la puesta en marcha de las acciones del Plan de Acción. Se crearán plataformas de comunicación virtuales para facilitar el trabajo de coordinación a distancia» (Acción 2).
- «Plan de prevención de las drogodependencias y adicciones en el sector hostelero: se aplicarán programas de prevención en el sector del ocio nocturno en Comunidades Autónomas y Municipios. Un 10 % de los locales de ocio de las localidades participantes se integrarán en circuitos de ocio de calidad. Se formará al 30 % de los profesionales de los locales participantes en los circuitos» (Acción 9).
- «Protocolo de inserción personalizada para drogodependientes en proceso de rehabilitación: se elaborará un protocolo para diseñar itinerarios personalizados de inserción de drogodependientes en proceso de rehabilitación que se implementará en centros de asistencia a drogodependientes y en Instituciones Penitenciarias. Se diseñará un instrumento para la evaluación de la efectividad de estas medidas» (Acción 15).

Conforme cabe observar, a lo largo de todo el desarrollo de la Estrategia, así como de los Planes, el elemento del trabajo es imprescindible para la rehabilitación del afectado. El Plan de Acción 2013-2016 subrayaba, además, la importancia de la coordinación entre los distintos actores laborales para la elaboración de un modelo-marco de intervención integral en el lugar de trabajo destinado a la prevención, asistencia e inserción social, sintetizando la voluntad del Ejecutivo de promocionar la prevención y reinserción laboral de los afectados por este fenómeno dentro de la empresa.

Tanto o más importante que cuanto se pretendió, resulta la evaluación de lo conseguido. A modo de asientos contables, de su Informe final cabe destacar los siguientes datos[254]:

1.º- El reconocimiento de una baja coordinación con las Administraciones de Empleo autonómicas y con las organizaciones empresariales de conformidad en cuanto recoge el Gráfico 5.

Gráfico 5.- Coordinación de la OGPNSD en organismos públicos y sociedad civil

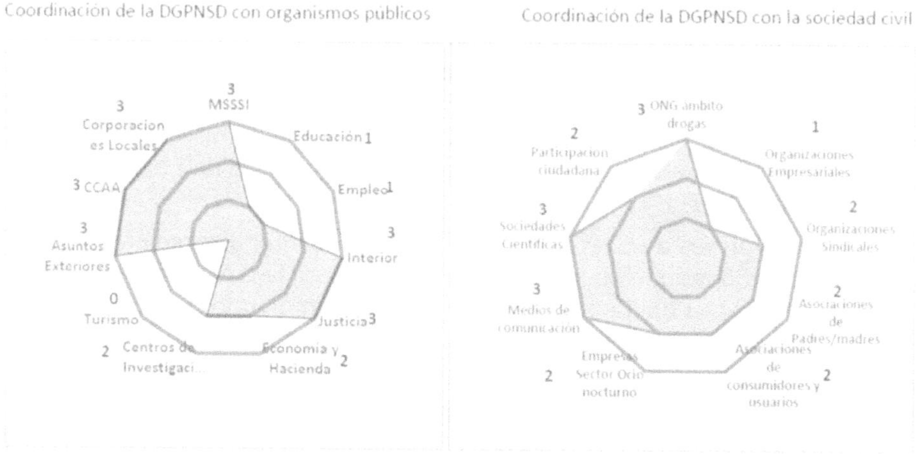

Fuente: DGPNSD (2017)[255]

De esta forma, el Objetivo núm. 1, situado en optimizar la coordinación y cooperación en la materia, acaba reconociendo que constituye un campo donde aún hay mucho por avanzar: «queda un margen de mejora con (…) el sector de empleo, tanto con la Administración correspondiente como con organizaciones empresariales, ya que la coordinación con los sindicatos es buena. Esta coordinación debe centrarse en tres objetivos: reducir la baja productividad laboral asociada a la muerte prematura y la hospitalización de personas con consumos de drogas, prevenir las situaciones de riesgo de accidentes laborales asociadas al consumo (indicador mortalidad INT) y facilitar la incorporación laboral de las personas drogodependientes».

2.º- La cobertura de los programas de prevención ha descendido notablemente, siendo imputada tal tendencia a los recortes presupuestarios en este

254 Ministerio de Sanidad, Servicios Sociales e Igualdad: *Estrategia Nacional sobre Drogas 2009-2016. Informe de la Evaluación Final*, Madrid (DGPNSD), 2017.

255 Gobierno de España. Ministerio de Sanidad, Política Social e Igualdad: *Estrategia Nacional sobre Drogas, Informe de la Evaluación Final,* cit.

ámbito. Esta ha sido focalizada hacia el ámbito escolar (en el cual también baja el número de centros participantes y de profesionales que aplican programas al efecto), siendo significativamente inferior el número de programas destinados a ocio alternativo y familiares y aumentado tan solo los destinados a menores vulnerables.

Gráfico 6.- Cobertura de los programas de prevención

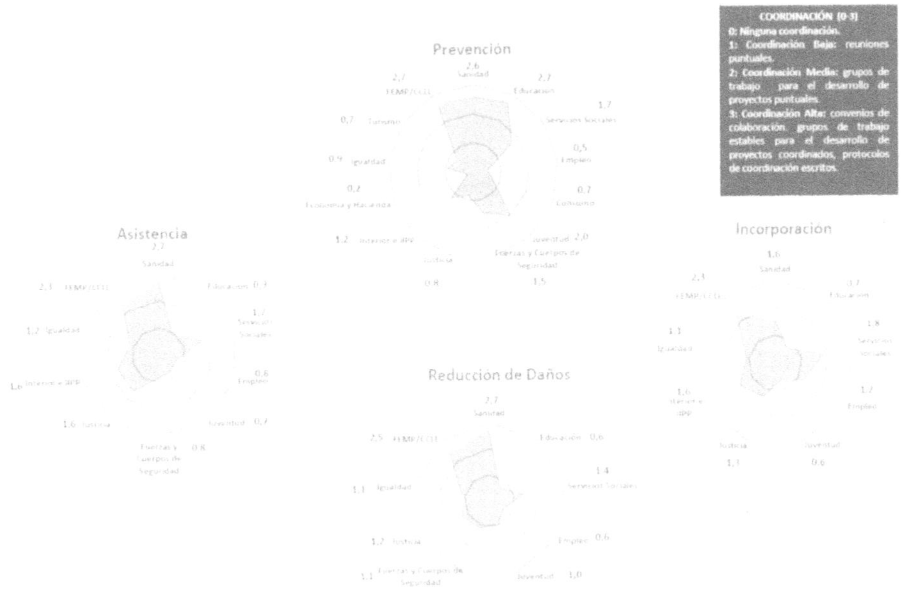

Fuente: DGPNSD (2017)

De este modo, el objetivo núm. 3, relativo a desarrollar habilidades y capacidades personales, que preveía su ampliación a otros ámbitos, estrategias y poblaciones destinatarias, entre otras la laboral, apenas si contempla intervenciones anecdóticas en el contexto general; pese a las buenas intenciones, la crisis también ha afectado a la consideración del lugar de trabajo como una «población diana» adecuada.

3.º- Como contenido del Objetivo núm. 5 figuraba la disminución de la demanda. Según los datos aportados por las partes afectadas, «en la población general se ha estabilizado el consumo experimental y ocasional de todas las sustancias, pero ha aumentado el problemático de cada droga [que] representa un porcentaje más o menos fijo de los que experimentan con la misma».

Dado lo negativo de tal constatación, figura como recomendación expresa «la detección e intervención precoz de los consumos problemáticos. El contexto idóneo para realizar programas de este tipo es el sanitario, pero también hoy otros: las universidades o el lugar de trabajo pueden ser contextos donde contactar y sensibilizar a poblaciones con consumo de alto riesgo».

Se comprueba, dentro del Objetivo general 6 («Reducir los daños asociados»), una bajada en los casos de muertos por accidente laboral.

Gráfico 7.- Defunciones relacionadas con las drogas según causa

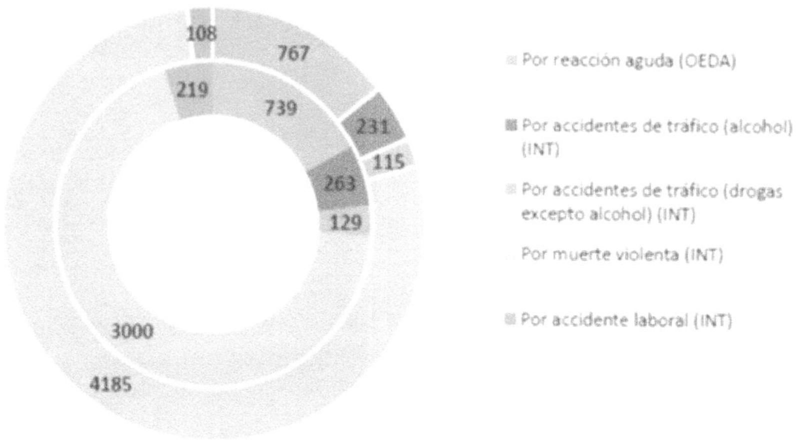

Fuente: DGPNSD (2017)

No obstante, en las conclusiones obran unos datos preocupantes: «hay una infravaloración de los daños relacionados con el consumo de drogas, porque los sistemas de información no recogen toda la información al respecto [, entre otros,] el rendimiento laboral». Motivo por el cual en las recomendaciones establece el informe que «se precisa una mejora en la recogida de información sobre daños relacionados con el consumo, para tener una visión más completa de la situación».

4.º- En fin, el objetivo núm. 8, destinado a la incorporación social de las personas con adicción a las drogas, muestra el preocupante dato de una notable baja en la tasa de cobertura con carácter general, acentuada con el hecho complementario a partir del cual los casos de beneficiarios de programas de incorporación social son muy bajos respecto al total de casos atendidos en la red asistencial.

Gráfico 8.- Número de casos en programas de incorporación

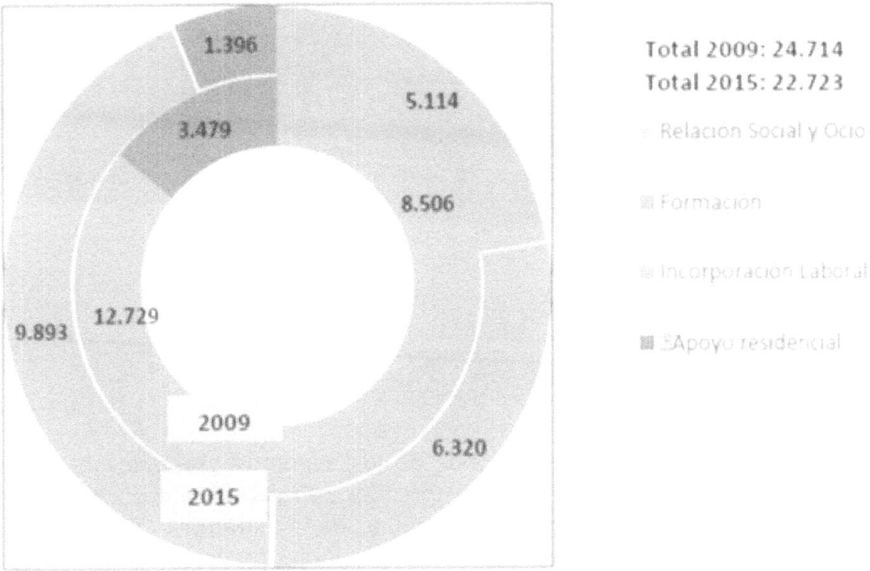

Fuente: DGPNSD (2017)

Además, y dentro de la tónica negativa descrita, consta que, en el total de admisiones, se ha pasado de un 66,5 % en paro en 2009, a un 73.4 % de desempleados en 2015. Todo ello lleva a sugerir «la necesidad de priorizar los procesos de incorporación social en la nueva Estrategia», en particular cuando de mujeres se trata [«hay un déficit de accesibilidad de las mujeres con adicciones al empleo (...) Lo que justifica la discriminación positiva en los programas de inserción laboral»]. Por ello, recomienda la necesidad de «avanzar en la adecuación de los servicios y programas a los nuevos perfiles y las diferencias de género en adicciones, así como incrementar la cobertura poblacional en coordinación con la red asistencial».

Gráfico 9.- Porcentaje de casos con empleo entre admisiones a tratamiento según género

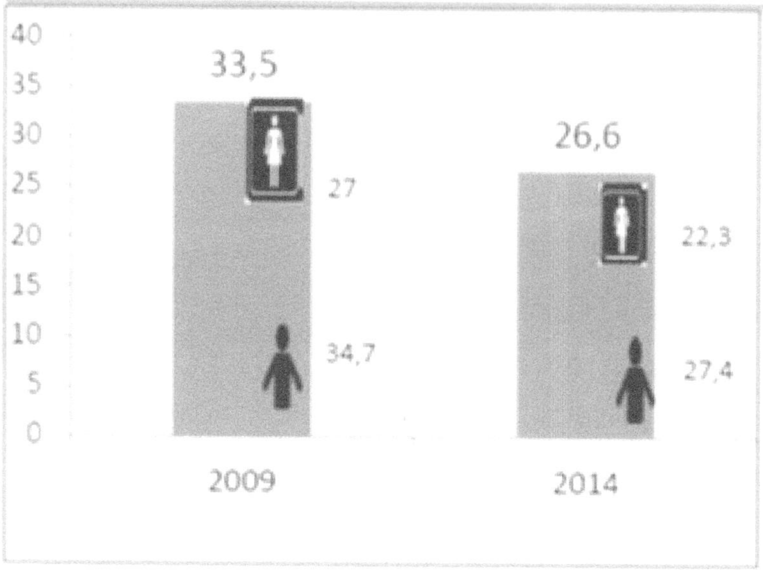

Fuente: DGPNSD (2017)

Baste tales referencias sobre algunos de los aspectos más relevantes, en cuanto hace el ámbito laboral, para comprender su relegación o postergación dentro de los distintos programas diseñados desde la Estrategia. Elocuente resulta, por ejemplo, el dato de la ausencia de cualquier mención en el Objetivo núm. 13, destinado a la formación, tal vez en la confianza de su realización por los sindicatos y asociaciones empresariales; también en la eficacia de otras medidas indirectas (con particular relieve en los incentivos a la contratación destinada a la inserción sociolaboral). Obra, de este modo, un cuestionable y cuestionado abandono, sobre el cual procederá esperar rectificación en tiempo y forma.

2.3.5. Aspectos laborales de la estrategia nacional sobre adicciones 2017-2024

Previa aprobación por la Comisión Inter-autonómica del Plan Nacional sobre Drogas el 18 de octubre de 2018, el Informe favorable (y preceptivo) del Consejo Español de Drogodependencias y otras Adicciones de 13 de noviembre de 2017 y por el Pleno de la Conferencia Sectorial el 21 de diciembre de 2018, finalmente, en el Consejo de Ministros de 9 de febrero de 2018, ve la luz la Estrategia Nacional sobre Adicciones 2017-2024[256].

256 Ministerio de Sanidad, Servicios Sociales e Igualdad. *Estrategia Nacional sobre Adicciones 2017-2024*, Madrid (Delegación Gobierno para el Plan Nacional sobre Drogas), 2018.

La extensa participación (más de 400 organizaciones y expertos) y amplísimo consenso alcanzado en el documento, como aspecto enormemente positivo, no consigue ocultar el hecho de que antedatar la Estrategia solo sirve para cubrir un hueco de inactividad patente durante más de un año. Plantea, a la par, el interrogante que suscita su advertencia en la página final del documento: «Nota: Esta Estrategia se considerará vigente hasta tanto no se haya aprobado la siguiente»; ignorándose, en este momento, si pudiera mediar una modificación anticipada o la cobertura a una prórroga si en el futuro obrara un retraso como el recientemente acaecido.

Bajo la idea de tratar de adaptar su estructura a la Estrategia de la UE 2013-2020, se ordena bajo dos metas: «"Alcanzar" una sociedad más saludable e informada mediante la reducción de la demanda de drogas y de la prevalencia de las adicciones en general y b) "Tener" una sociedad más segura a través de la oferta de drogas y del control de aquellas actividades que puedan llevar a situaciones de adicción».

A articular mediante dos Planes de Acción consecutivos, previstos para 2017 a 2020 y 2021 a 2024, dos notas brillan con luz propia frente a sus precedentes: de un lado, la clara priorización en los colectivos a los que dirigen las actuaciones, focalizando la atención específicamente en menores, mujeres y mayores de 64 años que fueran consumidores crónicos de la época de los 80 y 90; de otro, la introducción de actuaciones frente a las llamadas «adicciones sin sustancia» o comportamentales.

De esta forma, y aun cuando solo sea por la novedad, es muy importante el protagonismo al juego (del cual se ofrecen graficas de afectación por el problema —0,9 % jugadores patológicos, 1 % con problemas y 4,4 % con algún riesgo en 2016, que descienden a 0,3 %, 0,6 % y 2,6 % en 2017— y prevalencia —varones en un 69,6 %, con especial incidencia en los grupos de edad de 25 a 34 y de 54 a 64, rentas bajas o medias, personas solteras, divorciadas o separadas y antecedentes de problemas psicológicos—, así como amplio detalle de su mercado), atendiendo, también, al uso «patológico» de internet, los medios digitales, videojuegos y redes sociales. Sin ignorar el potencial de los medios digitales como posibles herramientas útiles en la prevención y tratamiento de las adicciones, se destaca el papel de las nuevas tecnologías como facilitadoras y potenciadoras de otras conductas adictivas, en especial los juegos de apuestas *on line*, el hecho de permitir encontrar un mercado para la compra-venta de sustancias y foros de intercambio de «información» e instrucciones sobre consumos, o la aparición de determinadas apps (Wapo, Tinder, Grinder, etc.) donde aparecen y diseminan nuevos patrones para el consumo de drogas ligadas a prácticas sexuales como el *chemsex* o el *slamming*.

Por su parte, y desde la perspectiva de género, se considera fundamental mejorar la incorporación efectiva de las necesidades específicas de las mujeres (menor empleabilidad, responsabilidades familiares o problemas de alojamiento) en todas las herramientas de análisis de la realidad, programas o investigaciones e iniciativas de intervención y prevención; implementar una mayor sensibilización que alcance a la sociedad en su conjunto a fin de fomentar aquellos factores de protección en las mujeres (prudencia, solidaridad, etc.) para que sean incorporados también por los hombres; promover la prevención y detección precoz de la violencia de género en mujeres drogodependientes y en medios donde se consumen sustancias; impulsar los programas centrados en las necesidades de las mujeres (por ejemplo en dependencias a psicofármacos), analizando todos los aspectos ligados al consumo y desarrollando alternativas de tratamiento no farmacológicas; en fin, abordar las diferencias y especificidades de hombres y mujeres en cada uno de los retos, como la forma en que afecta el cambio social a hombres y mujeres, la distinta manera de verse aceptadas por las nuevas formas de adicción (internet, juego, etc.) o las distintas tendencias y nuevos factores de consumo (usos, formas de acercamiento, obtención de la sustancia, contextos, etc.).

Tomando como valores un enfoque de salud pública integral (incluyendo a la persona, su entorno familiar y social y el conjunto de la comunidad), la universalidad, la coherencia y colaboración entre Administraciones Públicas, la atención a la diversidad y la corresponsabilidad social y responsabilidad pública, son proclamados los siguientes principios rectores: equidad, perspectiva de género, transparencia, evidencia científica, participación, intersectorialidad, calidad y eficiencia y sostenibilidad.

Pórtico, el hasta ahora expuesto, que, al adentrarse en el detalle de las concretas Áreas de Actuación y Objetivos Estratégicos, permite hacer el siguiente balance por cuanto hace al ámbito laboral; siempre con una sensación global: su clara pérdida de referencia. Aun cuando la importancia real del ámbito laboral penda de la articulación concreta en los Planes estatal y autonómicos, lo cierto es que el documento marco muestra una menor atención (y hasta una cierta relegación intencionada, según cabrá comprobar) al entorno de trabajo, cuya funcionabilidad básica podría quedar sintetizada en los siguientes apartados.

1.- En el Área de prevención y reducción se considera preciso equilibrar una orientación básicamente centrada en las personas, con otras dirigidas a reducir los factores de riesgo y promover los de protección de los entornos. El lugar de trabajo aparece mencionado como contexto de actuación que puede servir para:

- Reducir la presencia y promoción de las drogas y de otras conductas susceptibles de generar adicción.
- Promover una conciencia social de riesgos y daños provocados por las drogas y otras adicciones.
- Reducir la injustificada percepción en la sociedad sobre la «normalidad» de los consumos de drogas.
- Promover conductas y hábitos de vida saludables.
- Detectar precozmente y prevenir los consumos de mayor riesgo.

Los trabajadores, en general, no aparecen mentados como «población diana» (aun cuando reúnen condiciones óptimas al efecto), figurando, tan solo, los profesionales de la hostelería.

2.- En el Área de Atención integral y multidisciplinar se apunta la transferencia competencial a Comunidades y Ciudades Autónomas de la atención integral a las personas con problemas de adicciones. Ello supone una diversidad que contribuye a la riqueza del modelo asistencial español; sin embargo, y a partir de un consenso básico en los servicios a ofrecer, en algunos casos puede dar lugar a un cierto desequilibrio en la equidad y accesibilidad, suscitando la permanente preocupación por atener a colectivos con mayor riesgo de marginación (inmigrantes o minorías étnicas), o necesitados de atención específica (mujeres, menores o personas con patología dual), lo cual requiere una superior flexibilidad organizativa y de recursos.

Entre los objetivos estratégicos, el ámbito laboral puede coadyuvar, como contexto de actuación adecuado —y así se reconoce de manera expresa—, en particular respecto a los propósitos de fomentar la atención integral mediante itinerarios personalizados para las características de cada paciente, incorporando la perspectiva de género en todos los niveles del proceso asistencial.

3.- Sin mención expresa como contexto adecuado de intervención en la reducción de daños o efectos negativos del consumo de sustancias a nivel individual, en el entorno o de terceros tanto en tratamiento como en prevención y reinserción social, la decisión no deja de sorprender cuando no solo son patentes y cuantiosos, si no causa inmediata y motriz de muchas decisiones empresariales, dando lugar a una de las grandes lagunas donde la evidencia científica ha sido postergada en aras de otros ámbitos de intervención considerados como merecedores de superior prioridad.

4.- En fin, el papel fundamental del trabajo se plantea en el Área intitulada «Incorporación social, con especial hincapié en la integración laboral». Frente a un planteamiento que incite al tratamiento integral del trabajador en el ámbito en el cual existen medios y posibilidades para hacer prevención, asistencia y rehabilitación, la Estrategia presta atención específica tan solo al momento más difícil, el que afecta a quienes perdieron un trabajo por culpa de la adicción o nunca pudieron acceder a aquel.

De este modo, la incorporación social, entendida como el proceso de socialización personalizado y flexible, constituido por acciones e intervenciones que pretenden implicar activamente, responsabilizar, promover y facilitar a las personas su autonomía, desarrollo y bienestar social, participación y capacidad crítica con su entorno, «incluye diferentes ámbitos o dominios (personal, familiar, laboral, etc.) en los que el laboral es importante, pero no el principal o el único».

Por si no hubiera quedado suficientemente claro el papel del trabajo valga una segunda toma de posición: «En general, se acepta que el tratamiento terapéutico por sí solo no parece suficiente para una efectiva recuperación de las personas que presentan problemas de adicciones. La incorporación social de estas personas exige una intervención integral, que actúe en todos ámbitos de su vida (y no solo en el laboral): personal, relacional y de ocio, familiar, educativo, sanitario, formativo, laboral, residencial, judicial, etc.».

Así concebida, la intervención integral deberá atender a la tipología de las personas que demandan atención (pues no todas presentan las mismas características y necesidades), a los contextos y recursos en los cuales se va a intervenir (específicos o generalizados) y a los concretos itinerarios establecidos.

Entre los objetivos estratégicos, prácticamente todos tienen que ver con el ámbito laboral, citándose a las empresas como contexto de actuación y al formativo-laboral como ámbito a tal efecto; sin embargo, el trabajador como tal no es considerado población diana, sino solo en cuanto queda asociado a uno de los siguientes colectivos: mujeres, personas con adicciones crónicas y/o co-morbilidades, población de mayor edad y minorías étnicas.

Entre aquellos con mayor relieve procederá mentar:

- Definir un modelo común de actuación en incorporación social, tanto en los aspectos conceptuales como en el establecimiento de procesos de continuidad de la atención y en los itinerarios individualizados de los beneficiarios de los programas.
- Ampliar la oferta y adecuar los servicios y programas (servicios ocupacionales y, especialmente, de reinserción) a los nuevos perfiles de las personas atendidas, al diferente impacto de las adicciones en mujeres y hombres y a las necesidades diferenciales de los drogodependientes de más edad.
- Mejorar la calidad de las actuaciones promocionando la investigación y búsqueda de evidencias, la evaluación de programas e intervenciones, la elaboración de catálogos de programas y el establecimiento de un sistema de información y evaluación en incorporación social.
- Fomentar la participación de las Corporaciones Locales en los programas de inserción laboral y social.
- Impulsar la participación de las entidades privadas sin fin de lucro en el desarrollo de programas de inserción social y laboral a través de itinerarios personalizados.

A la espera de su oportuno desarrollo a través de los Planes, tal es el marco general de actuación para los próximos años, con unas pautas tan abiertas como para que cualquier iniciativa laboral encuentre un hueco, pero sin ninguna indicación o consejo sobre su ubicación o líneas de desarrollo concreto. Tal vez lo propio de una Estrategia, quizá el necesario precio para un consenso tan amplio, pero, al final, un cúmulo de buenas intenciones, bajo una sistemática tan completa como un contenido que supone apenas algo más que meras declaraciones de intención.

2.4. Normativa y políticas autonómicas

El panorama descentralizado en la actuación frente al alcohol y las drogas ofrece los siguientes aspectos de interés.

2.4.1. Normativa autonómica sobre drogas

Dado el actual sistema constitucional de competencias, las comunidades autónomas tienen transferidas del Estado, entre otras, las referidas al tratamiento de la prevención y el consumo de alcohol y otras drogas en el medio laboral, dentro del ámbito general relativo a la legislación sobre drogas. Hace más de 30 años desde la aparición de la primera ley autonómica que abordó el fenómeno, y prácticamente todas las Regiones han elaborado textos normativos en el mismo sentido, exceptuando Navarra y las Ciudades Autónomas de Ceuta y de Melilla.

Todas ellas abordan la materia sobre similares líneas de actuación —según las peculiaridades de cada territorio—, entre las cuales cabe destacar las siguientes pautas:

- Ayuda a la reintegración y reinserción laboral de los adictos a través de la reserva de un cupo de puestos de trabajo en la Comunidad Autónoma para los drogodependientes en tratamiento (Castilla y León, Galicia, Andalucía, Cantabria, Aragón o Madrid).
- Limitaciones en la venta y el consumo del alcohol en el trabajo (presente en la totalidad de los textos autonómicos).
- Promoción de programas específicos sobre prevención, asistencia y reinserción del trabajador adicto (País Vasco, Castilla y León, Galicia, Andalucía, Cantabria, Murcia, Canarias, Extremadura, Aragón, Madrid, Baleares, Castilla-La Mancha y La Rioja).
- Fomento de acuerdo para la reserva de puestos de trabajo en empresas y organizaciones especializadas (en todas las normativas autonómicas excepto en las de Cataluña, País Vasco y Murcia).
- Inversión en programas de formación e información sobre la trascendencia de las drogas en el ámbito laboral y sus consecuencias (País Vasco, Galicia, Andalucía, Comunidad Valenciana, Murcia, Canarias, Extremadura, Aragón, Madrid, Baleares, Castilla-La Mancha y La Rioja).
- Importancia de proporcionar el acceso a servicios especializados a los trabajadores que tengan problemas de adicción (Castilla y León, Cantabria, Murcia, Extremadura, Aragón, Madrid, Castilla-La Mancha y La Rioja).
- Lucha contra la discriminación de los trabajadores con problemas de consumo (Extremadura, Aragón, Madrid y Baleares).

- Por último, la inserción laboral desde una perspectiva general (recogida en la práctica mayoría de las legislaciones autonómicas, exceptuando algunas Comunidades como Galicia, Murcia y Canarias).

Llama la atención, dentro de todos estos aspectos comunes, cómo los objetivos mayoritarios vienen dados por el impulso de programas de concienciación e información sobre los problemas de las drogas en el ámbito laboral, las limitaciones en la venta y el consumo de alcohol en los centros de trabajo y la promoción de planes concretos de reinserción y asistencia a quien sufre el problema.

Por tanto, cabría distinguir varios tipos de regulaciones autonómicas según su fecha de publicación y contenido. Las más vanguardistas en su momento fueron las de Cataluña, País Vasco y Murcia (la primera ampliamente modificada, la segunda sustituida, pero la tercera mantenida en su tenor original), si bien apenas mostraban intereses por el ámbito laboral. La mayor parte de las demás (publicadas poco antes de comienzo de siglo y solo alguna actualizada) centran su atención en la reintegración e inserción laboral de trabajadores con problemas de adicción a través de la ayuda al acceso de servicios especializados de rehabilitación y de planes que contemplan la reserva de un determinado cupo de puestos de trabajo en empresas y Administraciones de las comunidades autónomas con el objetivo de facilitar la reinserción del drogodependiente.

A partir del año 2000 ve la luz el bloque que contiene las últimas iniciativas (o la reforma de algunos de los preceptos de la versión primigenia), las cuales enfocan sus objetivos en el trabajador adicto desde un punto de vista rehabilitador, apartando la alternativa sancionadora y llamando a los agentes involucrados a considerar a este como un enfermo.

Estas últimas regulaciones, como la asturiana, la madrileña o la vasca (la última y más actual, salvo error u omisión) contemplan el llamado concepto biopsicosocial del alcoholismo o la drogodependencia, con procesos de rehabilitación donde intervienen varios profesionales (médicos especialistas en rehabilitación, logopedas, terapeutas ocupacionales o fisioterapeutas), considerando la adicción como una enfermedad común con las consecuencias económicas, psicológicas y sociales que esto supone, debiendo ser tratada de esta manera en la empresa.

Por orden alfabético, las normas autonómicas de prevención y asistencia en materia de drogas son las siguientes:

- Andalucía: Ley 4/1997, de 9 de julio, de Prevención y Asistencia en Drogodependencias en Andalucía (modificada por Leyes 1/2001, de 3 de mayo, y 12/2003, de 24 de noviembre).
- Aragón: Ley 3/2001, de 4 de abril, de Prevención, Asistencia y Reinserción Social en Materia de Drogodependencias (modificada por Ley 10/2012, de 27 de diciembre).

- Asturias: Ley 4/2015, de 6 de marzo, de Atención Integral en Materia de Drogas y Bebidas Alcohólicas (modificada por Ley 5/2017, de 30 de junio).
- Baleares: Ley 4/2005, de 29 de abril, sobre Drogodependencias y otras Adicciones en las Islas Baleares
- Canarias: Ley 9/1998, de 22 de julio, sobre Prevención, Asistencia e Inserción Social en Materia de Drogodependencias (modificada por Leyes 2/1999, de 4 de febrero; 2/2000, de 17 de julio; 4/2001, de 6 de julio; 12/2006, de 28 de diciembre y 9/2014, de 6 de noviembre).
- Cantabria: Ley 5/1997, de 6 de octubre, de Prevención, Asistencia e Incorporación Social en Materia de Drogodependencias (modificada por Leyes 2/2002, de 10 de diciembre; 7/2004, de 27 de diciembre; 2/2007, de 27 marzo, y 10/2012, de 26 de diciembre).
- Castilla-La Mancha: Ley 15/2002, de 11 de julio, sobre Drogodependencias y otros Trastornos.
- Castilla y León: Ley 3/1994, de 29 de marzo, de Prevención, Asistencia e Integración Social de Drogodependientes de Castilla y León (modificada por Leyes 3/2007, de 7 de marzo; 1/2012, de 28 de febrero, y 5/2014, de 11 de septiembre).
- Cataluña: Ley 20/1985, de 25 de julio, de Prevención y Asistencia en materia de Sustancias que puedan generar Dependencia (modificada por Leyes 10/1991, de 10 de mayo; 8/1998, de 10 de julio; 1/2002, de 11 de marzo; 18/2009, de 22 de octubre, y 9/2011, de 29 de diciembre).
- Comunidad Valenciana: Ley 10/2014, de 29 de diciembre, de Salud.
- Extremadura: Ley 1/1999, de 29 de marzo, de Prevención, Asistencia y Reinserción de las Drogodependencias de la Comunidad Autónoma de Extremadura (modificada por Ley 3/2003, de 13 de marzo).
- Galicia: Ley 2/1996, de 8 de mayo, sobre Drogas.
- Madrid: Ley 5/2002, de 27 de junio, sobre Drogodependencias y otros Trastornos Adictivos (modificada por Leyes 2/2004, de 31 de mayo; 4/2006, de 22 de diciembre; 1/2008, de 26 de junio; 8/2009, de 21 de diciembre; 9/2010, de 23 de diciembre; 1 y 6/2011, de 14 de enero y 28 de diciembre; 2/2012, de 12 de junio; 6/2013, de 23 de diciembre, y 5/2015, de 18 de diciembre).
- Murcia: Ley 6/1997, de 22 de octubre, sobre Drogas, para la Prevención, Asistencia e Integración Social.
- País Vasco: 1/2016, de 7 de abril, de Atención Integral a las Adicciones y Drogodependencias (cuyo art. 83 ha sido suspendido de aplicación por interposición del recurso de inconstitucionalidad 231/2017, de 13 de enero, a través de Auto del Tribunal Constitucional de 9 mayo 2017)

- La Rioja: Ley 5/2001, de 17 de octubre, sobre Drogodependencias y Otras Adicciones (modificada por Leyes 7/2001, de 14 de diciembre, y 10/2003, de 19 de diciembre).
- Gráficamente el contenido de estas normas ha sido compendiado conforme contempla la siguiente tabla.

Tabla 15.- Comparativa de las Leyes autonómicas sobre drogas respecto a la regulación de su consumo y repercusión laboral (artículos que aluden a cada tema)

	Andalucía	Aragón	Asturias	Baleares	Canarias	Cantabria	Castilla y León	Castilla-La Mancha
Impulso de programas específicos sobre prevención, asistencia y/o reinserción del trabajador adicto al consumo de drogas	11 y 12	22 y 25	11, 18,31 y 32	16 y 40	12	7 y 12	7 y 12	31
Fomento de programas de información sobre drogas en el ámbito laboral	7 y 12	5	18	10	6			31
Reserva de puestos de trabajo al drogodependiente en tratamiento en puestos de la Comunidad Autónoma	12	25				12	12	

	Andalucía	Aragón	Asturias	Baleares	Canarias	Cantabria	Castilla y León	Castilla-La Mancha
Fomento de acuerdos para la reserva de puestos de trabajo en empresas y organizaciones al drogodependiente en tratamiento	12	25	18 y 32	16	17	12	12	31
Facilitar el acceso a servicios especializados a trabajadores drogodependientes		25	18, 27, 28 y 31			12	12	31
Evitar la discriminación/ exclusión del trabajador drogodependiente		25	18	16				
Inserción laboral del drogodependiente	6, 15 y 19	10, 20 y 22	6 y 32	37		9 y 10	9 y 10	20,24 y 26
Limitaciones en la venta/ consumo alcohólico en el trabajo	26	12	18, 19 y 20	21	20	23	23	9

	Cataluña	Comunidad Valenciana	Extremadura	Galicia	La Rioja	Madrid	Murcia	País Vasco
Impulso de programas específicos sobre prevención, asistencia y/o reinserción del trabajador adicto al consumo de drogas		62.5	6, 16 y 25	4 y 5	6,7 y 19	6, 7 y 16	23	5.1 b) 19
Fomento de programas de información sobre drogas en el ámbito laboral		62.5	7 y 25	5	7 y 19	11	8 y 9	20 a) 1 y 2
Reserva de puestos de trabajo al drogodependiente en tratamiento en puestos de la Comunidad Autónoma				5		16		
Fomento de acuerdos para la reserva de puestos de trabajo en empresas y organizaciones al drogodependiente en tratamiento			25	5	19	16		

	Cataluña	Comunidad Valenciana	Extremadura	Galicia	La Rioja	Madrid	Murcia	País Vasco
Facilitar el acceso a servicios especializados a trabajadores drogodependientes			25		19	16	23	52
Evitar la discriminación/ exclusión del trabajador drogodependiente			16 y 25			16		
Inserción laboral del drogodependiente	23	62.5	17, 18, 22 y 31		15, 17, 19 y 21	14 y 23		5.1 d) 57 y ss.
Limitaciones en la venta/ consumo alcohólico en el trabajo	18 y ss.	67, 69.175 y 108 y ss.	Disposiciones adicionales	13	36, 37 y 38	30	16	31, 33, 38 y 40

Fuente: Actualización propia de los datos contenidos en **FERNÁNDEZ DOMÍNGUEZ, J. J.** (2015)[257]

257 FERNÁNDEZ DOMÍNGUEZ, J. J.: *Análisis de la problemática derivada del consumo de alcohol, drogas y otras sustancias en el ámbito laboral*, cit.

2.4.2. Las políticas autonómicas de contenido laboral

Todas las regulaciones autonómicas encuentran continuidad a través de los Planes que contempla cada Región. En ellos, la referencia al ámbito laboral es muy diferente según las características y condiciones de cada zona. En la actualidad, los planes autonómicos vigentes son los siguientes:

- Andalucía: Acuerdo de 19 de abril de 2016, del Consejo de Gobierno, por el que se aprueba el III Plan Andaluz sobre Drogas y Adicciones 2016-2021[258].
- Aragón: III Plan de Adicciones de la Comunidad Autonóma de Aragón, 2018-2024, sucesor del II Plan sobre Drogodependencias y otras Conductas Adictivas [de Aragón] 2010- 2016.
- Asturias: Plan sobre Drogas del Principado de Asturias 2010-2016.
- Baleares: Plan de Actuación en Drogodependencias y Adicciones de Islas Baleares 2007-2011.
- Canarias: Orden de 20 de mayo de 2011, por la que se aprueba el III Plan Canario sobre Drogodependencias 2010-2017.
- Cantabria: Estrategia sobre Drogas de Cantabria 2011-2018. Parcialmente modificada en su incorporación al Plan de Salud Mental de Cantabria 2015-2019.
- Castilla-La Mancha: Plan Regional de Castilla La Mancha de Drogodependencia y otras Adicciones. Horizonte 2018.
- Castilla y León: Acuerdo 22/2017, de 25 de mayo, por el que se aprueba el VII Plan Regional sobre Drogas 2017-2021.
- Cataluña: Plan de Drogas y Adicciones Comportamentales 2019-2023. Las actuaciones en la materia encuentran continuidad en el marco más general dado por el Plan Integral de Atención a las Personas con Trastorno Mental y Adicciones 2017-2019.
- Ceuta: Acuerdo del Pleno de la Asamblea de la Ciudad Autónoma de Ceuta de 21 de diciembre de 2011, por el que se aprueba el Plan sobre Drogas y Conductas Adictivas 2012-2016.
- Comunidad Valenciana: Acuerdo del Consell de 17 de enero de 2014, por el que se aprueba el III Plan Estratégico de Drogodependencias y otros trastornos adictivos de la Comunitat Valenciana 2014-2015 (con vigencia hasta el año 2015).
- Extremadura: Plan de Adicciones de Extremadura 2018-2023.

---

258 Una exposición cuidada de su precedente, sobre cuya experiencia se asienta, en AA. VV. (Villar Arévalo, L.; Cubero González, E. y Real Gil, A., Coords.): *Manual para la prevención comunitaria de las drogodependencias y adicciones en Andalucía*, Sevilla (Consejería para la Igualdad y el Bienestar Social), 2005.

- Galicia: Plan de Trastornos Adictivos de Galicia 2011-2016.
- La Rioja: Plan de Prevención de Adicciones de la Rioja 2018-2024 (con mayor interés respecto del ámbito laboral su precursor, el Plan Riojano de Drogodependencias y otras Adicciones de 1998).
- Madrid: Plan de Adicciones de la Ciudad de Madrid 2017-2021.
- Melilla: II Plan sobre Drogas y Adicciones de la Ciudad Autónoma de Melilla 2014-2017.
- Murcia: III Plan Regional de Adicciones 2015-2020.
- Navarra: III Plan de Prevención: Drogas y Adicciones 2018-2023 (como sucesor del II Plan Foral de Drogodependencia de Navarra 2012-2016).
- País Vasco: VII Plan de Adicciones Euskadi 2017-2021. En atención a las fechas de elaboración, vigencia y contenido, dos datos cobran singular importancia:
- El importante número de Planes cuya vigencia ha concluido y no han sido renovados (Asturias, Baleares, Ceuta, Comunidad Valenciana y Galicia); en consecuencia, la actualización y revisión periódica de sus textos únicamente concurre en los de Canarias, Cantabria, Castilla y León, Castilla-La Mancha, Melilla, Murcia y País Vasco.
- Dentro de cuantos han actualizado su contenido, algunos adoptan una nueva perspectiva, en tanto se amplía su ámbito a otras adicciones (Castilla-La Mancha, Cataluña y Murcia y País Vasco) o se hace pender del problema más amplio de la salud mental (Cantabria y Cataluña).

Si bien no existe una uniformidad en cuanto al contenido de estos Planes, por las diferencias temporales y las necesidades de cada Región, cabe inferir unos parámetros similares a partir de un estudio comparativo de todos ellos:

La mayor parte de los textos inciden en la necesidad de una mayor implicación en el ámbito laboral, donde incluso algunos señalan el bajo grado de políticas integrales de intervención en drogodependencias en este marco y las barreras detectadas para que los drogodependientes rehabilitados o en avanzado proceso de recuperación se beneficien de la oferta normalizada de formación y de promoción de empleo (Castilla y León). Existen otros que directamente reconocen la ausencia de cualquier actuación programada en este sentido por parte de la Administración y solo dan cuenta de intervenciones aisladas por parte de algunos servicios de prevención en el caso de las empresas y sindicatos (Asturias).

En su mayor parte, por tanto, sostienen la necesidad de reformar en ese aspecto los planes, pues el medio laboral tiene un «claro potencial preventivo» (como reconoce el plan de Castilla y León). Algunos señalan ideas como el fomento de «la implantación de programas de conductas adictivas en el ámbito laboral» (Galicia y Comunidad Valenciana), incorporando a las organizaciones empresariales en programas preventivos adecuados y fórmulas para que el trabajador adicto y enfermo conserve su puesto de trabajo (Asturias), así como la oportunidad de un estudio profundo para el conocimiento real de la incidencia del fenómeno de las drogas en el trabajo (Navarra, en su antiguo Plan de 2012-2016). Planes como el de la Ciudad de Madrid destacan la importancia del desarrollo en el ámbito laboral, al estar compuesto este por recursos humanos altamente cualificados que permiten el seguimiento, evaluación y continuidad de las intervenciones y una estructura organizativa que facilita la ejecución del programa y la detección precoz de la adicción.

Otras Comunidades, como la Foral de Navarra, responsabilizan de las pocas intervenciones en el ámbito laboral a la falta de coordinación de organismos autonómicos, subrayando la importancia de la formación, la contratación y la reinserción laboral de los adictos. El VI Plan del País Vasco reconocía que la falta de proyectos en el mercado laboral constituye un indicador de baja presencia en este tipo de intervenciones; sin embargo, ninguna corrección introduce en la iniciativa que le sigue y está en vigor. Constituye mal endémico muy generalizado por mor de la falta de experiencias en el territorio nacional y supranacional, en tanto existe poca concienciación preventiva tanto desde el punto de vista de organizaciones empresariales como sindicales.

El texto de la Comunidad Autónoma de Aragón que precede al actual, el II Plan sobre Drogodependencias y otras Conductas Adictivas [de Aragón] 2010-2016, sintetizó todos los motivos por los cuales merece la pena la intervención de este fenómeno en el ámbito laboral (argumentos que, parece, tuvieron una escasa influencia sobre su sucesor). Centra su solución en la gran importancia que tiene el trabajo en cuanto elemento de estructuración social, espacial y temporal y la disposición hacia el individuo de recursos preventivos específicos en la empresa como resultado del cumplimiento de las obligaciones por parte del empleador en materia preventiva. Diferentes factores laborales pueden influir la adicción, al ser un fenómeno multicausal, haciendo ver cómo no solo puede generar consecuencias negativas para la empresa (como aumento del riesgo de lesiones por accidente, disminución de la productividad, alteración del clima laboral y las relaciones laborales), sino también en la salud y bienestar de los trabajadores afectados. Además, considera el empleo como un factor protector que fortalece la integración social en un proceso terapéutico, por lo cual la actitud tanto del empleador como del entorno laboral del afectado ha de favorecer ese proceso.

El programa justifica en estas razones la intervención en drogodependencias en el ámbito laboral y sienta que las políticas de intervención «deben tener un enfoque eminentemente preventivo y deben ir dirigidas a minimizar los riesgos personales y/o colectivos en la empresa por el abuso de alcohol y otras drogas, y a eliminar y reducir los factores de riesgo del lugar de trabajo. Asimismo, han de contemplar y permitir intervenciones de apoyo para los trabajadores afectados, siguiendo en estos casos, los mismos procedimientos que en los casos de trabajadores con enfermedades crónicas. En la elaboración de dichas políticas deben participar y colaborar activamente todos los actores presentes en el ámbito laboral».

La idea de la cual parte la mayoría de los planes es la de animar a los actores laborales (organizaciones sindicales y empresariales, servicios de prevención, comités de seguridad y salud empresarial y mutuas de accidentes de trabajo y enfermedades profesionales) a avanzar por la senda de la justicia social en el diseño de programas de prevención de alcohol, drogas y otras sustancias adictivas desde sus propias organizaciones, o a la incorporación de estos a los planes preventivos ya existentes (Andalucía, Canarias, Castilla-La Mancha, Murcia y Baleares).

La Administración está llamada a asumir el papel de realizar una planificación general que contemple «la diversidad y complejidad del tejido productivo» (Asturias); sin embargo, más sentido aún tendrá organizar el encuentro entre los encargados de la prevención de riesgos laborales de las empresas y de los representantes sindicales para buscar una vía común de actuación (Andalucía, Canarias, Aragón y Baleares), pues únicamente desde esa unión cabra aspirar a conseguir acuerdos eficaces en su aplicación y control (Canarias), sobre los cuales colaborar y desarrollar programas de intervención que encuentren la finalidad buscada (Cataluña) en el destinatario correcto: las empresas y centros de trabajo (Murcia). Lograr esa unión será más fácil a través de herramientas e instrumentos creados especialmente —o integrados en otras estrategias regionales, como la de RSC— para tal fin (Castilla-La Mancha y Murcia), o promocionando aquellos ya disponibles, según señala algún programa (Cantabria); también a través de la elaboración de programas propios («Empresas libres de humo» y «Promoción de la Salud en el Trabajo» en Andalucía) o la constitución de algún órgano específico (como la Comisión Tripartita para la Prevención y el Tratamiento de las Drogodependencias en el Ámbito Laboral en Navarra).

El desarrollo de estos planes en los instrumentos regionales no es muy amplio (cuando existe), a pesar de que estos deben contener no solo información y formación sino prevención de riesgos y tratamiento rehabilitador del adicto, como una acción más dentro del sistema preventivo de la empresa en la que deben intervenir todos los responsables de prevención de la misma (Aragón). Algunos instrumentos regionales apuestan por su incorporación global al ámbito empresarial de forma participativa y descartando completamente la medida sancionadora —como contemplan el plan andaluz o el catalán— para que alcancen su verdadero fin, fomentando estilos de vida saludables y aprovechando el carácter social del trabajo mediante la promoción de decisiones preventivas generales (País Vasco).

En este sentido, la participación conjunta de todos los implicados para reducir y eliminar este problema es de gran importancia (Ciudad de Madrid). Los programas más atentos a este aspecto confluyen en una serie de rasgos a partir cuales alcanzar tal objetivo. De entre estos, destaca la medida de facilitar un canal de comunicación entre trabajadores, perjudicados o no, que quieran aportar cualquier sugerencia sobre el consumo de drogas dentro del ámbito laboral y sobre la salud en general (La Rioja, Plan Riojano de Drogodependencias y otras Adicciones de 1998).

También algunos programas detallan la implantación de métodos de actuación rápidos y sencillos de los servicios sanitarios frente a este problema (Castilla y León), o la necesidad de cambiar o eliminar en el entorno laboral cuanto pueda suponer un factor de riesgo para el consumo (Baleares). Por ejemplo, aquellos puestos de trabajo en los cuales el consumo de drogas pueda suponer un peligro no solo para la integridad física de los propios trabajadores, sino también para la de terceras personas o, incluso, daños materiales (conductores de grúas, conductores de transporte público, chóferes, etc.), será preciso realizar, previo a la prestación, un control inmediato de consumo de cualquier tipo de sustancia, especialmente el alcohol (La Rioja, Plan Riojano de Drogodependencias y otras Adicciones de 1998).

Interesante es, asimismo, la diferenciación de grupos de población según la vulnerabilidad al consumo de sustancias a través de un mapa de riesgos (Murcia), que deberá guiar una política selectiva ordenada a localizar el sector con mayor consumo, tanto en empresas privadas como en públicas, por coexistir numerosos factores de riesgo (Aragón, Plan 2010-2016). Algunos programas ya recogen planes destinados a sectores concretos (transporte y hostelería) por las propias características del medio de trabajo (Castilla-La Mancha). En esta línea, es patente la preocupación en muchos de los más recientes por una perspectiva de género (Andalucía, Castilla y León o País Vasco) y la necesidad de una atención específica a los trabajadores inmigrantes (Andalucía y Murcia).

En estas iniciativas aparecen expuestas otras acciones más concretas y prácticas respecto al fin pretendido, como son:

A.- Apoyar el mantenimiento y la vinculación del drogodependiente a su puesto de trabajo (Canarias y Murcia). Este mantenimiento, en ocasiones, es defendido también como extensión a otros problemas de salud mental, «pues el trabajo es una función psicosocial que provoca un efecto positivo en la persona con problemas de salud mental y le proporciona, además, la posibilidad de revertir su situación de dependencia a través de la actividad y contribución a la sociedad. De otro lado, también tiene un sentido estructurador, ya que contribuye a organizar el tiempo y determinar el ritmo de vida. Por tal motivo, el mantenimiento del puesto de trabajo proporciona a la persona unas condiciones positivas de estabilidad y seguridad, no solo en una dimensión económica, sino también persona. Actúa, en fin, con un efecto socializador, en la medida en que conecta con otras personas, actividades y contextos» (Cataluña, Plan Integral de Atención a las Personas con Trastorno Mental y Adicciones 2017-2019).

B.- Plasmar todos los objetivos a nivel de empresa en un convenio colectivo a fin de hacerlos vinculantes, o recogerlos en el marco de la RSC con fin preventivo, siendo consensuada esta con las principales organizaciones sindicales (Castilla-La Mancha). Con ello, cuantos presenten problemas de adicción, podrán solicitar ayuda y un procedimiento de rehabilitación y tratamiento adecuado (Andalucía).

C.- Garantizar al afectado la vinculación con su puesto de trabajo (Navarra, en su antiguo Plan de 2012-2016), lo que supone bien un compromiso de mantenimiento del mismo durante el proceso de desintoxicación (Andalucía) o la adopción de otro tipo de medidas (Aragón) como pueden ser modificaciones en la jornada mientras se esté desarrollando un tratamiento incompatible con la actividad laboral (Andalucía y Baleares).

D.- Modular las competencias disciplinarias de la norma laboral en los supuestos en los cuales la persona sigue un tratamiento de rehabilitación por abuso de drogas (Baleares), para ofrecer a los trabajadores una protección y apoyo frente a sanciones o medidas punitivas (Aragón, Plan 2010-2016). En este sentido, el objetivo último lleva a apartar el recurso sancionador, pues está lejos de proporcionar una efectiva solución al problema al suponer un impedimento a la acción preventiva, sugiriendo, incluso, algunos planes la modificación del Estatuto de los Trabajadores en el apartado del precepto que describe el despido por consumo de alcohol y drogas (Andalucía).

E.- Otorgar facilidades al empleado para su asistencia a centros de rehabilitación y tratamiento (La Rioja, Plan Riojano de Drogodependencias y otras Adicciones de 1998), así como conferirle la oportunidad de una evaluación y control por parte de un tutor o responsable, para de esta forma facilitar la reinserción laboral de la persona y disminuir la posibilidad de recaída (Castilla y León).

Según cabe inferir del análisis de todos los planes autonómicos examinados, las fórmulas planteadas que resultan esenciales a la hora de intervenir este fenómeno en el medio laboral son la formación, la información y la inserción o reinserción en el mercado de trabajo, las cuales a continuación son analizadas.

1.- En cuanto a la primera de ellas, la formación (muy unida a la información), aparece destacada en la mayoría de los planes como un elemento imprescindible, de necesario carácter continuado y enfocada a los profesionales de la empresa. Por su importancia en el ámbito laboral, procederá centrarla en el «reciclaje» de todos los trabajadores (Galicia), pero en particular en las personas llamadas a intervenir ante tales situaciones, como los integrantes de los comités de seguridad y salud, servicios de prevención, técnicos de prevención y profesionales cualificados. Su objetivo último consistirá en reducir de manera significativa el consumo por parte de determinados colectivos de trabajadores (Melilla), actuando principalmente en los sectores donde los factores de riesgo son más elevados (Ceuta), pues siempre late, a la par, la necesidad de incorporar tal actuación a la más general orientada a la reducción de daños asociados al consumo de alcohol, en lo fundamental haciendo disminuir la siniestralidad laboral (Murcia).

En este proceso adquieren un importante papel las organizaciones sindicales y empresariales en colaboración con la Administración (Andalucía y Cantabria) para que, a través de la firma de acuerdos, pueda ser facilitada la instrucción y el fomento de buenas prácticas, así como el diseño de protocolos y planes de actuación destinados a la prevención y localización del consumo por los servicios médicos de la empresa (Melilla).

El trabajador (o al menos el formador), previamente a esta instrucción, debe disponer de unos conocimientos mínimos y adecuados sobre la materia a fin de que resulte más efectiva la aplicación de estas políticas. Sobre esta consideración, casi todos los planes autonómicos ofrecen la integración de actuaciones de prevención y concienciación de adicciones en proyectos educativos, ya sea en formación al empleo (Murcia), en formación profesional (Canarias y País Vasco), en institutos y Grado universitario (Andalucía, Extremadura, Cataluña y Castilla-La Mancha), en formación superiores, como Master en Ciencias de la Salud (Castilla-La Mancha y Canarias), o en cursos de especialización (Murcia), como el de Experto en Adicciones (Castilla y León).

Muchos de los programas (Andalucía, País Vasco, Cataluña, Murcia y Castilla-La Mancha) coinciden respecto a la importancia en la formación de los actores implicados en el fenómeno (ya sean representantes sindicales —Castilla y León—, profesionales o voluntarios —Castilla y León y Canarias— o, en particular, quienes se ocupan de la prevención de riesgos para ayudar a una detección precoz —Castilla-La Mancha—), llegando incluso a recomendar la necesidad de mediadores sociales especializados (una red de mediadores-agentes formados por las organizaciones empresariales y sindicales en Castilla y León) con funciones concretas en determinadas situaciones (como es el caso del tratamiento con inmigrantes, recogido en los programas de Murcia y Ceuta). Estos agentes cubrirían las lagunas en la educación de los afectados en la materia y la enseñanza de principios básicos (según establece el programa de la Ciudad de Madrid), con el objetivo de preparar personas involucradas dentro de la organización y comprometidas en detectar y prevenir este problema, para que, una vez localizado, actúen de la manera adecuada con el trabajador afectado (Baleares y Castilla y León).

Desde este punto de vista, procederá seguir invirtiendo en diversas fórmulas óptimas para avanzar, como la investigación y los servicios de orientación, mediación y asesoramiento. Así, por ejemplo, en las comunidades autónomas de Andalucía, Castilla y León y Castilla-La Mancha, este tipo de funciones las gestionan las organizaciones empresariales y sindicales, las cuales ofrecen, desde el punto de vista laboral, información sobre opciones de tratamiento, posibilidades y salidas de curación, control y soporte en la relación de trabajo, servicios jurídicos y mediación en conflictos que surjan relacionados en la empresa, apoyo a la familia y personas cercanas afectadas, detección prematura de trabajadores con adicción, programas de ayuda para la reinserción laboral si fuera necesario, y asesoramiento de carácter sanitario derivando a los profesionales oportunos en el supuesto de precisarlo para iniciar el tratamiento de rehabilitación.

2.- La segunda de las medidas es la información, recogida desde los planes autonómicos y destinada —en diferente grado, eso sí— a todos los agentes implicados en el fenómeno; englobando, por tanto, a organizaciones empresariales, sindicales, servicios de prevención, empresarios, trabajadores y Administración Pública (en algunas Comunidades, como la asturiana, las competencias han sido delegadas en los Municipios; también Castilla-La Mancha, Castilla y León, Comunidad Valenciana o País Vasco apuestan por planes locales que cubran este ámbito), para una posterior intervención en los centros de trabajo. Este es el fundamento de «la co-construcción de actuaciones coordinadas que están en la base de un programa destinado a reducir el consumo de alcohol y drogas de la población adulta en el ámbito laboral» (Castilla-La Mancha).

Esta intervención tiene como objetivo prioritario la reducción del acceso a cualquier clase de sustancia psicoactiva en la empresa, para así no solo cumplir siempre con la normativa vigente (como determina el precursor programa aragonés), sino también controlar su disponibilidad en el lugar de trabajo. La sensibilización en la materia, como compañera fundamental para una buena formación, tiene como punto de apoyo el acuerdo entre sindicatos y empresarios y supone la fórmula óptima de intervenir en el trabajo (Andalucía).

Median propuestas, incluso, de incentivar entre los empresarios y los sindicatos —concretamente del sector de la hostelería y el ocio— la colaboración conjunta en la confección de un decálogo de actuación a poner a disposición de los empleados (mencionado, entre otros, en el programa de Melilla). Otros programas proponen evitar la puesta a disposición de máquinas dispensadoras de sustancias al personal o cualquier tipo de facilidad de acceso a estas, castigando su tenencia y consumo, de la misma forma que instan a no promocionar la imagen de consumo en determinadas fechas y celebraciones, animando a la ingesta de bebidas sin alcohol (La Rioja, Plan Riojano de Drogodependencias y otras Adicciones de 1998).

El fin de muchos de ellos reside en trasladar a todas las partes involucradas la relevancia y el peligro del consumo de estas sustancias en el ámbito laboral, proporcionando datos acerca de las graves consecuencias para la salud y para la empresa (Castilla-La Mancha y Murcia) e incentivando una vida sana y libre de drogas (Baleares). En este sentido, algunos centran su atención en las grandes empresas y sectores, «para encontrar objetivos comunes que faciliten la labor de mediadores y sindicatos», a fin de poder trabajar en programas de prevención de alcoholismo en el ámbito laboral (Andalucía). Consta la referencia a la posibilidad de canalizar estos objetivos a través de una consultoría de apoyo específico a la empresa en lo relativo a adicciones (Ciudad de Madrid), o de apoyo específico a los trabajadores (Andalucía), para identificar estas situaciones, dentro de la legalidad (que en ocasiones, como en el caso del antiguo Plan Riojano de Drogodependencias y otras Adicciones de 1998, van más allá de la búsqueda de signos de consumo y entrevistas, llegando a proponer la utilización del alcoholímetro, con consentimiento del usuario, cuando el puesto de trabajo sea especialmente peligroso), como parte de una política general de promoción de la salud mental también en este extremo (Cataluña).

Las vías para alcanzar estos objetivos son muy diversas, incluyendo planes de prevención y de guías adecuadas a esta situación (Andalucía, Ceuta y Galicia), promoción a través de conferencias, mesas redondas o debates abiertos, intercambio de vivencias o dotación de un buzón abierto de sugerencias para valorar las medidas adoptadas y para sugerir cuantas parezcan oportunas (La Rioja, Plan Riojano de Drogodependencias y otras Adicciones de 1998). Obran propuestas de proyectos publicitarios de concienciación de la realidad de esta situación que eliminen los falsos mitos y muestren las verdaderas consecuencias en el ámbito laboral del consumo (Castilla-La Mancha y Murcia), donde se valora la necesidad de periodicidad e insistencia de la campaña (Comunidad Valenciana). Por último, otra vía puede ser el aprovechamiento de medios gráficos de fácil visualización y asociación con el mensaje a transmitir, como folletos en zonas donde el paso de trabajadores sea frecuente y sirvan para inculcar esta actitud (La Rioja, Plan Riojano de Drogodependencias y otras Adicciones de 1998).

3.- La tercera y última es la inserción o la reinserción en el trabajo. A este respecto, varios planes subrayan la importancia de las ONG con sus talleres ocupacionales, estableciendo las bases de esta inserción o reinserción de los afectados, para así lograr la generalización y normalización en el seno de las relaciones laborales y sociales, tanto desde empresas públicas como privadas (La Rioja, Plan Riojano de Drogodependencias y otras Adicciones de 1998).

Cabe partir de la base de que la inserción y reinserción laboral son los «instrumentos principales» para evitar la marginación del afectado (Andalucía), pues «favorecen la [inserción] social en cuanto que suponen un camino privilegiado hacia la autonomía económica y personal, así como una oportunidad de interactuar y participar en grupos y ambientes sociales» (Castilla y León).

Admitiendo lo difícil de la reincorporación al mercado de trabajo del afectado por la falta de oferta de empleo (Melilla), así como de los prejuicios y obstáculos culturales dados por el habitual rechazo que suele existir en el seno de las organizaciones empresariales a este tipo de trabajadores (Castilla y León o Comunidad Valenciana), el compromiso de los entes administrativos competentes (Galicia) lleva a promocionar una hoja de ruta común entre todos los interesados. Esta pasa por la ansiada cohesión y coordinación institucional (Murcia) entre organizaciones sindicales, empresariales, no gubernamentales y sin ánimo de lucro (en las cuales los planes de Andalucía, Baleares, Castilla y León y Castilla-La Mancha depositan una considerable responsabilidad), con el fin de encontrar políticas de formación laboral «integral» que habiliten a los trabajadores afectados el acceso al mercado y la conservación de su puesto de trabajo (Murcia, Canarias y Baleares). Tres claves baraja como fundamentales algún plan: «formación, empleo y vivienda que permitan cubrir las necesidades en aquellas áreas deficitarias del individuo o que se han visto afectadas por la adicción» (Castilla-La Mancha).

De esta forma, enfocan sus objetivos en la construcción de las bases de una estructura múltiple para la integración laboral de los afectados, con el compromiso de todos los interesados a la hora de establecer estas políticas. Un ejemplo es el Modelo de Gestión y Guía para Profesionales elaborado en Castilla y León (en camino se anuncia otro en Murcia), enfocado a los distintos perfiles poblacionales con problemas adictivos que acceden a los servicios y sus necesidades. Su diseño contempla seis objetivos: determinar los elementos precisos para la consecución de los objetivos; establecer el mapa de integración sociolaboral y sus áreas; disponer de más información para tomar decisiones adecuadas; diseñar un programa de actuación que garantice la cooperación entre profesionales de la Administración autonómica y entidades privadas y la continuidad de la asistencia; optimizar la inserción sociolaboral, la eficiencia y efectividad del proceso para mejorar el nivel de satisfacción de los implicados; en fin, revisar periódicamente para mejorar los puntos del proceso que lo precisen a tenor de la experiencia[259].

Según diversos planes autonómicos (Andalucía, Baleares, Castilla y León, Andalucía, Murcia o Galicia), el plan ideal de inserción laboral debería centrar su atención en la persona afectada y en sus necesidades personales[260], en particular con un enfoque de género (Andalucía), teniendo en cuenta la evolución de la persona en el proceso, observando la complejidad en su avance y considerando que pueden existir retrocesos, con especial influencia en aquellos más vulnerables a los riesgos. Existen, por lo tanto, una serie de medidas recogidas por la mayor parte de los planes que resultan fundamentales a la hora de desarrollar un plan de inserción o reinserción[261]:

---

259 Contenido en JUNTA DE CASTILLA y LEÓN: *Guía para la inserción laboral de drogodependientes*, Valladolid (Consejería de Sanidad y Bienestar Social/Junta de Castilla y León), 1999.

260 La doctrina aconseja valorar las debilidades y puntos fuertes del colectivo en relación con el puesto de trabajo, la ordenación de la integración laboral en fases como la formación, orientación, intermediación y el seguimiento, así como la valoración del grado de empleabilidad; trabajando, por ejemplo, con itinerarios para acceder a los servicios de empleo. Su exposición en AA. VV. (SÁNCHEZ, M., Coord.): *La integración social de personas drogodependientes. Propuesta y práctica de un modelo*, Madrid (Cruz Roja Española/AGPND), 2002, págs. 35-72.

261 Resulta muy interesante el Proyecto IDALO de Ceuta (Integración del Drogodependiente en el Ámbito Laboral y Ocupacional); propuesta piloto financiada por el Capitulo «Integra» de los Fondos Sociales Europeos, El Plan de Extremadura enuncia cuatro fases que son: la adquisición de hábitos laborales en los talleres ocupacionales, la capacitación profesional del dependiente, el fomento de la búsqueda de empleo con la colaboración del Servicio Regional de Empleo y la incorporación al trabajo y su mantenimiento. Por otra parte, el Plan de la Ciudad Autónoma de Melilla establece la cobertura de las siguientes fases tras una evaluación del beneficiario: el taller ocupacional (que proporcione formación y nor-

a) Concienciar a las empresas acerca de la contratación de *ex* adictos rehabilitados o en procesos de rehabilitación es un objetivo tan laborioso y complejo como necesario. Supone abordar con una intensa humanidad el fenómeno, normalizando la contratación de estas personas (Cantabria) y añadiendo una incorporación regular al mercado de trabajo (Castilla La Mancha) mediante la utilización de instrumentos como la creación de empresas de inserción social y cooperativas al efecto (Andalucía)[262], o de incentivos al autoempleo (Andalucía y Castilla y León).

Los programas de RSC favorecen esta inserción a través de las muchas vías de normalización diseñadas en sus documentos. Tales programas añaden la idea de la no exclusión e igualdad de estas personas (Murcia) a partir de acuerdos colaborativos de actuación entre las Administraciones y las empresas para conferir fluidez y estabilidad las relaciones laborales de los individuos afectados (Melilla). Los medios y las herramientas elegidos a tal fin son, entre otros: la aplicación de objetivos de responsabilidad en la contratación con Administraciones Públicas y cláusulas de RSC para facilitar la inserción (Asturias o Murcia —con inclusión en la Estrategia Regional sobre RSE—), la distinción con un sello a cuantas empresas colaboren (Andalucía) o su reconocimiento como empresa solidaria (Baleares). En el País Vasco existieron a finales de los años 80 políticas de fomento a la contratación de *ex* toxicómanos en rehabilitación por un periodo mínimo de 6 meses a través de ayudas, aun cuando en la actualidad su virtualidad haya perdido peso.

b) Progresar en los métodos de empleo protegido, para lo cual es necesario el impulso y participación institucional mediante la creación o ayuda a instituciones especiales de inserción y ocupacionales, como pueden ser escuelas talleres, centros especiales de empleo, casas de oficios, talleres de trabajo para ex-drogodependientes, etc.

Llaman la atención en este punto los programas que recogen objetivos específicos, y no una serie de indicadores abstractos para evaluar un determinado número de beneficiarios. Así, la creación de un número concreto de empresas de economía social para la integración de los adictos (Castilla y León), o un cierto número de becas para inserción laboral al año. Cabrá utilizar, para estos fines de economía social (según los programas de Andalucía y Castilla y León), la financiación procedente del Fondo Social Europeo, así como actividades consideradas como nichos de trabajo o programas de reincorporación laboral (Castilla y León) y planes de las agrupaciones locales (Navarra o Asturias).

malización de la actividad), el taller de entrenamiento de habilidades de preformación, el taller de formación, el taller de información, orientación y asesoramiento y un proyecto en el cual sea integrado como aprendiz.

262 Una exitosa opción en Italia según Zamarch, M. y Jester, A.: «La cooperación social y la inserción laboral», *Salud y Drogas*, Vol. 7, núm. 1, 2007, págs. 177-185.

c) Ayudar a su inclusión en los programas de formación ocupacional (como los contemplados en el plan de Andalucía) posicionando a los afectados como destinatarios esenciales en los planes de formación y empleo estratégicos (Andalucía). Cabría de este modo (según los programas) aspirar a desarrollar centros de formación «integral» anteriores a la actividad laboral para cuantos no acreditan la experiencia necesaria y precisen de una preparación previa (Murcia), con el objetivo de favorecer la reinserción de los trabajadores adictos y aumentar sus posibilidades en la búsqueda de empleo (Castilla y León y País Vasco).

d) Establecer una política de acciones para mejorar las posibilidades de contratación, como son (según acabada muestra contenida en el ilustrativo modelo de Aragón, Plan 2010-2016): asesoramiento e información continua acerca de las opciones en materia ocupacional y formativa (Cantabria), supervisión de un tutor cualificado durante todo momento (Comunidad Valenciana)[263], planes de inserción laboral individualizados según las condiciones del trabajador afectado (Asturias y Castilla-La Mancha), formación centrada en la búsqueda de empleo a través del desarrollo personal de competencias, conocimientos y habilidades por medio de grupos de ayuda para encontrar trabajo (Asturias); en fin, otorgamiento de importante papel de los intermediarios laborales (Castilla y León) que, junto con asociaciones y la «sociedad civil» (Murcia), facilitan la ardua tarea de la gestión de la reinserción en el mundo laboral. Al final, según se reconoce, «el trabajo es un factor de integración social fundamental, así como un elemento clave para la rehabilitación, por lo que es necesario el abordaje de esta área en el proceso de tratamiento y normalización, mejorando la empleabilidad de estas personas y realizando un acompañamiento y apoyo en la búsqueda de empleo» (Castilla-La Mancha).

2.4.3. El proceso de autoevaluación de las comunidades autónomas a partir del PAD 2017

Tan interesante —o más— como cuanto proyectaron o tienen intención de hacer las comunidades autónomas, es el balance que ofrecen de su situación actual a la luz de los objetivos contenidos en la Estrategia Nacional a la cual quedaban vinculadas.

Acudiendo al instrumento de evaluación (en sentido propio, autoevaluación) que sirvió para realizar el mismo cometido a nivel estatal[264], estos son los resultados más salientes:

---

263 Una síntesis de las funciones principales del mediador laboral en EQUIPO PROMOCIONS: *Trabajar para vivir. Una propuesta innovadora de inserción sociolaboral*, Madrid (Miraguaro), 1999.

264 GOBIERNO DE ESPAÑA. MINISTERIO DE SANIDAD, POLÍTICA SOCIAL E IGUALDAD: *Estrategia Nacional sobre Drogas, Informe de la Evaluación Final*, Madrid (DGPNSD), 2017.

1.º- Un perfil de lo más heterogéneo a nivel autonómico en materia de coordinación. Con todo, es tónica común la insuficiente (o «baja») acreditada en el ámbito del empleo que, sobre un máximo de 4, ofrece los siguientes resultados: prevención, 0,5 (la más baja, salvo en materia de Economía y Hacienda); asistencia, 0,8 (la más baja —igualada a Fuerzas y Cuerpos de Seguridad—, excepto Juventud); incorporación, 1,5 (situada en una zona intermedia); reducción de daños, 0,6 (la más baja igualada con educación).

Gráfico 10.- Perfiles de Coordinación CC. AA.-Organismos públicos. Puntuación media de los PAD

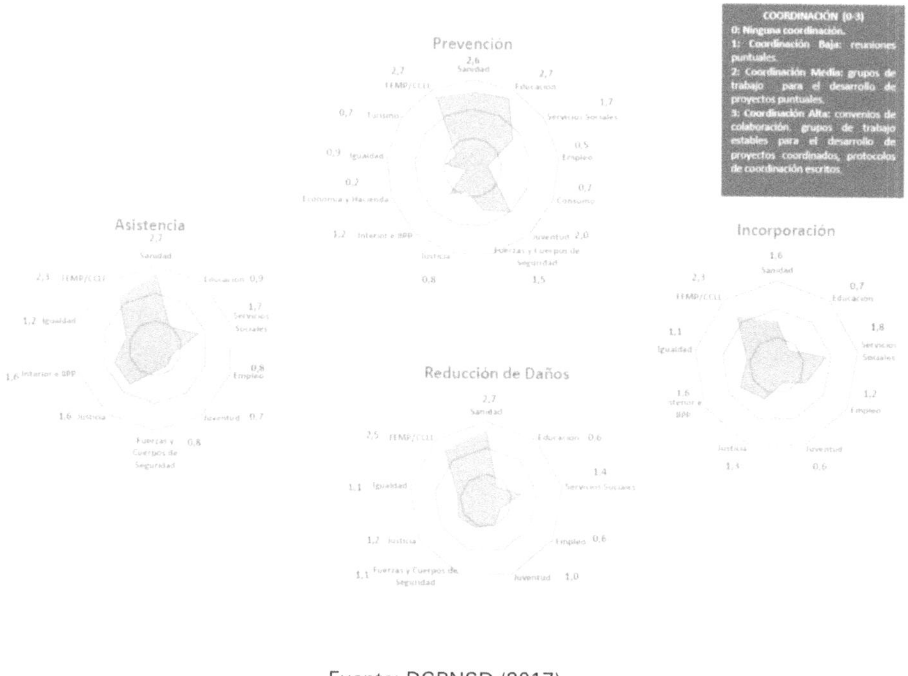

Fuente: DGPNSD (2017)

De entrar al detalle sobre la coordinación con organizaciones sindicales y empresariales, los datos negativos se reproducen en una escala sobre 3: prevención, 1,5 para ambas (igualada con Empresas del Ocio nocturno y solo superior a la de las Asociaciones de consumidores); asistencia, 0,8 para las organizaciones empresariales y 1,1 para las sindicales (de nuevo solo superiores a las Asociaciones de consumidores y de padres/madres); incorporación, 1,1 en los dos casos (ocupando la segundo posición, pero a una gran distancia de las ONGs, las cuales casi copan la actividad); y reducción de daños, 0,8 (únicamente superior a las Empresas de Ocio nocturno y Asociaciones de consumidores).

Gráfico 11.- Perfiles de Coordinación CC. AA.-Sociedad civil. Puntuación media de los PAD

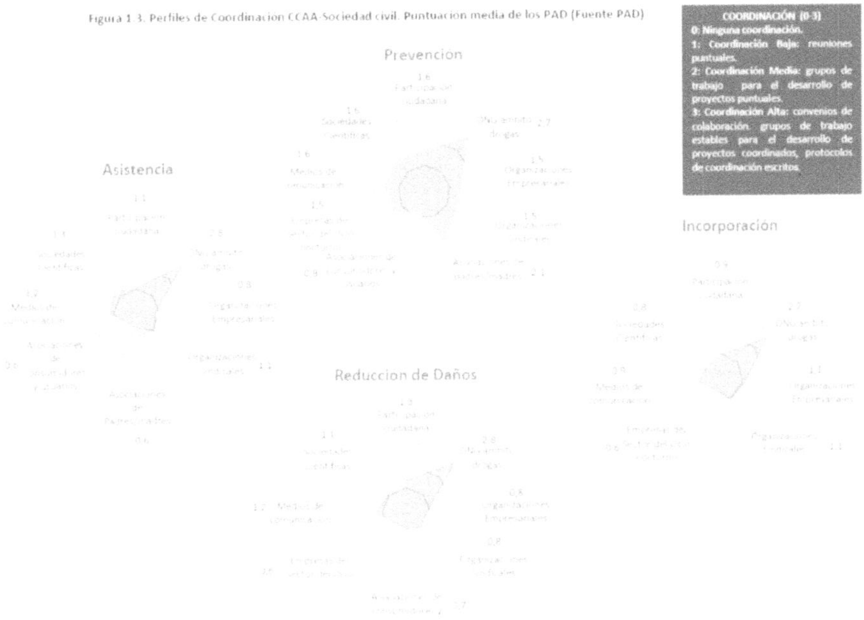

Fuente: DGPNSD (2017)

Con razón se alude, en las recomendaciones, a la necesidad de mejorar la coordinación a nivel autonómico, pues el resultado es tanto o más negativo cuanto que a nivel estatal —según consta— el empleo y la inserción laboral acusan igual defecto.

2.º- En cuanto a la sensibilización social, aun cuando la mayor parte de las Comunidades realizan actividades a estos efectos (15 de 19), destaca la paupérrima calificación que merece el lugar de trabajo (el último en la cobertura territorial), pues solo alcanza una puntuación de 1,7 sobre 4.

Gráfico 12.- Programa de sensibilización de las CC. AA.

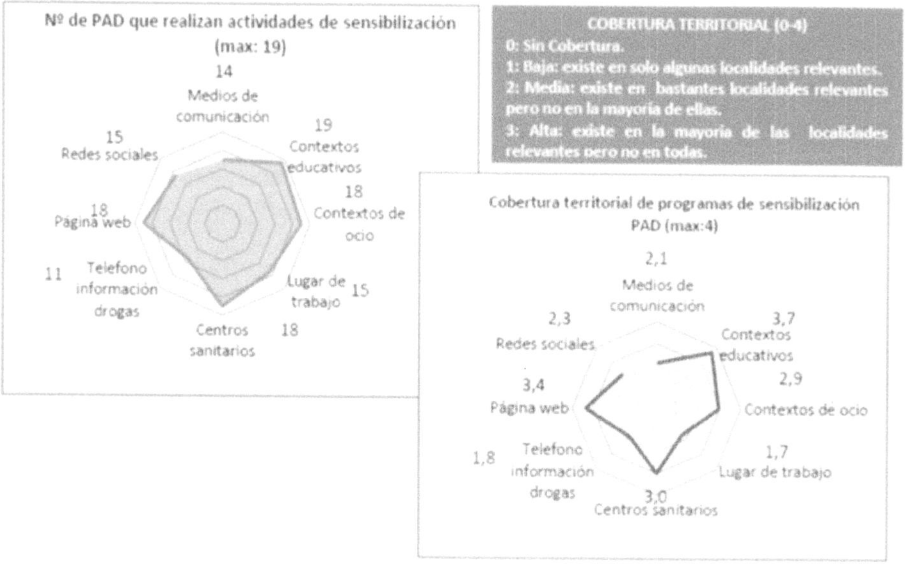

Fuente: DGPNSD (2017)

Con todo, cabrá reseñar que el resultado obedece a una actividad media, pues frente a lugares que no reseñan ninguna actividad (Andalucía, Asturias, Comunidad Valenciana, Galicia, Baleares, La Rioja, Melilla, Murcia o Navarra), o una actividad mínima (Cantabria, Castilla-La Mancha, Cataluña, Canarias o País Vasco), contrasta la alta preocupación de otras (Aragón, Castilla y León, Ceuta, Madrid o Extremadura).

Gráfico 13.- Perfiles de los Programas de Información y Sensibilización CC. AA.

Fuente: DGPNSD (2017)

3.- De entrar al detalle en los programas regionales para desarrollar las habilidades y capacidades personales, los de prevención en el lugar de trabajo (15 de 19) proporcionan la cobertura territorial más baja de todos los ámbitos (1,5 sobre 4).

Gráfico 14.- Distribución de los programas de prevención de las CC. AA.

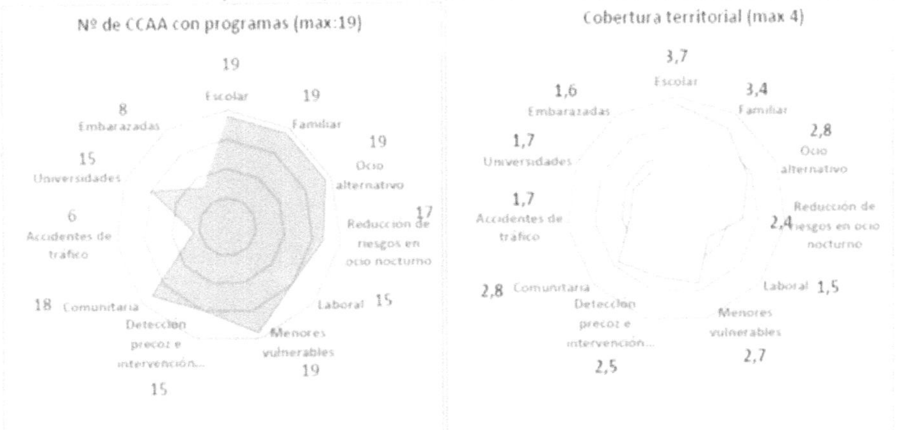

Fuente: DGPNSD (2017)

Figura 4.- Programas de prevención de las CC. AA.

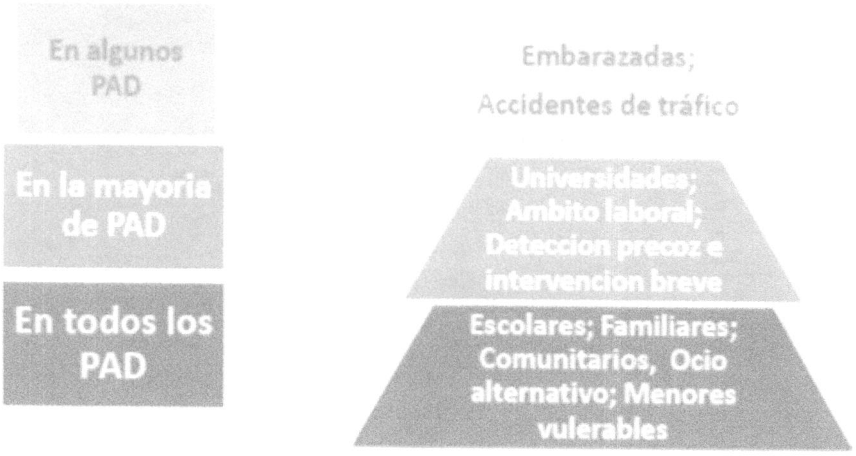

Fuente: DGPNSD (2017)

De nuevo, sin embargo, las variables territoriales ofrecen un perfil netamente diferenciado, los cuales fluctúan entre la exclusión total (Asturias, Baleares, Comunidad Valenciana, Galicia, La Rioja, Melilla, Murcia o Navarra) y la máxima extensión (Castilla y León o Ceuta).

Gráfico 15.- Perfil de los programas de prevención de las CC. AA.

Fuente: DGPNSD (2017)

4.º- En fin, y en lo atinente a la incorporación social, casi todas las comunidades autónomas (17 de 19) recogen programas de intervención, aunque los destinados a incorporación laboral son los de menor cobertura (2,2 sobre 4); una vez más, con un grave desequilibrio territorial.

Figura 5.- Tipología y Cobertura de programas de incorporación Social en las CC. AA.

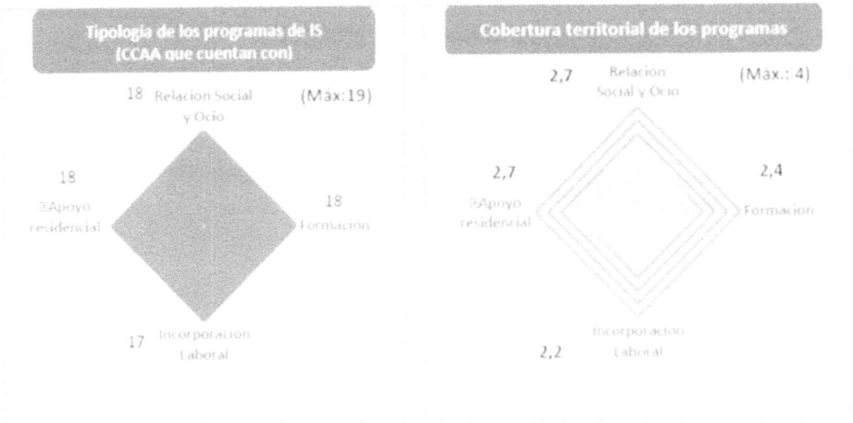

Fuente: DGPNSD (2017)

Gráfico 16.- Perfil de los programas de Incorporación Social en las CC. AA.

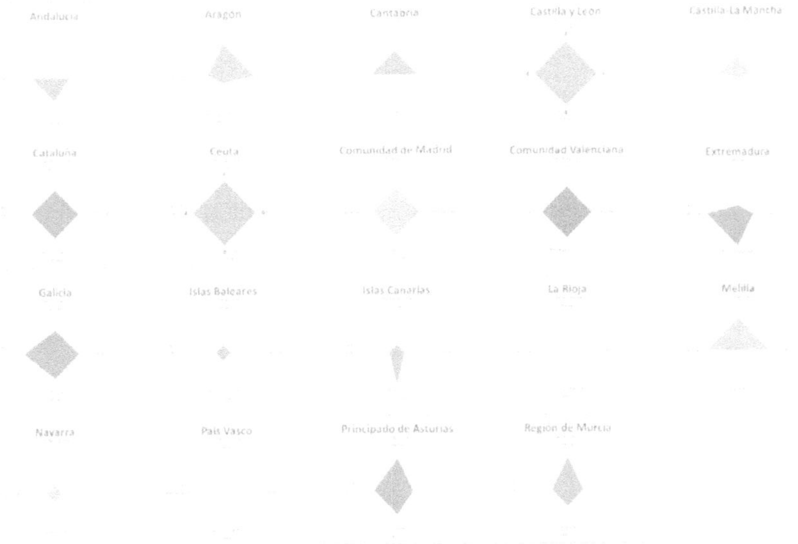

Fuente: DGPNSD (2017)

2.4.4. Los programas empresariales sobre alcoholismo y drogodependencia

El loable propósito manifestado por los legisladores centrales y autonómicos y las Administraciones, han hecho a los empresarios replantear el fenómeno analizado para enfocarlo desde una perspectiva más preventiva, como extensión del programa al efecto diseñado para la empresa. Tomando como bandera la responsabilidad social corporativa, consta su progresiva implementación, aun cuando la alternativa sancionadora no haya remitido y muchos de ellos no definan un conjunto de medidas ejecutivas concretas a aplicar[265].

La mayor parte de los programas empresariales siguen enquistados en una perspectiva punitiva, considerada como la vía más rápida y eficaz para conllevar la ruptura del contrato, en vez de utilizar la vía preventiva y rehabilitadora[266].

Los datos, junto con muchos otros, provienen de una relevante encuesta realizada en España[267], de conformidad con la cual la línea de intervención de las empresas aparece centrada, principalmente, en el tabaco (85 %), el alcohol (47 %) y, por último, otro tipo de drogas (23 %). Llama la atención que la mayor parte de los encuestados alegaron no haber recibido en el último año ninguna clase de información relacionada con la seguridad y salud laboral enfocada a la materia del consumo de drogas, alcohol o tabaco.

Las respuestas a los cuestionarios facilitados advierten sobre la necesidad de la realización de exámenes médicos (22 %), la detección de factores de riesgo (37 %), la importancia sobre la promoción de políticas de formación (59 %) o el asesoramiento (41 %); por su parte gran número de empresas decantan su criterio por no intervenir (55 %) al amparo de los altos gastos económicos que supone (33 %), desgaste de imagen (15 %), diferencia con las necesidades (20 %) o la tolerancia social existente (56 %).

Las reacciones al detectar alguno de estos problemas en el medio laboral, si no afectan al resto de trabajadores y la producción, son variadas: algunos deciden realizar un seguimiento más intenso al empleado (6 %), otros tienen una conversación directamente con él (22 %), muchos de ellos no llegan a hacer absolutamente nada al no considerarse competentes (45 %), pasando

265 Como la amplia referencia a «colaborar en la difusión de las campañas de sensibilización sobre el consumo de drogas», en ATRESMEDIA: «Informe Anual y de Responsabilidad Corporativa 2015», http://www.atresmediacorporacion.com/a3document/2016/04/20/DOCUMENTS/01502/01502.pdf, pág. 28.

266 SÁNCHEZ PARDO, L.: *Evaluación de la efectividad de los programas de atención a drogodependencias en la empresa,* Madrid (Mapfre Medicina), 1994, pág. 143.

267 GONZÁLEZ FERNÁNDEZ, M. J. *et alii: Percepción y actitud de las empresas españolas ante el alcohol y la droga,* cit., sobre todo págs. 81-139 y 198-214.

por informar a los responsables de seguridad y salud de la empresa (4 %) y a los facultativos de esta (7 %), valorar la posibilidad de que no tenga ningún efecto sobre el individuo esa ingesta (3 %) hasta llegar incluso a plantearse la falta de importancia del asunto (10 %).

Las actuaciones llevadas a cabo suelen ser muy específicas para el caso concreto (85 %), y cuantas deciden actuar suelen desarrollar un programa de actuación (45 %), crear grupos de trabajo (20 %) o realizar investigaciones sobre el problema (12 %). Los programas hacen referencia (los menos) a descartar la vía disciplinaria para buscar una vía rehabilitadora y de reinserción laboral, ayudar al afectado y a su familia desde un punto de vista global, y, en general, limitan su contenido a la información y formación como medidas de una política de salud que, cuando pretenden ir más allá, ofertan medidas de valoración de los factores de riesgo en el medio laboral, controles médicos, asesoramiento a los interesados y otras estrategias, entre las cuales las más comunes son la asistencia en centros socio-sanitarios (3,5 %) o la ayuda a centros especializados (3,5 %).

Parece evidente, a partir de tales datos, que existe un esbozo de cambio de tendencia hacia la perspectiva preventiva, a pesar de que no sea generalizado. Esta circunstancia viene motivada por diversos factores, como son la presión realizada desde las organizaciones sindicales para poner una solución al creciente descontento y conflicto social derivado de las sanciones impuestas relacionadas con este hecho —en el caso de RENFE[268]—, tragedias ocurridas en el seno de las empresas —como el caso de Metro de Madrid[269]—, así como a raíz de los informes del equipo médico de la empresa —Camp Benckiser[270], SA o ENSIDESA[271]—, la promoción dada al fenómeno desde

268 Pascual De Andrés, T.: «Problemática y actuaciones en la gran empresa», *Mapfre Medicina,* Vol. 41, núm. 3, 1993, págs. 41 y ss. Acerca de su evolución desde el VII Convenio de 1984 hasta la Orden FOM/2520/2006, se informa que RENFE, en 1983, publica el primer plan contra el alcohol en la empresa, y en 1985, tras varios acuerdos con los sindicatos, se desarrollan unas normas que serán en la antesala del plan de acción de 1989, cuyo contenido es similar al de la *American Occupational Medical Association,* Cabrero, E. *et alii*: «Programme contre la toxicomanie et l'alcoolisme dans l'entreprise ferroviaire espagnole "RENFE" 1990-1997», *Archives des Maladies Profesionnelles et de L'Environnement,* Vol. 61, 2000, págs. 310-317. Su evolución en Cabrero, E.; Posé, E. y Luna, A.: «El abordaje de las drogodependencias en el mundo laboral. Experiencias en el sector transporte», *Archivos de Prevención de Riesgos Laborales,* Vol. 5, núm. 4, 2002, págs. 165-174 o en Cabrera, R.; Mencías, F. y Río, P. A.: «Determinación de drogas de abuso en el medio laboral. Ejemplo de una gran empresa», *Medicina del Trabajo,* Vol. 2, 1993, págs. 157-163.

269 Boletín «Drogas en el medio laboral», núm. 1, 1993, págs. 2 y ss.

270 Plana Alumni, P. *et alii*: «Programa antialcohólico preventivo-asistencial en una empresa (S. A. Camp Benckiser S. A. y Camp Industrial S. A.)», en la AA. VV.: *Libro de Ponencias Socidrogalcohol. XVIII Jornadas Nacionales,* Barcelona (Socidrogalcohol), 1990, págs. 113 y ss.

271 Ron Rodríguez, J.: «Experiencia sindical sobre el tratamiento y prevención del alcoholismo en ENSIDESA» y Esteve, J. *et alii:* «Actuación en prevención y tratamiento de drogo-

los gobiernos regionales[272], el impulso derivado de los estándares de la OIT sobre la materia y su aplicación por distintas empresas —Telefónica, con su plan iniciado en el año 1983 «Intervención prevencionista en drogodependencias»[273]— o, incluso, la promoción directa desde la conciencia social de propia empresa (ONCE)[274].

A pesar de todo, en numerosas ocasiones estas actuaciones no obtienen la publicidad merecida desde la empresa, debido al temor a relacionar el fenómeno con su marca —llegando a ocultar información de estas actuaciones[275]—, cuando debería de ser a la inversa. Por eso, exceptuando algunos casos (como el de RENFE)[276], no solo se niega los problemas de adicción y consumo, sino también los tratamientos, pues a día de hoy todavía persiste «el profundo recelo existente entre las empresas que realizan programas de atención dirigidos a los trabajadores con consumos abusivos de drogas a la hora de facilitar información sobre los mismos, ante la idea de que ello contribuya a deteriorar [su] imagen»[277].

---

dependencia (alcoholismo) en ENSIDESA», ambos en AA. VV.: *I Jornadas Internacionales sobre Intervención Sindical en Drogodependencias,* Madrid, 1991 (ejemplar multicopiado).

272 Como se ha realizado desde la Administración y expone González, J. C. y Salgado, E.: «Campaña de prevención de alcoholismo y drogodependencia en el medio laboral en el ámbito de la prevención de riesgos laborales. La experiencia del sector de estiba del Puerto de Barcelona», *Archivos de Prevención de Riesgos Laborales*, Vol. 3, núm. 3, 2000, págs. 128-134; para la realidad de Euskadi, Tobar, A.: «Programa de detección e intervención sobre dependencia alcohólica en el ámbito laboral. Comentarios a una experiencia», en AA. VV.: *II Congreso Mundial Vasco, Congreso de Drogodependencias. Análisis multidisciplinar,* Vitoria (Servicio Central de Publicaciones del Gobierno Vasco), 1988, págs. 328 y ss.

273 En Delgado, F. y Fernández. A.: «Experiencia de un servicio de prevención y asistencia en problemas relacionados con el alcohol y otras drogas en el marco de los servicios médicos de empresa en la CTNE», en AA. VV.: *Actas del I Congreso Nacional de Medicina en el Trabajo*, cit., págs. 860 y ss.; MASIP. J. *et alii*: «Intervención especializada desde un equipo interdisciplinar en Telefónica», en AA. VV.: *Libro de Ponencias Socidrogalcohol, XVIII Jornadas Nacionales*, cit., págs. 102 y ss. o Mediavilla Pablo, B. y Barcina Sánchez, M.: «Servicios sociales de empresa y servicios especializados. Una colaboración que se impone». *Revista de Treball Social,* núm. 119, 1990, págs. 59 y ss.

274 Comas Arnau, D.: «Alcohol, drogas ilegales y deficiencia visual. El caso de la ONCE», *Integración*, núm. 1, 1989. pág. 32.

275 Ciscart Beà, N.: *El despido por embriaguez y toxicomanía,* Barcelona (Bosch), 1998, págs. 116-133.

276 Martín Sierra. J.: «Plan de acción contra las drogodependencias, alcoholismo y ludopatía en Renfe Operadora», en AA. VV.: *XXXVII Jornadas Nacionales de Socidrogalcohol*, Oviedo (Socidrogalcohol), 2010, págs. 68 y 69.

277 Sánchez Pardo, L.: *Evaluación de la efectividad de los programas de atención a drogodependientes en el ámbito laboral,* cit., pág. 29.

CAPÍTULO III

LA RESPUESTA «CLÁSICA» EN EL ORDENAMIENTO LABORAL: DESPIDO Y COBERTURA POR LA SEGURIDAD SOCIAL

Bajo el panorama hasta el momento descrito, cabe comprender que la sensibilidad de los principales actores no haya dado su fruto y sigan en un comportamiento casi secular: el empresario ignorando el problema hasta que trasciende y se manifiesta en el trabajo (ausencias justificadas o no, disminución de rendimiento, malas actitudes y comportamientos, etc.), reaccionando a través del despido disciplinario; el trabajador ocultándolo en la medida de lo posible, con el recurso —más o menos puntual— a bajas por incapacidad temporal, debiendo afrontar su situación de desempleo o, en situaciones extremas de alcoholismo o drogodependencia, encontrar protección en la incapacidad permanente y/o jubilación.

3.1. La embriaguez habitual y toxicomanía como causa de despido

La conducta del consumo de sustancias por parte del trabajador encuentra referencia legal en el art. 54.2 f) ET, el cual ha resultado cuestionablemente mantenido a través de los años a pesar de las encarecidas recomendaciones contenidas en instrumentos internacionales, normativa preventiva, leyes autonómicas y distintos Planes (nacionales y autonómicos) en orden a relegar la solución punitiva en favor de la preventiva y asistencial bajo tales circunstancias.

Algunos planes autonómicos[278], y unánimemente las organizaciones sindicales, vienen postulado abiertamente y desde hace tiempo la derogación de

278 Así el II Plan Andaluz sobre Drogas y Adicciones, aprobado por Real Decreto 208/2002, de 23 de junio.

este precepto, aunque sus propósitos no hayan conseguido materializarse. La única Proposición de Ley destinada a este objeto fracasó. Sostenía, con razón, cómo «hay que pensar que, o bien se está sancionando un incumplimiento contractual grave y culpable que constituiría también causa de despido (en virtud de los restantes apartados del precepto) de haberlo cometido cualquier otra persona no alcohólica o drogodependiente, en cuyo caso el precepto es inútil, o bien se está sancionando con el despido una conducta que en otro trabajador no merecería tal sanción, pero que llega a merecerla por el sólo hecho de ser alcohólico o drogodependiente su autor, en cuyo caso debería convenirse sobre lo injusto y discriminatorio del precepto»[279].

Regulada en la Ley de 6 de noviembre de 1941 (por modificación del art. 89 de la Ley de Contrato de Trabajo de 21 de noviembre de 1931), y pasando sin ninguna alteración a la Ley de Contrato de Trabajo de 1944 [en su art. 77 h][280], la utilidad de una referencia legal expresa a la embriaguez en el trabajo —exclusivamente, pues el consumo de otras sustancias no tendría recepción hasta más adelante— fue controvertida ya a principios de siglo pasado, pero apenas un esbozo de cuanto lo es en la actualidad.

Recogida más tarde en el Real Decreto-Ley 17/1977, de 4 de marzo, sobre Relaciones de Trabajo (en el precepto destinado a las causas justas para el despido relacionadas con la conducta del trabajador), fue concebida como una «deficiencia humana» del individuo[281] que, en cuanto tal, justificaba la decisión del empresario de poner fin al contrato[282] a pesar de la «triste situación» padecida por el afectado[283]. Suponía, en sí, conferir trascendencia disciplinaria expresa a un motivo de despido que ya encontraba cauce en otros de los previamente reconocidos[284]; además, supuso «relativizar el requisito de habitualidad, para considerar [la embriaguez] una situación de peligro potencial que acompaña a la actividad del trabajador»[285], llegando a prescindir de sus repercusiones en el trabajo, al presumirlas siempre como

279 En la Proposición de Ley 122/000074, de 6 de octubre de 2000 (VII Legislativa). Una objeción en diverso sentido, considerando que no es una tipificación inútil *de lege data*, aun cuando pueda ser valorada de manera negativa *de lege ferenda*, al existir ejemplos (que expone gráficamente) sobre su concreta funcionalidad, GÓMEZ ABELLEIRA, F. J.: *La causalidad del despido disciplinario*, Madrid (Civitas/Thompson Reuters), 2009, pág. 222.

280 STSJ Andalucía/Málaga 9 junio 2000 (AS 3501).

281 CONDE MARTÍN DE HIJAS, V.: «Drogodependencia y Derecho Laboral», *Mapfre Medicina*, Vol. 4, núm. 3, 1993, pág. 51, haciendo referencia a la expresión contenida en la STCT 3 septiembre 1986 (RTCT 7287).

282 IGLESIAS CABERO, M.: *La extinción del contrato de trabajo*, Bilbao (Deusto), 1977, pág. 86.

283 Situación «lamentable» —según la califica más adelante—, que «no permanece en la esfera privada de quien la sufre (...), sino que repercute de forma negativa en el trabajo», STSJ Comunidad Valenciana 17 noviembre 1999 (AS 7486).

284 CARRO IGELMO, A. J.: *El despido disciplinario*, Barcelona (Bosch), 1984, pág. 42.

285 STSJ Castilla-La Mancha 20 enero 2004 (AS 67).

desfavorables, pues el trabajador manifiesta, un «precario dominio sobre las facultades físicas e intelectuales, entorpecimiento y ralentización de los reflejos e infravaloración del riesgo; manifestaciones clínicas típicas (...) de la embriaguez»[286].

Por estos motivos, la incorporación del consumo (previo o coetáneo) que afecta al ámbito laboral, en la versión inicial del Estatuto de los Trabajadores, era tan frágil (sin ni siquiera contemplar la histórica exigencia de la habitualidad) como para necesitar una adaptación a la realidad social; incorporando, de esta forma, los conceptos de la repercusión negativa en el trabajo[287] y toxicomanía (situada al lado de la embriaguez) y consolidando el requisito de la habitualidad para otorgar una mayor concreción y entidad a la conducta[288].

De esta forma, procede observar que, si ha cambiado la valoración del problema, habrá de hacerlo también la concepción de la embriaguez como un vicio digno de castigo[289], así como el fundamento que la sitúa en un «defecto de conducta, a entender como la no observancia o la conculcación de los mínimos deberes de convivencia y comportamiento decoroso dentro de la empresa»[290]. No puede extrañar, por ende, el criterio de muchos autores cuando manifiestan que «tan incorrecto sería el entendimiento de este motivo como un puro defecto de conducta, sin atención a sus consecuencias, como de un mero incumplimiento del deber de rendimiento con independencia de la conducta que lo ha provocado y que exige el elemento típico de la habitualidad (...), sin que sea ni correcta, ni adecuada, la omisión de alguno de ellos»[291].

Sobre tal panorama, los Tribunales consideran que constituye «una opción de política legislativa que podrá ser puesta quizá en duda desde un punto de vista *de lege ferenda*, pero no desde el punto de vista *de lege data*, que es el que vincula a los órganos judiciales»[292]. Motivo por el cual conviene analizar los problemas suscitados por su invocación en el día a día del foro.

---

286 STCT 24 mayo 1979 (RTCT 3443).

287 STSJ Andalucía/Málaga 9 junio 2000 (AS 3501); recordándola, SSTSJ Aragón 12 marzo 2001 (JUR 151966), Asturias 9 julio 2004 (AS 2539) o País Vasco 14 febrero 2006 (AS 1421).

288 Según señalaba la defensa del Sr. Senillosa. Con más detalle, AA. VV. (Sagardoy Bengoechea, J. A., Dir.): *Debate parlamentario sobre el Estatuto de los Trabajadores*, T. II, Zaragoza (IES), 1981, pág. 477.

289 STSJ Castilla-La Mancha 7 junio 2001 (AS 2638).

290 Sirva la formulación original en Alonso Olea, M.: *El despido*, Madrid (IEP), 1958, págs. 140-144.

291 Valdeolivas García, Y.: «Embriaguez habitual y toxicomanía», en AA. VV.: *Estudios sobre despido disciplinario*, 2.ª ed., Madrid (ACARL), 1992, pág. 303; en línea similar, Romero Ródenas, M. J.: *Sida y toxicomanías (Un análisis jurídico laboral y de Seguridad Social)*, cit., pág. 216 o Alonso García, M.: *Curso de Derecho del Trabajo*, 9.ª ed., Madrid (Ariel), 1985, pág. 605.

292 STSJ Cantabria 17 junio 2004 (AS 1903).

3.1.1. Aplicación de los principios generales exigibles a cualquier despido: teoría «gradualista» y principios de proporcionalidad y culpabilidad

Con la introducción en el Estatuto de los Trabajadores de la fórmula destinada a graduar el incumplimiento («grave y culpable»)[293], así como la lista de causas encargadas de concretar la responsabilidad más importante que cabe imputar al trabajador desde el punto de vista disciplinario[294], a la jurisprudencia cabe atribuir la introducción de un nuevo adjetivo que unir a los anteriores, exigiendo que la gravedad y la culpabilidad sean «suficientes» (pues, de no ser así, «habrá de dar lugar a una falta de menor entidad corregible con sanción de inferior repercusión que la máxima de despido»)[295], aquilatando en términos remozados la denominada «teoría gradualista», de aplicación a todas y cada una de las causas de despido.

Con origen estrictamente judicial, «las infracciones que tipifica el art. 54.2 del ET, para erigirse en causa que justifique la sanción de despido, han de alcanzar cotas de culpabilidad y gravedad suficientes, lo que excluye su aplicación bajo nuevos criterios objetivos, exigiéndose análisis individualizados de cada conducta, tomando en consideración las circunstancias que configuran el hecho, así como los de su autor, ya que sólo desde esta perspectiva cabe apreciar la proporcionalidad de la sanción, ya que las infracciones antes dichas, si bien manifiestan un incumplimiento contractual, no denotan, abstractamente configuradas, la conjunta concurrencia de culpabilidad suficiente»[296]. Asimismo, «es necesario que quede evidenciado que se trata de un incumplimiento grave y culpable, pues el despido, por ser la sanción más grave en el Derecho Laboral, obliga a una interpretación restrictiva, pudiendo pues, y en su caso, imponerse otras sanciones distintas de la del despido, si del examen de las circunstancias concurrentes resulta que los hechos imputados, si bien pudieran ser merecedores de sanción, no lo son de la más grave, como es el despido»[297]. Además, resulta necesario e indispensable que exista una adecuación o proporcionalidad entre la falta cometida por el trabajador y la sanción que la empresa debe imponer, «siendo necesario resaltar a estos efectos, para la valoración de la falta cometida, la entidad del

---

293 Caracterizándose como notas acumulativas, «ponderándose ya todos los aspectos, objetivos y subjetivos», STSJ Comunidad Valenciana 22 mayo 2008 (AS 1751).

294 ALONSO OLEA, M.: «Introducción general al despido y a sus causas», en AA. VV.: *Estudios sobre el despido. Homenaje al Profesor Alfredo Montoya Melgar en sus veinticinco años de Catedrático de Derecho del Trabajo*, Madrid (FDUCM), 1996, pág. 6.

295 STS 29 mayo 1986 (RJ 2748).

296 SSTS 21 febrero 2023 (RJ 1259) y 18 abril 2001 (RJ 2841).

297 SSTS 21 enero, 22 mayo 1986 (RJ 312 y RJ 2610) y 26 enero 1987 (RJ 130); SSTSJ Madrid 4 diciembre 2020 (JUR 57009), Extremadura 14 diciembre 2020 (JUR 83788) o Galicia 18 y 19 enero 2021 (JUR 96317 y 84307).

cargo de la persona que la realizó, así como, sus circunstancias personales y de índole profesional»[298].

Con todo, y «en definitiva, ninguna de las conductas relacionadas por el núm. 2 del artículo 54 ET opera automáticamente como causa de despido, sino que ha de ser analizada en su realidad, en el momento en que se ha producido y con los efectos que causa, de manera que debe estudiarse específicamente e individualmente el caso concreto que ha de ser objeto de resolución, sin desconocer el factor humano, de máxima trascendencia, puesto que la sanción de despido, máxima que autoriza el ordenamiento jurídico laboral y que determina la extinción de la relación laboral, exige un criterio restrictivo en materia interpretativa y una apreciación conjunta de todos y cada uno de los elementos subjetivos y objetivos concurrentes en cada caso (...). Se trata, en realidad, de la aplicación del principio de proporcionalidad, nacido en el Derecho Penal y exportado al Derecho Administrativo —y que es inherente al Estado de derecho y a los valores de justicia e igualdad de éste al oponerse a la arbitrariedad de los poderes públicos—, al ámbito de las relaciones laborales. Y ello no sólo se traduce en que las normas sectoriales describan las conductas sancionables y las correspondientes sanciones ofreciendo criterios para graduar la gravedad de estas conductas, sino también, de una parte, en el ajuste del principio de igualdad a la relación de trabajo y, de otra parte, desde una perspectiva más amplia, en el trasvase de este principio, plasmado en el ejercicio no abusivo de los derechos, conforme a los principios de igualdad, justicia y proporcionalidad de las sanciones laborales, al de la revisión judicial de las sanciones acordadas por el empresario»[299].

298 SSTS 12 mayo 1979 (RJ 2075), 30 enero 1981 (RJ 570) y SSTSJ La Rioja 18 marzo 2003 (AS 2348); Galicia 25 marzo 2003 (JUR 188117), 27 febrero 2009 (JUR 187526), 28 septiembre 2010 (AS 1893), 30 octubre 2012 (JUR 395785), 12 diciembre 2012 (JUR 28530), 13 febrero 2014 (AS 702) y 18 enero 2021 (JUR 96317); Navarra 18 febrero 2009 (AS 1104); Andalucía/Málaga 25 noviembre 2010 (JUR 241613), 13 febrero 2014 (JUR 131418), 3 junio 2020 (JUR 283916), 1 julio 2020 (JUR 283893) y 30 septiembre 2020 (JUR 37187); Cataluña 6 noviembre 2015 (JUR 301562) y 7 octubre 2016 (JUR 30815); Asturias 25 julio 2018 (AS 2214) o País Vasco 10 septiembre 2019 (JUR 57132) y 3 noviembre 2020 (JUR 58976). En referencia a la embriaguez habitual o toxicomanía, la reiteración, total o parcial, entre otras, en STS 10 diciembre 1991 (RJ 9050) y SSTSJ Castilla y León/Valladolid 24 junio 1997 (AS 2265); Castilla-La Mancha 7 junio 2001 (AS 2638); Asturias 8 junio 2001 (JUR 230579) y 25 octubre 2013 (AS 3202); Galicia 23 enero 2002 (JUR 111271), Madrid 12 abril 2005 (AS 799), 31 octubre 2006 (AS 267/2007), 18 marzo 2014 (JUR 108052), 5 febrero 2016 (AS 638), 3 octubre 2017 (JUR 256841); Comunidad Valenciana 17 julio 2012 (JUR 361004); Cantabria 25 abril 2013 (JUR 121586); Canarias/Sta. Cruz de Tenerife 11 noviembre 2016 (JUR 222666/2017); Castilla y León/Burgos 30 marzo 2017 (JUR 118263); País Vasco 10 septiembre 2019 (JUR 57132) o Extremadura 18 mayo 2020 (JUR 203156).

299 Resumiendo, cuanto, con similares términos acogen muchas otras sentencias, STSJ La Rioja 6 abril 2006 (AS 1642). Atendiendo a la embriaguez habitual y toxicomanía como causas de despido, entre muchos, y con abundante jurisprudencia, LUJÁN ALCARAZ, J.: «Algunas reflexiones sobre el principio de proporcionalidad en la calificación del despido», en AA. VV. (GÁRATE CASTRO, J., Coord.): *Cuestiones actuales sobre el despido disciplinario*,

En su aplicación a la causa prevista en el art. 54.2 f) ET demandará, por consiguiente, valorar criterios subjetivos vinculados a la culpabilidad (trastornos con obnubilación de las facultades volitivas o, en el extremo opuesto, intencionalidad maliciosa) y objetivos relacionados con la gravedad (advertencias previas, concurrencia con otras causas, bien jurídico protegido, trayectoria profesional, habitualidad de la conducta, etc.), además de otros que lleven a la adecuación entre incumplimiento y despido de acuerdo con una «graduación» bajo parámetros aquilatados por la jurisprudencia[300].

En atención a la culpabilidad, a la postre elemento principal del debate a la hora de apreciar el dolo o la negligencia inexcusablemente demandados por el tipo, y precisamente partiendo de ella, diversos autores defienden la desaparición de esta causa de despido, pues «las conductas descritas por el art. 54.2 f) derivan de una pluralidad de factores que, tomados globalmente en consideración, dificultan la posibilidad de apreciar la voluntad del sujeto»[301]. Ningún sentido tendría mantener esta causa de despido en el elenco legal, pues el comportamiento de quien se emborracha o droga habitualmente y puede ser considerado un enfermo no debería ser punible «si resultara cierto no ser responsable de sus actos»[302].

Santiago de Compostela (Universidad de Santiago de Compostela), 1997, págs. 23 y ss. o FERNÁNDEZ LÓPEZ, M. F.: *El poder disciplinario en la empresa*, Madrid (Civitas/ACARL), 1991, especialmente págs. 310-313.

300 Por extenso, GÓMEZ ABELLEIRA, F. J.: *La causalidad del despido disciplinario*, cit., págs. 101-129.

301 NORES TORRES, L. E.: «Doctrina. La embriaguez y toxicomanía como causas de despido disciplinario», *Revista Española de Drogodependencias*, Vol. 29, núms. 3 y 4, 2004, págs. 278 y 279.

302 MUÑOZ CAMPOS, J.: «El artículo 54. 1 ET y la jurisprudencia», *Relaciones Laborales*, núm. 6, 1986, págs. 57 y ss. En esta línea se pronuncia de manera harto ilustrativa la STSJ Madrid 21 mayo 2008 (JUR 213463): «acreditada la embriaguez que se imputa al actor, del todo ostensible y que le incapacitaba para prestar sus servicios, y habiendo acontecido los demás hechos probados en unidad de acto, no podría sancionársele por los mismos, porque las demás faltas resultarían incompatibles, toda vez que para incurrir en los otros incumplimientos sería necesaria la voluntad consciente del trabajador que, desde luego, no concurre en el que se encuentra bajo los efectos de bebidas alcohólicas, cuya intoxicación precisamente ocasiona ausencia de consciencia y la desinhibición y la pérdida del control de los actos, por lo que, desde luego, el ebrio, al no ser dueño de sí, no puede incurrir en más faltas porque los actos que realiza son consecuencia de la embriaguez y no pueden ser doblemente sancionados, de manera que probada ésta todo lo demás se subsume como manifestación propia de tal estado, sin que aquí hubiera podido justificar el despido [...]; así pues, ni puede apreciarse que el actor incurriera en una falta de desobediencia, ni que trasgrediere la buena fe contractual, ni que maltratara de palabra a compañeros, ni que atentara al respeto de la intimidad y dignidad de la mujer mediante ofensa de carácter sexual, porque todas estas conductas, como se ha dicho, se realizaron por el trabajador bajo los efectos de bebidas alcohólicas y por tanto sin dolo ni culpa, por lo que el recurso ha de prosperar, declarándose la improcedencia del despido, de conformidad con lo dispuesto en el artículo 55.4 del Estatuto de los Trabajadores». Criterio citado en STSJ Andalucía/Granada 23 noviembre 2017 (JUR 64505).

Este criterio ha tenido cierto eco en los órganos judiciales, los cuales —si bien en escaso número de pronunciamientos— reflejan que «no concurre el requisito de culpabilidad preciso para imponer la sanción de despido al trabajador al carecer entonces de imputabilidad debido a la enfermedad crónica que padece»[303], propugnando aplicar la teoría gradualista (según la situación personal y profesional del empleado) cuando se manifiesta un episodio esporádico de esta conducta[304]. Valoran su actuación, de este modo, como una posible atenuante[305], por cuanto «la alteración de los elementos intelectivo y volitivo (...) impide [que] pueda hablarse de la existencia de una abierta y palmaria voluntad de incumplimiento»[306].

Algunos otros han aplicado este criterio hasta el extremo en los últimos años, llegando incluso a exculpar al trabajador de las resultas de actuar bajo tales condiciones, pues «es evidente que para que concurra justa causa de despido disciplinario es exigible cierta culpabilidad, que no se da cuando no concurre esa capacidad o libertad de acción de querer y, en su momento, saber parcialmente los efectos de esa conducta»[307]. Para ello, «sería necesaria la voluntad consciente del trabajador que, desde luego, no concurre en quien se encuentra bajo los efectos de las bebidas alcohólicas, cuya intoxicación precisamente ocasiona ausencia de consciencia y la desinhibición y la pérdida de control de los actos, por lo que el ebrio, al no ser dueño de sí, no puede incurrir en más faltas»[308].

Sin embargo, a pesar de las muestras reseñadas, el criterio más común en el foro no considera esta conducta no como una atenuante[309] (menos aún

303 STSJ País Vasco 20 abril 2010 (AS 2043).

304 SSTSJ Cataluña 11 diciembre 2009 (AS 829) y Baleares 18 marzo 2015 (JUR 117921).

305 STS 20 febrero 1991 (RJ 855) o SSTSJ Madrid 11 noviembre 2004 (JUR 94106).

306 SSTSJ Castilla y León/Valladolid 28 marzo 2000 (AS 1447) o Madrid 11 noviembre 2004 (JUR 94106). Valorando, como atenuante, también, el ser dependiente de la cocaína y alcohol, haber repuesto el dinero que sustrajo previamente a la empresa y someterse al plan de drogodependencia y alcoholismo de la unidad productiva; los hechos relatados en ATS 3 febrero 2009 (JUR 128764).

307 SSTSJ Castilla y León/Burgos 16 septiembre 2016 (JUR 251590), Aragón 13 octubre 2020 (JUR 340487) y Galicia 6 marzo 2020 (JUR 153911). En un supuesto donde viene a ser postergada por «estar en tratamiento psiquiátrico por trastornos de ansiedad, depresión, con ingesta de ansiolíticos y antidepresivos», a la hora de valorar el incumplimiento de la normativa sobre tabaquismo en espacios públicos, STSJ Madrid 18 julio 2014 (JUR 242219).

308 STSJ Madrid 17 mayo 2005 (AS 1391). En esta línea, SSTSJ Madrid 11 noviembre 2003 (JUR 94106), 5 abril 2005 (JUR 111081) y 21 mayo 2008 (JUR 213463).

309 En parte, por ejemplo, debido al número de ocasiones manifestadas. Como ejemplo, aquel supuesto en el que se señala que «el estado de embriaguez del actor no era una situación aislada (...) pues el capataz había sugerido fuera cambiado de brigada por los problemas que había ocasionado como consecuencia de su embriaguez, en varias ocasiones», STS 11 junio 1984 (RJ 3311). Otra expresión en aquel pronunciamiento a partir del cual la

una eximente)[310], sino más bien como una agravante de la culpabilidad en función de las circunstancias en presencia[311], de la profesión en cuestión[312]; cuando no, dada su «evidente gravedad intrínseca»[313], una circunstancia constitutiva de tal entidad como para prescindir del requisito de repercusión negativa, presumiéndola por sí misma o en conexión con la trasgresión de la buena fe contractual[314].

Desde un punto de vista más equilibrado, prevalece la opinión de que la toxicomanía y el alcoholismo (o, como figura próxima, la embriaguez habitual) pueden ser enfermedades, pero la diferencia con otras radica en la «volunta-

conducta «es constitutiva de una conducta tipificada como causa de despido en el apartado 2.f) del art. 54 del ET, consistente en la embriaguez habitual cuando repercuta en el trabajo (...), ya que la conducta imputada no constituye un caso aislado, sino que la actora había sido sancionada con anterioridad al despido, en dos ocasiones, por falta grave y muy grave, respectivamente, por ingesta de alcohol que determinó que tuviera que dejar el y trabajo al inicio de la jornada», STSJ Baleares 18 marzo 2013 (JUR 187794). En esta misma línea, «no se trata de un hecho aislado o puntual, sino que con anterioridad y el mismo año ya se había repetido en varias ocasiones y había motivado amonestaciones verbales de responsables de la empresa, con apercibimiento de despido disciplinario de continuar con su actitud, lo que unido a, a más de la inevitable repercusión negativa que la desmedida ingesta etílica había de producir en su normal prestación laboral, su condición de dependiente de unos grandes almacenes en contacto directo con el público, al que por lo mismo le era exigible una especial seriedad y corrección en el trato con la clientela, que difícilmente puede ofrecer quien tiene mermadas sus facultades por la ingesta excesiva de alcohol, y a la muy negativa proyección que conductas, como la descrita, tienen para imagen comercial de la empresa, justifica sobradamente el que tal falta sea calificada en su grado máximo, como requiere el convenio (art. 66.3), y sancionada con despido», STSJ Castilla y León/Valladolid 24 octubre 2007 (JUR 21446). Distintos pronunciamientos en idéntico sentido en SSTSJ Cataluña 4 diciembre 1992 (AS 6344), Comunidad Valenciana 16 julio 2009 (JUR 472298) y 5 julio 2011 (JUR 338906) y 29 diciembre 2014 (84815) o Andalucía/Granada 6 julio 2011 (JUR 331357).

310 Pues «el ebrio, al no ser dueño de sí, no puede incurrir en más faltas porque los actos que realiza son consecuencia de la embriaguez y no pueden ser doblemente sancionados», STSJ Madrid 17 mayo 2005 (AS 1391).

311 STS 26 octubre 1989 (RJ 7443) o SSTSJ Castilla y León/Valladolid 27 febrero 2013 (JUR 131095) y Castilla-La Mancha 27 noviembre 2014 (JUR 33493/2015). En la doctrina, Rodríguez Ramos, M. J.: «Embriaguez habitual o toxicomanía», en AA. VV. (Gorelli Hernández, J., Coord.): *El despido. Análisis y aplicación práctica*, Madrid (Tecnos), 2004, pág. 133.

312 STSJ Castilla-La Mancha 27 noviembre 2014 (JUR 23493/2015).

313 STSJ Galicia 24 mayo 2005 (JUR 169147).

314 SSTSJ Galicia 15 octubre 2003 (JUR 178118/2004) y 30 noviembre 2016 (JUR 10192); Castilla La Mancha 20 enero 2004 (AS 67); Murcia 9 febrero 2004 (JUR 92206) y 9 noviembre 2016 (JUR 42569); Cantabria 16 noviembre 2004 (JUR 312299), 15 julio 2015 (JUR 33268) y 15 febrero 2016 (JUR 80745); Castilla y León/Valladolid 19 diciembre 2005 (JUR 209386); Comunidad Valenciana 23 enero 2007 (AS 1197) y 7 julio 2012 (JUR 361004); Canarias/Las Palmas 30 junio 2015 (AS 2065) y 7 octubre 2016 (JUR 267802); Cataluña 21 marzo 2016 (JUR 121586) o Andalucía/Sevilla 8 junio 2016 (JUR 203375).

riedad» del individuo[315], partiendo de una «libertad inicial en la adicción»[316] (o de una libertad o voluntariedad claramente no mencionada cuando no obra patología alguna, sino consumo ocasional). Por tal motivo, el criterio a partir del cual las faltas cometidas en tal estado no pueden dar lugar al despido «se refiere solo a situaciones en las cuales la voluntad del sujeto queda absolutamente inhibida»[317], prácticamente como el *delirium tremens*[318]. En este sentido, el deber del enfermo es «controlar que su patología no tenga repercusión en el puesto de trabajo (...), tomando las medidas que sean necesarias (...), tales como ponerlo en conocimiento de la empresa, ponerse en tratamiento o solicitar una baja médica si es indispensable»[319]. De lo contrario, de «no permanecer en la esfera privada de quien las sufre, sino repercutir de forma negativa en el trabajo»[320], habrá de primar la voluntad inicial[321], resultando «ajeno, tanto a la norma legal como a la jurisprudencia, el origen patológico o no de la conducta»[322].

Una adecuada síntesis de la tesis dominante podría ser la recogida en aquel pronunciamiento en el cual, para una situación de dependencia a la cocaína y al alcohol desde hace varios años, el Tribunal no observa «elementos de juicio capaces de justificar la aseveración de estar privado de su capacidad volitiva hasta el punto de que no puedan serle atribuidas las consecuencias de sus actos, [y] no puede concluirse que sufriera una alteración de sus facultades intelectuales de tal magnitud como para anular su capacidad de autorregulación cuando acaecieron los hechos enjuiciados»[323], en tanto bien pudo, por ejemplo, «de haber considerado que no se encontraba en condiciones de prestar sus servicios, comunicarlo a la empresa»[324].

Mención expresa merece el concepto de presunción de inocencia en el ámbito laboral, por cuanto la aplicación de tal principio en esta jurisdicción es rechazada de manera tajante por el Tribunal Constitucional, aun cuando en un primer momento proclamara —para luego rectificar— que resultaba «aplicable

315 STCT 3 septiembre 1989 (RTCT 7287) o SSTSJ Castilla y León/Valladolid 8 octubre 2008 (JUR 367134) y 6 junio 2013 (JUR 195103).

316 Conde Martín de Hijas, V.: «Drogodependencia y Derecho Laboral», cit., pág. 48.

317 STSJ Cataluña 5 marzo 1992 (AS 1680).

318 STSJ Madrid 9 mayo 2007 (JUR 230914).

319 STSJ Madrid 10 enero 2003 (AS 1464). No operará esta circunstancia si está en tratamiento y no lo pone en conocimiento de la empresa, STSJ Comunidad Valenciana 11 septiembre 2012 (JUR 359954).

320 STSJ Comunidad Valenciana 17 noviembre 1999 (AS 7486).

321 STSJ Comunidad Valenciana 4 marzo 1997 (AS 480).

322 STS 3 junio 1963 (RJ 2655) o STSJ Aragón 12 marzo 2001 (JUR 151966).

323 STSJ Castilla-La Mancha 24 noviembre 1999 (AS 7260).

324 STSJ Castilla-La Mancha 27 noviembre 2014 (JUR 23493/2015).

tal derecho a dicha clase de procesos»[325] (algún Tribunal se limita —de manera menos motivada— a señalar que «tiene un alcance específico y restrictivo en el ámbito laboral»)[326]: «no tiene una aplicación en la conducta social, pues esta responde a los propios parámetros de contrato de trabajo, cuyos contornos son distintos al campo de la punibilidad»[327], operando exclusivamente en el ámbito penal en tanto «cuando el empresario sanciona una conducta del trabajador constitutiva de incumplimiento grave y culpable de la relación contractual; no se halla en juego, en puridad, la inocencia o culpabilidad del trabajador despedido, ni, en consecuencia, la actividad probatoria (...), sino, más sencillamente, a justificar el hecho o hechos causantes del despido»[328]. Como contrapartida, reconoce la inversión de la carga de la prueba en el proceso de impugnación de la medida para obligar a quien impone la sanción a justificarla[329].

Pone de relieve, por tanto, la independencia entre la jurisdicción social y la penal[330], pues en tanto la primera centra su atención exclusivamente en la conducta del trabajador sobre la relación laboral según las características de la prestación, sin tener en cuenta si es concebida como delito[331], al perseguir fines «diversos»[332], en la penal cuanto impera es la facultad sancionadora del Estado.

3.1.2. Las variantes al tipo legal introducidas en convenio o lo condición resolutoria pactada en contrato

Un punto importante a considerar en la aplicación del precepto disciplinario analizado viene dado por la naturaleza dispositiva de los motivos de

325 SSTCo 30/1992, de 18 de marzo o 153/2000, de 12 de julio.

326 STSJ Cataluña 5 febrero 2014 (JUR 89897) y 12 junio 2019 (JUR 236881); Galicia 12 julio 2018 (JUR 232109); País Vasco 22 enero 2019 (JUR 97319) o 12 noviembre 2019 (AS 1038).

327 STSJ País Vasco 28 marzo 2000 (AS 590).

328 SSTSJ País Vasco 15 marzo 2005 (AS 2194) y 12 noviembre 2019 (AS 1038); Asturias 25 octubre 2013 (AS 3202); Comunidad Valenciana 22 marzo 2017 (JUR 220465); Madrid 29 mayo 2017 (JUR 208968) y 22 febrero 2019 (JUR 324339), 28 abril 2020 (JUR 315499); Cataluña 14 junio 2017 (JUR 270155); Galicia 14 junio 2018 (JUR 235038) o Andalucía/Sevilla 3 junio 2020 (JUR 273124) y 17 junio 2020 (JUR 269215). En la doctrina DURÁN LÓPEZ, F.: *Jurisprudencia constitucional y Derecho del Trabajo*, Madrid (MTAS), 1992, pág. 103 o ROJO TORRECILLA, E.: «El despido disciplinario. Concepto y causas», en AA. VV.: *La extinción del contrato de trabajo. El despido*, Madrid (CGPJ), 1992, págs. 16 y ss.

329 STCo 21/1992, de 14 de febrero.

330 STS 22 enero 1987 (RJ 111) o STSJ Castilla-La Mancha 7 junio 2001 (AS 2638).

331 STSJ Cataluña 16 abril 2002 (AS 1988). Entre los autores, RODRÍGUEZ RAMOS, M. J.: «Embriaguez habitual o toxicomanía», cit., págs. 139 y 140 o VALDEOLIVAS GARCÍA, Y.: «Embriaguez habitual y toxicomanía», en AA. VV.: *Estudios sobre despido disciplinario*, cit., págs. 310-311.

332 FERNÁNDEZ-COSTALES MUÑIZ, J.: *Poder disciplinario empresarial y proceso especial de impugnación de sanciones*, Oviedo (CES del Principado de Asturias), 2005, pág. 40.

despido y el escollo provocado por el carácter abierto de algunas de sus causas[333]. De este modo, cobran especial interés los convenios colectivos en orden a poder medir las sanciones en relación con las conductas infringidas, así como la viabilidad de incorporar modificaciones en el tipo legal[334]; aspecto muchas veces no actualizado, pues el convenio limita su actuación cuando reproduce la causa legal y, por ende, todos sus problemas[335].

Sobre esta cuestión, cabe dar cuenta de sentencias que defienden el respeto obligado a la posición en la jerarquía de fuentes de una disposición infraestatal hacia otra superior en rango, por el derecho necesario en esta contenido. Así, y aun cuando el texto convencional mejore las condiciones para el trabajador, no cabría su aplicación, al no ser de recibo pactos en contra de las estructuras institucionales del Derecho del Trabajo, a la sazón materia indisponible[336].

Sin embargo, la modificación del tipo por parte de los convenios ha de entenderse permitida siempre y cuando su finalidad sea concretar el precepto legal[337] (como, por ejemplo, las consecuencias negativas a ponderar[338]

---

333 Siendo esta una de las razones para admitir la posible modificación por convenio, SSTSJ Cataluña 21 marzo 2000 (AS 5537) o País Vasco 18 julio 2006 (JUR 100636/2007).

334 POQUET CATALÁ, R.: *La actual configuración del poder disciplinario empresarial*, Valencia (Tirant lo Blanch), 2011, págs. 47 y ss. o RODRÍGUEZ RODRÍGUEZ, E.: *El poder disciplinario y la negociación colectiva*, Granada (Comares), 2008, especialmente págs. 70 a 73.

335 STSJ Cataluña 2 febrero 2017 (JUR 112122). Ejemplos de tal práctica, indudablemente la más común, citando hasta 124 muestras en la selección temporal efectuada MARÍN MALO, M.: «La prevención del consumo de alcohol por parte de los trabajadores en la negociación colectiva de los años 2016 y 2017», cit., pág. 2, nota 16. En 2021 sirvan las muestras ofrecidas por art. 84.3 k) *CC de Iberdrola Grupo*, 2021-2024 (BOE 02/03/2021), art. 36.B.10 CC del Grupo Vodafone España (BOE 09/02/2021) o art. 70.III.5 CC de Banca (BOE 30/03/2021).

336 STSJ Cantabria 25 febrero 2000 (AS 193). Señalando, desde un enfoque más extremo, la imposibilidad de pactar una renuncia al ejercicio del poder disciplinario, SAN MARTÍN MAZZUCCONI, C.: «Faltas y sanciones de los trabajadores (En torno al art. 58)», *Revista Española de Derecho del Trabajo*, núm. 100, 2000, pág. 1194 o MONTOYA MELGAR, A.: «Libertad de empresa y poder de dirección del empresario», en AA. VV. (PÉREZ DE LOS COBOS ORIHUEL, F., Dir.): *Libertad de empresa y relaciones laborales en España*, Madrid (Instituto de Estudios Económicos), 2005, pág. 149.

337 SSTSJ Canarias/Sta Cruz de Tenerife 25 junio 2012 (JUR 368422) o SJS, núm. 5, Bilbao 22 diciembre 2016 (JUR 14158/2017). En la doctrina, SALA FRANCO, T. *et alii: Los límites legales al contenido de la negociación colectiva*, Madrid (MTAS), 2001, págs. 185 y 186.

338 Algunos ejemplos en art. 74. m) CC Industria Siderometalúrgica de la Provincia de A Coruña (a Coruña 05/12/2017); art. 26 l) CC Metal Comercio de la Provincia de Zamora (BOP Zamora 09/08/2017); art. 42 m) CC Servicios y Tecnologías del Sector del Metal de la Provincia de Alicante (BOP Alicante 30/01/2020); art. 29 CC Cuchillería y Afines de la Provincia de Albacete (BOP Albacete 28/08/2019); art. 40. 3. 5 CC Estatal de Fabricantes de Tejas, Ladrillos y Piezas Especiales de Arcilla Cocida (BOE 11/10/2019); art. 57.4 l) Repsol YPF, S. A. (BOE 17/07/2018); art. 41.1 h) CC Limpieza, Abrillantado y Pulimento de Edificios y Locales de la Provincia de Salamanca (BOP Salamanca 17/09/2018); art. 24 h) CC Talleres

o determinar el número las ocasiones en las cuales se debe manifestar la conducta para valorar la habitualidad)[339]. Por ello, la mayor parte de cuantos pronunciamientos han debido abordar la cuestión entienden que, cuando el convenio establezca una tipificación de la falta más favorable para el empleado que la establecida en el art. 54 —como el rebajar la calificación de falta muy grave merecedora de despido a falta únicamente a grave—, procederá estar a lo acordado por las partes, debiendo acatar la empresa lo allí establecido[340], y dando la razón a cuantos autores consideran plenamente factible la posibilidad de eliminar los efectos extintivos de alguna de las causas establecidas en la ley a través de la negociación colectiva[341].

La aproximación más acabada en este planteamiento reconoce que el propio art. 58.1 ET atribuye a la negociación colectiva competencias para perfilar las infracciones laborales en cuanto a su graduación y definición hace, así como para configurar las respectivas sanciones según su culpabilidad y gravedad[342]. De la misma manera establece que, si bien en el primer apartado del art. 54 debe ser considerado derecho necesario, el

---

para Personas con Discapacidad Intelectual de Cataluña (DO Generalitat de Catalunya 26/10/2016); art. 45.3 f) CC Sector de Actividades Forestales de la Comunidad de Castilla y León (BO Castilla y León 27/10/2016); art. 61 m) CC Industria Siderometalúrgica de la Provincia de Barcelona (BOP Barcelona 26/01/2021); art. 192. 7 CC Bridgestone Hispania, S. A. (BOE 14/08/2020); art. 52 CC Puertos y Dársenas Deportivas de Cataluña (DO Generalitat de Catalunya 02/02/2017); art. 67.3 f) CC de la Vid de la Provincia de Cádiz (BOP Cádiz 03/02/2017); 30.3 f) CC Estatal de Industrias de Aguas de Bebida Envasadas (BOE 16/11/2018); art. 24.12 CC Jardinería (BOE 09/02/2018) o art. 34.1.3.º i) CC Aceite y Derivados de las provincias de Castellón y Valencia (BOGV 14/03/2018).

339 Como ejemplos, art. 65.2 CC General del Sector de Servicio de Asistencia en Tierra en Aeropuertos (BOE 13/01/2020); art. 47.5 ll) CC Comercio de la Piel en General de la Comunidad de Madrid (BO Comunidad de Madrid 07/08/2019); art. 16.13 CC Comercio del Metal de la Provincia de Zaragoza (BOP Zaragoza 03/09/2018); art. 52 CC Comercio en General de la Provincia de Ciudad Real (BOP Ciudad Real 25/11/2020); art. 63.2 k) y 3 c) CC Mediación en Seguros Privados (BOE 07/01/2020); art. 49.3.6 CC de Instalaciones Deportivas y Gimnasios de la Comunidad Autónoma de Galicia (DO Galicia 07/07/2020); art. 44.15 CC Comercio Textil de la Provincia de Castellón (BOP Castellón 02/04/2019) o art. 24.13 CC Jardinería (BOE 09/02/2018).

340 SSTSJ Castilla y León/Burgos 25 abril 2024 (JUR 170721) y Cantabria 17 junio 2004 (AS 1903). En la doctrina, con un sutil argumento, Fernández López, M. F.: «Perfiles del poder disciplinario», *Tribuna Social*, núm. 63, 1996, pág. 11.

341 SSTSJ Madrid 27 diciembre 2002 (AS 1756/2003) y 27 febrero 2015 (JUR 88884), Castilla y León/Valladolid 14 julio 2006 (AS 2326) o SJS, núm. 5, Bilbao 22 diciembre 2016 (JUR 14158/2017). En la doctrina, Gómez Abelleira, F. J.: *La causalidad del despido disciplinario*, cit., pág. 65 o Nores Torres, L. E.: «Doctrina. La embriaguez y la toxicomanía como causas de despido disciplinario», cit., pág. 288.

342 SSTSJ Cantabria 25 abril 2013 (AS 3032) o Canarias/Las Palmas 25 septiembre 2015 (JUR 42417) y 11 noviembre 2015 (JUR 42259); en la doctrina, con ejemplos de convenios, Marín Malo, M.: «La prevención del consumo de alcohol por parte de los trabajadores en la negociación colectiva de los años 2016 y 2017», cit., pág. 3 a 7.

segundo, donde expone la lista de comportamientos del trabajador a ponderar como incumplimientos contractuales merecedores de la máxima sanción, ha de quedar sometido a las pautas generales sobre culpabilidad y gravedad, al no gozar de efectos extintivos inmediatos.

Por tanto, el convenio colectivo podrá acomodar al sector que regula los requisitos establecidos en el apartado donde aparecen listadas las faltas muy graves, sancionables con el despido, sin afectarle la barrera impuesta por el art. 54.1 ET. Con todo, advierte sobre cómo la polémica surgiría a la hora de retirar del catálogo de faltas alguno de los incumplimientos enumerados en el apartado 2.º, si considerado derecho necesario, frente a lo cual lo estipulado en un convenio no podría enervar su efectividad. Para hacer frente a tal argumento algún pronunciamiento argumenta del siguiente modo: «no hay que olvidar que en este ámbito, a diferencia de lo que sucede en otros campos de la relación de trabajo, no está presente un interés público relevante, por lo que no se aprecian razones convincentes para que quienes gozan de un derecho potestativo a despedir al trabajador que ha incurrido en una falta muy grave, y tiene libertad para no hacerlo, no la tengan para autolimitarse, por vía de acuerdo en convenio colectivo, con la finalidad de salvaguardar determinados valores que se consideran dignos de tutela. Así sucede en este caso, en el que la regulación convencional no considera merecedores de sanción a los trabajadores dependientes del alcohol o de las drogas, aunque su conducta tenga una incidencia negativa en el desarrollo de su actividad profesional, por el mero hecho de serlo, esto es, al margen de cometer actos tipificados como falta»[343].

Desde este parecer judicial surge la posibilidad de utilizar alternativas menos drásticas[344] a la resolución contractual frente a esta conducta, como pueden ser la suspensión del contrato[345], la excedencia[346], requerimientos pre-

343 STSJ País Vasco 2 diciembre 2008 (JUR 324250)

344 Art. 66 y Anexo 3 CC Easyjet Handling Spain (BOE 03/02/2016) o art. 77.3.7 CC Compañía Lógistica Acotral y Acotral Distribuciones Canarias (BOE 23/05/2019).

345 Art. 72. 1 CC Estatal del Corcho (BOE 14/05/2020). En aplicación del art. 85 U 2 III CC Correos y Telegráfos S.A. (BOE 28/06/2011), STSJ Andalucía/Granada 13 julio 2017 (JUR 309702).

346 Algunos ejemplos en: art. 37.1 CC Consignatarios de Buques y Transitarios de la Provincia de Alicante (BOP Alicante 07/10/2019); art. 24 C) 12 CC Comercio de Actividades Diversas de la Provincia de Valencia (BOP Valencia 03/10/2019); art. 32 CC Unión de Detallistas Españoles, Sociedad Cooperativa, Grupo Técnico, Trípode y Cordec (BOE 31/07/2018); art. 55 CC Elaboradores de Productos Perecederos para su Venta a Domicilio (BOE 20/12/2016); art. 44 CC Foodvian (BOE 16/11/2016); art. 31 CC Coviran (BOP Granada 09/07/2021) o art. 34.3.12 CC Comercio de Alimentación de la Provincia de Bizkaia (BOP Bizkaia 03/02/2017).

vios para cesar en su comportamiento[347], permisos[348], licencias sin sueldo[349] indulto de las faltas si sometido a tratamiento[350], así como acudir a una sanción menor en grado cuando medien circunstancias atenuantes y ninguna agravante[351] o contemplar tipos distintos según las variantes en presencia[352]. Ejemplo paradigmático podría ser el de los conductores de vehículos cuando haya lugar a una retirada del permiso de circulación, recogiendo la opción de establecer la suspensión de empleo mientras duren las investigaciones o recursos formulados para esclarecer los hechos[353].

Por otra parte, también surge el dilema contrario de ampliar a través de los convenios colectivos la noción de embriaguez o toxicomanía establecida en

347 A modo de muestra, art. 63.F.18 CC de Altadis S.A.U., Imperial Tobacco España S.L.U. y Tabacalera S.L.U. (BOE 20/08/2019); art 23.3 h) CC Marco de Supermercados y Autoservicios de Alimentación de Cataluña (DO Generalitat de Catalunya 03/09/2017); art. 5.10 CC Obradores de Confiterías, Bollerías, Turrones, Helados, Churrerías, Caramelos y Comprimidos y Fabricación de Chocolates de la Provincia de Málaga (BOP Málaga 28/07/2021); art. 58 CC Hostelería de la Provincia de Salamanca (BOP Salamanca 21/12/2016) o art. 59.12 CC Convenio Colectivo de Comercio en General del Principado de Asturias (BO Principado Asturias 11/02/2019).

348 Art. 40.3.5 CC Estatal de Tejas, Ladrillos y Piezas Especiales de Arcilla Cocida (BOE 11/10/2019).

349 Art. 33 CC Foodvian (BOE 16/11/2016).

350 Art. 32.3.12 CC Fabricación de Licores, Criadores Exportadores, Embotelladores y Almacenistas de Vinos de la Provincia de Bizkaia (BOP Bizkaia 08/03/2019); Anexo III CC Comercio Textil de la Provincia de Álava (BOP Álava 09/12/2019); art. 36.4.III CC Comercio-Almacenistas de Materiales para la Construcción y Saneamiento de la Provincia de Alicante (BOP Alicante 31/05/2018); art. 39 C) 12 CC Comercio del Calzado de la Provincia de Valencia (BOP Valencia 14/10/2021); art. 72.5, en relación con el art. 72.5, CC Estatal de Corcho (BOE 14/05/2020); art. 38.4 f) CC Distribuidoras de Gases Licuados del Petróleo (G.L.P.) de la Provincia de León (BOP León 03/03/2016) o art. 34.3.12 CC Comercio de Alimentación de la Provincia de Bizkaia (BOP Bizkaia 3/02/2017).

351 STSJ Canarias/Las Palmas 18 junio 1999 (AS 4009).

352 Basten los ejemplos ofrecidos por CC British American Tobacco España S. A. (BOE 13/06/2017), el cual tipifica como leve «la embriaguez habitual» (art. 54); grave la de «introducir bebidas alcohólicas y/o estupefacientes en el lugar de trabajo» (art. 55); y muy graves las de «embriaguez y toxicomanía habitual durante el trabajo, si se repercute negativamente en el mismo» (art. 56.5) y «conducir vehículos de la empresa, dentro o fuera del horario laboral, superando la tasa de alcohol permitida por la normativa en vigor» (art. 88.8). CC Industrias Extractivas, Industrias de Vidrio, Industrias Cerámicas y Comercio Exclusivista de dichos materiales (BOE 23/11/2018), tipificando como leve «la embriaguez ocasional cuando no constituyera otra falta más grave» (art. 86) y como muy grave «la embriaguez habitual o toxicomanía si repercuten negativamente sobre el trabajo y la distribución de drogas en el centro de trabajo» (art. 88). En un último ejemplo, art. 52.3 f) CC Establecimientos Sanitarios y Clínicas Privadas de Granada (BOP Granada 12/08/2021), calificando como leve la embriaguez no habitual [art. 52.q f)], grave la habitual [art. 52.2 j)] y muy grave la habitual si repercute negativamente en el trabajo [art. 52.3 f)].

353 Art. 77. 3. 7 CC Compañía Logística Acotral, S. A. o Transportes Consolidados Andaluces y Acotral Distribuciones Canarias (BOE 23/05/2019).

la ley, añadiendo o ignorando los requisitos fijados en la norma. Aquí cabe localizar una división de criterios nítida en los pronunciamientos judiciales, en tanto los convenios pueden incorporar exigencias polémicas a la conducta, como el daño a la imagen corporativa[354] o, en principio, no contempladas por el tipo legal (como la manifestación de esta conducta fuera de su tiempo de trabajo si tiene lugar portando distintivos —uniformes, vehículos, etc.— capaces de vincular a la empresa)[355], obviar los requisitos demandados por el tipo, sin aplicar ninguno[356], o prescindiendo simplemente de la repercusión negativa (conforme ocurre en la mayoría de las ocasiones, al presumirla)[357]

354 Art. 52 CC Estatal de Empresas de Trabajo Temporal (BOE 28/12/2018).

355 Art. 37.2 q) CC Estatal de Entrega Domiciliaria (BOE 28/06/2013); art. 33.B.8 CC Mercadona, SA, Forns Valencians Forva, SAU, Mena Supermercados, SL y Saskibe, SL. (BOE 18/02/2019); art. 36.11 CC Industria y Comercio de Confiterías de la Provincia de Gipuzkoa (BOP Gipuzkoa 26/09/2016); art. 5.10 CC Obradores de Confiterías, Bollerías, Turrones, Helados, Churrerías, Caramelos y Comprimidos y Fabricación de Chocolates de la Provincia de Málaga (BOP Málaga 28/07/2021); art. 60 CC de Industrias de Fabricación, Venta y Distribución de Pan de Cantabria (BO Cantabria 19/04/2021); art. 49.10 CC Comercio Textil de la Provincia de Barcelona (BOP Barcelona 18/11/2019); art. 58 CC Hostelería de la Provincia de Salamanca (BOP Salamanca 21/12/2016); art. 63.2.11 CC Nacional del Ciclo de Comercio de Papel y Artes Gráficas (BOE 14/08/2020) o art. 34.11 CC Distribuidores de Butano de la Provincia de Bizkaia (BOP Bizkaia 27/01/2021).

356 Art. 88.8 CC Estatal de Industrias Extractivas del Vidrio, Cerámica y Comercio Exclusivista de los mismos materiales (BOE 23/11/2018); art. 37.3 CC Convenio Colectivo de Barna Porters (BOP Barcelona 14/01/2019); art. 25.8 CC Extraestatutario de Eficacia Limitada Sectorial de Temporerismo para la Actividad Agropecuaria del Territorio Histórico de Álava (BOP Álava 09/11/2016); art. 39.3 e) CC de Industrias Vinícolas de Navarra (BO Navarra 16/04/2019); art. 44.15 CC de Comercio Textil de la Provincia de Castellón (BOP Castellón 02/04/2019); art. 53 I CC Industrias Siderometalúrgicas de la Región de Murcia (DORM 13/05/2020); art. 57.19 CC Transporte de Enfermos y Accidentados en Ambulancia de la Comunidad Autónoma de Extremadura (DOE 17/03/2017); art. 24 CC Fincas Urbanas de la Provincia de Zaragoza (BOP Zaragoza 30/03/2017) o art. 63 I) CC Industrias Siderometalúrgicas de la Provincia de Guadalajara (BOP Guadalajara 16/04/2019).

357 Art. 5. 6 CC de Baloncesto Profesional ACB (BOE 17/03/2021); art. 50. f) CC Industrias de Elaboración de Arroz (BOE 25/10/2017); art. 52. 17 CC Industrias de Captación, Elevación, Conducción, Tratamiento, Depuración y Distribución de Agua (BOE 21/01/2021); art. 23. 3. 16 CC Estatal de Pastas, Papel y Cartón (BOE 29/07/2021); art. 37.3.5 CC Hero España, S.A.- Alcantarilla (BO Región Murcia 10/10/2020); art. 47.5 II) CC Comercio de la Piel en General de la Comunidad de Madrid (BO Comunidad de Madrid 07/08/2019); art. 39.2.3 m) CC Recuperación y Reciclado de Residuos y Materias Primas Secundarias (BOE 29/03/2021); art. 5.13 CC Comercio de la Piel, Cuero y Calzado de Cantabria (BO Cantabria 17/11/2016); art. 44.23 CC Estatal de Fabricación y Comercialización de Frutas y Hortalizas Frescas, Seleccionadas, Limpias, Troceadas y Lavadas, Listas para Consumir o Cocinar (BOE 04/01/2017); art. 42.2 j) CC Industrias Vinícolas de la Provincia de Toledo (BOP Toledo 03/07/2018); art. 27.1 C) CC Empresas de Ingeniería y Oficinas de Estudios Técnicos (BOE 18/10/2019); art. 45.2.3.12 CC Marco de Distribución de Mayoristas de Alimentación de Cataluña (DO Generalitat de Catalunya 16/07/2020); art. 34.3.12 CC Comercio de Alimentación de la Provincia de Bizkaia (BOB Bizkaia 03/02/2017); art. 49.3.6 CC Instalaciones deportivas y gimnasios de la Comunidad Autónoma de Galicia (DO Galicia 07/07/2020); art. 54.3.5 CC Empresas de Ocio Educativo y Animación Socio Cultural del Territorio His-

e, incluso, únicamente de la habitualidad[358]; singular es el criterio en torno a la «visibilidad» o «manifestación externa» durante el tiempo de trabajo, pues mientras para algunos es causa directa de falta muy grave[359], en otros es simplemente leve si no provoca perjuicios[360] o afecta negativamente a la empresa[361], sin faltar cuantos insisten en no atender solo a las apariencias, sino la exigencia de adecuada prueba[362].

Existen, dos líneas jurisprudenciales que, en torno a esta cuestión, sostienen argumentos radicalmente distintos:

La doctrina judicial favorable a la tesis sobre el carácter abierto de la lista contenida en el ET mantiene que su carácter ejemplificativo, «autoriza otras tipificaciones en tanto en cuanto se consideren incumplimientos contractuales graves, [debido a] la particularidad de los distintos sectores de producción». «Principio de especialidad»[363] a partir del cual explica el papel modulador de los convenios colectivos, destinado a «adecuar las faltas y sanciones a la concreta realización de la prestación laboral» y de los distintos sectores de trabajo y empresas [364].

Para apoyar su criterio de ampliar el tipo recogido en la norma a través de la negociación colectiva argumenta la particular naturaleza de la actividad y

tórico de Álava (BOP Álava 10/03/2021); art. 42 B) 10 CC Masas Congeladas de Cataluña (DO Generalitat de Catalunya 02/05/2019); art. 64.3 f) CC Establecimientos Sanitarios de Hospitalización, Asistencia, Consulta y Laboratorios de Análisis Clínicos de Cataluña (DO Generalitat de Catalunya 28/05/2019) o art. 50.13 CC Comercio Textil de la Provincia de Zaragoza (BOP Zaragoza 02/05/2017).

358 Art. 34 c) CC Estatal Empresas Organizadoras del Juego de Bingo (BOE 07/10/2017); art. 52 b) CC Regional de Empresas Organizadoras del Juego de Bingo en Cantabria (BO Cantabria 25/06/2019); art. 45.3 f) CC Actividades Forestales de la Comunidad de Castilla y León (BO Castilla y León 27/10/2016); art. 42.3 f) CC Limpieza de Edificios y Locales de Navarra (BO Navarra 10/04/2017) o art. 64 m) CC Industrias Siderometalúrgicas de la Provincia de Guadalajara (BOP Guadalajara 16/04/2019).

359 Art. 52.3 CC Grupo Importación Frutos Secos (BOE 01/08/2020); art. 34. 3. 13 Mayoristas de Frutas, Verduras, Hortalizas, Plátanos y Patatas de la provincia de Barcelona (BOP Barcelona 01/03/2018) y art. 43. 3. 6) CC Locales de Espectáculos y Deportes de Zaragoza (BOP Zaragoza 19/02/2018).

360 Art. 9.4 a) Air France y KLM (BOE 17/05/2017).

361 Art. 48.III. C) 11 CC Claro Sol Facilities (BOE 01/02/2018); art. 45. 5 CC Centro Farmacéutico S. L. (BOE 19/06/2020) o art. 70 c) 10 CC Grupo de Empresas DIA (BOE 15/07/2020).

362 Entre muchos, art. 74. 8 CC Vigilancia y Seguridad Privada (BOE 26/11/2020) o art. 41. 9 CC Ayuda a Domicilio y Afines Principado de Asturias (BO Principado Asturias 20/02/2018).

363 STSJ Canarias/Las Palmas 11 noviembre 2015 (JUR 42259/2016).

364 STSJ Cataluña 21 marzo 2000 (AS 5537); en línea muy similar, SSTSJ Canarias/Sta. Cruz de Tenerife 4 octubre 2001 (JUR 4644), Baleares 19 julio 2007 (JUR 356352), Cataluña 3 febrero 2010 (AS 1356), Madrid 28 octubre 2010 (AS 3101) y Castilla y León/Burgos 23 febrero 2012 (AS 684).

las peculiaridades de la prestación laboral[365]; también la idea de la suficiente legitimidad de la decisión, pues la modificación ha sido aprobada por los representantes de los trabajadores, y si las partes firmantes lo establecieron de esta manera, «está convencionalmente justificado»[366].

Además y, por último, defienden que no ha lugar a ningún enfrentamiento con el principio de jerarquía normativa, no en vano «el convenio tiene facultades para establecer los ámbitos sancionadores específicos», siempre y cuando no viole ningún derecho fundamental, suponiendo una total compatibilidad con este principio[367].

Sobre esta facultad de los convenios para establecer ámbitos sancionadores específicos se ha escrito, en síntesis magnífica de toda una línea de pensamiento, que «la tipificación contenida en el ET tiene vocación de generalidad, no quedando constreñidas las faltas a aquellas conductas que de forma reducida se contienen en el enunciado del art. 54, sino que debe entenderse como un "numerus apertus", que autoriza otras tipificaciones a través de los convenios colectivos, atendiendo a la diversa incidencia y trascendencia que los incumplimientos laborales tienen en su particular ámbito, por las especiales y singulares repercusiones que derivan de la propia especificidad y particularidad de los distintos sectores productivos. En tal sentido, el art. 58.1 del mismo texto permite la graduación de faltas y sanciones a través de la negociación colectiva, lo que supone, perfilar y precisar las conductas que de modo genérico o indeterminado define el art. 54 ET y determina que cuando exista una expresa tipificación de faltas y sanciones en el convenio colectivo la calificación de las sanciones, incluido el despido, ha de atenerse a la misma, salvo que se estableciesen normas punitivas más desfavorables que las que resultarían de la aplicación del artículo 54 ET (...) Por tanto, el principio de norma especial implica que si una conducta está tipificada en el cuadro convencional de faltas con una calificación determinada (leve, grave o muy grave), no se puede acudir a otro tipo más genérico para sancionarla»[368].

Como clara muestra de la afirmado se señala cómo, «si bien el artículo 54 ET considera, con carácter general, como una de las causas del despido disciplinario 'la embriaguez habitual o toxicomanía si repercuten negativamente en el trabajo, en el caso presente la normativa específica que resulta aplicable mantiene una regulación distinta en punto a dicho extremo, pues el convenio colectivo de la empresa, en su artículo 41, tipifica como falta muy grave (sancionable con despido, según su art. 42) 'el consumo de alcohol o drogas durante

365 STS 26 octubre 1989 (RJ 7443), 31 enero y 8 febrero 1991 (RJ 203 y 817) y las SSTSJ Madrid 5 octubre 2001 (JUR 14615), Castilla-La Mancha 20 enero 2004 (AS 63) o Extremadura 20 abril 2017 (JUR 149268).

366 STSJ País Vasco 15 marzo 2005 (AS 2194).

367 STSJ País Vasco 28 marzo 2000 (AS 590).

368 SSTSJ Canarias/Las Palmas 25 septiembre y 11 noviembre 2015 (JUR 42417 y 42259).

las horas de servicio. No se exige, por ende, ni habitualidad, ni que repercuta negativamente en el trabajo, resultando dicha normativa mucho más amplia que el precepto estatutario; y esta regulación, además de haber sido aprobada por los representantes de los trabajadores, tiene su justificación dada la naturaleza de la actividad a la que se dedica la empresa, cuya singularidad ha sido consignada por el Tribunal Supremo. La propia Orden 9 enero 1979 por la que se aprueba el Reglamento del Juego del Bingo, sanciona el consumo de bebidas alcohólicas durante las horas de servicio sin otras exigencias, y en esta línea restrictiva las partes negociadoras del convenio de empresa han querido plasmar unas mayores restricciones en su regulación, que no podemos considerar quebranten la legalidad. En definitiva, nos hallamos ante un precepto de aplicación específica, cuya justificación dimana de la propia actividad empresarial del juego de suerte o azar, donde se ventilan intereses económicos importantes, que exige deban extremarse las medidas para asegurar su correcto funcionamiento y control. El convenio de la empresa sanciona el consumo de alcohol en horas de servicio, sin otros presupuestos adicionales, por lo que no cabe entrar en consideraciones que resultarían procedentes si la normativa aplicable fuera la genéricamente contemplada en el precepto estatutario»[369].

La línea de pronunciamientos contraria a tal criterio[370] sostiene que cualquier decisión extintiva de este tipo deberá «necesariamente comprender las exigencias del citado art. 54.2 f) ET»[371], pues «constituye un mínimo de derecho necesario, y [carecerá] de eficacia el castigo máximo cuando la norma convencional no exige mayores requisitos»[372]. Garantiza, de esta forma, los requisitos de culpabilidad del trabajador y gravedad de la conducta[373]. Todo ello dentro de la libertad del empresario para sancionar al trabajador, «imponiéndole cualquiera de las demás sanciones previstas para las faltas muy graves en el convenio y, por supuesto, de que tome las medidas que considere necesarias». A este respecto y, en definitiva, «la descripción de las faltas sancionables [que] se enumeran en los convenios colectivos sólo pueden valorarse a los efectos de su más precisa tipificación, y no cabe tenerlos, sin más, como una falta diferenciada, o ni siquiera una agravación en el enjuiciamiento de la conducta imputada al trabajador»[374].

---

369 STSJ País Vasco 26 mayo 1998 (AS 2304).

370 STSJ Cataluña 28 enero 2005 (AS 445).

371 STSJ Comunidad Valenciana 10 mayo 2000 (JUR 292646). Como ejemplo, STSJ Cantabria 17 junio 2004 (AS 1903): «ha de aplicarse lo pactado en convenio colectivo cuando el régimen sancionador sea más favorable para los trabajadores que el resultante de la aplicación del artículo 54 ET (…), salvo que se estableciesen normas punitivas más desfavorables».

372 SSTSJ Madrid 5 abril 2005 (JUR 111081) y 17 mayo 2005 (AS 1391).

373 Según precisara firmemente la STS 23 septiembre 1986 (RJ 5142).

374 SSTSJ Madrid 2 junio 1998 (AS 2692). Sobre esta línea interpretación, ORTIZ LALLANA, M. C.: «Causas, forma y efectos del despido disciplinario», *Revista Española de Derecho del Trabajo*, núm. 100, T. II, 2000, pág. 1140.

Con fundamento en el primer argumento, pero teniendo presente el segundo, parece lógico pensar en la posibilidad de moldear las exigencias del tipo, debiendo respetar siempre la obligación de conformidad con la cual la conducta constituya, en todo caso, un incumplimiento contractual grave y culpable; suponiendo, de esta manera, una lista abierta la contenida en el apartado segundo y un contenido necesario e inamovible lo previsto en el apartado primero art. 54 ET[375]. En todo caso, y cuando se alteren los elementos del tipo, debiendo desviar la conducta hacia otro distinto y no reconducirlo al de la embriaguez habitual o toxicomanía[376].

Cabría, por último, realizar un inciso acerca de la alternativa relacionada con la posibilidad de pactar en contrato, al amparo del art. 49.2 ET, una condición resolutoria vinculada a la prohibición al empleado de consumir sustancias toxicas en el trabajo o acudir a este bajo los efectos de aquellas. Al respecto, mientras no conlleve abuso de derecho, obedezca a la voluntad de ambas partes y no contraríe disposición legal o convenio alguno, queda fuera de duda que su validez es plena. Por ello, surtirá plenos efectos sin necesidad de acudir a la alternativa sancionadora establecida en el art. 54.2 f) ET, bastando con actuar la preceptiva denuncia[377].

3.1.3. Las polémicas nociones de embriaguez habitual y toxicomanía como causas de despido

Si bien el precepto distingue las dos conductas de embriaguez habitual y toxicomanía, otorgándole un trato específico a la primera por la relevancia socio-cultural que siempre ha merecido su consumo, resulta preciso incidir que esta consiste simplemente en una ingesta adictiva y abusiva de una sustancia toxica como el alcohol y, por tanto, una toxicomanía en sí.

En esta línea, la regulación legal también ha omitido sustancias perjudiciales, como el tabaco, pese a ser considerado también a nivel internacional como una droga[378] (con un superior número de consumidores adictos)[379], otorgándole un tratamiento independiente, probablemente debido

375 Al respecto, STSJ Extremadura 20 abril 2017 (JUR 149268) y 11 julio 2019 (JUR 245148).

376 STSJ Extremadura 19 abril 2024 (Rec. 111/2024).

377 Por extenso, el magnífico trabajo de López Cumbre, L.: *Cláusulas condicionales en el contrato de trabajo*, ensayo presentado como Segundo Ejercicio a las pruebas de habilitación para Catedrática de Universidad, Granada, 2007, ejemplar original, págs. 73-81.

378 Contemplándolo como tal, OIT: *El papel de la OIT en la fiscalización del uso de drogas*, Ginebra (OIT), 1987, págs. 16-18.

379 Von Eyben, F. E. y Zeeman, G.: «Riesgos para la salud derivados del consumo voluntario e involuntario de tabaco», *Revista Española de Salud Pública*, Vol. 77, núm. 1, 2003, págs. 19-21 o Infante, C. y Rubio-Colavida, J. M.: «La prevalencia del consumo de tabaco en España», *Adicciones*, Vol. 16, núm. 2, 2004, págs. 63-67.

al notorio riesgo en el ámbito laboral[380] y sobre la producción[381] que puede ocasionar, así como a las consecuencias sobre la salud de consumidores activos y pasivos[382].

Esta última decisión supone un grave error; más aún cuando las normas autonómicas no han dudado en incluir, desde el primer momento al tabaco dentro de sus competencias para la prevención y erradicación de la drogodependencia e incidir —sin fisuras— en la absoluta prohibición de su consumo en el lugar de trabajo[383].

Abordando propiamente las nociones incluidas en el tipo, cabrá acudir a los criterios contenidos en los pronunciamientos judiciales para valorar, después de la propia realidad de la embriaguez, dos aspectos claves: el primero de los requisitos demandados por la embriaguez y la toxicomanía, la habitualidad; a renglón seguido, el segundo de ellos, dado por la repercusión negativa en el trabajo.

El punto de partida habrá de quedar situado, a partir de tal planteamiento, en la exigencia de acreditar la embriaguez habitual (o toxicomanía). Sin distinguirla a efectos disciplinarios del alcoholismo —en tanto procesos morbosos derivados de la intoxicación etílica, haya producido o no efectos permanentes sobre la salud—, el concepto de embriaguez o toxicomanía es, por

---

380 García Viña, J.: *¿Prohibido fumar? La eliminación del tabaco en el lugar de trabajo. Un mecanismo para proteger la salud laboral*, Madrid (Tecnos), 2005. Magnífica aportación de Fernández Fernández, R.; Tascón López, R.; Álvarez Cuesta, H. y Quirós Hidalgo, J. G.: «Implicaciones jurídicas del consumo de tabaco en el ámbito de las relaciones laborales: *¿Quo vadis?*», *Revista de Trabajo y Seguridad Social* (*Centro de Estudios Financieros*), núm. 273, 2005, págs. 3 y ss., especialmente, págs. 35-54.

381 Albiol Montesinos, I.: *El despido disciplinario y otras sanciones en la empresa*, Bilbao (Deusto), 1990, pág. 62 y Ojeda Avilés, A.: «El tabaco y el Derecho del Trabajo: algunas preguntas sobre la política antitabaco en España», *Relaciones Laborales*, T. I, 2004, págs. 1246 y 1247.

382 Van Den Borne, I. *et alii*: «Entornos libres de humo de tabaco: mejora de la salud y el bienestar de las personas en el trabajo», *Revista Española de Salud Pública*, Vol. 77, núm. 1, 2003, págs. 3 y 4 y Sánchez Agudo, L.: «El fumador pasivo», *Adicciones*, Vol. 16, núm. 2, 2004, págs. 90 y ss.

383 Como ejemplos, art. 2 Ley 3/1994, de 29 de marzo, de la Junta de Castilla y León; art. 2 Ley 2/1996, de 8 de mayo, de la Presidencia de la Junta de Galicia; art. 3. 1 Ley 4/1997, de 9 de julio, de la Junta de Andalucía; art. 2. 1 Ley 5/1997, de 6 de octubre, de la Presidencia de la Diputación Regional de Cantabria; art. 2 Ley 6/1997, de 22 de octubre, de la Presidencia de la Comunidad Autónoma de la Región de Murcia; art. 2.2 Ley 1/2016, de 7 de abril, del País Vasco; art. 2. 1 Ley 9/1998, de la Presidencia del Gobierno de Canarias; art. 4. 1 d) Ley 1/1999, de 29 de marzo, de la Presidencia de la Junta de Extremadura; art. 4 Ley 5/2000, de 27 de junio, de la Comunidad de Madrid; art. 2 Ley 5/2001, de la Presidencia de la Comunidad Autónoma de La Rioja; art. 2. 1 Ley 3/2001, de 4 de abril, de la Diputación General de Aragón; o, en fin, art. 15 Decreto Legislativo 1/2003, de 1 de abril, de la Presidencia de la Generalidad Valenciana, art. 3.1 Ley 20/1985, de 21 de julio, de la Comunidad de Cataluña.

tanto, jurídico y no patológico[384], lo cual conlleva que no importe —en principio— si el individuo es enfermo o no[385]. Cuanto se valora es su repercusión sobre el trabajo, considerando tanto que un alcohólico no está *per se* incapacitado para el trabajo[386], como que, si su situación concreta así lo hiciera, constituiría obligación del afectado comunicarlo a la empresa[387].

Aclarado tal extremo, cuanto se sanciona no es simplemente el haber bebido, sino haber alcanzado un estado de embriaguez, lo cual alude a un nivel de afectación variable en función tanto de la cantidad y calidad de la bebida en un tiempo dado, como de la propia naturaleza del individuo[388]. Canon objetivo que no admite, por tanto, una determinación *a priori* y planteará graves problemas para el empresario, sobre quien pesa la carga de tal prueba.

Así lo recuerdan bastantes convenios cuando insisten en que la embriaguez o toxicomanía han de ser «probadas»[389]. En este sentido, y cuando no establezcan, al tiempo, el carácter obligatorio de los test de control de alcohol y drogas (bien de manera indirecta al abordar la negativa del trabajador[390], bien directamente)[391] o la prueba no venga dada por los test de alcoholemia realizados por la autoridad a resultas de la conducción de un vehículo por razón del trabajo[392], la acreditación llevará a la necesidad de recurrir a elementos de aportación menos concluyentes.

384 STS 3 junio 1963 (RJ 2655) a la cual alude la STSJ Extremadura 2 julio 1996 (AS 2732).

385 SSTSJ Comunidad Valenciana 17 noviembre 1999 (AS 7486) o Aragón 12 marzo 2001 (JUR 151966).

386 STSJ Asturias 14 junio 2002 (AS 2283).

387 STSJ Cataluña 5 julio 2006 (AS 643/2007).

388 Sirvan las muestras, por comparación, que ofrecen las SSTSJ Asturias 8 junio 2001 (JUR 230579), Galicia 15 octubre 2003 (JUR 178118/2004) o Madrid 11 noviembre 2003 (JUR 94106/2004).

389 Sirvan, entre muchas, las muestras ofrecidas por los arts. 74. 8 CC Vigilancia y Seguridad Privada (BOE 26/11/2020) o art. 41. 9 CC Ayuda a Domicilio y Afines Principado de Asturias (BO Principado Asturias 20/02/2018).

390 Por ejemplo, art. 36 CC Coviran (BOP Granada 04/06/2018) o Anexo VIII CC Nokia Solutions and Network Spain (BOE 18/10/2019). En los Tribunales, STSJ Cataluña 31 marzo 2016 (AS 959).

391 En los últimos años, muy claras las previsiones ofrecidas por Anexo II CC Logística y Transporte Integrado de Hidrocarburos (BOE 01/11/2016) o art. 82.16 CC Patentes Talgo (BOE 12/01/2017). En los Tribunales, SSTSJ Cataluña 21 marzo 2016 (JUR 121586) o Canarias/Sta. Cruz de Tenerife 11 noviembre 2016 (JUR 222666/2017).

392 Sobre la fuerza de este medio probatorio, SSTSJ Canarias/Las Palmas 31 enero 2013 (JUR 162372) y 27 noviembre 2015 (JUR 42773/2016); Castilla y León/Burgos 6 junio 2013 (JUR 195103) y 12 julio 2019 (JUR 233168); País Vasco 15 octubre 2013 (JUR 139563/2014), 20 septiembre 2016 (JUR 239628)) y 6 junio 2017 (JUR 228518); Castilla y León/Valladolid 24 abril 2014 (JUR 147037); Andalucía/Málaga 10 julio 2014 (JUR 265894); Madrid 30 septiembre 2014 (JUR 294864), 2 noviembre 2016 (JUR 868/2017) y 14 enero 2019 (JUR 114981); Baleares 17 noviembre 2014 (JUR 31647/2015); Castilla-La Mancha 27 noviem-

Entre ellos, algunos resultan bastante determinantes, como el informe de detectives[393], haber precisado atención médica[394] o ayuda de otros compañeros[395] o encontrarse en una situación en la cual se le indica u ordena la necesidad de abandonar el trabajo y el afectado lo acepta o toma la iniciativa[396] (en sentido inverso, de sospecharlo y seguir admitiendo su prestación, cabrá seguir la inviabilidad de luego aducir su intoxicación)[397]; otros, empero, con testimonios de sus compañeros, clientes o terceros sobre sus impresiones respecto a la forma de expresión, movimiento, color y olor, gestos, etc. mueven a un panorama de resultados inciertos[398].

Relativismo en la propia constancia de la embriaguez o toxicomanía a través de elementos indiciarios[399] que motiva una doble reacción: de un lado, y en ausencia de *facta condudentia*, constituye un motivo más que unir a los acto seguido expuestos para no invocar esta causa y acudir a otras que reflejen el resultado negativo de su estado; de otro, y persistiendo en su virtualidad operativa, llevar a la reclamación por los empresarios de una normativa (cuando la vía convencional se cierra por la negativa de la representación de

bre 2014 (JUR 23493/2015) y 6 junio 2017 (189292); Andalucía/Sevilla 14 mayo 2015 (JUR 186927); Cantabria 15 julio 2015 (JUR 33268/2016); Murcia 22 febrero 2016 (JUR 54602) y 9 noviembre 2016 (JUR 42569), Cataluña 23 mayo 2016 (JUR 185745) y 7 diciembre 2016 (JUR 37122/2017) o Aragón 29 junio 2020 (JUR 222844).

393 SSTSJ Islas Canarias/Las Palmas 17 abril 2013 (JUR 320932) o Galicia 30 noviembre 2016 (JUR 10192/2017).

394 Al provenir de una valoración de experto tras exploración adecuada, SSTSJ Murcia 9 febrero 2004 (JUR 92206); Madrid 4 noviembre 2016 (JUR 4115/2017) o Andalucía/Málaga 27 junio 2018 (JUR 289274).

395 SSTSJ Galicia 15 octubre 2003 (JUR 178118/2004), Comunidad Valenciana 5 julio 2008 (JUR 338906) o Canarias/Las Palmas 31 octubre 2008 (JUR 49001).

396 Entre muchas, por su autoridad a la hora de considerar el hecho probado, SSTSJ Madrid 11 noviembre 2003 (JUR 94106/2004), Asturias 9 julio 2004 (AS 2539) o País Vasco 18 julio 2006 (JUR 100636/2007).

397 STSJ Castilla y León/Valladolid 28 marzo 2000 (AS 1447), Madrid 18 marzo 2014 (JUR 108052), Comunidad Valenciana 9 abril 2014 (JUR 174753), Andalucía/Málaga 10 julio 2014 (JUR 265894) o Andalucía/Granada 13 julio 2017 (JUR 309702).

398 Análisis exhaustivo en FERNÁNDEZ DOMÍNGUEZ, J. J.: *Análisis de la problemática del consumo de alcohol, drogas y otros síntomas en el ámbito laboral*, cit., págs. 190-192.

399 Baste el contraste, ante testimonios semejantes sobre signos externos parecidos, entre pronunciamientos que convencen al juzgador [SSTSJ Madrid 17 junio 2013 (JUR 293893) o 14 abril 2020 (JUR 239840); Baleares 18 marzo 2013 (JUR 187794); Aragón 4 octubre 2013 (JUR 16014/2014); Comunidad Valenciana 22 diciembre 2015 (JUR 140991) y 30 diciembre 2016 (JUR 119353); Murcia 22 febrero 2016 (JUR 54602); Cataluña 4 abril 2017 (JUR 140740) o Andalucía/Granada 13 julio 2017 (JUR 309702)]; frente a otros en los cuales se entiende insuficiente la prueba [SSTSJ Cataluña 21 junio 2013 (JUR 260621); Madrid 25 abril y 2 noviembre 2016 (JUR 132514 y 868/2017); Andalucía/Sevilla 23 junio 2015 (JUR 213465) y 14 septiembre 2017 (JUR 263386); Baleares 7 noviembre 2017 (JUR 311581) o Galicia 23 enero 2020 (JUR 111130)].

los trabajadores) más tolerante con los test de alcohol y drogas (pese a sus posibles problemas técnicos)[400] en los términos expuestos en el Capítulo IV.

3.1.3.1. La exigencia de habitualidad

La jurisprudencia remite al propio significado gramatical de la expresión, por cuanto supone una «repetición de una misma clase de actos, consistente en la ingestión de bebidas alcohólicas en medida abusiva que produzca embriaguez»; castigando, de esta forma, la intoxicación habitual, no el consumo habitual. El concepto de habitualidad no viene dado por «un determinado número de veces en la ejecución del hecho, sino que es suficiente con la efectiva constatación de la *assiduitas* en la bebida»[401]; «con más o menos continuidad en la práctica de que se trate, no siendo suficiente su [mayor o menor] concurrencia en contadas ocasiones para configurarla como causa justificada de despido disciplinario»[402].

Precisa, por tanto, una frecuencia derivada de un «hábito», «una continuidad»[403], al suponer un «enraizamiento en la vida del individuo»[404] que no debe de identificarse con «la normalidad»[405]. Respecto a la asiduidad o reincidencia[406], dependiendo del caso, cabrá acreditarla de forma diferente, «y uno de los modos más frecuentes de manifestarse se encuentra en el hecho de reincidir el trabajador en la conducta después de haber sido ya sancionado por ello o advertido»[407];

---

400 Como medición dispar en aire y sangre, según ilustra la STSJ Madrid 23 mayo 2014 (JUR 232963).

401 SSTSJ Navarra 30 marzo 1993 (AS 1278), Asturias 29 octubre 2004 (JUR 119013/2005) o Madrid 18 marzo 2014 (JUR 108052) y 17 marzo 2015 (JUR 153629).

402 SSTS 4 febrero 1984 (RJ 831), 23 marzo 1987 (RJ 1654), 1 julio 1988 (RJ 5732) y 18 noviembre 1989 (RJ 8077); SSTSJ Andalucía/Málaga 9 junio 2000 (AS 3501), Asturias 9 julio 2004 (AS 2539), País Vasco 14 febrero 2006 (AS 1421), Galicia 23 enero 2020 (JUR 111130) y Aragón 29 junio 2020 (JUR 222844).

403 SSTSJ Madrid 10 abril 2003 (AS 3086) y Canarias/Sta. Cruz de Tenerife 28 abril 2005 (JUR 128937).

404 STS 4 febrero 1984 (RJ 831) y 1 julio 1988 (RJ 5732). SSTSJ País Vasco 14 febrero 2006 (AS 1421), Madrid 4 julio 2006 (AS 591) y 29 octubre 2012 (JUR 7861/2013), Andalucía/Sevilla 7 diciembre 2007 (JUR 156777/2008), Baleares 12 noviembre 2012 (JUR 7033), Galicia 8 noviembre 2013 (AS 100), Canarias/Las Palmas 30 abril 2015 (JUR 216015), Canarias/Sta. Cruz de Tenerife 11 noviembre 2016 (JUR 222666), Cataluña 2 febrero 2017 (JUR 112122) o Asturias 3 octubre 2017 (JUR 256841).

405 STSJ Cataluña 17 enero 1995 (AS 269).

406 Requiriendo la indicación del número de ocasiones en las cuales el trabajador ha mostrado síntomas de embriaguez, a riesgo de vulnerar su derecho a la defensa y a la tutela judicial efectiva, STSJ Comunidad Valenciana 27 junio 2000 (JUR 57815) o Extremadura 25 mayo 2017 (JUR 166079).

407 SSTSJ Asturias 9 julio 2004 (AS 2539), País Vasco 14 febrero 2006 (AS 1421), Baleares 12 noviembre 2012 (JUR 7033), Canarias/Las Palmas 7 octubre 2016 (JUR 267802), Madrid 22 noviembre 2018 (JUR 75668).

una especie de «agravante derivada de anteriores infracciones sancionadas que no deben ser obligatoriamente idénticas»[408].

La valoración científica subraya la necesidad de constituir una «frecuente aproximación del modo de ser del interesado», sin necesidad de una embriaguez cotidiana, pero si «con frecuencia»[409]; término precisado por los Tribunales exigiendo su acaecimiento en «intervalos más o menos regulares y cortos»[410].

El condicionante de la habitualidad aparece referido y exigido por la propia noción de toxicomanía —a pesar de cierta oposición desde la doctrina, al entender que no precisa de habitualidad[411]— que, como añadido a la embriaguez, venía siendo recogido tradicionalmente por la jurisprudencia y demandado legalmente desde el año 1980[412]. A pesar de su indudable importancia en la apreciación de la conducta, conforme demuestra el debatido proceso legislativo para su incorporación a la norma[413], son muchos los problemas a los cuales conduce, por las dificultades probatorias traducidas en un notable fracaso en las decisiones extintivas empresariales encauzadas a través de este tipo, cuando son impugnadas en vía judicial. Por este motivo, la utilidad del precepto muchas veces ha sido puesto en cuestión, viniendo a ser utilizado como complemento de otras causas de despido o, directamente, rechazando su uso para acudir a otros motivos más asequibles[414].

A. - El papel de los convenios a la hora de aquilatar la habitualidad en determinadas actividades

La manera de constatar la habitualidad abre un amplio abanico de vías, con preferencia —conforme ya consta— por la existencia de sanción, advertencia o amonestación previa. Sin embargo, procede señalar algunas otras más singulares, como aquella que avala la alusión «en ocasiones» contenida en la carta de despido, para concluir que la conducta era frecuente en el

---

408 Rodríguez Rodríguez, E.: *El poder disciplinario y la negociación colectiva*, cit., pág. 94.

409 Alonso García, M.: *Curso de Derecho del Trabajo*, cit., pág. 605.

410 STSJ Canarias/Sta. Cruz de Tenerife 30 diciembre 1993 (AS 5233). Ejemplos claros en este punto en SSTS Baleares 18 marzo 2013 (JUR 187794), Canarias/Las Palmas 11 noviembre 2015 (JUR 42259/2016), Castilla y León/Valladolid 6 julio 2016 (JUR 194215) o Asturias 9 mayo 2017 (JUR 151512).

411 Defendiendo que la toxicomanía no exige de habitualidad, Rubio de Medina, M. D.: *El despido disciplinario*, 9.ª ed., Madrid (Ariel), 1985, pág. 605.

412 Ciscart Beà, N.: *El despido por embriaguez y toxicomanía*, cit., pág. 28.

413 Proyecto de Ley del Estatuto de los Trabajadores, *Boletín Oficial de las Cortes Generales. Senado*, Dictamen de la Comisión, Serie II, de 1 de febrero de 1980.

414 Camas Roda, F.: «El factor humano en un despido: ingesta de alcohol y buena fe en el ámbito laboral», *Nueva Revista Española de Derecho del Trabajo*, núm. 173, 2015, pág. 124 y Rodríguez Ramos, M. J.: «Embriaguez habitual o toxicomanía», cit., pág. 133.

trabajador[415]; del mismo modo, y por ejemplo, con referencias a «haber sido condenado dos veces por conducir bajo influencia de bebidas alcohólicas con escasas semanas de diferencia»[416].

Muchas sentencias fijan su atención en el número de veces en las que ocurre la conducta como parámetro a tener en cuenta para medir la frecuencia. Así, por ejemplo, afirman su concurrencia cuando existe una «persistencia con intervalos normales más o menos regulares, entendiendo la misma como conducta frecuente que se hace, padece o se posee con continuación o por hábito»[417]; o, por el contrario, la niegan cuando se producen episodios «puntuales»[418], «aislados»[419] o «esporádicos»[420], sin disponer de la reiteración necesaria[421]; distinguiendo, por tanto, entre cuando se produce «una sola vez» o es «ocasional» para considerarla —al menos en principio— una falta grave, y la que acaece de forma habitual como falta muy grave[422]. Supuestos, estos últimos, en los cuales, de no existir advertencia o sanción previa que

415 STSJ Cataluña 17 enero 1995 (AS 269). En la misma línea, al considerar como hecho probado que «el trabajador es bebedor habitual, acudiendo en muchas ocasiones al puesto de trabajo en situación de embriaguez», STSJ Andalucía/Sevilla 31 octubre 2012 (JUR 4484/2013).

416 STSJ Cantabria 17 junio 2004 (AS 1903).

417 STSJ Madrid 10 abril 2003 (AS 3086). En esta línea, y por recurrir solo a algunas muestras, «hasta cuatro o cinco veces al mes» (STCT 20 junio 1984 —RTCT 5513—), más de dos veces en el período de uno o dos meses (STSJ Murcia 18 mayo 1992 —AS 2416—), dos ocasiones en 10 días (STSJ Navarra 13 marzo 2013 —AS 1411—, tres veces en un mes (SSTSJ País Vasco 12 diciembre 2000 —AS 2974/2001—), tres veces en tres meses (STSJ Comunidad Valenciana 27 julio 2000 —JUR 57815/2001—), tres veces en quince días (STSJ Extremadura 9 abril 2002 —AS 2152—), varias veces en varios años (SSTSJ Madrid 14 febrero 2007 —JUR 153311—, Canarias/Las Palmas 31 octubre 2008 —JUR 49001/2009—, Baleares 18 marzo 2013 —JUR 187794— y Castilla y León/Valladolid 6 julio 2016 —JUR 194215—), «después de haber sido sancionado dos veces antes por hechos similares, los días 27 de septiembre, 1 y 2 a 8 de octubre de 2014, tomó bebidas alcohólicas durante su jornada laboral» (STSJ Canarias/Las Palmas 11 noviembre 2015 —JUR 42259—) o, por no seguir, tres días en «breve espacio de tiempo» (STSJ Asturias 9 mayo 2017 —JUR 151512—).

418 STSJ Cataluña 11 mayo 1992 (AS 2828).

419 SSTSJ Madrid 12 junio 2001 (AS 2952) y 14 abril 2020 (239840) o Baleares 4 marzo 2016 (JUR 108410).

420 SSTSJ Madrid 27 diciembre 2002 (AS 1756/2003) y Cataluña 3 junio 2005 (JUR 182034).

421 SSTSJ Canarias/Las Palmas 17 abril 2013 (JUR 320932), Asturias 3 octubre 2017 (JUR 256841), Galicia 23 enero 2020 (JUR 111130) o Canarias/Sta. Cruz de Tenerife 23 junio 2021 (JUR 324136).

422 Art. 43.3.6 Locales de Espectáculos y Deportes de Zaragoza (BOP Zaragoza 19/02/2018); art. 34.3.13 CC Mayoristas de Frutas, Verduras, Hortalizas, Plátanos y Patatas de la Provincia de Barcelona (BOP Barcelona 01/03/2018) o art. 56.3.º 6 VII Convenio Clubes de Natación de Cataluña (BOGC 14/03/2018). En aplicación de esta exigencia, STSJ Extremadura 20 abril 2017 (JUR 149268).

demuestre, «aun cuando sea por vía indirecta, la reiteración y, por tanto, la habitualidad»[423], abocan a un gran relativismo.

En este punto los convenios están llamados a desempeñar una importante labor a la hora de despejar la incertidumbre; sin embargo, la mayor parte de ellos no manifiestan nada al respecto. Este dato supone un problema a la hora de establecer el plazo a tener en cuenta para que la repetición de la conducta tenga relevancia; por ello, el criterio general de aplicación a la reincidencia debe encontrar la matización de que no cabe apreciar hábito alguno de mediar espacios suficientemente prolongados.

Los convenios que recogen previsiones al efecto establecen una amplia gama de variantes sobre las ocasiones en las cuales ha de acaecer tal situación y el plazo en el cual han de tener lugar[424], lo cual enerva cualquier intento de proporcionar una pauta común y aproximada en este sentido[425].

---

423 Señalando como suficiente la mera amonestación o advertencia previa, entre muchas, SSTSJ Andalucía/Granada 10 septiembre 2015 (JUR 7392) o Murcia 22 febrero 2016 (JUR 54602). Considerando, igualmente, como suficiente la sanción previa, SSTSJ Cantabria 21 enero 2004 (JUR 80446), Murcia 9 febrero 2004 (JUR 92206), Asturias 9 julio 2004 (AS 2539), País Vasco 14 febrero 2006 (AS 1421), Andalucía/Sevilla 31 octubre 2012 (JUR 4484/2013) o Castilla y León/Valladolid 6 julio 2016 (JUR 194215). En la doctrina, Gil y Gil, J. L.: «Jurisprudencia sobre la embriaguez habitual y toxicomanía como causa de despido», *Documentación Laboral*, núm. 32, 1990, págs. 311-318.

424 Como ejemplo, el supuesto en el cual consta un lapso temporal prolongado entre las ultimas sanciones, donde el Tribunal señala: «como se indica en la propia carta de despido y reconoce el magistrado de instancia, ha quedado constatada la habitualidad de la embriaguez, siendo el trabajador sancionado en repetidas ocasiones —ya sea a través de una simple amonestación, ya sea a través de la suspensión de empleo y sueldo—, sin que la misma quede desvirtuada por la existencia de un largo lapso temporal en el que no conste documentalmente infracción alguna al trabajador. Y es que, tras un número importante de sanciones, el trabajador animado por la propia empresa recibió un tratamiento de desintoxicación. Sin embargo, el enraizamiento de esta situación en la vida del empleado resulta palmario al padecer una importante recaída cuyas consecuencias negativas en el ámbito del trabajo no pueden incidir nuevamente en la empresa, sobre todo cuando ésta no le impone la sanción máxima en la primera ocasión en la que tiene constancia de su estado de embriaguez en el trabajo», STSJ Baleares 12 noviembre 2012 (JUR 7033/2013).

425 Como ejemplos: siempre que fuese por tres o más veces en un año (Anexo III CC Sector Portuario de la Provincia de Barcelona —BOP Barcelona 11/07/2013—); de nuevo en un trimestre (art. 35 CC Estatal de Gestorías Administrativas —BOE 05/12/2019—); tres o más veces en el puesto de trabajo en un período de dos meses (art. 9. B CC Air France y KLM —BOE 17/05/2017—); tres o más veces en un período de dos meses (art. 65. 2 CC General de Servicios de Asistencia en Tierra en Aeropuertos —BOE 13/01/2020—); reincidencia o reiteración en falta grave [como la embriaguez o el consumo de estupefacientes, no habitual, en el trabajo] cometida en un periodo de 6 meses (art. 43.1 CC Industrias Transformadoras de Materias Plásticas de la Provincia de Alicante —BOP Alicante 23/02/2017—); mera reincidencia en un semestre (art. 35. 1. 4. 11 CC Laboral Fabricación de Alimentos Compuestos para Animales —BOE 04/02/2019— o art. 24.13 CC Jardinería —BOE 09/02/2018—); dos apercibimientos escritos por la misma causa [art. 63.3 e) CC Estatal de Empresas de Mediación de Seguros Privados (BOE 07/01/2020)]. Sobre la tónica de no exigir ningún plazo, Gárate Castro, J. y Cabeza Pereiro, J.: *La negociación colectiva en el sector telecomunicaciones*, Madrid (MTAS), 2003, pág. 187.

La mayor parte de ellos demandan una sanción previa[426] o, al menos, amonestación o advertencia[427]; algunos llegan, incluso, a conformarse con un mero aviso en público[428]. Como tónica general, remiten a cuanto denominan «reincidencia» en otra falta, aunque sea de distinta naturaleza, confundiendo dicho término con el de reiteración[429], y solo en ocasiones requieren una repetición conectada con la embriaguez o toxicomanía[430], algo, por cierto, también demandado por los Tribunales, muchos de los cuales insisten en configurar el tipo legal como de derecho mínimo absoluto[431].

Desde este contexto de regulación convencional y decisiones judiciales, cabe observar un debilitamiento del requisito de habitualidad en ciertas profesiones, en las cuales, y por el tipo de actividad, se entiende, «sin que precise hábito, una falta de tal gravedad que justifica la máxima sanción disciplinaria»[432]. De esta forma —se afirma— es ajustado a Derecho un ma-

426 Art. 35. 2. 6 CC Estatal de Gestorías Administrativas (BOE 05/12/2019); art. 63 l) CC General Estatal de Estacionamiento Regulado en Superficie y Retirada y Depósito de Vehículos de la Vía Pública (BOE 07/03/2017); art. 52.15 CC Estatal para la Fabricación de Conservas Vegetales (BOE 16/11/2018) o art. 43 k) CC Industrias Siderometalúrgicas de la Provincia de Ávila (BOP Ávila 08/07/2019). Exigiendo una sanción efectiva, al menos la amonestación verbal, cabría acudir a los ejemplos expuestos en SSTSJ Comunidad Valenciana 14 septiembre 2004 (AS 3482), Madrid 8 febrero 2013 (JUR 103464), Galicia 9 julio 2013 (JUR 276584) o Castilla y León/Burgos 21 septiembre 2020 (JUR 310763). En la doctrina, GONZÁLEZ ORTEGA, S.: *La negociación colectiva en el sector metal*, Madrid (MTAS), 2000, págs. 320 y ss.

427 Art. 44 CC Comercio Mayoristas de Alimentación de la Provincia de Alicante (BOP Alicante 28/06/2019); art. 50 CC Comercio Textil de la Provincia de Zaragoza (BOP Zaragoza 02/05/2017) o art. 29.4 CC Estatal de Industrias de Aguas de Bebida Envasadas (BOE 16/11/2018). En los Tribunales, SSTSJ Comunidad Valenciana 11 septiembre 2012 (JUR 359954) y Madrid 23 mayo 2014 (JUR 232963).

428 Así la ofrecida por el art. 40 c) CC Industrias Vinícolas de Navarra (BO Navarra 16/04/2019): «la empresa podrá acordar el despido, sin que venga obligada a imponer otra sanción en los casos que a continuación se detallan: (...) c) la embriaguez habitual públicamente advertida en el centro de trabajo». En esta misma línea de exigir reiteración, art. 23 c) 7 Mantelnor Outsourcing (BOE 24/04/2017), art. 70.III.5 CC de Banca (BOE 30/03/2021), art. 48 q) CC Mediapost Spain (BOE 23/01/2019) o Disposición Final Tercera 3 f) CC de Agencias de Limpieza de Edificios y Locales de la Provincia de Huelva (BOP Huelva 24/03/2021).

429 CASTRO ARGÜELLES, M. A.: *El régimen disciplinario en la empresa* (*Infracciones y sanciones laborales*), Pamplona (Aranzadi), 1993, pág. 191. Clarificadora en este punto la sutil STSJ País Vasco 22 marzo 2016 (AS 875).

430 Art. 36.3.1 CC Estatal de Despachos Técnicos Tributarios y Asesores Fiscales (BOE 27/02/2020) o art. 35.1.4.10 CC Nacional de Fabricación de Alimentos Compuestos para Animales (BOE 04/02/2019).

431 Por su contundencia, entre muchas más, SSTSJ Asturias 1 febrero 2013 (JUR 89574), País Vasco 5 febrero 2013 (JUR 143607), 24 junio 2014 (JUR 233295) y 6 junio 2017 (JUR 228578) o Madrid 3 julio 2013 (JUR 302057).

432 STS 2 diciembre 1964 (RJ 5601). Como ejemplos convencionales a este efecto, baste remitir al Sector Petrolero, según analizan AA. VV. (MONEREO PÉREZ, J. L., Dir.): *La negocia-*

yor rigor en el enjuiciamiento[433], al provocar un resultado negativo «de tal envergadura que hace imposible la continuidad del trabajador»[434]. Un matiz, empero, siempre está presente: solo es predicable de ciertas profesiones, no pudiendo admitirse con carácter general, pues la reiteración del incumplimiento constituye un elemento clave[435].

En síntesis, y bajo este criterio, la habitualidad «no impide que la conducta aislada consistente en el trabajo en condiciones de intoxicación etílica o por otras sustancias, pueda configurar un ilícito de gravedad suficiente para justificar un despido (...). Esto sucede cuando se produzca en situaciones concretas que pongan en especial riesgo la vida y la integridad física de los trabajadores de la empresa o de terceros, comprometiendo con ello la posible responsabilidad patrimonial de la empresa, o incluso en determinados supuestos cualificados de peligro para los bienes materiales, puesto que en tales supuestos no estamos ante una mera falta de producción o disminución del rendimiento, sino ante la generación de un riesgo grave que toda empresa está obligada a evitar adoptando cuantas medidas sean precisas para ello»[436].

ción colectiva en el sector energético, Madrid (MTAS), 2000, pág. 338. En los últimos años, insistiendo en que basta una sola vez, SSTSJ Canarias/Las Palmas 31 enero 2013 (JUR 162372) y 27 noviembre 2015 (JUR 42773/2016); Castilla y León/Burgos 6 junio 2013 (JUR 195103); Cataluña 16 septiembre 2013 (JUR 345381), 5 febrero 2014 (JUR 89897) y 21 marzo 2016 (JUR 121586); Castilla y León/Valladolid 24 abril 2014 (JUR 147037); Madrid 17 marzo 2015 (JUR 153629); Castilla-La Mancha 27 noviembre 2014 (JUR 23493/2015) o Extremadura 20 abril 2017 (JUR 149268).

433 Rodríguez Ramos, M. J.: «La embriaguez habitual o toxicomanía», cit., págs. 139-142 o Gil y Gil, J. L.: «Jurisprudencia sobre embriaguez habitual y toxicomanía», cit., págs. 311-318.

434 STS 22 enero 1987 (RJ 111). Considerando que cabe la procedencia «por el simple hecho de acudir al trabajo en tan lamentable situación (...) por el desmerecimiento a la falta de confianza que pueda generar», STSJ Madrid 28 octubre 2003 (JUR 93763).

435 En esta línea, resulta concluyente la STCo 216/1989, de 21 de diciembre, cuando sienta cómo: «es claro que si el empresario imputa al trabajador los incumplimientos contractuales de "indisciplina o desobediencia en el trabajo", "transgresión de la buena fe contractual", "abuso de confianza en el desempeño del trabajo", "disminución continuada y voluntaria en el rendimiento de trabajo normal o pactado", o, en fin, "embriaguez habitual o toxicomanía si repercuten negativamente en el trabajo", el conocimiento y adecuada acreditación de la categoría profesional y del trabajo que aquél desempeñaba tienen trascendencia para enjuiciar si el despido merece la calificación de procedente o improcedente».

436 SSTSJ Castilla y León/Valladolid 19 diciembre 2005 (JUR 24500/2006), 16 enero 2013 (JUR 55310) y 21 marzo 2019 (JUR 123752). Resaltando la especial responsabilidad en las funciones del trabajador, dependiendo su salud y seguridad y las de sus compañeros de quehacer, o las consecuencias negativas que pueden repercutir en terceros, como «elementos que, entre otros, aconsejan una mayor rigidez en la aplicación del precepto», Rodríguez Ramos, M. J.: «Embriaguez habitual o toxicomanía», cit., pág. 139.

Por ello, hay profesiones como los vigilantes de seguridad[437] (en particular si portan armas)[438], trabajadores de bingo (por los intereses económicos en presencia)[439], personal sanitario (por la posibilidad de causar daños a terceros, aunque se produzca una sola vez)[440], trabajadores en hostelería (en particular personal de cocina, por el riesgo de «tener que desarrollar su trabajo entre cuchillos, ollas, alta temperatura, fuegos, etc.»[441], pero también otros como Jefes de Sala)[442], empleados con singulares responsabilidades educativas[443] o una variada panoplia de trabajos de especial peligrosidad (desde técnicos de mantenimiento[444] o agentes de rampa en aeropuertos[445] hasta entrenadores de leones marinos)[446] y, sobre todo, conductores[447], «a quienes cabe exigir un

437 Como excepción que lleva a exigir reiteración, pues si no sería simplemente grave, STSJ País Vasco 22 marzo 2016 (AS 875).

438 SSTSJ Madrid 11 octubre 2012 (JUR 378738), Andalucía/Málaga 6 noviembre 2014 (JUR 49804/2015), Castilla-La Mancha 27 noviembre 2014 (JUR 23493/2015) y 28 abril 2015 (JUR 137206) o Cantabria 15 julio 2015 (JUR 33268/2016).

439 STSJ Madrid 25 febrero 2008 (AS 1359).

440 STSJ Canarias/Sta. Cruz de Tenerife 4 octubre 2001 (AS 4644).

441 STSJ Galicia 8 noviembre 2013 (AS 100/2014).

442 SSTSJ Asturias 9 mayo y 3 octubre 2017 (JUR 141512) o Canarias/Las Palmas 22 junio 2018 (JUR 31443).

443 Por ejemplo, Jefe de Estudios de una Escuela de Idiomas, STSJ Comunidad Valenciana 29 diciembre 2014 (JUR 89815/2015).

444 Técnico de mantenimiento de aeronave, STSJ Castilla y León/Valladolid 16 enero 2013 (JUR 55310).

445 STSJ Madrid 4 febrero 2021 (JUR 160012).

446 STSJ Canarias/Sta. Cruz de Tenerife 11 noviembre 2016 (JUR 222666/2017).

447 Indudablemente el colectivo más numeroso y que afecta a todo tipo de transporte y personal. Así por ejemplo: bombero a bordo de buque (Canarias/Las Palmas 27 noviembre 2015 —JUR 42773/2016—), tripulante de cabina (STSJ Madrid 17 marzo 2015 —JUR 153629—), tripulante de vuelo sin especificar (STSJ Madrid 29 noviembre 2013 —JUR 7714—, con la curiosidad de que la sentencia no transcribe partes fundamentales y aparecen indicaciones como «copias apartado 4 fdo 2.º» o «copiar 3.ª parte»), conductores de tren de alta velocidad (STSJ Cataluña 21 marzo 2016 —JUR 121586—), conductores de carretillas elevadoras (SSTSJ País Vasco 18 marzo 2014 —JUR 189685— o Comunidad Valenciana 22 diciembre 2015 —JUR 140991—), conductor-transportista (STSJ Canarias/Las Palmas 30 junio 2015 —AS 2065—) o, además de otro tipo de conductores por carretera con vehículos de toda índole, los conductores de ambulancia (STSJ Castilla y León/Valladolid 18 marzo 2013 —JUR 174151—), los de autobús (SSTSJ Canarias/Las Palmas 31 enero 2013 —JUR 162372—, Castilla y León/Valladolid 24 abril 2014 —JUR 147037— o Andalucía/Sevilla 14 mayo 2015 —JUR 186927—) o los de camiones en función de su carga (SSTSJ Comunidad Valenciana 6 septiembre 2016 —JUR 266458— o Castilla y León/Valladolid —JUR 233168—). Indicativo resulta aquel pronunciamiento relativo a un conductor rebajado de servicio que realiza un curso de formación para la adaptación por discapacidad, pues si no fuera bajo tales condicionantes subjetivos, «la respuesta sería otra», STSJ Madrid 23 mayo 2014 (JUR 232963).

deber de abstinencia»[448] y un respeto a la «buena fe, lealtad y diligencia a la hora de evitar daños y garantizar la seguridad»[449], «pues se está ante un ámbito sancionador específico que reviste gravedad y culpabilidad suficientes»[450], al punto que, mientras la retirada del carnet por otros motivos suele tomar forma con los convenios de una excedencia especial, el beneficio se retira cuando obedezca al consumo de drogas o la ingestión de bebidas alcohólicas[451].

Habiendo reconocido a los interlocutores sociales capacidad para concretar las causas tasadas en la ley, cabría admitir que prescindan del requisito de la habitualidad para considerar la embriaguez o toxicomanía como motivo de despido, siempre y cuando, por sus circunstancias y/o consecuencias, presente gravedad y culpabilidad suficientes[452]; ahora bien, sería más propio ubicar, la nueva causa en la trasgresión de la buena fe contractual, como recomienda un importante sector de la doctrina[453], en lugar de en el apartado f) del precepto. En este sentido parecen evolucionar las decisiones de los Tribunales, por cuanto —conforme cabrá analizar con más detalle— «es más correcto proceder al despido por trasgresión de la buena fe contractual que establecer una excepción artificial en la larga y específica determinación del art. 54.2 f)»[454].

---

448 STSJ Murcia 26 diciembre 1996 (AS 4763); también, SSTSJ Castilla y León/Valladolid 19 diciembre 2005 (JUR 24500/2006), Baleares 19 julio 2007 (JUR 356352), País Vasco 15 julio 2008 (JUR 5578/2009) o Comunidad Valenciana 22 diciembre 2015 (JUR 140991).

449 STSJ Cataluña 24 octubre 2000 (JUR 11401).

450 STSJ País Vasco 28 marzo 2000 (AS 590). Sobre lo innecesario del requisito de la habitualidad para poder despedir en estas situaciones, pudiendo acudir al art. 54. 2 f) ET, STS 22 enero 1987 (RJ 111) y SSTSJ Murcia 18 mayo 1992 (AS 2416), Comunidad Valenciana 4 marzo 1997 (AS 480), País Vasco 3 abril 2001 (JUR 300984), Galicia 30 noviembre 2002 (JUR 73284/2003), Madrid 7 marzo 2006 (JUR 151456), Baleares 19 julio 2007 (JUR 356352) o Cataluña 15 febrero 2016 (JUR 80745) y 11 diciembre 2018 (JUR 92573/2019).

451 Art. 26 CC Europcar IB (BOE 20/08/2019), art. 28 CC Logística y Transporte Integrado de Hidrocarburos (BOE 01/11/2016), Anexo III CC Bimbo, S.A. (BOE 14/02/2017), art. 80 CC Aparcamientos y Garajes (BOE 17/05/2017), art. 20 CC A&G Ayora Gea Transportes Petrolíferos (BOE 23/11/2018) o art. 22 KA-OIL Cataluña (BOE 30/05/2017). Particular es la perspectiva que ofrece el art. 18 y Anexo 3 CC Aguas Fontvella y Lanjarón (BOE 20/2/2016), pues distingue dos situaciones: de un lado, si la retirada del carnet tiene lugar dentro de la jornada laboral habrá lugar a las consecuencias disciplinarias ordinarias; de otro, cuando acaezca fuera de la jornada laboral, sí cabrá solicitar la excedencia voluntaria.

452 Art. 41 c) CC Auto-Taxis (BOE 17/05/2017); art. 38. 16 CC Redyser Transporte (BOE 09/03/2017; art. 56.18 CC British American Tobacco España S.A. (BOE 13/06/2017) o art. 36.2.2 3.° CC Alquiler de Vehículos sin Conductor de Islas Baleares (BO Islas Baleares 17/03/2018).

453 En esta línea, Ortiz Lallana, M. C.: «Causas, forma y efectos del despido disciplinario», cit., pág. 1140, nota 92; Aguilera Izquierdo, R.: *Las causas de despido disciplinario y su valoración por la jurisprudencia*, Pamplona (Aranzadi), 1997, págs. 230 y 231 y Valdeolivas García, Y.: «Embriaguez habitual y toxicomanía», cit., pág. 622.

454 STSJ Cantabria 16 noviembre 2004 (JUR 312299); en su aplicación, también y entre muchas, SSTSJ Galicia 9 julio 2013 (JUR 276584), Madrid 18 octubre 2013 (JUR 356202), Andalucía/Sevilla 14 mayo 2015 (JUR 186927) o Baleares 4 marzo 2016 (JUR 108410).

Desde este nuevo criterio, la clave quedaría situada en valorar las repercusiones derivadas de la conducta del trabajador, según requiere el tipo abierto de la letra d)[455], pero siempre teniendo presente «el pleno conocimiento que aquél tiene de que no puede beber [o drogarse] durante su jornada laboral»[456].

B. - El carácter continuado o no de la falta y su proyección sobre la eventual prescripción

A partir de lo precedentemente expuesto, preciso será valorar la prescripción de las faltas dentro del requisito de la habitualidad.

Partiendo de la capacidad de las partes para negociar en común las condiciones de trabajo (con respeto, siempre, al principio de jerarquía normativa y los contenidos de derecho mínimo recogidos en el art. 3 ET), nada impide pactar límites inferiores al plazo de prescripción establecido en el art. 60.2 ET, al constituir una condición más beneficiosa[457]. Por contra, aumentar estos plazos a través del fruto de la negociación supondría vulnerar aquel principio, y su eventual recepción habrá de llevar a considerarla un quebranto de la línea de protección conferida[458], la cual garantiza una tutela al empleado contra el poder sancionador llevado a cabo fuera del marco temporal dado[459]. En definitiva, al plazo de prescripción establecido en el convenio procederá estar siempre y cuando venga referido al legal o sea inferior[460].

La mayor parte de los convenios guardan silencio en este punto, debiendo acudir al Estatuto de los Trabajadores para medir la decadencia del derecho por el transcurso del tiempo[461], aun cuando tal operación distará de ser pacifica, pudiendo dar cuenta de dos líneas jurisprudenciales al respecto.

Una primera corriente aboga por no considerar el conjunto de faltas como una falta continuada (en contra de cuanto defiende la opuesta), pues «habrían de producirse todos o casi todos los días» y procede probar la continuidad alegada[462]. Al requerir una habitualidad que suponga una reiteración, y

---

455 STS 17 octubre 1988 (RJ 7829) y SSTSJ Cantabria 17 febrero 1992 (AS 656); Castilla y León/Valladolid 19 diciembre 2005 (JUR 24500/2006) y 16 enero 2013 (JUR 55310) o Madrid 2 noviembre 2016 (JUR 868/2017) y 26 enero 2017 (JUR 76355).

456 SSTSJ Castilla y León/Burgos 21 julio 2005 (JUR 209386), Asturias 11 mayo 2007 (JUR 279094) y Cantabria 15 julio 2015 (JUR 33268/2016).

457 STS 17 enero 1983 (RJ 84). Más ejemplos en AA. VV. (Montoya Melgar, A., Dir.): *La negociación colectiva en el sector sanitario*, Madrid (MTAS), 2004, pág. 369.

458 Clarificadora la STS 15 abril 1994 (RJ 3243). También en un supuesto especifico de consumo de alcohol con graves consecuencias para terceros, STS 8 septiembre 2020 (JUR 282183).

459 Prados de Reyes, F. J.: «Prescripción de infracciones y faltas laborales», *Revista Española de Derecho del Trabajo*, núm. 100, T. II, 2000, pág. 1225.

460 STSJ Asturias 6 mayo 1994 (AS 1884).

461 Castro Argüelles, M. A.: *El régimen disciplinario en la empresa (Infracciones y sanciones laborales)*, cit., 1993, pág. 108.

462 STSJ Madrid 14 febrero 2006 (JUR 123395).

no un hábito, no existirá un plan preconcebido y, por tanto, deberían ser consideradas como la repetición de faltas individuales del mismo tipo, y no como continuadas[463]. Por tal motivo será menester entrar a valorar si ha acaecido la prescripción de cada falta[464] o las conductas siguen produciendo efectos en el plazo dado[465].

Por el contrario, y coincidiendo —según se verá— con aquellas sentencias que defienden una expresión general de los hechos imputados al trabajador en la carta de despido, sin necesidad de una concreta precisión de las fechas[466], otros Tribunales no suelen entrar en el tema. Cuantos lo hacen —dentro de este grupo—, obvian episodios y faltas individualizados[467], por cuanto consideran su conjunto como una falta continuada[468], restándole a la prescripción de la conducta la importancia merecida[469].

Para justificar su decisión, valoran que «hasta la finalización de la última materialización infractora» no comienza el plazo de prescripción, pues obran una «pluralidad de acciones u omisiones que (...) vulneran bienes jurídicos de la misma o análoga naturaleza»[470]; ponderando, de esta forma, el conjunto de hechos «como un todo»[471].

---

463 García Blasco, J.: «Configuración jurisprudencial de la falta continuada como causa de despido», *Relaciones Laborales*, T. II, 1985, pág. 537. En los Tribunales, STSJ Navarra 13 marzo 2013 (AS 1411).

464 Observando la prescripción de las faltas anteriores por la misma causa y, por tanto, la inexistencia del requisito de la habitualidad, SSTSJ Canarias/Sta. Cruz de Tenerife 28 abril 2005 (JUR 128937), Madrid 14 febrero 2006 (JUR 123395), Andalucía/Sevilla 27 enero 2009 (AS 873), Navarra 13 marzo 2013 (JUR 114927) y Extremadura 14 septiembre 2015 (JUR 224243).

465 STSJ Galicia 7 julio 2004 (JUR 271846).

466 Sala Franco, T.: «La denominada "carta de despido"», en AA. VV.: *Estudios sobre el despido disciplinario*, Madrid (Asociación de Cajas de Ahorros para Relaciones Laborales), 1992, pág. 408 o Mella Méndez, L.: *La formalización del despido disciplinario*, Granada (Comares), 1999, pág. 109.

467 STSJ Andalucía/Sevilla 31 octubre 2012 (JUR 4484/2013). En la doctrina, Fernández López, M. F.: *El poder disciplinario en la empresa*, cit., pág. 283.

468 SSTSJ Cantabria 7 diciembre 1999 (AS 4450), Aragón 18 mayo 2005 (AS 1480), Castilla-La Mancha 30 noviembre 2010 (AS 680) o Comunidad Valenciana 29 diciembre 2014 (JUR 89815) y 18 mayo 2015 (JUR 172326).

469 STS 30 abril 1990 (RJ 3512).

470 Señalando el extenso elenco de sentencias que con escasas matizaciones acogen el mismo literal, Fernández Márquez, O.: *La acción extintiva en el contrato de trabajo (Un estudio sobre los plazos de su ejercicio en el Derecho Español)*, Cizur Menor (Aranzadi-Thomson/CES Asturias), 2007, pág. 59 o Desdentado Bonete, A. y de la Puebla Pinilla, A.: *Despido y jurisprudencia: la extinción del contrato de trabajo en unificación de doctrina*, Valladolid (Lex Nova), 2002, pág. 43.

471 González del Río, J. M.: «Despido disciplinario y prescripción de faltas laborales», *Aranzadi Social*, núm. 18, 2001 o García Blasco, J.: «Configuración jurisprudencial de la falta continuada como causa de despido», cit., págs. 536 y 537.

Esta corriente, de igual forma y en determinadas ocasiones, aplica la doctrina del «ocultamiento del hecho» —con limitado juego sobre el elemento aquí examinado[472]—, salvo en cuanto hace, lógicamente, al inicio del cómputo de la prescripción desde que se tiene un conocimiento pleno, cabal y exacto de los hechos[473], sopesando cómo el momento a partir del cual comienza a computar la prescripción de las faltas cometidas de forma subrepticia no es «hasta tanto la empresa no tiene adecuado conocimiento de su comisión», por cuanto el elemento de ocultación obstruye la facultad disciplinaria del empresario, haciendo necesario valorar la «persistencia en el tiempo de la falta cometida»[474].

3.1.3.2. La repercusión negativa en el trabajo. Una pauta para nuevas vías disciplinarias

Este vital requisito tiene como principal misión, por un lado, situar la infracción, no en el hecho del comportamiento del trabajador en sí, sino a partir de sus efectos sobre la relación laboral (debiendo obrar una advertencia previa a riesgo de poder considerar la conducta como tolerada y poner en duda el posible efecto perjudicial sobre la relación laboral); por otro, proteger la esfera personal del trabajador[475].

El requisito no venía exigido en el Real Decreto Ley sobre Relaciones de Trabajo, ni tampoco en la Ley de Contrato de Trabajo; sin embargo, la doctrina científica insistía en su necesaria presencia junto al de habitualidad para considerar punible la conducta. Una parte de los pronunciamientos judiciales suscribieron esta opinión —incluso, en muchos casos, obviando el requisito legal de la habitualidad y prosperando los despidos en los cuales mediaban suficientes efectos negativos sobre la relación laboral—, frente a cuantos obviaban esta nota, considerando el despido procedente si existía únicamente habitualidad

472 STSJ Castilla-La Mancha 31 julio 2012 (JUR 320882).

473 Según recuerdo, con abundante Jurisprudencia, la STSJ Comunidad Valenciana 6 septiembre 2016 (JUR 266458).

474 STSJ Madrid 20 julio 2000 (AS 3891).

475 SSTS 29 mayo 1986 (RJ 2748) y 1 julio 1988 (RJ 5732). También, STSJ Cataluña 27 junio 2003 (AS 2284). En este sentido, cabe dar cuenta del supuesto en el cual el Tribunal subraya la protección de la esfera personal del empleado, al entender que «tal ingesta tuvo lugar después de cenar y durante el tiempo de descanso que tenía asignado, poniéndose igualmente de manifiesto que aquél padecía una dolencia cardíaca y la incidencia surgida en el previo viaje que realizó a Barcelona y que le obligó a apearse y revisar los bajos del autobús cuando llovía con intensidad, y ello tiene su incidencia a los efectos que aquí interesan, no quedando establecida una relación directa entre el consumo de alcohol y la asistencia médica», STSJ Castilla y León/Valladolid 13 abril 1998 (AS 5846). En la doctrina, GÓMEZ ABELLEIRA, F. J.: «Las causas específicas del despido disciplinario», en AA. VV. (SEMPERE NAVARRO, A. V., DIR. y MARTÍN JIMÉNEZ, R., Coord.): *El despido*, 2.ª ed., Cizur Menor (Thomson/Aranzadi), 2009, pág. 310.

en la conducta. En contadas ocasiones ambos eran demandados al mismo tiempo, casi siempre presumiendo la repercusión negativa; por ello, su introducción en el ET supone un mayor umbral de protección a la esfera íntima del trabajador, «al quedar fuera del poder disciplinario del empresario la conducta (...) que, aun habitual o asidua, no afecta a su actividad profesional»[476].

En consecuencia, mediante su aceptación —por unanimidad— a través de la enmienda presentada en la Comisión del Congreso destinada a elaborar el Estatuto de los Trabajadores del año 1980[477], viene a quedar incorporada una nota adicional en el tipo que ha llegado a ser considerada como su pieza fundamental[478].

A. - Rendimiento negativo e intimidad

El Tribunal Constitucional ha trazado una línea divisoria clara entre la esfera laboral y privada del trabajador, protegiendo esta última a través de cuanto ha venido a ser considerado como la «dimensión interna del contrato», garantizada por el derecho fundamental a la intimidad personal como límite al ejercicio del poder empresarial[479]. El Alto Tribunal entiende que la tutela del art. 18 CE (derecho al honor, a la intimidad personal y familiar y a la propia imagen) no comprende «los hechos referidos a las relaciones sociales y profesionales en que se desarrolla la actividad laboral, que están más allá del ámbito del espacio de intimidad personal y familiar sustraído a intromisiones extrañas por formar parte del ámbito de la vida privada»[480]. Esta protección queda asentada con la entrada en vigor del Estatuto de los Trabajadores, incorporando una garantía que constituye una negativa expresa a laboralizar la vida y comportamiento personales[481].

De esta forma, quedan superados los planteamientos de quienes entendían que el incumplimiento iba más allá del tiempo dedicado a la prestación, haciendo de la embriaguez algo «perseguible hasta fuera de las horas en que la actividad del trabajador estaba sometida directamente al control del empresario»[482].

---

476 STSJ Andalucía/Sevilla 9 junio 2000 (AS 3501).

477 Resulta reseñable la intervención del Sr. BANDRÉS, quien lo consideró «condición muy loable para el trabajador»; pero ello le hace pensar, empero, «sobre una especie subconsciente del peor sentido capitalista, porque resulta que, si repercutieran positivamente en el trabajo, habría incluso que fomentarlas», AA. VV. (SAGARDOY BENGOECHEA, J. A., Dir.): *Debate Parlamentario sobre el Estatuto de los Trabajadores*, T. II, cit., pág. 478.

478 RODRÍGUEZ RAMOS, M. J.: «Embriaguez habitual o toxicomanía», cit., pág. 143.

479 BAYLOS GRAU, A.: *Derecho del Trabajo: un modelo para armar*, Madrid (Trotta), 1991, pág. 99.

480 El literal en STCo 142/1993, de 22 de abril.

481 GOÑI SEIN, J. L.: *El respeto a la esfera privada del trabajador. Un sentido sobre los límites del poder de control empresarial*, Madrid (Civitas), 1988, págs. 278 y 279.

482 SERRANO CARBAJAL, J.: «El despido: la embriaguez y la falta de aseo», en AA. VV.: *Dieciséis lecciones sobre causas de despido*, Madrid (FDUCM), 1969, págs. 149 y ss.

Esta diferenciación también ha sido recogida por los Tribunales y por los interlocutores sociales. Los primeros entienden que tales conductas, aun cuando sean habituales y asiduas[483], «no admiten, *a priori*, un control empresarial»[484], en tanto obra «una limitación a las facultades de control del empleador sobre la vida del empleado, de manera que cuando aquel impute a este una falta disciplinaria por razón de su consumo de bebidas alcohólicas o de estupefacientes, su validez en el orden laboral dependerá exclusivamente de la proyección de sus efectos en el trabajo (...), vedando el ejercicio de la potestad sancionadora cuando tales conductas quedan al margen de la empresa y el tiempo y lugar de trabajo»[485].

Los interlocutores sociales comparten esta preocupación, siendo muchos los convenios que inciden en el componente laboral del tipo, señalando que esta conducta debe darse «en tiempo de servicio»[486], «durante el trabajo»[487],

---

483 STSJ Andalucía/Málaga 9 junio 2000 (AS 3501).

484 STSJ Castilla-La Mancha 7 junio 2001 (AS 2638).

485 SSTSJ Castilla y León/Valladolid 19 diciembre 2005 (JUR 24500) y 16 enero 2013 (JUR 55310).

486 Art. 65.2 n) CC para el Sector del Transporte y Trabajos Aéreos con Helicópteros y su Mantenimiento y Reparación (BOE 10/07/2020) o art. 65 C) 6 CC Estatal de Servicios Externos, Auxiliares y Atención al Cliente en Empresas de Servicios Ferroviarios (BOE 28/03/2017).

487 Art. 29.3.7 CC Empresas Cinegéticas del Principado de Asturias (BO Principado Asturias 06/07/2015); art. 32.3 d) CC Transportes de Viajeros por Carretera de la Provincia de Córdoba (BOP Córdoba 03/05/2019); art. 33 f) CC Industria de Panaderías de la Provincia de Zamora (BOP Zamora 11/03/2020); art. 33.3 h) CC Trabajadores del Campo de la Provincia de Huelva (BOP Huelva 15/09/2015); art. 25.8 CC Temporerismo para la Actividad Agropecuaria de Álava (BOP Álava 21/10/2015); art. 55.7 CC Cueros, Repujados, Marroquinería y Similares de Cataluña (DO Generalitat de Catalunya 04/04/2019); art. 52.10 CC Industria de Marroquinería y Afines de Castellón y Valencia (DOCV 05/12/2017); art. 58.10 CC Grupo de Marroquinería, Cueros Repujados y Similares de Madrid, Castilla-La Mancha, La Rioja, Cantabria, Burgos, Soria, Segovia, Ávila, Valladolid y Palencia (BOE 12/12/2018); art. 48.5 CC Oficinas y Despachos de la Comunidad de Madrid (BO Comunidad de Madrid 26/10/2019); art. 52.G) CC Industria del Metal del Principado de Asturias (BO Principado Asturias 03/01/2019); Art 29.3.5.° CC Servicios Portuarios de Amarre y Desamarre de Buques de la Provincia de Las Palmas (BOP Las Palmas 13/11/2015); art. 46.7 CC Talleres de Reparación del Automóvil y/o Afines del Principado de Asturias (BO Principado Asturias 10/12/2015); art. 18. B) 12 CC Limpieza Pública, Riegos, Recogida de Basuras y Limpieza y Conservación de Alcantarillado de la Provincia de Cáceres (BOP Cáceres 04/03/2016); art. 67 l) CC Empresas del Metal sin Convenio Propio de la Provincia de Pontevedra (BOP Pontevedra 26/10/2017); art. 46 j) CC Actividades Agropecuarias de la Provincia de Alicante (BOP Alicante 10/08/2018); art. 73.3.11 CC Pasta, Papel y Cartón de la Provincia de Gipuzkoa (BOP Gipuzkoa 13/09/2019); art. 68.5 CC Industrias Transformadoras de Plásticos de la Provincia de Valencia (BOP Valencia 06/07/2020); art. 65.8 CC Centros y Servicios Veterinarios de la Provincia de Alicante (BOP Alicante 11/07/2016); art. 57.10 CC Industria del Calzado (BOE 22/07/2019); art. 60.10 CC Estatal de Industrias del Curtido, Correas y Cueros Industriales y Curtición de Pieles para Peletería (BOE 02/10/2019); art. 28 f) CC Comercio de Alimentación de la Provincia de Zamora (BOP Zamora 12/08/2019); art. 54.3 g) CC Conservas y Salazones de Pescado de la Provincia de Bizkaia (BOP Bizkaia 13/02/2019); art. 52 G) CC Montajes y Empresas Auxiliares

«durante la jornada»[488], «en el trabajo»[489], «en el desempeño de sus funciones»[490], etc. Igualmente son numerosos los ejemplos destinados a prevenir las secuelas derivadas de esta conducta, por cuanto sitúan el umbral de la exigencia en la incorporación al trabajo, sancionando el acudir, asistir o personarse en el estado descrito[491].

del Principado de Asturias (BO Principado Asturias 05/04/2021); art. 35 e) CC Pizarras de la Comunidad de Castilla y León (BO Castilla y León 19/06/2020); art. 44.19 CC Transporte de Enfermos y Accidentados en Ambulancia de Cantabria (BO Cantabria 14/10/2016); art. 25.8 CC art. 62.2 d) CC Estatal de Agencias de Viajes (BOE 21/11/2016); art. 36 CC Lavanderías Industriales de la Provincia de Zaragoza (BOP Zaragoza 16/12/2016); art. 52.5 CC Piel-Marroquinería de la Provincia de Cádiz (BOP Cádiz 16/03/2021); art. 57.19 CC Transporte de Enfermos y Accidentados en Ambulancia de la Comunidad Autónoma de Extremadura (DOE 17/03/2017); art. 63 l) CC Industrias Siderometalúrgicas de la Provincia de Guadalajara (BOP Guadalajara 16/04/2019); art. 41 m) CC Trabajos Agropecuarios de la Provincia de Palencia (BOP Palencia 07/05/2021); art. 49. 1 CC Ayuda a Domicilio y Afines Principado de Asturias (BO Principado Asturias 20/02/2018) o art. 51. 7 CC Industrias de Segunda Transformación de la Madera de Cantabria (BO Cantabria 14/02/2018). En la doctrina, interesante exposición de Rodríguez Ramos, M. J.: «Embriaguez habitual o toxicomanía», cit., pág. 146, notas 373-375.

488 Arts. 37. 13 CC Algeco Construcciones Modulares, S. A. U. (BOE 04/02/2013); art. 37. 3 y) CC Estatal de Entrega Domiciliaria (BOE 28/06/2013); art. 42.2 CC Panaderías de la Región de Murcia (BO Región Murcia 19/10/2015); art. 47.13 CC Comercio de Materiales de Construcción de la Provincia de Barcelona (BOP 21/10/2019); art. 57 e) CC Comunidad de Madrid del Sector del Estacionamiento Regulado de Superficie (BO Comunidad de Madrid 04/07/2020); art. 31.6 CC Pirotecnia de la Comunidad Valenciana (DO Generalitat Valenciana 19/10/2016); art. 5.13 CC Comercio de la Piel, Cuero y Calzado de Cantabria (BO Cantabria 17/11/2016); art. 60. 14 CC Estatal de Elaboradores de Productos Cocinados para su Venta a Domicilio (BOE 20/12/2016); art. 34. 3. 13 CC Mayorista de Frutas, Verduras, Hortalizas, Plátanos y Patatas de la provincia de Barcelona (BOP Barcelona 01/03/2018) y art. 43. 3. 6 CC Locales de Espectáculos y Deportes de Zaragoza (BOP Zaragoza 19/02/2018).

489 Art. 35.1.4.10 CC Nacional de Fabricación de Alimentos Compuestos para Animales (BOE 04/02/2019); art. 93.8 CC para las empresas y las personas trabajadoras de transporte sanitario de enfermos/as y accidentados/as (BOE 25/09/2020); art. 42.2 j) CC Aceites y Derivados de la Provincia de Toledo, 2024-2025 (BOP Toledo 09/07/2024); art. 45.1 g) CC Estatal de Radiodifusión Comercial Sonora (BOE 01/10/2019); art. 47.3 f) CC Interprovincial de Empresas para el Comercio de Flores y Plantas (BOE 06/09/2018); art. 71.7 CC Estatal de Corcho (BOE 14/05/2020); art. 49.6 CC Estatal de Estaciones de Servicio (BOE 11/03/2020) y art. 38.1 g) CC Empresas Consignatarias Buques y Contratistas de Carga y Descarga de la Comunidad Autónoma de Cantabria, 2023-2025 (BOCA 8 julio 2024).

490 Art. 50. 14 CC Industria Azucarera (BOE 05/02/2018) o art. 56. 3.º 6 VII CC Clubs de Natación de Cataluña (BOGC 14/03/2018).

491 Como ejemplos, art. 56 4 l) Mayoristas y Minoristas de Juguetes, Deportes y Armerías Deportivas, Cerámica, Vidrio, Iluminación y Regalo de la Comunidad de Madrid (BO Comunidad de Madrid 09/11/2019); art. 55.10 CC Industria de Hostelería y Turismo de Cataluña, 2014-2016 (DO Generalitat de Catalunya 26/04/2021); art. 39.10 CC V Acuerdo Laboral Estatal para el sector de Hostelería (BOE 21/05/2015); art. 44. c) 12 CC Acuicultura Marina Nacional (BOE 05/06/2019); art. 39.10 CC Colectividades de Cataluña (DO Generalitat de Catalunya 09/11/2015); art. 57.10 CC Hostelería de la Provincia de Guadalajara (BOP Guadalajara 10/02/2020); art. 32.11 CC Comercio de Curtidos y Artículos para el

Desde este punto de vista, el criterio general aparece asentado a la hora de entender que «ha de ser irrelevante a efectos laborales la embriaguez o el consumo de drogas que tiene lugar fuera del trabajo, y sólo si esta conducta privada tiene alguna repercusión en la prestación laboral o en el interés de la empresa podrá ser sancionada por el empleador. El trabajador, por tanto, se ve obligado a mantener fuera del centro y tiempo de trabajo aquellas características o cualidades personales absolutamente necesarias para el adecuado cumplimiento de su prestación laboral, [pues] es él quien provoca voluntariamente la imposibilidad relativa de cumplir el contrato, generando con ello la consiguiente responsabilidad contractual que legitima su despido disciplinario»[492].

Por ello, aun cuando no dejara de ser infrecuentes las cláusulas de convenios destinadas a sancionar la embriaguez o consumo de drogas fuera de servicio, su validez exige la conducta incida en el rendimiento[493] o en el comportamiento que cabe esperar[494] del trabajador, siendo responsabilidad suya cuidar que cuanto hace en su tiempo de ocio no afecte a su actividad productiva desfavorablemente [495]. En este sentido procederá juzgar cuantas cláusulas sancionan la embriaguez o toxicomanía fuera del tiempo y lugar de trabajo[496] si el empleado utiliza vehículos de la empresa[497], viste uniforme[498]

Calzado de la Provincia de Alicante (BOP Alicante 02/12/2019); art. 53.18 CC Minoristas de Alimentación del Principado de Asturias (BO Principado Asturias 25/03/2020); art. 53.17 CC Mayoristas de Alimentación del Principado de Asturias (BO Principado Asturias 03/05/2019); art. 36.2.11 CC Industrias de Hostelería de la Provincia de Soria (BOP Soria 29/08/2018); art. 5.10 CC Obradores de Confiterías, Bollerías, Turrones, Helados, Churrerías, Caramelos y Comprimidos y Fabricación de Chocolates de la Provincia de Málaga (BOP Málaga 28/07/2021); art. 60.14 CC Elaboradores de Productos Cocinados para su Venta a Domicilio (BOE 20/12/2016) o art. 58 CC Hostelería de la Provincia de Salamanca (BOP 21/ 12/2016).

492 Entre muchas más, por su nitidez, el literal de STSJ Andalucía/Málaga 9 junio 2000 (AS 3501); en iguales términos harto ilustrativos, STSJ Murcia 18 diciembre 2014 (JUR 40232/2015).

493 Alzaga Ruiz, I.: «La disminución voluntaria y continuada en el rendimiento de trabajo normal o pactado», en AA. VV. (Gil y Gil, J. L. y del Valle Villar, J. M., Coords.): *El despido disciplinario. Homenaje al Profesor Juan Antonio Sagardoy Bengoechea*, Madrid (Cinca), 2009, pág. 183.

494 En paradigmático ejemplo, art. 50.14 CC General de Industria Azucarera (BOE 05/02/2018).

495 STCT 14 mayo 1986 (RTCT 3370).

496 Art. 56. 18 CC British American Tobacco España, S. A. (BOE 13/06/2017).

497 En aplicación de previsiones convencionales claras, los ejemplos ofrecidos por SSTSJ Murcia 22 febrero 2016 (JUR 54602) o Madrid 26 enero 2017 (JUR 76355).

498 Art. 37.3. n) CC Europcar IB, SA., 2024 (BOE 03/07/2024); art. 47.11 CC Confitería, Pastelería, Bollería, Repostería, Churrería, Fábrica de Chocolate y Turrones de la Provincia de Sevilla, 2023-2026 (BOP Sevilla 04/07/2024); art. 41 CC Empresas Adjudicatarias del Servicio de Acompañamiento de Transporte Escolar y Cuidadores de Patio Dependientes del Departamento de Educación del Gobierno Vasco (BO País Vasco 23/10/2014); art. 55.10

o porta otros signos distintivos corporativos[499], las cuales habrán de merecer un tratamiento específico al ponderar la mala imagen que transmite de su empleador, «siendo indiferente si en ese momento está prestando servicios o no para la empresa»[500]. La cuestión será —según cabrá observar más adelante— si ubicarlas en esta sede o en la transgresión de la buena fe contractual.

B. - Prueba de la repercusión negativa: ¿doble prueba innecesaria?

Al igual que ocurre con el requisito de la habitualidad, la repercusión negativa no es ajena a la polémica sobre su modulación por la negociación colectiva. Si bien las negativas consecuencias del consumo sobre el trabajo son exigidas de forma rigurosa, para algunos Tribunales es admitida su flexibilización a través del convenio colectivo[501].

Muchos criterios judiciales que defienden su sólida aplicación insisten en la firmeza demandada por el tipo[502] y en la necesaria información que debe

---

Industria de Hostelería y Turismo de Cataluña (DO Generalitat de Catalunya 26/04/2021); art. 39.10 CC V Acuerdo Laboral Estatal para el sector de Hostelería (BOE 21/05/2015); art. 55.12 CC Industrias de Hostelería de la Provincia de Segovia (BOP Segovia 25/06/2018); art. 39.10 CC Colectividades de Cataluña (DO Generalitat de Catalunya 09/11/2015); art. 57.10 CC Hostelería de la Provincia de Guadalajara (BOP Guadalajara 10/02/2020); art. 32.11 CC Comercio de Curtidos y Artículos para el Calzado de la Provincia de Alicante (BOP Alicante 02/12/2019); art. 49.15 CC Panaderías de la Provincia de Cádiz (BOP Cádiz 10/02/2016); art. 59.12 CC Convenio Colectivo de Comercio en General del Principado de Asturias (BO Principado Asturias 11/02/2019); art. 36.2.11 CC Industrias de Hostelería de la Provincia de Soria (BOP Soria 29/08/2018); art. 39 CC Campings y Ciudades de Vacaciones de la Provincia de Barcelona (BOP Barcelona 28/06/2018); art. 5 CC Obradores de Confiterías, Bollerías, Turrones, Helados, Churrerías, Caramelos y Comprimidos y Fabricación de Chocolates de la Provincia de Málaga (BOP Málaga 28/07/2021); art. 60 CC Industrias de Fabricación, Venta y Distribución de Pan de Cantabria (BO Cantabria 19/04/2021); art. 58 CC Hostelería de la Provincia de Salamanca (BOP Salamanca 21/12/2016). Más ejemplos en Dans Álvarez De Sotomayor, L.; Maneiro Vázquez, Y. y Miranda Boto, J. M.: «Personal de seguridad privada», en AA. VV. (Sempere Navarro, A. V.; Cardenal Carro, M., Dirs. y Arias Domínguez, A. Coord.): *El contrato de trabajo, Vol. II. Relaciones laborales especiales y contratos con peculiaridades*, Cizur Menor (Thomson/Aranzadi), 2011, pág. 1249; Rodríguez Ramos, M. J.: «Embriaguez habitual o toxicomanía», cit., pág. 146, notas 376 y 377; Romero Ródenas, M. J.: *Sida y toxicomanías (Un análisis jurídico laboral y de Seguridad Social)*, cit., pág. 228, nota 107; o, comentando sus implicaciones, AA. VV. (Rivero Lamas, J., Dir.): *La negociación colectiva en el sector hostelería*, Madrid (MTAS), 1999, pág. 162.

499 SSTSJ Cataluña 10 octubre 2006 (JUR 134293) o Castilla-La Mancha 21 noviembre 2014 (JUR 33493/2015).

500 Rodríguez Ramos, M. J.: «Embriaguez habitual o toxicomanía», cit., págs. 376 y 377 y STSJ Madrid 18 febrero 2013 (JUR 127426).

501 Así, en ejemplo ilustrativo, por todas y vinculando genéricamente la conducta a la seguridad y salud en el trabajo, SSTSJ Cataluña 12 abril 2012 (JUR 219795) y 4 abril 2017 (JUR 140740).

502 SSTSJ Madrid 17 junio 2001 (AS 2952) y 14 abril 2020 (JUR 239840), Cantabria 24 diciembre 2002 (JUR 127267/2003), País Vasco 26 abril 2005 (AS 2028) y 18 julio 2006

recibir el trabajador en la carta de despido[503]. Sostienen que cuando el trabajador recibe la imputación de los hechos, lo lógico es constatar el cumplimiento de los dos requisitos exigidos por el art. 54.2 f) ET, pues en el caso de presumir las consecuencias negativas por la simple habitualidad, el despido carecería de sentido y la embriaguez habitual o toxicomanía funcionarían como una falta objetiva de rendimiento, con independencia de la voluntad del trabajador[504].

Por otro lado, cabe advertir cuantos convenios colectivos obvian el requisito de la repercusión negativa en la actividad empresarial por entender la conducta como suficientemente grave y culpable[505] (debiendo, en este supuesto, ser conducida la infracción a través de la transgresión de la buena fe contractual de la letra «d» del señalado precepto estatutario).

Bajo este criterio, «tal circunstancia no es necesario que se haga constar en la comunicación del despido, bastando con que efectivamente concurra [la conducta]»[506]. Defienden la inexigibilidad de este requisito al entender que para el trabajador produce «una merma de sus facultades (...) que forzosamente se proyectan en la actividad» y sobre su conducta, así como «por el desmerecimiento que puede generar hacia la empresa por parte del cliente»[507]. La repercusión negativa es valorada como una consecuencia lógica a

(JUR 100636), Asturias 29 octubre 2004 (JUR 119013) y 31 octubre 2014 (JUR 21495) o Extremadura 14 septiembre 2015 (JUR 224243).

503 STS 29 mayo 1986 (RJ 2748) y SSTSJ Extremadura 19 febrero 2003 (JUR 157483), Asturias 29 octubre 2004 (JUR 119013) o Cataluña 5 julio 2006 (AS 643/2007). Con detalle, Triguero Martínez, L. A.: «El despido disciplinario», en AA. VV. (Monereo Pérez, J. L., Dir.): *Modalidades de extinción del contrato de trabajo: análisis de su régimen jurídico*, Granada (Comares), 2014), pág. 71.

504 STSJ Andalucía/Málaga 9 junio 2000 (AS 3501) y Andalucía/Sevilla 5 abril 2011 (JUR 227549), utilizando los términos de Aguilera Izquierdo, R.: *Las causas del despido disciplinario y su valoración por la jurisprudencia*, cit., pág. 235. La tesis de «la falta de rendimiento "objetiva" con independencia de la voluntad del trabajador» ya aparecía en el ensayo de Rodríguez-Piñero y Bravo-Ferrer, M.: «La regulación de los despidos disciplinarios: despido causal y readmisión obligatoria en el marco legislativo europeo», en AA. VV.: *Hacia un modelo democrático de relaciones laborales*, Zaragoza (Universidad), 1980, págs. 249 y 250.

505 Cabiendo remitir a los estudios sectoriales de AA. VV. (Sempere Navarro, A. V., Dir.): *La negociación colectiva en el sector transporte por carretera*, Madrid (MTAS), 1999, pág. 505 y AA. VV. (Rivero Lamas, J., Dir.): *La negociación colectiva en el sector hostelería*, cit., pág. 162. También a algunos convenios actuales; de entre muchos, art. 61.6 CC Fabricantes de Muñecas, Auxiliares y Afines de la Provincia de Alicante (BOP Alicante 18/03/2021) o art. 34 CC Convenio Colectivo de Transporte de Viajeros por Carretera Mediante Vehículos de Tracción Mecánica de más de Nueve Plazas Incluido el Personal de Conducción de la Provincia de Soria (BOP Soria 07/10/2019).

506 SSTSJ Andalucía/Málaga 9 junio 2000 (AS 3501) o Comunidad Valenciana 27 julio 2001 (JUR 57815).

507 STSJ Comunidad Valenciana 10 mayo 2000 (JUR 292646).

partir de una disminución de su rendimiento[508], no en vano «si el trabajador se embriaga frecuentemente, esta circunstancia necesariamente va a repercutir de un modo desfavorable en el trabajo. De este modo, no se exige una efectiva verificación de la repercusión negativa, sino que a priori se entiende que la embriaguez es incompatible con el buen desempeño de las funciones encomendadas al trabajador»[509].

Late, bajo tal razonamiento, el carácter incompatible de un correcto desempeño del trabajo con la situación de intoxicación de un empleado[510], pues este debe demostrar una lucidez suficiente que bajo ese estado no está en disposición de conseguir y, en algunas profesiones, su presencia es fuente directa de inseguridad[511] y peligro[512].

A pesar de este criterio, muchos despidos resultan judicialmente calificados como improcedentes por no poder ser acreditada la incidencia negativa alegada, aun cuando sí haya sido posible acreditar la conducta[513], pues a tal

508 STS 3 noviembre 1988 (RJ 8510).

509 STSJ Andalucía 9 junio 2000 (AS 3501).

510 SSTSJ Andalucía/Granada 5 febrero 1993 (AS 683), Cataluña 17 enero 1995 (AS 269), País Vasco 11 abril 2000 (AS 3284), Navarra 13 marzo 2013 (AS 1411) y Castilla-La Mancha 27 noviembre 2014 (JUR 23493/2015).

511 Así —y conforme ya consta— los cocineros, quienes han de trabajar con cuchillos, ollas a alta temperatura y fuego; al respecto, STSJ Galicia 8 noviembre 2013 (AS 100/2014).

512 SSTSJ Comunidad Valenciana 22 diciembre 2015 (JUR 140991) y 6 septiembre 2016 (JUR 266458).

513 STS 29 mayo 1986 (RJ 2748) y 13 diciembre 2018 (JUR 45182); SSTSJ Madrid 20 julio 2000 (AS 3891), 17 mayo 2005 (AS 1391) y 4 julio 2006 (AS 591/2007), Cataluña 16 abril 2002 (AS 1988), 12 junio 2003 (AS 2605) y 27 junio 2003 (AS 2284), Baleares 22 mayo 2006 (AS 1941), Andalucía/Sevilla 27 enero 2009 (AS 873), País Vasco 5 febrero 2013 (JUR 143607/2014) o Extremadura 14 septiembre 2015 (JUR 224243). Por no haber dejado constancia en la carta de despido de ninguna repercusión negativa, SSTSJ Cataluña 7 noviembre 2000 (JUR 29220/2001), Comunidad Valenciana 12 julio 2001 (JUR 50037/2002), Madrid 25 noviembre 2003 (JUR 94393/2004) y 12 abril 2005 (AS 799), Canarias/Las Palmas 20 febrero 2006 (AS 885) o País Vasco 18 julio 2006 (JUR 100636/2007). En otros ejemplos «se sanciona ante el temor de que pueda el actor tener en algún momento una reacción negativa en el trabajo y no por aquella razón sino como consecuencia de la enfermedad que padece que ha exigido varios ingresos psiquiátricos, y que conlleva el consumo de fármacos con posibles efectos negativos para el paciente; ante lo cual pudo optar la demandada por otra sanción como el traslado para descartar el temor antedicho» (STSJ Madrid 12 junio 2001 —AS 2952—); «hay menor productividad, pero puede deberse a múltiples factores que no han sido descartados con prueba fehaciente de la cual derive una causalidad directa o indirecta entre la embriaguez y los resultados» (STSJ Madrid 11 noviembre 2003 —JUR 94106/2004—); «la embriaguez, además de habitual debe repercutir negativamente en el trabajo, y aquí debe insistirse en que ateniéndose a los hechos probados no impugnados en el recurso es visto que en ellos no se hace mención alguna a esta circunstancia y es sabido que la prueba de la repercusión negativa de la embriaguez en el trabajo corresponde al empresario» (STSJ Asturias 29 octubre 2004 —JUR 119013/2005—); ocurre también cuando la empresa no hubo de hacer fren-

resultado procede reconducir la decisión empresarial «si no se acredita su inhabilidad para la realización de su trabajo, ni siquiera que dicho consumo haya afectado a las relaciones dentro o fuera de la empresa o su eficacia como empleado»[514]. Si bien en muchas ocasiones no cabe duda acerca de la conexión entre el consumo y la repercusión negativa en la empresa, esta siempre habrá de ser acreditada en el caso concreto[515], pues en algunos pudiera no estar presente[516], al ser una conducta que, por ejemplo, hubiera sido tolerada por el empresario o, incluso, resultar compatible, a corto plazo, con la producción[517] —así ocurre, por ejemplo, en ciertos profesionales del sector servicios o del deporte, capaces de alcanzar un alto rendimiento a través del consumo de drogas y generando, de esta manera, un aumento de la productividad en la empresa[518]—.

Procederá, de este modo, realizar una aplicación cuidada y respetuosa del art. 54.2 f) ET; recomendando, incluso, el desvío a otras letras del segundo

te a una garantía de puntualidad por el retraso originado por el trabajador, «con lo cual no conlleva un plus de incumplimiento contractual» (STSJ Madrid 15 mayo 2005 —AS 1391—); «la influencia negativa sobre la actividad ha de ser real, no meramente hipotética, y materializarse de algún modo en perjuicio de la calidad de servicio o afectar al nivel de rendimiento; no basta la mera posibilidad de que se le hubiera podido asignar la tarea de conducir si no se le ordenó» (STSJ Baleares 27 mayo 2006 —AS 1941—); en una última muestra, «resultando indubitados los resultados del test, tampoco se ha cumplido (...) que el consumo de estas sustancias haya repercutido negativamente en el trabajo del actor y es que, independientemente de los efectos de las mismas, que varían dependiendo de las características de la persona y el consumo, ninguna prueba se ha articulado de tal repercusión» (SJS, núm. 5, Bilbao 22 diciembre 2016—JUR 14158/2017—).

514 STSJ Canarias/Las Palmas 17 abril 2013 (JUR 320932).

515 Valdeolivas García, Y.: «Embriaguez habitual y toxicomanía», cit., pág. 316. En los Tribunales, STSJ Madrid 14 abril 2020 (JUR 239840). Así el razonamiento del Tribunal cuando valora el despido porque el trabajador, ebrio, choca con el vehículo de la empresa y se da a la fuga. No es solo que pierda el carné, sino el evidente perjuicio para la empresa de tener que pagar las sanciones, STSJ Madrid 18 octubre 2013 (JUR 356202); abundando en los daños graves la empresa, SSTSJ Comunidad Valenciana 22 diciembre 2015 (JUR 140991) y 6 septiembre 2016 (JUR 266458).

516 STSJ Madrid 12 enero 2001 (AS 2952) o SJS, núm. 5, Bilbao 22 diciembre 2016 (JUR 14158/2017).

517 Sobre el ejemplo de un médico que durante 35 años estuvo inyectándose de ocho a diez ampollas de morfina al día, «sin que su prestigio se desmoronase», la afirmación a cuyo tenor «tampoco el consumo en grado de dependencia parece excluir necesariamente la capacidad laboral (...), sin ser percibida una repercusión clara en el trabajo», en Bogani Míguez, E.: «Las causas sociales del alcoholismo», *Documentación Social*, núm. 35, 1979, págs. 29 y 30. Mas referencias en Pérez Martínez, M. T.: *Consumo de drogas y situación laboral*, Madrid (APTA), 1994, pág. 25; Goñi Sein, J. L.: *El respeto a la esfera privada del trabajador*, cit., pág. 279 o Ciscart Beà, N.: *El despido por embriaguez y toxicomanía*, cit., págs. 52-54.

518 Albiol Montesinos, I.: *El despido disciplinario y otras sanciones en la empresa*, cit., pág. 63.

apartado del art. 54 ET, dada la cantidad observada de fracasos en la búsqueda de la procedencia a través de esta vía. Tal dato, unido a la necesidad de aplicar las circunstancias previstas con carácter común para todas las faltas a la hora de fijar la responsabilidad —aludiendo a factores tales como antigüedad en la empresa, grado de responsabilidad de quien comete la falta, nivel de confianza, repercusión del hecho en los demás trabajadores, etc.— vuelve a servir de apoyo a la tesis sobre lo innecesario de mantener esta previsión legal.

3.1.3.3. La constancia de los requisitos exigidos por la norma en la carta de despido

La exigencia legal de fijar en la carta de despido los hechos que motivan la reacción empresarial supone una «garantía que la Ley otorga al trabajador para que, si impugna el despido, lo haga con conocimiento de los hechos que se le imputan a fin de preparar su defensa, (...) lo que obliga a exigir que el contenido de la carta o comunicación sea inequívoco, es decir, suficientemente claro y expresivo, para evitar toda duda o incertidumbre en cuanto a las imputaciones de la empresa»[519]. Por este motivo, todo cuanto este documento contenga delimitará el contenido de la actividad probatoria[520].

Corresponde al empleador, en consecuencia, reflejar en la carta todos los datos relevantes, cumpliendo lo demandado en el art. 55.1 ET y haciendo constar los hechos que la motivan y la información a partir de la cual el trabajador pueda elaborar la estrategia de defensa para impugnar la medida en vía judicial. En este sentido, la jurisprudencia sigue dos corrientes diferenciadas a la hora de valorar las exigencias demandadas por el tipo en cuanto a la obligación de recoger la conducta de embriaguez habitual y toxicomanía en la carta.

La primera llama un especial celo a la hora de valorar los términos contemplados en el documento que pone fin a la relación laboral, requiriendo una descripción detallada y de manera cronológica, circunstancial y cuantitativa de los hechos justificativos de la decisión del empresario[521]. Las «imputaciones genéricas e indeterminadas, que perturban gravemente el derecho de defensa y atentan al principio de igualdad de partes»[522], mueven a exigir una concreción inequívoca de los hechos. Numerosas sentencias (en menor proporción que la segunda corriente judicial), con un fundamento en este criterio, abogan por la «necesaria e indispensable»[523] concreción tanto de

519 STS 3 noviembre 1982 (RJ 6482).

520 STSJ Canarias/Las Palmas 20 febrero 2006 (AS 885).

521 Reflejando esta corriente, STSJ Galicia 24 mayo 2005 (JUR 169147).

522 STSJ Galicia 24 mayo 2005 (JUR 169147).

523 STS 29 mayo 1986 (RJ 278). Señalando tal ausencia, SSTSJ Canarias/Sta. Cruz de Tenerife 30 diciembre 1993 (AS 5233), Asturias 29 octubre 2004 (JUR 119013/2005), Madrid 14

la situación como de la fecha[524], por cuanto y, por ejemplo, «la dicción (...) de "con frecuencia" es una valoración temporal subjetiva e insuficiente»[525]; circunstancia que se repite con las alusiones a «perjuicios» inconcretos y genéricos, dándolos por supuestos[526].

Según este criterio, rige una absoluta solemnidad, con la necesaria descripción de todos los hechos relevantes para la decisión, pues podrían llegar a ser atribuidos algunos al trabajador presumiendo su conocimiento, destruyendo de esta manera «la garantía del conocimiento concreto de las imputaciones por el trabajador y la limitación de su defensa», lo cual provocaría «una situación de desigualdad de información en el proceso [de impugnación del despido]»[527]. En este sentido, por supuesto, resultará insuficiente la mera mención a la referencia legal[528], o las imputaciones genéricas[529] (incluso si se reconoce la improcedencia en la propia carta)[530], las cuales llevarán a declarar la improcedencia si «no constan las veces que el actor se ha presentado en su puesto de trabajo embriagado, ni su intensidad, ni cuál haya sido su repercusión negativa en su trabajo, así como la inexistencia de otras sanciones previas»[531].

La otra línea jurisprudencial, con criterio contrario, defiende la flexibilidad en la exigencia de la información recogida en la carta, en tanto no requiere «una descripción exhaustiva de la conducta seguida por el trabajador», sino simplemente «la constancia por escrito de la decisión del empleador, la fecha a partir de la cual tiene efectos y ofrecer al empleado la posibilidad de réplica en lo judicial», por no gozar de «formalidades sacramentales»[532]. En conse-

---

febrero y 4 julio 2006 (JUR 123395 y AS 591/2007) o Comunidad Valenciana 18 octubre 2006 (JUR 105840/2007).

524 STSJ Castilla-La Mancha 27 septiembre 2007 (JUR 49400/2008).

525 STSJ Madrid 12 junio 2001 (AS 2952).

526 SSTSJ Cataluña 7 noviembre 2002 (JUR 29220/2001), Madrid 12 abril 2005 (AS 799) o País Vasco 18 julio 2006 (JUR 100636/2007).

527 STS 18 enero 2000 (RJ 1059) o SSTSJ País Vasco 20 noviembre 2007 (JUR 39223/2008), Madrid 23 mayo 2018 (JUR 218121), Comunidad Valenciana 19 febrero 2019 (JUR 113809), Cataluña 18 noviembre 2019 (JUR 23977), Canarias/Sta. Cruz de Tenerife 26 mayo 2020 (JUR 253895), Aragón 12 junio 2020 (JUR 222892) o Cataluña 2 septiembre 2020 (JUR 324010).

528 STSJ Andalucía/Granada 9 julio 2015 (JUR 222156).

529 STSJ Asturias 9 mayo 2017 (JUR 151512).

530 STSJ Comunidad Valenciana 23 junio 2017 (JUR 249608).

531 STSJ Canarias/Las Palmas 22 julio 2015 (JUR 248402); en parecido sentido, por ejemplo, SSTSJ País Vasco 15 octubre 2013 (JUR 139563/2014) o Extremadura 17 junio 2015 (JUR 173680).

532 SSTSJ Andalucía/Málaga 10 diciembre 1999 (AS 6824), Castilla y León/Valladolid 16 enero 2013 (JUR 55310) o Asturias 31 octubre 2014 (JUR 21495) y 3 octubre 2017 (JUR 256841).

cuencia, «basta con una referencia en los términos suficientes para que el destinatario se entere de cuantos [hechos] le vienen a ser atribuidos»[533].

Bajo tal parecer, un mayor número de pronunciamientos que en la corriente anterior aceptan enunciaciones genéricas de los hechos, siempre ponderando cómo el trabajador «era perfecto conocedor de la falta que se le imputaba» y de la habitualidad de esta conducta en la empresa[534], cumpliendo la obligada formalidad al conseguir el empleado un perfecto conocimiento de los hechos con los datos provistos[535] que parten de expresiones como «numerosas ocasiones» (haciendo referencia en juicio a varias de ellas, sin suponer esto una imputación distinta, sino una concreción de esta expresión)[536], tiene lugar «con cierta frecuencia»[537] o «desde hace largo tiempo viene usted manteniendo (...) una conducta reiterada de embriaguez»[538]. De esta manera, la habitualidad en la embriaguez o toxicomanía «no precisa, para aquél a quien se le atribuya, señalar todos y cada uno de los días»[539], proponiendo una interpretación claramente más sutil. Al igual ocurre con la ausencia de precisión en cuanto a la repercusión negativa, dado lo «evidente de tal circunstancia» en quien pretenda realizar su prestación bajo tal estado[540].

Con todo, debido a la falta de rigor de este último criterio, parece más pertinente la primera de las interpretaciones, tomando por adecuados métodos que reflejen suficientemente las afirmaciones contenidas en la carta, como, a título de mera muestra, las amonestaciones previas al trabajador[541], sancio-

533 STSJ Cantabria 7 diciembre 1999 (AS 4450).

534 STSJ Andalucía/Málaga 10 diciembre 1999 (AS 6824).

535 STS 30 abril 1990 (RJ 3512).

536 STSJ Extremadura 27 marzo 1998 (AS 939).

537 STSJ Andalucía/Sevilla 31 octubre 2012 (JUR 4484/2013).

538 SSTSJ Aragón 18 abril y 18 mayo 2005 (AS 1496 y 1480) o Galicia 8 noviembre 2013 (AS 100). Especialmente llamativo el supuesto en cual la inconcreción es máxima, al establecer la carta de despido: «desde hace ya un importante lapso temporal, viene ud. manteniendo durante su jornada una conducta reiterada de embriaguez, que repercute negativamente en el trabajo», STSJ Aragón 12 marzo 2001 (JUR 151966).

539 STCT 14 junio 1983 (RTCT 5637).

540 Entre más, SSTS País Vasco 11 abril 2000 (AS 3284), Navarra 13 marzo 2013 (AS 1411), Galicia 8 noviembre 2013 (AS 100/2014) o Castilla-La Mancha 27 noviembre 2014 (JUR 23493/2015).

541 STS 12 julio 2016 (RJ 4081). En tal sentido, STSJ Castilla y León/Valladolid 6 julio 2016 (JUR 194215); siendo esta última de notable interés, puesto que reconoce la habitualidad de la conducta de embriaguez a pesar de que las amonestaciones impuestas al trabajador nada recogen acerca del consumo de alcohol, no en vano, «tras la valoración del conjunto de la prueba (documental y testifical), llega a la conclusión de que en todas las ocasiones en las que el trabajador ha sido amonestado ha tenido influencia el consumo de alcohol».

nes administrativas por conducir bajo los efectos del alcoholo las drogas[542] o partes de asistencia del facultativo[543].

3.2. Una vía de reacción disciplinaria más «segura»: la repercusión negativa en el trabajo a través de otras causas

Habida cuenta de los problemas de todo tipo reseñados a la hora de aplicar la letra f) del precepto comentado, y en tanto lo verdaderamente importante no es la embriaguez o toxicomanía en sí, sino su repercusión negativa en la empresa cabrá explorar la subsunción de la conducta en otras causas, examinando para ello cuanto disponen al efecto algunos convenios y un criterio judicial cada vez más asentado.

3.2.1. Factores habituales destacados en los convenios que facilitan la reconducción

Cuando los convenios entran a complementar la norma, permiten descubrir el verdadero núcleo de imputación, fijándolo a través de infracciones tales como desatender los niveles de protección de la seguridad y salud respecto de sí mismo, del resto de los empleados y de terceros[544], mal comportamiento[545], ignorancia a los avisos empresariales sobre el abandono del hábito[546], afectación al rendimiento laboral[547], poner en peligro o causar da-

542 STSJ Galicia 13 marzo 2013 (AS 1800).

543 STSJ Murcia 17 junio 1993 (AS 3045).

544 Su aplicación práctica reflejada en STS 18 noviembre 1999 (RJ 8077) y STSJ Comunidad Valenciana 10 mayo 2000 (JUR 292646). En los convenios colectivos, art. 82.16 CC Patentes Talgo (BOE 12/01/2017), art. 53 l) CC Industrias Siderometalúrgicas de la Región de Murcia (BO Región Murcia 13/05/2020), art. 48 q) Mediapost Spain (BOE 23/01/2019), art. 42 m) CC Industrias Siderometalúrgicas de la Provincia de Ávila (BOP Ávila 08/07/2019). Con mayor detalle, MARÍN MALO, M.: «La prevención del consumo de alcohol por parte de los trabajadores en la negociación colectiva de los años 2016 y 2017», cit., pág. 4.

545 Al punto de provocar la queja o reclamación por parte de compañeros, clientes, proveedores o terceros, art. 50.8 (en relación con art. 49. 9) CC Estatal de Industria Azucarera (BOE 05/02/2018) y art. 49.3.6 CC Instalaciones Deportivas y Gimnasios de la Comunidad Autónoma de Galicia (DO Galicia 07/07/2020).

546 Art. 63. F. 18 CC de Altadis, SAU, Imperial Tobacco España, S.L.U., y Tabacalera, S.L.U., 2015-2020 (BOE 20/08/2019).

547 Art. 38.3. f) CC Agropecuario de Cantabria (BO Cantabria 11/10/2016); art. 45.3 f) CC Actividades Forestales de la Comunidad de Castilla y León (BO Castilla y León 27/10/2016); art. 30.3 f) CC Bebidas Refrescantes de la Comunitat Valenciana (DO Generalitat Valenciana 06/02/2020) o art. 30.3 f) CC Estatal de Industrias de Aguas de Bebida Envasadas (BOE 16/11/2018). En los Tribunales, STSJ Andalucía/Sevilla 8 octubre 2008 (JUR 367134).

ños a las personas o las instalaciones[548], perjuicio a la imagen empresarial[549], transcendencia de la conducta a los clientes[550] u otras más específicas en función de las propias circunstancias del trabajo[551].

3.2.2. Causas disciplinarias bajo las cuales subsumir la conducta

La escasa utilidad de la embriaguez o toxicomanía como motivo de despido disciplinario a través del art. 54.2 f) ET hace cuestionar su mantenimiento. La medida obliga a desviar la sanción a través de los otros apartados legales para hacer prosperar la decisión; no a través del precepto en apariencia llamado a hacerlo[552]. En gran parte trae causa en la difusa fun-

548 Art. 29.2 L) CC Cuchillería y Afines de la Provincia de Albacete (BOP Albacete 28/08/2019); art. 44.23 CC Estatal de Fabricación y Comercialización de Frutas y Hortalizas Frescas, Seleccionadas, Limpias, Troceadas y Lavadas, Listas para Consumir o Cocinar (BOE 04/01/2017); art. 38 CC Orquestas de Verbena de Galicia (DO Galicia 03/02/2017); art. 35.6 CC Panaderías de Navarra (BO Navarra 05/05/2020) o art. 50. 14 CC Industria Azucarera (BOE 05/02/2018). Ejemplar, en este punto, la STS 26 octubre 1989 (RJ 7443) o muy significativas las SSTSJ Cataluña 4 diciembre 1992 (AS 6344) y País Vasco 2 diciembre 2008 (JUR 324250) y SJS, núm. 5, Bilbao 22 diciembre 2016 (JUR 14158/2017).

549 Art. 41.1 h) CC Limpieza, Abrillantado y Pulimento de Edificios y Locales de la Provincia de Salamanca (BOP Salamanca 22/08/2016); art. 24 h) CC Talleres para Personas con Discapacidad Intelectual de Cataluña (DO Generalitat de Catalunya 26/10/2016); art. 12.1. h) CC Limpieza de Edificios y Locales de la Provincia de Málaga (BOP Málaga 22/12/2016); art. 30 A) 1 h) CC Limpieza de Edificios y Locales de la Provincia de Teruel (BOP Teruel 03/01/2020); art. 64.1 h) CC Limpieza de Edificios y Locales de la Provincia de Córdoba (BOP 27/03/2017) o art. 42.1 h) CC Limpieza de Edificios y Locales de Navarra (BO Navarra 10/04/2017).

550 Para considerar que una sola ocasión será solo falta grave; excepto, precisamente, cuando la conducta sea conocida por los clientes, art. 43. 3. 6 CC Locales de Espectáculos y Deportes de Zaragoza (BOzaragoza 19/02/2018), art. 34. 3. 13 CC Mayoristas de Frutas, Verduras, Hortalizas, Plátanos y Patatas de la Provincia de Barcelona (BOP Barcelona 01/03/2018) o art. 56. 3.° 6 VII CC Clubes de Natación de Cataluña (BOGC 14/03/2018).

551 Art. 16 C) h) CC para la Actividad del Ciclismo Profesional (BOE 17/03/2010): «apoyarse en el uso de sustancias prohibidas, siempre y cuando no exista prescripción facultativa por parte de los servicios médicos del grupo deportivo, y en este caso con obligación de previa comunicación a los servicios médicos del equipo o del régimen sanitario de la Seguridad Social y no tengan como causa la curación o disminución de cualquier tipo de dolencia física o psíquica, comunicada al equipo, debiéndose ponderar y mesurar la sanción en función de la sustancia prohibida utilizada»; o art. 5 CC para la Actividad del Balonmano Profesional (BOE 26/01/2017): «no mantener, por causas injustificadas, la condición física adecuada durante el transcurso de la temporada deportiva, incluidos el consumo habitual de bebidas alcohólicas y otras sustancias en grado tal que puedan perjudicar la salud».

552 Ciscart Beà, N.: *El despido por embriaguez y toxicomanía*, cit., págs. 55-58.

cionalidad de este, pues en ocasiones puede ser interpretada la conducta, bien como una manera de atenuar la responsabilidad —por entender que, en ese estado, el individuo no es capaz de ordenar su voluntad—, bien y, por el contrario, en otras para agravarla —y en situaciones en las cuales podría no obrar este hábito—, o incluso actuar como causa de imputación directa[553].

Este hecho, unido a la poca aplicación del tipo por parte de los operadores jurídicos en comparación con los otros apartados del mismo precepto —como demuestran el bajo índice de sentencias donde ha sido invocada esta causa disciplinaria en comparación con el resto en este contexto[554]—, aboca a convertirlo en un argumento más dentro de los supuestos de multicausalidad del despido[555] o a, de manera directa —y preferiblemente—, no ser aplicado y subsumir la conducta en otros motivos del precepto. Así cabe constatarlo a través de los pronunciamientos judiciales, los cuales ponen de relieve una serie de alternativas disciplinarias bajo las cuales cabe sancionar esta conducta[556].

3.2.2.1. Relacionadas con el tiempo de trabajo

Una de las causas que puede absorber la conducta de la embriaguez o toxicomanía es la infracción relacionada con el tiempo de trabajo[557]. Esta causa puede servir al empleador para confeccionar un despido favorable a sus intereses, pues no fijaría la atención en la propia conducta que lo ha provocado, sino en uno de los resultados de la misma.

Cabe dar cuenta de circunstancias en las cuales este factor puede estar conectado con la conducta y, a la vez, poner en entredicho la medida disciplinaria. Así, por ejemplo, cuando el afectado se encuentra en proceso de tratamiento por consumo de alcohol y drogas y ha informado a la empresa

553 Romero Ródenas, M. J.: *Sida y toxicomanías (Un análisis jurídico laboral y de Seguridad Social)*, cit., págs. 214-215, donde advierte sobre tal circunstancia, favorecida por el «alto nivel que caracteriza a la responsabilidad disciplinaria en general».

554 Ortiz Lallana, M. C.: «Causas, forma y efectos del despido disciplinario», cit, pág. 1139; Valdeolivas García, Y.: «Embriaguez habitual y toxicomanía», cit., pág. 299 y Aguilera Izquierdo, R.: *Las causas del despido disciplinario y su valoración por la jurisprudencia*, cit., pág. 225.

555 STSJ Castilla-La Mancha 31 julio 2012 (JUR 320882).

556 Siendo de gran utilidad como guía los numerosos pronunciamientos judiciales que recoge a este respecto la obra de Bidón y Vigil De Quiñones, J. I.: *El despido disciplinario y sus causas. Análisis de la jurisprudencia*, Granada (Comares), 2001.

557 Como muestra el supuesto en el cual la empresa despide al trabajador por haber faltado de manera injustificada y reiterada al trabajo, considerando que sufre hepatopatía crónica debido al abuso de alcohol y no presentaba entidad suficiente como para provocar una limitación de las capacidades intelectivas y volitivas capaz de justificar la obtención de una baja médica, STSJ Madrid 18 febrero 2008 (JUR 122316).

de sus problemas de adicción[558], por lo que en estos casos bien cabría considerar justificado el incumplimiento[559].

Sin embargo, y como regla, el consumo de sustancias encuentra perfecto acomodo en este motivo de despido, donde el trabajador manifiesta un comportamiento traducido en no observar el horario, con ausencias temporales[560], continuos retrasos o falta de puntualidad[561], ausencias reiteradas[562] o la necesidad de abandonar el trabajo dado su estado[563].

Este tipo de incumplimientos, que se triplica en los supuestos en los cuales los trabajadores consumen sustancias psicoactivas en comparación con el resto de los trabajadores[564] (con cuanto ello supone a incremento en los costes laborales)[565], permite, así, afrontar en numerosos supuestos el problema del consumo desde una alternativa disciplinaria distinta a la contemplada en el art. 54.2 f) ET[566].

558 Pedrajas Moreno, A. y Sala Franco, T.: *Ausencias al trabajo y absentismo*, Valencia (Tirant lo Blanch), 2009, págs. 21 y 22.

559 Si la empresa hubiera conocido la circunstancia del trabajador, podrían haber sido justificadas algunas de las faltas de asistencia, STSJ Cataluña 17 septiembre 2013 (JUR 345939).

560 SSTSJ Galicia 7 julio 2004 (JUR 271846); Andalucía/Málaga 13 enero 2005 (AS 1199), 26 febrero 2009 (JUR 236894/2013) y 21 enero 2010 (JUR 242094/2013); Baleares 19 julio 2007 (JUR 356352/2007) y 19 septiembre 2016 (JUR 226718); Comunidad Valenciana 5 julio 2011 (JUR 338906); Extremadura 13 marzo 2012 (AS 769); Murcia 28 octubre 2013 (JUR 345403); Cataluña 18 diciembre 2015 (JUR 51765/2016) o Canarias/Las Palmas 22 junio 2018 (JUR 31443).

561 SSTSJ Comunidad Valencia 17 noviembre 1999 (AS 7486), Castilla y León/Burgos 25 noviembre 2003 (AS 1947/2004) y Cataluña 5 julio 2006 (AS 643/2007) y 7 octubre de 2016 (JUR 30815/2017) o País Vasco 11 diciembre 2018 (JUR 54119).

562 STS 3 noviembre 1988 (RJ 8510); también, SSTSJ Castilla-La Mancha 24 noviembre 1999 (AS 7260), Cataluña 5 julio 2006 (AS 643/2007) y 18 diciembre 2015 (JUR 51765), Baleares 30 octubre 2006 (JUR 15192/2007) y 19 septiembre 2016 (JUR 26718), Murcia 29 octubre 2007 (JUR 46349/2008) y 2 octubre 2019 (JUR 297623), Comunidad Valenciana 3 febrero 2015 (JUR 131173) o Castilla y León/Burgos 21 septiembre 2020 (JUR 310763). Señalando tal conexión, Delgado Ucelay, J.: «Faltas repetidas e injustificadas de asistencia al trabajo», en AA. VV.: *Estudios sobre el despido disciplinario*, 2.ª ed., cit., pág. 121.

563 SSTSJ Galicia 15 octubre 2003 (JUR 178118/2004) y 7 julio 2004 (JUR 271846); Extremadura 27 marzo 1998 (AS 939); Asturias 9 julio 2004 (AS 2539); Comunidad Valenciana 21 marzo 2006 (JUR 255141) y 5 julio 2011 (JUR 338906); Baleares 18 marzo 2013 (JUR 187794); Andalucía/Málaga 10 julio 2014 (JUR 265894); Andalucía/Granada 13 julio 2017 (JUR 309702); Madrid 20 enero 2020 (JUR 114442) o Castilla y León/Burgos 21 septiembre 2020 (JUR 310763).

564 Comparecencia del Ministro de Trabajo y Asuntos Sociales de 19 de junio de 2001 ante la Comisión Mixta Congreso-Senado para el estudio del problema de las drogas.

565 Demostrándolo, Joeman, L. M.: «Alcohol at work: the cost to employers», *Employment Gazette*, diciembre 1991, págs. 672 y 673.

566 Así la alternativa expresa contenida en STSJ Murcia 8 noviembre 2017 (JUR 311070).

3.2.2.2. Desobediencia, siempre mediando previa advertencia, amonestación o sanción. El potencial de las condiciones pactadas en contrato

Cuando no sea una labor simple —en la mayor parte de las ocasiones— acreditar todos los requisitos exigidos por el tipo que recoge la embriaguez y toxicomanía del art. 54 ET, la desobediencia en el trabajo también puede servir para encuadrar esta conducta del empleado, necesariamente conectada con previas advertencias documentadas capaces de evidenciar su reiterada indisciplina, contraria a los intereses empresariales[567].

Adquiere particular relieve cuando el hábito del trabajador crea un factor de riesgo para él mismo, sus compañeros, terceras personas o bienes de la empresa[568], especialmente en los supuestos de negligencia al no respetar las reglas elementales de su profesión o actividad[569]. Estos supuestos son portadores de un peligro más que potencial[570], sin necesidad, por tanto, de un resultado dañoso concreto[571]. Situaciones tales como repetidos rechazos por parte del empleado a acudir a un reconocimiento médico que le impone el empresario y preceptivo por las características de la actividad, también puede dar pie a la reacción de la orden de una extinción laboral por indisciplina[572].

Entre los comportamientos más comunes, podrían quedar encuadradas en el tipo conductas que generan una situación de riesgo especifico, como la negligencia en no respetar pautas o normas fundamentales de la profesión[573],

567 STSJ Asturias 25 octubre 2013 (AS 3202).

568 Con carácter general, SSTS 3 noviembre 1988 (RJ 8510) y 18 noviembre 1989 (RJ 8077); SSTCT 15 septiembre 1983 (RTCT 7473) y 18 noviembre 1989 (RTCT 8077) o SSTSJ Madrid 22 enero 1998 (AS 252) y 10 enero 2003 (AS 1464), Cataluña 4 diciembre 1992 (AS 6344), Murcia 17 junio 1993 (AS 3045), Cantabria 17 noviembre 1993 (AS 4771) y 21 enero 2004 (JUR 80446), Comunidad Valencia 10 mayo 2000 (JUR 292646) y 5 julio 2011 (JUR 338906), Andalucía/Málaga 9 junio 2000 (AS 3501), País Vasco 12 diciembre 2000 (AS 2974/2001), Galicia 7 julio 2004 (JUR 271846) y 8 noviembre 2013 (AS 100/2014) o Baleares 19 septiembre 2016 (JUR 226718).

569 Emblemático el ejemplo contenido en las SSTSJ Extremadura 9 abril 2002 (AS 2152), Asturias 25 octubre 2013 (AS 3202) o Comunidad Valenciana 22 diciembre 2015 (JUR 140991).

570 En la doctrina, básicos los estudios de Lewis, R. J. y Cooper, S. P.: «Alcohol, other drugs and fatal work-related injuries», *Journal of Occupational Medicine*, Vol. 31, 1989, págs. 23-28 o Gutiérrez Fisac, J.: «Occupational accidents and alcohol consumption», *International Journal of Epidemiology*, Vol. 21, núm. 6, 1992, págs. 1114-1120.

571 Román de la Torre, M. D.: *Poder de dirección y contrato de trabajo*, Valladolid (Grapheus), 1992, págs. 371-376; en los Tribunales, concluyente, SSTSJ Castilla y León/Valladolid 13 abril 2011 (JUR 176322) o Cantabria 15 julio 2015 (JUR 33268/2016).

572 STSJ Madrid 28 abril 2014 (JUR 168266).

573 SSTSJ Extremadura 9 abril 2002 (AS 2152), Galicia 8 noviembre 2003 (AS 100/2004), Asturias 25 octubre 2013 (AS 3202) o Baleares 19 septiembre 2016 (JUR 226718).

utilizar herramientas peligrosas[574], conducir vehículos que requieren gran diligencia[575], utilizar maquinaria especialmente complicada[576], trabajar en altura[577] (por ejemplo, hacerlo desde una escalera pintando)[578], manejar maquinaria para manipular mercancía de gran tonelaje y a una altura considerable[579] o ignorar medidas básicas de prevención de riesgos laborales de forma temeraria[580]. Especial mención sobre tal situación merecerá el comportamiento en todo tipo de conductores de vehículos, sean de tierra, mar o aire[581].

3.2.2.3. El «mal beber» y los comportamientos intolerables en la empresa

Las consecuencias del consumo también pueden manifestarse a través de conductas subsumibles en otros tipos, como pueden ser las ofensas verbales o físicas al empresario, quienes trabajan en la empresa o sus familiares previstas en el art. 54.2 c) ET; letra del precepto en la cual tienen cabida todo tipo de agresiones físicas[582] o verbales[583], conductas gráficamente ilustradas en otros ordenamientos como el alemán bajo la teoría del «mal beber»[584].

574 STSJ Murcia 9 febrero 2004 (JUR 92206).

575 SSTSJ Cantabria 21 enero 2004 (JUR 80446) o Aragón 4 octubre 2013 (JUR 16014/2014).

576 STSJ País Vasco 14 febrero 2006 (AS 1421).

577 STSJ Cataluña 7 diciembre 1990 (AS 4450).

578 STSJ Madrid 22 enero 1998 (AS 252).

579 STSJ Castilla y León/Burgos 25 noviembre 2003 (AS 1947/2004).

580 STSJ País Vasco 12 diciembre 2000 (AS 2974/2001) o, en la doctrina, GORELLI HERNÁNDEZ, J.: «Deber de obediencia y despido por desobediencia», *Revista Española de Derecho del Trabajo*, núm. 87, 1998, págs. 72 y ss.

581 Entre muchas, y añadiendo todas cuantas ya constan en cuantas ya se ha expuesto respecto a la necesidad de una sola conducta de embriaguez o toxicomanía para proceder al despido, STS 21 febrero 2023 (RJ 1259); SSTSJ Galicia 24 mayo 2005 (JUR 169147) y 6 marzo 2015 (JUR 96062); Castilla y León/Valladolid 19 diciembre 2005 (JUR 24500/2006); Comunidad Valenciana 23 enero y 20 noviembre 2007 (AS 1197 y JUR 119219), 8 abril 2009 (JUR 304670) y 10 noviembre 2011 (JUR 2012\18443); Cataluña 12 abril 2012 (JUR 219795), 15 febrero 2016 (JUR 80745) y 4 abril 2017 (JUR 40740); País Vasco 10 septiembre 2019 (JUR 57132); Madrid 17 abril 2020 (JUR 211604) o Castilla-La Mancha 24 mayo 2021 (JUR 246597).

582 SSTSJ Canarias/Las Palmas 11 noviembre 2015 (JUR 2016\42259) o Andalucía/Sevilla 10 marzo 2016 (JUR 109522).

583 SSTSJ Comunidad Valenciana 2 diciembre 2014 (JUR 89134) y 24 enero 2018 (JUR 125504) o Cataluña 23 mayo 2016 (JUR 185745).

584 Entre otras muchas, y en los últimos años, SSTS Asturias 25 octubre 2013 (AS 3202), Canarias/Las Palmas 28 febrero 2014 (JUR 198694), Cataluña 23 mayo 2016 (JUR 185745), País Vasco 20 septiembre 2016 (JUR 239628), Comunidad Valenciana 30 diciembre 2016 (JUR 119353), Castilla y León/Burgos 30 marzo 2017 (JUR 118263), Asturias 9 mayo 2017 (JUR 151512) o Murcia 8 noviembre 2017 (JUR 311070).

Esta perspectiva da cabida a todo tipo de comportamientos conflictivos[585], como insultar[586], emitir continuos e intensos gritos y voces[587], acosar de forma verbal al personal[588], una continua conducta violenta y agresiva[589], inferir amenazas, provocar quejas de compañeros y clientes[590] —pues estas personas, no tienen porque «soportar su embriaguez»[591]—, provocar continuas disputas[592] y «trifulcas»[593] con otros compañeros, así como realizar actos de hostigamiento a otras personas[594] o mostrar su desconsideración hacia ellas[595].

3.2.2.4. La ejecución defectuosa de la prestación debida

El resultado negativo sobre la prestación laboral puede también tener lugar a través de una insuficiente calidad en los resultados y poca (o nula)[596] producción individual del trabajador[597], motivado por el frecuente recurso al alcohol y otras sustancias, con manifestaciones como pueden ser, además de abandonar la prestación —que no solo en las ausencias injustificadas, sino también aquí tiene cabida[598]—, cometer graves equivocaciones[599], desempeñar el servicio de manera deficiente[600], incurrir en grave desconocimiento de cuanto procede hacer[601], provocar deterioros materiales[602], mostrar desaten-

585 SSTSJ Comunidad Valenciana 17 noviembre 1999 (AS 7486), País Vasco 12 diciembre 2002 (AS 2974/2003), Madrid 3 julio 2013 (JUR 302057), Galicia 14 noviembre 2013 (AS 2396/2014) o Andalucía/Sevilla 10 marzo 2016 (JUR 109522).

586 STSJ País Vasco 20 septiembre 2016 (JUR 239628) o Madrid 21 mayo 2018 (JUR 216585).

587 SSTSJ Comunidad Valenciana 14 septiembre 2004 (AS 3482) o Extremadura 18 mayo 2020 (JUR 203156).

588 STSJ Comunidad Valenciana 2 diciembre 2014 (JUR 89134/2015).

589 STSJ Cataluña 12 enero 2007 (JUR 220953).

590 STSJ Cantabria 21 enero 2004 (JUR 80446).

591 STSJ Comunidad Valenciana 17 noviembre 1999 (AS 748). En la doctrina, RODRÍGUEZ RAMOS, M. J.: «Embriaguez habitual o toxicomanía», cit., pág. 143.

592 STSJ Cantabria 21 enero 2004 (JUR 80446).

593 STSJ Madrid 22 enero 1998 (AS 252).

594 STSJ País Vasco 15 marzo 2005 (AS 2194).

595 SSTSJ Cataluña 4 diciembre 1992 (AS 6344) o Cantabria 21 enero 2004 (JUR 80446).

596 STSJ Madrid 14 noviembre 2016 (AS 4115/2017).

597 SSTSJ Cataluña 3 abril 1997 (AS 1398), Cantabria 17 junio 2004 (AS 1903), Castilla y León/Burgos 25 noviembre 2004 (AS 1947), País Vasco 11 diciembre 2018 o Aragón 9 abril 2019 (AS 455).

598 STSJ Baleares 19 septiembre 2016 (JUR 226718).

599 STSJ Extremadura 9 abril 2002 (AS 2152).

600 STSJ Andalucía/Sevilla 10 marzo 2016 (JUR 109522).

601 STSJ Castilla-La Mancha 24 noviembre 1999 (AS 7260).

602 STSJ Andalucía/Sevilla 31 octubre 2012 (JUR 4484/2013).

ción y pasividad[603], dar lugar a sucesos graves[604], suscitar reclamaciones[605], llevar a cabo ejecuciones incompletas[606] o, en el sector servicio, suponer «un menoscabo en la atención y trato exquisito debido a los clientes con su comportamiento brusco, dejadez e irresponsabilidad»[607].

También apreciable cuando es causa de perturbaciones en el desarrollo de la tarea ordinaria[608], una considerable disminución en la cantidad de trabajo que venía desarrollando (precisando de ayuda para su realización por otros compañeros)[609] o la necesidad de contratar a un trabajador sustituto[610].

Queda patente, así, la estrecha conexión entre la embriaguez y toxicomanía en el trabajo con la disminución continuada y voluntaria en el rendimiento del mismo[611], por cuanto la «repercusión [negativa] se puede manifestar de diferentes maneras, pero, en general, casi todas ellas implican una disminución del rendimiento» debido a una ejecución defectuosa[612].

3.2.2.5. En particular, expresión de la trasgresión de la buena fe contractual

La trasgresión de la buena fe contractual es el recurso más ampliamente utilizado[613] cuando la conducta de la embriaguez habitual o toxicomanía no

603 STSJ País Vasco 22 marzo 2016 (AS 875).

604 STSJ Asturias 20 julio 2012 (JUR 276054).

605 SSTSJ Extremadura 9 abril 2002 (AS 2152) o Aragón 4 octubre 2013 (JUR 16014/2014).

606 Como ocurre en el supuesto en el cual el responsable de pintar unas paredes, por error, «pinta carteles, cercos de las puertas (...), dejando espacios inservibles que obligan a la empresa a su reparación», STSJ Madrid 22 enero 1998 (AS 252).

607 Compendio entrecomillado de comportamientos que glosan algunos más habituales, en el caso analizado tanto más graves cuando se trata de un puesto de control, STSJ Asturias 3 octubre 2017 (JUR 256841).

608 SSTSJ Aragón 18 mayo 2005 (AS 1480) o Andalucía/Granada 12 diciembre 2013 (JUR 35930/2014).

609 SSTSJ Andalucía/Málaga 9 junio 2000 (AS 3501), Castilla y León/Valladolid 8 octubre 2008 (JUR 367134) o País Vasco 2 diciembre 2008 (JUR 324250).

610 STSJ Galicia 7 julio 2004 (JUR 271846).

611 GÁRATE CASTRO, J.: *El rendimiento en la prestación de trabajo*, Madrid (Civitas), 1984 o BARREIRO GONZÁLEZ, G.: *Diligencia y negligencia en el cumplimiento. Estudio sobre la prestación de trabajo debida por el trabajador*, Madrid (Centro de Estudios Constitucionales), 1981.

612 GÁRATE CASTRO, J.: «La disminución continuada y voluntaria en el rendimiento», en AA. VV.: *Estudios sobre el despido disciplinario*, 2.ª ed., cit., págs. 247 y ss.; sumamente ilustrativa la STSJ Andalucía/Málaga 9 junio 2000 (AS 3501).

613 RODRÍGUEZ-SAÑUDO GUTIÉRREZ, F.: «La trasgresión de la buena fe contractual como causa de despido», en AA. VV. (MONTOYA MELGAR, A.; MARTÍN VALVERDE, A. y RODRÍGUEZ-SAÑUDO GUTIÉRREZ, F., Coords.): *Cuestiones actuales de Derecho del Trabajo. Estudios ofrecidos por los catedráticos españoles de Derecho del Trabajo al Profesor Manuel Alonso Olea*, Madrid (MTSS), 1990, págs. 528 y ss.

encuentra encuadre preciso en el resto de las disposiciones legales anteriormente descritas[614].

El recurso a esta vía disciplinaria cada vez va cobrando mayor importancia, en particular en el sector terciario o de servicios, pues valores como la dignidad de la propia empresa pueden ser puestos en tela de juicio en caso de asociar esta conducta a su distintivo[615] o imagen y, por tanto, suponer un daño cuantificable en dinero[616]; igualmente puede suponer un descenso en la producción o en la actividad al dañar la confianza del usuario[617]. En particular cobra relieve la negativa consecuencia de perder clientes[618] (o rechazar el servicio si lo presta ese empleado)[619], perjudicar a la empresa[620] (al menos cuando se conoce la noticia)[621] y, en trabajos de atención al público[622], dar pie al desprestigio para la organización[623].

---

614 Cabe dar cuenta, en este sentido, del esfuerzo de la doctrina por separar las causas significadas en las letra d) y f), argumentando «su diversa naturaleza tanto en términos de objeto de protección, la disciplina en el primer precepto y la confianza mutua o fidelidad en el segundo, como en relación a los requisitos que las configuran, la voluntariedad o la negligencia en la actuación del trabajador por una parte, o la constancia o no en la realización de la conducta por otra», Camas Roda, F.: «El factor humano en un despido: ingesta de alcohol y buen fe contractual en el ámbito laboral», cit., pág. 326.

615 Romero Ródenas, M. J.: *Sida y toxicomanías (Un análisis jurídico laboral y de Seguridad Social)*, cit., pág. 228.

616 Rodríguez Ramos, M. J.: «Embriaguez habitual o toxicomanía», cit., pág. 143.

617 STS 26 octubre 1989 (RJ 7443) o SSTSJ Murcia 18 mayo 1992 (AS 2416), Andalucía/Málaga 9 junio 2000 (AS 3501) y Andalucía/Sevilla 10 marzo 2016 (JUR 109522).

618 SSTSJ Cataluña 4 diciembre 1992 (AS 6344) y Comunidad Valenciana 14 septiembre 2004 (AS 3482).

619 STSJ Cataluña 7 octubre 2016 (JUR 30815/2017).

620 STSJ Galicia 24 mayo 2005 (JUR 169147).

621 En el caso de un conductor de un autobús escolar que da positivo en una prueba de alcoholemia, haciéndose eco la prensa de la noticia y, por tanto, pudiendo el colegio rescindir con la empresa de transporte el contrato, STSJ Castilla y León/Valladolid 24 abril 2014 (JUR 147037). Para el supuesto de un conductor que tiene un grave accidente con un camión que porta el logotipo de la empresa por encontrarse en situación de embriaguez, destrozando el vehículo y cuya noticia transciende a la prensa, STSJ País Vasco 28 marzo 2000 (AS 590).

622 Singular el ejemplo ofrecido por la STSJ Extremadura 9 abril 2002 (AS 2152), en el cual el conductor de una funeraria no respeta las señales de circulación, se presenta al servicio con un considerable retraso y fuerte olor a alcohol y lleva el cadáver a otra localidad aprovechando el itinerario para saludar a unos conocidos con repetidos bocinazos. En un supuesto en el cual el trabajador, tras ser apercibido varios días por «no atender adecuadamente a unos clientes» y «por encontrarse en varias ocasiones en su puesto de trabajo en estado de embriaguez», el Tribunal estima que «la juzgadora [de instancia] no se equivoca cuando considera que existe una habitualidad en el consumo de alcohol por parte del demandante que lleva a que la atención a los clientes no sea correcta», STSJ Castilla y León/Valladolid 6 julio 2016 (JUR 194215).

623 SSTSJ Comunidad Valenciana 27 julio 2001 (JUR 57815), Madrid 16 marzo 2004 (JUR 238484), Castilla y León/Valladolid 18 marzo 2013 (JUR 174151) o Castilla-La Mancha 27 noviembre 2014 (JUR 2015\23493) y 15 diciembre 2016 (JUR 7380/2017).

Cabe ubicar aquí, también, las situaciones ya citadas, en las cuales el trabajador porta o viste distintivos de la empresa en este estado[624], o da positivo en las pruebas de alcoholemia, en los cuales los convenios colectivos flexibilizaban o directamente prescinden de los necesarios requisitos de la habitualidad o repercusión negativa, como muestra señera de otro largo listado de conductas que, por no cumplir los requisitos del art. 54.2 f) ET, pueden quedar incluidas en la letra d) de este precepto[625].

Entre estas cabra mencionar, por ejemplo[626], seguir desempeñando el trabajo, conscientes de la responsabilidad que este requiere, incluso en un estado de clara intoxicación[627] (considerando agravante el hecho de hacerlo en un oficio peligroso y de mucha responsabilidad tras largos años de experiencia[628], o, precisamente, haber participado en un curso de formación sobre tal riesgo en el trabajo)[629], llevar a cabo hurtos[630], adulterar hojas de dietas[631], desatender completamente el servicio[632], dormir durante el tiempo de trabajo[633], utilizar los medios que la empresa pone a su disposición para el cumplimiento de su trabajo provocando serios daños a los mismos[634], traficar con drogas dentro de la empresa[635], infringir normativa básica de prevención de riesgos laborales sobre el consumo de sustancias dentro del ámbito la-

624 STSJ Aragón 4 octubre 2013 (JUR 16014), Murcia 21 febrero 2018 (JUR 109653) o Baleares 11 julio 2018 (JUR 265681).

625 STS 9 enero 2024 (JUR 29051); CONDE MARÍN, E.: *La buena fe en el contrato de trabajo. Un estudio de la buena fe como elemento de integración del contrato*, Madrid (La Ley), 2007 o MONTOYA MELGAR, A.: *La buena fe en el Derecho del Trabajo*, Madrid (Tecnos), 2001.

626 Para otras variables circunstancias, en los últimos años, SSTSJ Castilla y León/Burgos 66 junio 2013 (JUR 195103); Galicia 9 julio 2013 (JUR 276584); Cataluña 19 junio 2013 (JUR 345381) y 21 marzo 2016 (JUR 121586); Baleares 17 noviembre 2014 (JUR 31647) y 4 marzo 2016 (JUR 108410); Canarias/Las Palmas 30 junio 2015 (AS 2065); Murcia 9 noviembre 2016 (JUR 42569); Madrid 2 noviembre 2016 (JUR 868/2017), 26 enero 2017 (JUR 76355) y 14 abril 2020 (JUR 246539); Castilla-La Mancha 15 diciembre 2016 (JUR 7380/2017) y 23 enero 2020 (JUR 110566); Andalucía/Granada 13 julio 2017 (JUR 309702) o Castilla y León/Valladolid 30 septiembre 2019 (JUR 291491).

627 Como el supuesto de transportar enfermos pese a haber dado un 0,89 en el test de alcoholemia, STSJ Castilla y León/Valladolid 18 marzo 2013 (JUR 174151).

628 STSJ Madrid 3 junio 2016 (JUR 181566).

629 STSJ Galicia 30 noviembre 2016 (JUR 10192/2017).

630 STSJ Andalucía/Sevilla 22 abril 2008 (JUR 149455/1999).

631 STSJ Cataluña 26 junio 1998 (AS 3169).

632 Como ejemplo, el supuesto en la cual el empleado olvida ingresar un cheque y cierta cantidad de dinero, dejando a la empresa en descubierto y a sus compañeros sin cobrar durante tres días, STSJ Murcia 29 octubre 2007 (JUR 46349/2008).

633 STSJ Castilla-La Mancha 30 enero 2012 (JUR 67267).

634 STSJ Murcia 22 febrero 2016 (JUR 54602).

635 STS 17 octubre 1988 (RJ 7829).

boral[636], manipular y falsificar partes de trabajo[637], provocar siniestros[638], no informar adecuadamente acerca de datos transcendentes en relación a la prestación laboral[639], ocultar diligencias penales por hechos cometidos bajo el alcohol[640], no desarrollar las más elementales tareas de su oficio[641], mostrar negligencia en las tareas[642], no realizar directamente ningún trabajo que le corresponde[643], llevar a cabo estafas dentro de la empresa y apropiaciones indebidas[644] o, por no seguir, consumir y utilizar artículos de la empresa[645].

No faltan pronunciamientos en el sentido de llegar a apuntar que el despido hubiera podido ser considerado procedente (por haber dado positivo en un control de alcoholemia y ocultar la privación del carnet) de haber invocado la transgresión de la buena fe contractual y no la causa del art. 54. 2 f) ET[646]; al igual que se considera pertinente acudir a la vulneración de la confianza otorgada por el empresario que le ha ayudado con anterioridad (en el curso, con internamiento hasta en cinco ocasiones en un Centro para su tratamiento, reservando entretanto su puesto de trabajo y manteniendo sus emolumentos) y, a pesar de ello, el trabajador vuelve a recaer[647].

Excepcionalmente —quizá por el fallecimiento de quien había sido despedido— se sostiene que conducir bajo los efectos del alcohol no supone transgresión de la buena fe, «pues [esta] tiene un perfil excesivamente genérico, dentro del que parece más propio incluir conductas encaminadas a obtener algún tipo de beneficio por parte del trabajador, o la realización de conductas que tienen como finalidad el encubrir actuaciones laborales irregulares o abusivas, para que no sean conocidas por el empleador, dentro de lo que no

636 SSTSJ Castilla y León/Valladolid 16 enero 2013 (JUR 55310) y Galicia 6 marzo 2015 (JUR 96062).

637 SSTSJ Andalucía/Granada 12 diciembre 2013 (JUR 35930/2014) y Murcia 27 febrero 2016 (JUR 54602).

638 STS 22 enero 1987 (RJ 111) o SSTSJ Andalucía/Málaga 13 enero 2005 (AS 1199) y Murcia 19 mayo 2014 (JUR 167896).

639 Como puede ser la inhabilitación cautelar para conducir de un chófer por haber dado positivo en un control de alcoholemia, SSTSJ Galicia 13 marzo 2013 (AS 1800).

640 STSJ Castilla y León/Valladolid 4 abril 2013 (AS 1483).

641 STSJ Madrid 6 febrero 2001 (JUR 146878).

642 STSJ Comunidad Valenciana 17 julio 2012 (JUR 361004).

643 STSJ Canarias/Las Palmas 31 octubre 2008 (JUR 49001/2009).

644 STSJ Madrid 4 abril 2011 (JUR 187545).

645 SSTSJ Canarias/Sta. Cruz de Tenerife 4 marzo 2013 (JUR 253798) y Canarias/Las Palmas 11 noviembre 2015 (JUR 42259/2016).

646 STSJ País Vasco 15 octubre 2013 (JUR 139563/2014); considerando la procedencia cuando se invoca la transgresión de la buena fe y el abuso de confianza, STSJ Murcia 22 febrero 2016 (JUR 54602).

647 STSJ Canarias/Las Palmas 30 abril 2015 (JUR 216015).

encajaría la conducta objeto de sanción»[648]. Punto de partida negado por algunos otros de manera terminante, pues al igual que con esta tipificación no es precisa la habitualidad[649], el resultado negativo no demanda daños graves a la empresa[650]: «no es preciso acreditar la existencia de un perjuicio alguno para la empresa, ni lucro alguno para el trabajador»[651].

3.2.2.6. Otras causas disciplinarias o el recurso al despido objetivo

Cabría hacer mención también a otras causas de despido que, además de los frecuentes supuestos de multicausalidad señalados[652], o bien no han sido recogidas por los pronunciamientos judiciales, como es el «acoso por razón de origen racial o étnico, religión o convicciones, discapacidad, edad u orientación sexual y el acoso sexual o por razón de sexo al empresario o a las personas que trabajan en la empresa» del art. 54.2 g) ET[653], o variando el título de imputación, han sido menos utilizadas, conforme sucede con la ineptitud sobrevenida del art. 52 a) ET (al resultar igual de frágil)[654].

Respecto a esta interesante desviación al despido objetivo de la conducta disciplinaria, encuadrándolo en la ineptitud sobrevenida, varias sentencias[655] y autores[656] han apoyado este proceder, argumentando que son circunstancias ajenas a la voluntad de las partes y la empresa no podría incurrir en ninguna responsabilidad motivada por el impacto social derivado para esta persona adicta de la pérdida de su trabajo, al no existir ninguna obligación al respecto[657]. Perspectiva insolidaria en la argumen-

648 STSJ Castilla-La Mancha 6 junio 2017 (JUR 189292).

649 SSTSJ Cantabria 17 febrero 1992 (AS 656) y 15 julio 2015 (JUR 33268/2016).

650 Aun cuando, lógicamente, si estos concurren quedaría refutado el perfil genérico anteriormente atribuido a la buena fe por la existencia de un mal concreto, STSJ Comunidad Valenciana 22 diciembre 2015 (JUR 140991).

651 STSJ Cantabria 15 julio 2015 (JUR 33268/2016).

652 Emblemático por la multiplicidad de causas que a la embriaguez habitual y toxicomanía, STSJ Canarias/Las Palmas 30 abril 2015 (JUR 216015).

653 En medio de otras imputaciones, también se menciona el acoso sexual en la STSJ Castilla y León/Burgos 10 noviembre 2016 (JUR 259796).

654 STS 3 noviembre 1988 (RJ 8510).

655 STSJ Galicia 4 junio 2002 (JUR 240626).

656 Fita Ortega, F.: «La relación laboral y el consumo de alcohol o sustancias tóxicas: en torno a la conveniencia de suprimir la embriaguez habitual o toxicomanía como causa autónoma de despido», cit., págs. 184 y 185.

657 STSJ Castilla y León/Valladolid 16 enero 2013 (JUR 55310). Cuanto no resulta de recibo es que, como ceder al empresario de los problemas de su trabajador, y cuanto sus limitaciones físicas y psicológicas evidentes, motivo por el cual no le permite realizar ciertas tareas, acuda a la vía de la extinción al amparo del art. 50 ET por falta de ocupación efectiva parcial, STSJ Cataluña 1 marzo 2016 (AS 766).

tación pero que deja un amplio campo por explorar, en particular de haber fracasado la alternativa preventiva, conforme a renglón seguido pasará a exponer.

3.2.3. La protección de la Seguridad Social

Conforme bien han venido sintiendo las diferentes Estrategias y Planes de Actuación, el excesivo consumo de alcohol y drogas no deja de ser, en el fondo, un problema de responsabilidad social de todos comunitario, implicando a sujetos públicos y privados con obligaciones políticas o estrictamente jurídicas en este ámbito.

Entre los llamados a ocupar un lugar preeminente está, sin duda, la Seguridad Social; también, ya sea en su sentido o fuera de él, la asistencia sanitaria como parte de la Protección Social. Desde luego su actuación en el ámbito preventivo será importante a partir de la coordinación de las redes autónomas de Servicios Sociales y Asistencia Social, las actuaciones en este ámbito acometidas desde el Sistema Nacional de Salud o políticas de empleo inclusivas dirigidas a las afectadas por el problema (programas de fomento ocupacional, rentas mínimas de inserción, bonificaciones en las cotizaciones, etc.), sin ignorar la colaboración de las empresas en este empeño, estimulando su quehacer a través de un sistema de reducción de cotizaciones por contingencias profesionales a cuantas se distingan por el empleo de medios eficaces de prevención (Real Decreto 231/2017, de 10 marzo) o, en particular, el papel que pueden desarrollar las Mutuas en la detección de un consumo problemático de alcohol a través de los reconocimientos médicos previstos en el art. 22 LPRL.

Todos estos aspectos serán objeto de tratamiento específico al hilo del análisis preventivo que se abordará en el último Capítulo, procediendo ahora ese enfoque más «clásico» que aborda la cobertura reparadora del Sistema a través de prestaciones. A tal fin procederá distinguir tres grandes apartados: la asistencia sanitaria a quienes presentan problemas con el alcohol o las drogas, los siniestros con presencia de sustancias que sufren los trabajadores y la patología adictiva en proceso de asentamiento o ya consolida como factor incapacitante.

3.2.3.1. Asistencia sanitaria

Ardua fue, en su momento, la polémica en torno a si la asistencia sanitaria formaba parte o no de la Seguridad Social. Debate abierto cuando la Constitución la dividió entre los arts. 41 y 43, e hizo lo propio con los títulos competenciales que le afectan entre los apartados 16 y 17 del art. 146.1, y la Ley 14/1986, de 25 de abril, lenta y no siempre pacifica, hacia una protección segregada y distinta de la Seguridad Social.

El debate, al cual no faltó ninguna de las plumas más solventes del iuslaboralismo español, ocupó gran parte de la última década del siglo[658] y, tras la intervención de los dos referentes por antonomasia en la materia[659], pareció haberse saldado —«periodo transitorio» incluido[660]— con un «acta de independencia»[661] que convertían la cuestión en una «vieja historia»[662]. Lejos de tal constituye una historia inacabada, pues no solo siempre persistieron voces defendiendo el mantenimiento del vínculo histórico[663], sino que últimamente se reavivan al calor del Real Decreto-ley 16/2012, de 20 de abril y Real Decreto 1192/2012, de 3 de agosto[664] y de algunos pronunciamientos del Tribunal Constitucional defendiendo la neutralidad de la Norma Fundamental en este punto, de estricta configuración legal[665].

---

658 Una cuidada selección de las posiciones sostenibilidad y la evolución en BELTRÁN AGUIRRE, J. L.: «Sistema Nacional de Salud o asistencia sanitaria de la Seguridad Social», *Derecho y Salud*, Vol. 15, núm. 2, 2007, págs. 27 a 29.

659 Así, desaparece el Capítulo destinado a «Prestaciones sanitarias», de su Manual [ALONSO OLEA, M. y TORTUERO PLAZA, J. L.: *Instituciones de Seguridad Social*, 14.ª ed., Madrid (Civitas), 1995]; a la par la monografía de ALONSO OLEA, M.: *Las prestaciones sanitarias de Seguridad Social*, Madrid (Civitas), 1994, ve un nuevo título en ALONSO OLEA, M.: *Las prestaciones del Sistema Nacional de Salud*, Madrid (Civitas), 1999.

660 MONTOYA MELGAR, A.: «Asistencia sanitaria: de la Seguridad Social al Sistema Nacional de Salud (apunte para un estudio)», *Aranzadi Social*, T. V, 2004, págs. 683 a 695.

661 Con ironía, MOLINA NAVARRETE, C.: «La protección de la salud en el Sistema de Seguridad Social: dos historias inacabadas y confusas de segregación normativa e institucional», en AA. VV. (MONEREO PÉREZ, J. L.; MOLINA NAVARRETE, C. y MORENO VIDA, M. N., Coords.): *La Seguridad Social a la luz de sus reformas presentes, pasadas y futuras. Homenaje al Profesor Vida Soria con motivo de su jubilación*, Granada (Comares), 2008, pág. 1216.

662 Así tildándola, LANJARÓN BARQUÍN, D.: «Reembolso de gasto farmacéutico generado por prescripción de tratamiento farmacéutico con hormona de crecimiento», *Aranzadi Social*, núm. 17, 2011, pág. 27 a 29.

663 Entre otros, APARICIO TOVAR, J.: *La Seguridad Social y la protección a la salud*, Madrid, (Civitas), 1989; QUIROS HIDALGO, J. G.: *La protección farmacéutica de la Seguridad Social*, Valladolid (Lex Nova), 2006, págs. 52 y ss. o MONEREO PÉREZ, J. L. y MOLINA NAVARRETE, C.: «Configuración y delimitación técnica: la asistencia sanitaria como acción protectora del Sistema de Seguridad Social», en AA. VV. (MONEREO PÉREZ, J. L., Dir.): *Las contingencias comunes protegidas por la Seguridad Social. Estudio de su régimen jurídico*, Granada (Comares), 2008, págs. 400-402.

664 Baste remitir a las posiciones con profundas diferencias que separan los discursos de HIERRO HIERRO, F. J.: «La prestación por asistencia sanitaria: cuestiones de encuadramiento», *Revista General de Derecho del Trabajo y de la Seguridad Social*, núm. 31, 2012 o ALONSO-OLEA GARCÍA, B.: «Sobre la naturaleza jurídica de las prestaciones sanitarias: ¿sanidad o sanidad y Seguridad Social? Reflexiones tras la publicación del Real Decreto-Ley 16/2012, de 20 de abril, de medidas urgentes para garantizar la sostenibilidad del Sistema Nacional de Salud y mejorar la celeridad y seguridad de sus prestaciones», *Nueva Revista Española de Derecho del Trabajo*, núm. 161, 2014, págs. 113-144

665 Acabada la presentación en FERNÁNDEZ DOMÍNGUEZ, J. J. y DOMÍNGUEZ FERNÁNDEZ, G.: «La prescripción y dispensación de medicamentos en la doctrina del Tribunal Constitucional: algo más que una cuestión competencial», *Revista de Derecho de la Seguridad Social*, núm. 14, 2018, págs. 52-57.

Dejando apuntado el motivo de su —discutible— ubicación en esta sede, cuanto al discurso interesa es el derecho de cualquier trabajador, a partir de cuanto dispone el Real Decreto 1030/2006, de 15 de septiembre, a las prestaciones sanitarias derivadas del consumo abusivo de alcohol, drogas y otras sustancias, incluidas como tales en la cartera de servicios comunes del Sistema Nacional de Salud.

Así, y dejando al margen la atención de urgencias contenida en el Anexo IV del Reglamento, cabrá atender a cuanto dispone su Anexo II, el cual, dentro de la Atención Primaria recoge los siguientes aspectos de cobertura[666]:

- Todas aquellas actividades asistenciales de atención individual, diagnóstico, terapéuticas y de seguimiento de procesos agudos o crónicos, dentro de las cuales se mencionan expresamente las intoxicaciones (apartado 1); la realización de anamnesis [apartado 2.1.1 a)]. Las actuaciones dirigidas a la promoción y educación para la salud (que comprende las dirigidas a modificar o potenciar hábitos y actividades que conduzcan a formas de vida saludables, así como a promover al cambio de conductas relacionadas con factores de riesgo de problemas de salud específicos y las orientadas al fomento de los autocuidados, incluyendo la información y asesoramiento sobre conductas o factores de riesgo y sobre estilos de vida y actividades para la salud grupales y en centros educativos) y preventivas (incorporando las actividades para prevenir la aparición de enfermedades actuando sobre los factores de riesgo —prevención primaria— o para detectarlas en la fase presintomática —prevención secundaria—) [apartados 3.1.1 y 3.1.2 c), respectivamente].

Servicios de atención a la adolescencia, mentando la anamnesis y consejo sobre hábitos que comporten riesgos para la salud, como el uso de tabaco, alcohol y sustancias adictivas [apartado 6.2.1].

Atención al adulto, grupos de riesgo y enfermos crónicos, dentro de los cuales se menciona la atención a fumadores y apoyo a la deshabituación de tabaco (incluyendo la valoración del fumador, la información sobre riesgos, el consejo de abandono, el apoyo sanitario y, en su caso, la intervención con ayuda conductual individualizada), atención al consumidor excesivo de alcohol (incorporando la detección y cuantificación del consumo y frecuencia de la ingesta, la valoración de la dependencia, el consejo de limitación o eliminación de consumo, la valoración de patologías provocadas por el consumo y la oferta de asistencia sanitaria para abandono en caso necesario) y atención a otras conductas adictivas (con la detección, la oferta de apoyo sanitario especializado, si se precisa, para abandono de la dependencia y la prevención de enfermedades asociadas) [apartados 6.4.4. a), b) y c)]. En fin, en su caso, derivación a los servicios de salud mental.

---

666 FERNÁNDEZ DOMÍNGUEZ, J. J.: *Análisis de la problemática demanda del consumo de alcohol, drogas y otras sustancias en el ámbito laboral*, cit., págs. 337 y 338.

Es de notar, a partir de tales atribuciones, el papel fundamental de los médicos de Atención Primaria, cuyo papel en el ámbito analizado (tanto en aplicación de la cartera de servicios comunes como en las carteras suplementarias de cada Comunidad Autónoma) ha sido ponderado en la evaluación de la Estrategia que finalizó en 2016. El balance obtenido de documento tan importante como participado puede ser condensado en los siguientes aspectos más significativos:

A.- En cuanto hace el Objetivo General 1, referido a la coordinación y cooperación, tras apreciar que el sector de la drogodependencia está «altamente coordinado, tanto con Ilustraciones Públicas como con la Sociedad Civil», acaba reconociéndose cómo, «a nivel autonómico, los perfiles de coordinación son heterogéneos y, además, diferentes en función del área de intervención: 1.- En prevención, destaca la coordinación con Sanidad, Educación y Corporaciones Locales. 2.- En Asistencia, con Sanidad».

Sobre tal apreciación se recomienda «a nivel autonómico debe mejorar la coordinación, fundamentalmente en el área de Incorporación Social, y con la Sociedades Científicas en todas las áreas»; además «se deben promover proyectos colaborativos entre PAD, lo que ayudará a conseguir sinergias y aprovechar las fortalezas de los distintos territorios».

B.- En el Objetivo General 2, destinado a promover una conciencia social sobre los riesgos y daños se destaca cómo «la población recibe información sobre drogas por diversos canales con diferente nivel de calidad y credibilidad», siendo la recibida de los profesionales sanitarios la que mayores dosis presenta de ambas cualidades; cabe apuntar, también, «la discrepancia entre las actividades informativas y de sensibilización de los PAD y las fuentes de información preferidos por los y las adolescentes: los profesionales sanitarios son la fuente de información preferida por ellos e internet la menor».

Como pautas sobre las cuales trabajar, tres cobran singular importancia: «seguir insistiendo en la sensibilización sobre los riesgos, sobre todo en los adolescentes, y modificar la percepción de "normalidad" de ciertos consumos (abuso de alcohol y consumo de cannabis)»; «el consenso en los mensajes sigue siendo una prioridad»; por último, «en consonancia con las preferencias de la ciudadanía, hay que potenciar el papel de los profesionales sanitarios como fuente de información sobre los riesgos relacionados con el consumo de drogas».

C.- Constatando cómo «el grado de calidad de los programas de prevención es medio y la mitad de los Planes Autonómicos de Drogas disponen de carteras de servicios de prevención», el Objetivo General 3, destinado a aumentar capacidades y habilidades personales, merece a una cuádruple pauta de futuro: «reforzar intervenciones basadas en la evidencia (prevención familiar y ambiental) y potenciar sectores relevantes en los que el desarrollo es menor», entre otros el sanitario; garantizar la acreditación de los programas preventivos implementados pasan por filtros de calidad, avanzando en la homogeneización en el territorio nacional; reforzar la prevención selectiva con las poblaciones más vulnerables; en fin, es necesario hacer un esfuerzo para garantizar la cobertura universal de los programas de prevención que demuestren ser efectivos.

D.- En cuanto al Objetivo General 4, dirigido a retrasar la edad de inicio, y tras reconocer el relativo fracaso en cuanto hace al consumo de alcohol y cannabis, se llame a la sensibilización social a la cual no pueden ser ajenos los servicios sanitarios dentro de políticas y programas destinados a disminuir la «normalización» del alcohol y el cannabis.

E.- Habiéndose estabilizado el consumo experimental y ocasional de todas las sustancias, se constata el problema de gestión en el Objetivo General 5, destinado a reducir el consumo, en particular el problemático y en adolescentes respecto de alcohol y cannabis. De ahí la recomendación de «insistir en la detección e intervención precoz de los consumos problemáticos. El contexto idóneo por realizar programas de este tipo [aun cuando existan otros contextos también idóneos para contactar y sensibilizar, como las universidades o el lugar de trabajo] es el sanitario». Por su parte, «la evidencia indica que, en relación a las estrategias para reducir los daños y costes provocados por el consumo, debe priorizarse la prevención universal y ambiental para las drogas más consumidas y la selectiva e indicada para el resto».

F.- La reducción de daños asociados contemplada como Objetivo General 6 constata cómo «ha aumentado el número de episodios de urgencias hospitalarias, sobre todo las realizadas con el cannabis»; u obrando, de igual modo, «una infravaloración de los daños (...) porque las sustancias de información no recogen toda la información al respecto [en aspectos tales como mortalidad, enfermedades asociadas, urgencias sanitarias...]

De ahí la doble recomendación —por cuanto ahora interesa— de seguir otorgando un papel relevante a los programas de reducción de daños dentro del marco de la atención integral», así como «se precisa una mejora en la recogida de información sobre daños relacionadas con el consumo, para tener una visión más completa de la situación».

G.- Es, sin embargo, el Objetivo General 7, destinado a garantizar una asistencia de calidad, el que más interesa en este apartado y aquel al cual dedica una más amplia reflexión el documento.

Da cuenta de diez conclusiones:

- Existe una red amplia, diversificada y consolidada de recursos y programas de atención a drogodependientes, con profesionales muy cualificados y con énfasis en la atención obligatoria.
- Obra un aumento del número de recursos y casos atendidos tanto en programas generales como específicos. En estos aumenta el número de mujeres y menores y los programas sustitutivos de opiáceos siguen siendo muy importantes aun cuando disminuyo el número de usuarios.

- Hay variaciones significativas en las admisiones a tratamiento: aumentan las relacionadas con el cannabis en primeros ingresos y disminuyen las relacionadas con cocaína y heroína.
- Es baja la proporción de consumidores problemáticos de cannabis y cocaína que llega a tratamiento. El número de años transcurridos entre el inicio de consumo y el tratamiento es muy alto y ha aumentado para todas las drogas, especialmente para la cocaína.
- «Se ha avanzado en la implementación de carteras de servicios y catálogos de programas, aunque su grado de desarrollo es desigual en las CC. AA. Del mismo modo, se ha generalizado la evaluación de las necesidades y de los procesos, y no tanto la evaluación de los resultados del tratamiento».
- «La heterogeneidad y diferente grado de cobertura de las sustancias de información de las CC. AA. podría afectar a la fiabilidad y exhaustividad de la información sobre los programas».
- Existe una oferta variada de programas y recursos de reducción de daños, a excepción de los programas de prevención de sobredosis, presentes solo en siete CC. AA.
- Se mantiene la oferta de recursos, con un aumento en los centros de emergencia social y la progresiva incorporación de los centros de la red asistencia.
- Se observa un descenso en el número de personas atendidas y jeringuillas distribuidas, dato relacionado con la notable disminución de usuarios.
- En fin, cabe apreciar un descenso generalizado en el porcentaje de personas infectadas por VIH y hepatitis C, aunque la prevalencia sigue siendo elevada.

A partir de tales conclusiones, alzan 8 recomendaciones:

- «El énfasis en la atención ambulatoria abre una oportunidad a la mejora de la integración con el resto del sistema asistencial de salud».
- «Es necesario consolidar la incorporación de las adicciones sin sustancia a la red asistencial, por la desigual implantación en los PAD. El enfoque de género debe integrarse definitivamente en el sistema asistencial».
- «Es conveniente reforzar la investigación y la recogida de información sobre el consumo de cannabis y sus efectos a medio y largo plazo. Sería conveniente conocer mejor el perfil de los nuevos consumidores, no solo desde un punto de vista epidemiológico, sino también de necesidades de atención».
- Hay que «incrementar los esfuerzos para atraer a los consumidores problemáticos a la red y anticipar su entrada en la misma. En el caso

del cannabis, dada la gran cantidad de consumidores problemáticos, podría valorarse la posibilidad de implementar tratamientos (o al menos captación) *on line*».

- Procede «hacer un esfuerzo por evaluar los resultados del tratamiento, identificar las mejores prácticas y generalizarlas. Se precisa una mayor homogeneización y desarrollo de los sistemas de información, acreditación y evaluación, así como una mejor coordinación entre los mismos».
- Es menester «seguir manteniendo en los programas de reducción de daños, dada su eficacia en la disminución de la transmisión de infecciones por vía parental y en la mejora de la salud de los consumidores».
- Procede «valorar la pertenencia de extender a todo el territorio nacional los programas de prevención de sobredosis en función de los resultados de las experiencias de las CC. AA. que ya implementan este tipo de programas».
- «Es necesario mejorar el diagnóstico precoz y el tratamiento de la infección por hepatitis C».

H.- El Objetivo General 11, destinado a la mejora de la investigación constata que los PAD formaron principalmente proyectos de investigación epidemiológica, clínica y socio-sanitaria, mientras la DGPNSD financia principalmente la investigación básica y clínica, aunque obra un discreto aumento de proyectos de investigación epidemiológica y socio-sanitaria.

Se recomienda «reforzar el trabajo en red de los investigadores y los grupos multicéntricos, especialmente internacionales»; «favorecer la investigación socio-sanitaria y epidemiológica, para conocer mejor el perfil de los nuevos consumidores, los consumidores crónicos y aquellos de edad avanzada, desde una perspectiva de necesidades»; en fin, «debe darse una mayor difusión de los resultados de la investigación financiada y su aplicabilidad, tanto a nivel de páginas web como de publicaciones científicas».

I.- En fin, da cuenta de la necesidad de una mayor coordinación en materia formativa, cuyo número de acciones ha ido dirigida, en buena parte a profesionales sanitarios. Es aconsejable que se dispusiera de una oferta formativa consensuada, homologada y acreditada que tenga en cuenta los diferentes colectivos profesionales que trabajen en el sector ajustándose a sus perfiles.

El diagnóstico precedente aumenta, sin duda, las previsiones contenidas en materia de atención sanitaria en la nueva Estrategia Nacional de Adicciones 2017-2024. Acomodándose a su estructura, obra un diagnóstico, unos retos, unos valores y unos objetivos estratégicos en las diferentes Áreas de actuación que contempla.

A.- Diagnóstico. Cuatro factores se ponen de relieve en el diseño sanitario contenido en la Estrategia:

- La existencia de una red amplia, consolidada, diversificada y accesible de atención a los problemas de drogas. Con todo se observa un incremento muy significativo del número de casos atendidos en la red (aumento de un 33 % en programas generales y del 22 % en programas específicos), así como un envejecimiento de la población con consumos de larga duración y problemas crónicos de salud física y mental (ascendiendo en 2 años la edad media de las personas en tratamiento). Por lo demás, cabe dar cuenta de un alto porcentaje de consumidores problemáticos que no llegan a la red y ha aumentado el tiempo transcurrido entre el inicio del consumo y el del tratamiento.
- Los programas de reducción de daños han conseguido grandes logros en la reducción de la infección por VIH y VHC, gracias a la variedad y cobertura de los programas puestos en marcha.
- La coordinación es de vital importancia en áreas como la atención integral, para protocolizar el establecimiento de itinerarios y procesos terapéuticos; también en la prevención, para la cobertura universal de los programas.
- Respecto a la equidad, «es necesario seguir mejorando la accesibilidad de los servicios y los tratamientos y extender las mejores prácticas. La diversidad de oferta de servicios y programas de las CC. AA., no explicable por diferencias en los problemas asociados al consumo en los diferentes territorios, pueden dar lugar a situaciones de desigualdad. Además, se necesita avanzar en la implementación de procesos de acreditación normalizados. Buenas Prácticas y Catálogos de Servicios (metodología, prestaciones mínimas...) que regirán la cooperación y el consenso de todos los PADs».

B.- Retos. Un triple reto aparece como prioritario:

- La necesidad de impulsar programas centrados en las necesidades de las mujeres (por ejemplo, en la dependencia a psicofármacos), analizando todos los aspectos ligados al consumo y desarrollando alternativas de tratamiento no farmacológicas.
- La atención sociosanitaria a la patología dual, presente en casi la mitad de las personas con problemas de adicción.
- El envejecimiento de la población consumidora y el abordaje del aumento de la cronicidad, incluyendo todo lo relacionado con el deterioro cognitivo asociado.

C.- Sobre los principios rectores dados por la equidad, perspectiva de género y trasparencia y los objetivos generales a disminuir los daños asociados al consumo de sustancias con potencial adictivo haciendo lo propio con su presencia y el retraso en la edad de inicio a las adicciones, cuatro son los valores que proclama:

- Enfoque de Salud Pública integral, incluyendo a la persona, su entorno familiar y social y al conjunto de la comunidad: La salud pública tiene una orientación siempre comunitaria con acciones dirigidas al individuo afectado directamente por la adicción, teniendo en cuenta que la acción individual repercute también sobre el conjunto de la comunidad (en términos de seguridad, económicos, y de salud, etc.); primar a las personas para potenciar la salud colectiva porque el consumo de drogas trasciende de quien las consume al conjunto de la sociedad y porque todo el mundo es diana potencial de estos consumos a lo largo de su vida, sin abandonar las acciones de mejora de la salud perdida y de los procesos necesarios para la rehabilitación-reinserción, abarcando además al conjunto de las personas afectadas en el entorno de un adicto.
- Universalidad: Cobertura universal y gratuita, en el marco establecido por el Real Decreto de Cartera Básica de Servicios del Sistema Nacional de Salud y demás normativa estatal y autonómica relacionada con la atención a las adicciones, con actuaciones [globales/universales] con intensidad proporcional a las necesidades y la solidaridad, priorizando la protección a los colectivos más vulnerables.
- Coherencia y colaboración entre Administraciones Públicas: En busca de la homogeneización de políticas, integrando leyes y acuerdos previamente aceptados, evitando la contradicción y las divergencias. Para ello las Administraciones Públicas deben fomentar la colaboración y cooperación en busca de optimizar la transversalidad que las diferentes administraciones proporcionan.
- Atención a la diversidad: De modo que se tomen las medidas necesarias para facilitar el acceso y la atención a las personas con identidades diversas de forma que se pueda dar una respuesta ajustada a sus necesidades, promoviendo paralelamente su integración social.

D.- Dentro de las distintas Áreas de actuación, y en referencia a la atención sanitaria cabría destacar las siguientes:

a) Prevención y reducción del riesgo

- Promover una conciencia social de riesgos y daños provocados por las drogas y las adicciones [10.1.3].
- Promover conductas y hábitos de vida saludable [10.1.6].
- Detectar precozmente y prevenir los consumos de mayor riesgo [10.1.7].

b) Atención integral y multidisciplinar

- Garantizar una atención integral de calidad [10.2.1.] mediante: a) La coordinación de la red de tratamiento a las adicciones con el resto del sistema socio-sanitario. [10.2.1.1.], b) Mejora del tratamiento y seguimiento en los servicios sanitarios y sociales de las personas con adicciones, cronificadas y de aquellas de mayor edad. [10.2.1.2.], c) Integración en los planes de salud comunitaria del abordaje de las adicciones. [10.2.1.3.], d) Evaluación de todas las actuaciones. [10.2.1.4.].

- Consolidar la incorporación a la red asistencial de la atención a las nuevas adicciones (con y sin sustancia). [10.2.2.].
- Fomentar la atención integral mediante itinerarios personalizados para las características de cada paciente (crónicos, patología dual, usuarios sin hogar, entre otros). [10.2.3.]. A tal efecto procederá: a) Diseñar protocolos de actuación con otras instituciones, organizaciones, recursos, que desarrollen actuaciones dirigidas a población vulnerable para realizar una atención integral y facilitar el acceso a los recursos. [10.2.3.1.], b) Implementar recursos y programas para la intervención en Patología Dual. [10.2.3.2.].
- Garantizar la calidad y el ajuste a la evidencia de todas las actuaciones. [10.2.4.].
- Incluir la perspectiva de género en todos los niveles del proceso asistencial. [10.2.5.], con el detalle exhaustivo detallado en los apartados [10.2.5.1, 10.2.5.2 y 10.2.5.3].

c) **Reducción de daños**

- Mantener, ampliar la cobertura y adaptar a los nuevos perfiles de consumo los programas de reducción del daño. [10.3.1.1.]. Así procederá: a) Ampliar la oferta de medicación sustitutiva de opiáceos, mejorando el acceso dentro del Sistema Nacional de Salud (SNS) a otros agonistas o agonistas/antagonistas opiáceos para las personas que han fracasado con la metadona. b) [10.3.1.2.]. Ampliar la oferta y cobertura de los programas de prevención de sobredosis (p.ej. con inclusión de la prescripción y entrega de naloxona a los consumidores de opiáceos y pacientes en tratamiento con sustitutivos) en diferentes ámbitos. 10.3.1.3. c) Mejorar los programas de intercambio de jeringuillas y ampliar su cobertura en Atención Primaria.
- Mejorar y ampliar el diagnóstico precoz de las infecciones transmisibles (VIH, VHC…) y el acceso a tratamiento de los usuarios de drogas. [10.3.2.].
- Integrar la metodología de reducción de daños en las redes asistenciales de manera transversal. [10.3.3.]
- Mejorar la coordinación con la Atención Primaria de Salud y Salud Mental para detección de trastornos mentales e intervención temprana. [10.3.4.].

d) Incorporación social, con especial hincapié en la integración laboral.

- Incrementar la cobertura poblacional en coordinación con la red asistencial [10.4.3].
- Mejorar la coordinación interinstitucional [10.4.5]

e) Dentro de las Áreas trasversales, destacan las siguientes previsiones:

- Entre las medidas de coordinación procederá garantizar las sinergias, la coherencia y las prácticas eficaces entre las Administraciones a todos los niveles, las diferentes instituciones e iniciativas, evitando la duplicación de esfuerzos, garantizando la eficacia del intercambio de información, utilizando eficazmente los recursos y garantizando la continuidad de las acciones [11.1.1.]; fomentar y alternar la participación en implicación activas y significativas de la sociedad civil [11.1.2.]; fomentar la coordinación dentro y entre las propias CC. AA y las entidades locales que cuentan con Planes de Adicciones propios para garantizar la continuidad de las acciones [11.1.3.]; y garantizar la coordinación, con las Estrategias y Planes del ámbito social y sanitaria que impulsa el Gobierno de la Nación que inciden sobre los colectivos sociales a los que se dirige la Estrategia [11.1.4].
- En los sistemas de información se aboga por desarrollar y reforzar los sistemas de información y las herramientas de vigilancia epidemiológica para obtener y analizar datos actualizados del fenómeno de las adicciones, sus patrones y tendencias y su impacto en la salud pública y seguridad ciudadana. Todo ello, a fin de mejorar la toma de decisiones y orientar las políticas sobre adicciones, por un lado y, por otro, la evaluación de las mismas, mejorando la respuesta a este fenómeno. [11.2.1.]. Desarrollar el Sistema Español de Alerta Temprana (SEAT). [11.2.1.1]. En fin, integrar los sistemas de información de drogas en los sistemas de información de los servicios sociales y de salud. [11.2.1.2].
- En investigación se apuesta por impulsar la actividad investigadora en áreas complementarias de interés al fenómeno de las adicciones, especialmente en el ámbito socio-sanitario y epidemiológico [11.2.3].
- En fin, y en orden a la función, se considera preciso actualizar los programas [11.2.4], mejorar y ampliar la formación [11.2.5] y mejorar los conocimientos y capacitación de los diferentes colectivos profesionales [11.2.6], entre los cuales siempre se realiza con luz propia a los profesionales sanitarios.

Hasta aquí la regulación legal y la actualización de sus previsiones para dotarla de un contenido concreto en cuanto hace a la atención sanitaria de los problemas de alcohol y droga en Atención Primaria. Al igual que se hizo en materia laboral respecto a la relación del papel de la empresa en la Estrategia, es de lamentar el olvido en este ámbito (salvo menciones generales a la cooperación con los actores de la sociedad civil) de las Mutuas Colaboradoras con la Seguridad Social respecto de los trabajadores.

A este respecto procederá recordar cómo, a su tradicional competencia para la gestión de las contingencias profesionales, se une al amplio espacio que ha pasado a ocupar, también, en la incapacidad temporal de origen común; en consecuencia, la capacidad para intervenir en los procesos patológicos derivados del alcohol y las drogas. De este modo, no solo los reconocimientos médicos periódicos constituirán una oportunidad magnífica para la detección e intervenciones breves, sino que el seguimiento de los procesos de altas y bajas se convierten en momentos adecuados para cualesquiera de las iniciativas enumeradas en adecuada coordinación con los servicios de Atención Primaria.

Ignorar piezas tan importantes, conformado en una actuación paralela y al margen supondría una lamentable omisión, en particular dado el sistema de emisión de partes de baja, conformación y alta contenido en Real Decreto 371/2017 (con modificación de los arts. 2, 3 y 5 Real Decreto 625/2014), pues, al lado de la atribución otorgada al personal sanitario de los Servicios Públicos de Salud que haya realizado el reconocimiento médico, cuando se trate de contingencias profesionales viene a ser reconocida, también, la competencia de los servicios médicos de la Mutua a este efecto respecto de los trabajadores de la empresa asociada (también de la empresa colaboradora por cuanto afecte a sus trabajadores).

Ello incluirá la determinación en primera instancia del origen común o profesional de la contingencia, sin perjuicio de la posible revisión o calificación por la Entidad Gestora competente de acuerdo con las normas de aplicación (art. 82.2.1.º LGSS), siguiendo a tal fin el procedimiento previsto en el art. 6 Real Decreto 1430/2009, de 11 de septiembre, convenientemente adaptado por el art. 3 y disposición final 3.ª Real Decreto 625/2014, el cual parte de que tanto el beneficiario, la Mutua, la empresa colaboradora o el facultativo del Servicio Público de Salud puedan cuestionar el origen del proceso de incapacidad, al igual que podrá hacerlo de oficio la Entidad Gestora, debiendo pronunciarse en su resolución sobre la determinación común o profesional de la contingencia y si obedece o no a una recaída, efectos que correspondan y sujeto responsable.

Además, en los de contingencias comunes, si bien no pueden causar alta alguna, las colaboradoras quedan facultadas, en tanto asumen la cobertura del subsidio, a formular propuestas de alta dirigidas a la Inspección Médica del Servicio de Salud cuando consideren que el trabajador puede no estar impedido para el trabajo. Se prevé explícitamente la contestación de los facultativos a quienes corresponda emitir los partes, confirmando la baja o admitiendo la propuesta formulada y expidiendo el alta, pero si la Inspección

Médica no la recibe o discrepa de su parecer, será ella misma quien emita el alta; sin embargo, en caso de que la propuesta no sea resuelta y notificada en plazo (cinco días desde la recepción de la solicitud), cabrá instar el alta al INSS, quien resolverá dentro de los cuatro días siguientes a la solicitud.

Al final, la importancia de las Mutuas (y empresas colaboradoras) queda delimitada por el hecho de que el art. 8 Real Decreto 625/2014 les atribuya la facultad de control y seguimiento de la prestación, pudiendo realizar a tal efecto cuantas actividades tengan por objeto comprobar el mantenimiento de los hechos y la situación que originó el derecho al subsidio desde el mismo momento de expedición del parte de baja[667].

Sirva tal elenco de cometidos como llamada de atención a cuanto se considera una posibilidad de atención sanitaria a los problemas de consumo de alcohol y droga de los trabajadores que podría producir importantes resultados a través de una adecuada coordinación con los servicios de Atención Primaria.

3.2.3.2. La incidencia del consumo de alcohol y drogas en la calificación de la contingencia e imputación de responsabilidad: ¿imprudencia temeraria?

En un análisis doctrinalmente impecable, no hace mucho tiempo una voz autorizada sostenía que consumir alcohol o drogas por encima de cuanto es usual en la sociedad y demanda la diligencia profesional «no es asumir un riesgo laboral, es asumir un riesgo de origen extralaboral que para nada se relaciona con la actividad laboral propiamente dicha, ni con el ir o venir del propio domicilio al lugar de trabajo, ni con otras actividades que tienen la consideración de accidente laboral. Es asumir, sin más, un riesgo de origen extralaboral, ajeno por completo al ámbito de trabajo y que, por ello, debe ser calibrado sin aquietarse a los cánones que distribuyen la imprudencia entre laboral y temeraria. Es introducir en el ámbito de la actividad laboral un riesgo perfectamente evitable, que en nada se relaciona con el trabajo y que en nada puede considerarse socialmente adecuado»[668].

Toma así posición —desde estas líneas compartida— en torno a un debate que separa a autores y Tribunales respecto a los accidentes sucedidos en el lugar y tiempo de trabajo (incluida su extensión a accidentes in itinere o en misión) en los cuales consta el consumo de alcohol y drogas y se plantea, de un lado, la aplicación de la presunción contenida en el apartado 3 del art. 156

667 Por extenso, Fernández Domínguez, J. J.: «El tratamiento jurídico de la incapacidad para el trabajo en el Sistema español de Seguridad Social», en AA. VV.: *Las incapacidades laborales y la Seguridad Social en una sociedad en transformación*, Murcia (Laborum), 2017, págs. 41-43.

668 Arias Domínguez, A.: «Accidente de trabajador agrario en el lugar de trabajo con presencia de alcohol en sangre: ¿es de trabajo?», *Aranzadi Social*, T. V, 2012, págs. 42 y 43.

LGSS o la excepción a su consideración como contingencia profesional de los «deberes a dolo o a imprudencia temeraria del trabajador accidentado» del apartado 4 b) del mismo precepto.

Ningún problema deberá plantear las manifestaciones bajo la forma de siniestro o enfermedad relacionados con las sustancias cuando acaecen sin conexión con el trabajo (excepción hecha del supuesto excepcional de las muertes por sobredosis)[669]; tampoco aquellos que, a pesar de antecedentes de alcoholismo o hábitos de vida no saludables, acaecen en conexión con el trabajo sin acreditar un consumo en aquel momento [pues, en todo caso tendrían cabida en la letra f) del apartado 2 del art. 156, relativo a «las enfermedades o defectos, padecidos con anterioridad por el trabajador, que se agraven como consecuencia de la lesión constitutiva del incidente»][670]. En el primer caso discurrirán como accidente no laboral o enfermedad común; en el segundo, sin duda, como accidente de trabajo[671].

El problema surgirá, precisamente, si obrando aquel consumo actual acaece el siniestro y pudiera apreciarse, por tal motivo, la ruptura del nexo causal entre el accidente y la prestación laboral por razón de la presencia de una imprudencia temeraria en quien realiza su prestación bajo influencia de sustancias tóxicas.

A este respecto, el Tribunal Supremo efectuará una doble advertencia:

En primer lugar, la imprudencia temeraria «no tiene en este ámbito del ordenamiento la misma significación que en el ámbito penal, pues en el primer caso el efecto que provoca su concurrencia es la pérdida de protección cualificada de un riesgo específicamente cubierto, en tanto que en el Derecho Penal tiende a proteger al colectivo social de los riesgos causados por los imprudentes»[672].

En segundo término, nunca cabra presumir su concurrencia, sino que habrá de ser probada por quien la opone con hecho excluyente del carácter laboral de

669 Pues, rectificando doctrina precedente no aprecia que el fallecimiento trajera causa a resultas de un deterioro psicofísico desarrollado de forma paulatina que pudiera derivar de su acreditada situación patológica previa de drogadicción, sino «que la causa del óbito, repentino e imprevisto, fue directamente producido por una concreta causa externa como puede ser la ingestión de una droga que por circunstancias de exceso de cantidad o defecto de calidad provoca una reacción inusual en el organismo que conduce a la muerte del afectado» (STS 27 noviembre de 2002 —RJ 1932/2003—). Dando cuenta del proceso de asentamiento de esta doctrina, Rivas Vallejo, P.: «Prestaciones por muerte y supervivencia: últimas tendencias jurisprudenciales», *Aranzadi Social*, T. V, 2000, págs. 885 y 886.

670 Concluyente la TSJ Cataluña 17 noviembre 2016 (JUR 50368).

671 Así, entre muchas, en los últimos años SSTSJ Comunidad Valenciana 20 septiembre 2016 (JUR 267013), Andalucía/Sevilla 22 septiembre 2016 (JUR 247111), País Vasco 5 septiembre 2017 (JUR 295555) o Andalucía/Málaga 13 septiembre 2017 (JUR 307162).

672 SSTS 10 mayo 1988 (RJ 3595) y 18 septiembre 2007 (RJ 8446).

accidente[673] (aunque mediara duda sobre si el alcohol o la droga —y no otras— fueron las causas del accidente)[674], tomando en consideración, además, que, en tanto excepción, siempre ha de ser objeto de interpretación restrictiva[675].

Término, por tanto, «acuñado en una tipología penal ya pretérita [y que] pertenece a la categoría de los denominados conceptos jurídicos indeterminados, es decir, de definición necesariamente imprecisa, cuyo alcance y significado habrán de ser fijados a la vista de los hechos concretos»[676], la emancipación antecitada y el necesario descenso a los elementos —también los personales, obviamente— y circunstancias en presencia[677], llamados a provocar un doble efecto: de un lado, casi vedar cualquier posible tipo de doctrina en este ámbito, al no resultar sencillo encontrar dos supuestos con la similitud requerida; de otro, apartarse de dogmas que, bajo el intento de delimitar el concepto de imprudencia temeraria frente al de imprudencia profesional, acaban aproximando su concepto al penal del cual se había afirmado su separación.

Baste un ejemplo clásico de tal aproximación, considerando que cabrá apreciar imprudencia temeraria en el trabajador «cuando con su actuar esté poniendo de manifiesto que, consciente de la situación en que se encuentra, acepta, por su propia voluntad, la realización de un acto arriesgado e innecesario para su actividad laboral y que lleva a cabo con menosprecio de cualquier cuidado que le aconsejase su evitación, faltando a las más elementales normas de prudencia. [Por su parte, la profesional sería] aquélla en que se incurre cuando el trabajador, ante la inminencia del riesgo que acompaña su actuación, se cree capaz de superarlo con la propia capacidad y habilidad personal, o no le ha prestado la debida atención, por hallarse atenuada su voluntad, y en su caso sus movimientos reflejos, por la propia repetición del mismo acto, la facilidad con que en otras ocasiones lo ha superado fácilmente o porque confiaba en su suerte que le permitiría superarlo sin daño personal»[678].

---

673 En tal sentido, ya las SSTS 11 octubre 1952 (RJ 1976) y 11 octubre 1961 (RJ 3434).

674 Entre muchísimas, por no aportar tal prueba concluyente, SSTSJ Extremadura 2 enero 2000 (AS 1250); Galicia 5 octubre 2011 (AS 15/2012), 20 mayo 2014 (AS 2343) y 20 abril 2018 (JUR 182464); Andalucía/Sevilla 27 febrero 2013 (JUR 150231); Aragón 8 octubre 2013 (JUR 16016/2014) y 27 noviembre 2017 (JUR 14586/2018) o Madrid 24 febrero 2016 (JUR 79216).

675 Por todas, los argumentos recogidos de la jurisprudencia ofrecidos por RÍOS MESTRE, J. M.: «Accidente de trabajo y culpa del trabajador» en AA. VV. (DOMBLÁS, M. A. y FERNÁNDEZ BARAIBAR, M., Coords.): *Accidentes de trabajo y enfermedades profesionales*, Cizur Menor (Aranzadi), 2007, págs. 641-651.

676 STSJ Castilla y León/Burgos 25 febrero 2015 (JUR 83038).

677 STS 23 enero 2007 (RJ 2048)

678 Formulación contenida en STS 20 septiembre 1975, cuyo tenor literal aparece, por ejemplo, en las SSTSJ Andalucía/Granada 2 diciembre 2003 (AS 4206), Castilla-La Mancha

Como la anterior, muchas otras presentan igual grado de abstracción[679], que incluso en sus formulaciones más remozadas («presupone una conducta en la que su autor asume riesgos manifiestos, innecesarios y especialmente graves ajenos al usual comportamiento de las personas, en otras palabras, puede concebirse como el patente y claro desprecio del riesgo y de la prudencia más elemental exigible»)[680], acaban situando —con relativa frecuencia— el umbral de la temeridad en las fronteras de una excepción excepcionalísima en vez de interrogarse sobre sí, a la luz de las circunstancias en presencia, en lo fundamental las tareas desempeñadas según los usos y costumbres ordinarias, supone un incremento sensible del riesgo que el hombre medio apreciaría, sopesando en tal juicio cómo lo importante no será la confianza del empleado derivada de su capacidad, habilidad experiencia, cuanto los demás trabajadores podrían considerar como una conducta de alto riesgo injustificado[681].

De ahí la crítica —compartida— sobre el proceder de muchos Tribunales cuando se refugian para emitir su parecer en «la utilización de categorías demasiado maximalistas, demasiado apegadas a conceptos demasiado grandilocuentes. Desde este prisma la única imprudencia que priva de consideración laboral es aquélla cercana al dolo penal, y esa interpretación no es la querida por el orden laboral. Esto más que una imprudencia es un actuar consciente del trabajador, que es una categoría mayor de responsabilidad laboral. A pesar de afirmar (...) que la categoría de imprudencia temeraria social es diferente de la penal, se acoge un criterio muy parecido a la segunda, probablemente por el empleo de esa jurisprudencia tan arraigada que equipara la temeridad con el desprecio absoluto de la vida propia y de las normas más elementales de seguridad»[682].

Con tales planteamientos, no es de extrañar que los Tribunales Superiores de Justicia acaben provocando, con sus criterios notablemente dispares, una grave situación de incertidumbre. Sirvan como muestra dos de los aspectos más debatidos o sobre los cuales la discrepancia es más patente. De un lado, la ponderación de si a partir de un determinado nivel de consumo de alcohol, drogas o sustancias estupefacientes es posible, o no, apreciar objetivamente

2 octubre 2006 (AS 3085) o Andalucía/Sevilla 27 febrero y 19 septiembre 2013 (JUR 150231 y 328511).

679 Abundantes ejemplos en FERNÁNDEZ DOMÍNGUEZ, J. J.: *Análisis de la problemática derivada del consumo de alcohol, drogas y otras sustancias en el ámbito laboral*, cit., págs. 352 y 353.

680 STSJ 18 septiembre 2007 (RJ 8446) y 22 enero 2008 (RJ 2076).

681 TOSCANI GIMÉNEZ, D.: «Las ampliaciones legales del concepto de accidente de trabajo», *Nueva Revista Española de Derecho del Trabajo*, núm. 116, 2014, pág. 72.

682 ARIAS DOMÍNGUEZ, A.: «Accidente de trabajador agrario en el lugar de trabajo con presencia de alcohol en sangre: ¿es de trabajo?», cit., págs. 43 y 44. Extraordinario el razonamiento en idéntica línea que contiene la STSJ País Vasco 15 diciembre 2004 (JUR 66941).

una conducta temeraria del trabajador; de otra, los accidentes sufridos por quien, con infracción además de las normas de tráfico, no solo pone en peligro su vida (y la de sus compañeros, si los hubiera), sino también la de terceros.

En cuanto el primero de los ámbitos hace, el Tribunal Supremo deja en absoluta libertad al juzgador cuando señala —primero de manera incidental y más tarde como verdadera doctrina— cómo «ha de indicarse que inicialmente la Sala no puede hacer una declaración general (...) sobre si una determinada tasa de alcoholemia puede configurarse como la imprudencia que rompe la relación de causalidad. La imprudencia se configura en relación con las circunstancias de hecho que se dan en cada supuesto litigioso y esas circunstancias concurrentes son de apreciación judicial inicial del juzgador en cada caso concreto, para determinar si existe o no la causa de exclusión de la presunción de laboralidad»[683].

De este modo, una elevada dosis de alcoholemia —o negarse a pasar la prueba, pero siendo evidente su influencia[684]— ha sido considerada en ocasiones como imprudencia temeraria, en tanto el trabajador habría de ser consciente de la alteración de su capacidad física y psíquica, así como del riesgo intrínseco que supone prestar servicios bajo tales condiciones tanto para él mismo, como para sus compañeros y terceros[685].

Por el contrario, en otros se niega rotundamente no solo sí su entidad supera ligeramente la establecida como admisible por la normativa de tráfico[686], sino incluso cuando la triplica o la cuadriplica y es más que dudoso un nivel de control mínimamente aceptable[687]. En estas ocasiones, el óbice sig-

683 STS 31 marzo 1999 (RJ 3780); tesis afirmada con contundencia, más tarde, en STS 23 enero 2007 (RJ 2048).

684 STSJ Andalucía/Granada 29 septiembre 2016 (JUR 49496/2017).

685 Sopesando, así, índices como los siguientes: 2.45 en STSJ Cataluña 30 mayo 1997 (AS 1972); 1,8 en STSJ Cantabria 20 mayo 1998 (AS 2081); 3,17 en STSJ Madrid 18 septiembre 2006 (AS 3428); 3,1 en STSJ Asturias 25 mayo 2007 (JUR 277326); 3 en STSJ Comunidad Valenciana 2 octubre 2007 (JUR 8337/2008); STS 31 marzo 1999 (RJ 3780); pronunciamiento que de vez en cuando reproduce para recordar cuál es su criterio, como, por ejemplo, lo hace con contundencia en la STS 23 enero 2007 (RJ 2048); 1,66 en STSJ Galicia 11 abril 2008 (AS 1653); 2,73 en STSJ Murcia 24 marzo 2009 (JUR 222481); 2,31 en STSJ Castilla-La Mancha 30 marzo 2012 (JUR 146473) o 1,94 en STSJ Cataluña 2 marzo 2015 (JUR 10960).

686 0,5 gr/l en STSJ Madrid 24 septiembre 2010 (JUR 368344); 0, 72 en STSJ Aragón 8 octubre 2013 (JUR 16016/2014); 0,8 en STSJ Galicia 20 mayo 2014 (AS 2343) o 0,64 en STSJ Aragón 27 noviembre 2017 (JUR 14586/2018), la cual considera que «es insuficiente por su escasa magnitud, para justificar por si sola presencia la omisión de la diligencia elemental exigible (es decir), la falta de la adopción de las precauciones más elementales y rudimentarias o ausencia absoluta de cautela».

687 2,02 gr/l en STSJ Canarias/Sta. Cruz de Tenerife 30 diciembre 1994 (AS 4937); 1,99 en STSJ País Vasco 22 febrero 2000 (AS 773); 3,55 en STSJ Cataluña 8 octubre 2004 (JUR 314273); algo menos de 2 en STSJ Comunidad Valenciana 16 septiembre 2008 (AS 3016);

nificado se ve contrarrestado por diversos argumentos que llevan a apreciar cómo, pese a un estado de ebriedad importante (e incluso de policonsumo, a pesar de su evidente mayor repercusión en la merma de capacidad, reflejos y facultades)[688], el accidente ha de ser considerado laboral:

- La concurrencia de incumplimientos de medidas de seguridad por la empresa, como un andamio sin protección y rodapié, aun cuando el trabajador presentara 1,03 gr/l en humor vítreo y fuera imprudente a la hora de no usarlos equipos de protección individual[689]; la falta de pasarela en el acceso a la draga, cayéndose al mar quien acreditaba 3,01 gr/l en sangre y «no se constatara que la falta de pasarela fuera causa directa en la producción del siniestro, motivo por el cual no se efectúa propuesta de recargo»[690]; o, en una última muestra, incumplimiento del procedimiento operativo con importante riesgo para quien acredita 2,04 gr/l en sangre y se encuentra en lugar inadecuado, pero donde establecía la normativa de la empresa, «pues si bien su actitud podría suponer un exceso de confianza que llevaría a una imprudencia profesional, pero no temeraria, por cuanto desde esta perspectiva es irrelevante que el actor tuviera una cifra importante de alcohol en sangre cuanto el grave incumplimiento empresarial en presencia»[691].
- La falta de prueba sobre la entidad real de alcohol consumido, bien porque «la ingesta que se acredita pudo tener lugar en varias horas y, por tanto, podía tratarse de un consumo que no fuera actual»[692], bien la falta de aportación de otras circunstancias adicionales a través de las cuales acreditar el mal estado físico del trabajador[693], ora el testimonio de compañeros sobre la ausencia de indicios de consumo (o la ausencia de vigilancia del empresario para comprobar su estado)[694]; en fin, resulta «insuficiente al efecto el único dato que objetiva el índi-

1,7 en STSJ Madrid 24 febrero 2016 (JUR 79216); 2,04 g/l STSJ Comunidad Valenciana 16 diciembre 2016 (JUR 113890/2017); 2 g/l Andalucía/Granada 8 noviembre 2018 (AS 1517) o 2,50 g/l Galicia 14 octubre 2020 (JUR 337067).

688 Valga el ejemplo contenido en la STSJ Andalucía/Granada 2 diciembre 2003 (AS 4206). En otro sentido, estimando que el policonsumo sí constituye *per se* una imprudencia temeraria, SSTSJ Castilla-La Mancha 2 octubre 2006 (AS 3085), País Vasco 23 octubre 2007 (JUR 41018), Andalucía/Sevilla 12 noviembre 2009 (AS 167/2010) o Cataluña 3 febrero 2011 (AS 1026).

689 STSJ Comunidad Valenciana 30 noviembre 2017 (JUR 53000/2018).

690 STSJ Galicia 31 octubre 2016 (JUR 262563).

691 STSJ Comunidad Valenciana 13 diciembre 2016 (JUR 113890).

692 STSJ Galicia 20 mayo 2014 (AS 2343).

693 SSTSJ Aragón 8 octubre 2013 (JUR 16016/2014) o Canarias/Sta. Cruz de Tenerife 23 junio 2021 (JUR 324136).

694 SSTSJ País Vasco 22 febrero 2000 (AS 773) o Galicia 5 octubre 2011 (AS 15/2012).

ce de alcohol en sangre, ya que debe tenerse en cuenta la tolerancia al alcohol del trabajador, su tamaño, peso, etc., por ello debe complementarse con el diagnóstico clínico, o lo que es lo mismo, con los datos testificales sobre su comportamiento, conducta y estado para formar un juicio»[695].

- La ausencia de consciencia en la asunción del riesgo temerario, incluso desprecio por la vida del trabajador (de quien en el trayecto de ir del trabajo a casa, y tras parar para efectuar distintas consumiciones pudo sentarse en la barandilla y por una obtención en la coordinación motora por el enolismo que presentaba —2,36— cayo hacia atrás y falleció)[696]; la falta de constancia sobre la intención de provocar el siniestro[697]; o, bajo esta idea de inimputabilidad, la creencia del trabajador acerca de que su alcoholismo no comprometía su actividad, «porque [entre otras circunstancias] respondía a un hábito, no estando ante un desprecio del riesgo de manera reflexiva y consciente»[698].
- En fin, y más frecuente, dado el exigente canon dimanante de las anteriores premisas y la libertad en su apreciación, la falta de acreditación de que «el accidente del trabajador se debió únicamente al consumo de alcohol», o que «el alcohol fuera causa cierta, directa y única del siniestro»[699]. Así, y como muestra, caerse de un andamio puede no imputarse a una alta tasa probada de alcoholemia, sino a un resbalón o una pérdida de equilibrio[700]; desmayarse no tiene por qué guardar relación con una abundante ingesta de alcohol[701]; no se considera demostrado que a todas luces el excesivo consumo de estupefacientes puede «tener la entidad necesaria para distorsionar la conciencia, concentración o prudencia, por lo que el accidente pudo obedecer a otra causa»[702]. Margen para esa otra causa, cierta o —las más de las ocasiones— eventual, a partir de la cual tantas y tantas veces se ha aplicado el beneficio de la duda para afirmar el carácter profesional de la contingencia[703].

695 STSJ Comunidad Valenciana 16 septiembre 2008 (AS 3016).

696 STSJ Andalucía/Granada 29 junio 2017 (JUR 239456).

697 STSJ Andalucía/Granada 2 diciembre 2003 (AS 4206).

698 STSJ Madrid 24 febrero 2016 (JUR 79216).

699 STSJ Comunidad Valenciana 25 julio 2017 (JUR 48626).

700 STSJ País Vasco 22 febrero 2000 (AS 773).

701 STSJ Galicia 5 octubre 2011 (AS 15/2012).

702 STSJ Andalucía/Sevilla 27 febrero 2013 (JUR 150231).

703 Baste remitir a los elocuentes ejemplos recogidos en FERNÁNDEZ DOMÍNGUEZ, J. J.: *Análisis de la problemática demanda del consumo del alcohol, drogas y otras sustancias en el ámbito laboral*, cit., págs. 352, nota 1262.

En la segunda de las muestras, accidentes de trabajo o *in itinere* bajo los efectos del alcohol o las drogas, si bien la invocación empresarial de temeridad por infringir una norma de tráfico conocida aumenta de manera significativa, no faltan pronunciamientos en los cuales se sigue invocando la necesaria concurrencia de «elementos adicionales necesarios en la asunción del riesgo»[704], pues —según han dejado constancia en numerosas ocasiones los Tribunales— las meras infracciones de tráfico pueden no ser constitutivas de una infracción administrativa[705] cuando concurran otros factores como el mal estado de la carretera, la escasa visibilidad, una mera distracción, etc.[706]. Por consiguiente, para estos pronunciamientos no basta la conducción bajo el efecto de alcohol, sino que serán precisos otros factores vinculados a la actividad, con puesta en peligro de pasajeros o terceros (no en vano la mayor exigencia en el baremo objetivo de tráfico llevaría a presumir *iuris et de iure* la influencia de estas distancias en la conducción de vehículos de motor por ciertos profesionales)[707] a través de maniobras en sí mismas temerarias como exceso de velocidad, adelantamientos de riesgo, imperdonables opciones en carretera, etc.[708].

A su lado, menos exigentes son aquellos pronunciamientos para los cuales conducir por encima de los límites establecidos constituye *per se* motivo para considerar que, «si en algún caso ha de operar la exclusión de accidente laboral por incurrir en temeridad es el supuesto de intoxicación etílica»[709], al «faltar la más elemental prudencia»[710], pues el consumo de alcohol y drogas «comúnmente es conocido [que] impide la conducción no solo con las mínimas condiciones de seguridad para el sujeto, sino de mínimas condiciones de seguridad para los demás, y cuando ello se hace, se coloca en una manifiesta situación de peligro [tanto o como] a las personas y haciendas ajenas»[711]. Así, circular «bajo los efectos de una considerable ingesta de alcohol

---

704 Entre otras, SSTSJ Cataluña 23 septiembre 2003 (AS 3457) o Galicia 22 junio 2005 (JUR 191533).

705 Un amplio catálogo en Sempere Navarro, A. V. y Arias Domínguez, A.: *Accidentes de tráfico*, Cizur Menor (Aranzadi/Thomson), 2010 o Kahale Carrillo, D.: «La imprudencia temeraria en los accidentes in intinere», *Revista de Trabajo y Seguridad Social (Centro de Estudios Financieros)*, núm. 300, 2008, págs. 129-136. En aplicación a esta imprudencia, SSTSJ País Vasco 22 febrero 2000 (AS 773) o Cataluña 10 abril 2000 (AS 2161) y 11 junio 2002 (JUR 224710).

706 Así, entre otras, STSJ Cantabria 19 julio 2001 (AS 3053).

707 Lago Moreda, A.: «El factor humano es el causante principal de los accidentes de tráfico en el ámbito laboral», *Gestión Práctica de Riesgos Laborales*, núm. 99, 2012, págs. 18-20.

708 SSTSJ Castilla y León/Valladolid 19 diciembre 2005 (AS 3375) y País Vasco 23 octubre 2007 (JUR 41018/2008).

709 STSJ Cataluña 30 mayo 1997 (AS 1972) o, en términos semejantes STSJ Madrid 18 septiembre 2006 (AS 3428).

710 STSJ Galicia 22 junio 2005 (JUR 191533).

711 STSJ País Vasco 15 diciembre 2004 (JUR 66941).

(...) supone la asunción por parte del trabajador de la acción de circular por la vía pública, conduciendo el vehículo en condiciones de intrínseca temeridad, con desprecio del riesgo de forma consciente, lo que, en su proyección sociolaboral, tiene como consecuencia el que se considere que no hubo accidente de trabajo, al ser exigible a cualquier persona que se dispone a conducir un vehículo, hacerlo en las debidas condiciones, esto es, contando con capacidad, reflejos y facultades para ser dueño de la actividad que realiza al volante de un vehículo y que haga previsible la aptitud, sino la idoneidad mínima para poder reaccionar frente a las incidencias del tráfico, pudiendo en caso de incumplimiento calificarse su conducta como temeraria»[712].

Hasta aquí un problema que no deja de ser reflejo de otro más estructural derivado de la opción del legislador español por mantener al accidente de trabajo como eje central del modelo público de protección. No haber desarrollado nunca aquella vieja previsión contenida en la Ley de Bases de la Seguridad Social respecto a la conjunta consideración de las situaciones o contingencias protegidas para conseguir, en la medida de lo posible, la uniformidad al de las prestaciones ante un mismo evento [Exposición de Motivos I, núm. 6 y II, núm. 2], trae aparejado el permanente intento del asegurado de acceder a su privilegiado régimen en comparación con el dispensado al accidente no laboral.

Puede ser considerado una «reliquia», «un pesado fardo» que impide la concepción unitaria de un verdadero sistema[713]; o quedar plenamente justificado, por cuanto su desaparición supondría «una disolución de la responsabilidad empresarial en el conjunto de la acción pública de cobertura de las necesidades sociales con un resultado de asunción colectiva de un riesgo que es, por su origen, individual»[714] (siendo una solución no solo «socialmente regresiva», sino «técnicamente ineficiente», al perderse un acicate para estimular las actuaciones eficaces en materia de seguridad y salud laboral)[715]. En todo caso, el

712 STSJ Andalucía/Sevilla 12 noviembre 2009 (AS 167/2010). Computando estos argumentos, entre muchas, SSTSJ Madrid 8 junio 2000 (JUR 282976) y 28 mayo 2013 (JUR 290055); Aragón 6 noviembre 2000 (JUR 47433/2001); Baleares 17 enero 2002 (AS 1246); Castilla y León/Valladolid 19 diciembre 2005 (AS 3375) y 21 septiembre 2010 (JUR 375462); Andalucía/Sevilla 10 mayo 2007 (AS 3298) y 19 septiembre 2013 (JUR 328511); Murcia 24 marzo 2009 (JUR 222481) y 2 diciembre 2013 (JUR 381613); considerándolo como hipótesis si hubiera invocado y probado, STSJ Galicia 8 marzo 2016 (JUR 72829) o, para un accidente *in itinere*, STSJ Comunidad Valenciana 29 junio 2017 (JUR 295168).

713 Sistematizando toda una corriente doctrinal, la reflexión de Casas Baamonde, M. E.: «La reforma de la protección de los riesgos profesionales», *Relaciones Laborales*, T. I, 1990, págs. 53 y 54.

714 González Ortega, S.: «Las enfermedades profesionales. Un concepto de delimitación compleja para un fenómeno social de relevancia», en AA. VV. (Barcelón Cobedo, S. y González Ortega, S., Investigadores Responsables): *Las enfermedades profesionales*, Valencia (Tirant lo Blanch), 2017, págs. 29 y 30.

715 Desdentado Bonete, A.: «El accidente de trabajo: entre la reparación y la prevención. Reflexiones para un centenario», en AA. VV.: *Seguridad Social. Una perspectiva histórica*, Madrid (Ministerio de Trabajo y Asuntos Sociales), 2001, pág. 283.

efecto práctico de la diferencia de trato que ha provocado que el accidente de trabajo sea «víctima de su propio éxito»[716]; de preferirlo, la búsqueda de que se califique como tal contingencia profesional para así poder acceder a las notables ventajas en cuanto a prestaciones hace[717], que ha gozado de favorable acogida en los Tribunales a través de una notable elasticidad en su concepto[718].

Por cuanto aquí importa no solo se traducirá en el montante de la pensión derivada (100 % de la base de cotización en la incapacidad temporal desde el primer día y superior base en la incapacidad permanente al incluir la prorrata de horas extraordinarias y tener siempre como tope máximo el correspondiente a la tarifa 1 con independencia de la clasificación del trabajador, por no mentar el juego del principio de automaticidad)[719], sino que la importancia de calificar un siniestro con presencia de alcohol y drogas como accidente de trabajo o no se proyectará sobre tres esferas importantes: la aplicación del recargo de prestaciones, el eventual acceso a mejoras voluntarias establecidas en convenio o la responsabilidad civil derivada del accidente.

«Testigo cualificado» de la legislación histórica de accidentes de trabajo[720], el recargo aparece recogido en el art. 164 TRLGSS para incrementar entre un 30 % y un 50 %, según la gravedad de la falta, las prestaciones económicas derivadas de accidente de trabajo y enfermedades profesionales por omisión de la normativa prevención de riesgos laborales. Añadiendo que la responsabilidad en su pago recaerá directamente sobre el empresario, reputándose nulo cualquier pacto o acuerdo destinado a cubrirlo compensarla o transmitirla[721] y, en consecuencia, con cuanto dispone del art. 42.3 LPRL, de-

716 Desdentado Bonete, A.: «El accidente de trabajo: entre la reparación y la prevención. Reflexiones para un centenario», cit., pág. 284.

717 Así constatándolo y enunciándolas, Cavas Martínez, F. y Fernández Orrico, F. J.: *La cobertura de las contingencias profesionales en el Sistema español de Seguridad Social*, Cizur Menor (Aranzadi/Thomson), 2003, págs. 23 y ss.; Chacartegui Jávega, C.: «La protección reforzada de las contingencias profesionales en el ordenamiento jurídico español», en AA. VV. (Romero Ródenas, M. J., Coord.): *Accidentes de trabajo y sistema de prestaciones*, Albacete (Bomarzo), 2008, págs. 189 y ss. o Fernández Avilés, J. A.: *El accidente de trabajo en el Sistema de Seguridad Social (Su contradictorio proceso de institucionalización jurídica)*, Atelier (Barcelona), 2007, págs. 149 y ss.

718 Por todos, Mercader Uguina, J. R.: «El colapso plástico del accidente de trabajo y los elementos intrascendentes y carentes de valor en la articulación del juicio de contradicción en el recurso de casación para la unificación de doctrina», *Revista de Derecho de Seguridad Social*, núm. Extra 1, 2016, págs. 49-62.

719 Toscani Giménez, D.: *El régimen de las pensiones de incapacidad permanente: dudas y obligaciones de solicitantes y beneficiarios*, 2.ª ed., Valencia (Tirant lo Blanch), 2012, págs. 141-164.

720 Monereo Pérez, J. L.: *El recargo de prestaciones por incumplimiento de medidas de seguridad e higiene en el trabajo. La modernidad de una institución tradicional*, Madrid (Civitas), 1992, pág. 12.

721 De sumo interés en este punto, Luque Parra, M.: «El aseguramiento del recargo por prestaciones por incumplimiento del deber de prevención de riesgos laborales», *Revista Española de Derecho del Trabajo*, núm. 96, 1999, en particular págs. 549 y 580.

clarándola independiente y compatible con cualquier otra, incluso la penal, que pueden derivar de la mentada infracción.

Situado a medio camino entre la Seguridad Social y la prevención de riesgos laborales, tal dato signa al instituto de manera indeleble[722] para dotarlo de una naturaleza jurídica compleja, objeto de vívido debate tanto en la doctrina científica como en la jurisprudencia, dadas las muy distintas y trascendentales consecuencias que cabe seguir de la decisión adoptada[723]. La ambigüedad de los términos empleados por el legislador («sanción», «indemnización», etc.) no ayudan al encuadramiento, como tampoco lo hacen los avatares normativos tanto de su regulación como del contexto legal de cada momento, los cuales pueden poner el acento, bien en el fundamento incumplidor, que lo encuadraría en el espacio propio de las sanciones, bien en el destino de la cantidad, que lo acercaría a las indemnizaciones; en todo caso, sin olvidar nunca su añadida finalidad preventiva[724].

En atención a su ordenación legal, y siguiendo la interpretación jurisprudencial, tres datos cobran singular importancia en la configuración de la figura: en primer lugar, es preciso que medie una lesión a resultas de una contingencia profesional que origine una situación protegida por el Sistema de Seguridad Social a través de prestaciones, sin extensión posible alguna a las mejoras voluntarias[725]; en segundo término, dicha lesión debe derivar de alguna obligación en materia de seguridad y salud en el trabajo[726], ya establecida en una norma general o especial, ya comprendida en deberes genéricos como los recogidos en los arts. 14.2, 15.4 o 17.1 LPRL[727]; en fin, debe acreditarse por quien lo inste la oportuna relación causa-efecto entre el incumplimiento empresarial y el accidente, pues si obra una infracción pero esta no es la causa del siniestro, nunca operará el recargo[728].

722 Según muestra acertadamente MARTÍNEZ BARROSO, M. R.: «El recargo en las prestaciones de Seguridad Social derivadas de contingencias profesionales como principal manifestación de la denominada responsabilidad social», en AA. VV. (FERNÁNDEZ DOMÍNGUEZ, J. J. y FERNÁNDEZ-COSTALES MUÑIZ, J., Dirs.): *Doctrina jurisprudencial en materia preventiva*, León (Eolas), 2008, págs. 434-437.

723 Sobre el debate, recogiendo las principales alternativas doctrinales y jurisprudenciales, entre muchos más, MONEREO PÉREZ, J. L.: *El recargo de las prestaciones por incumplimiento de medidas de seguridad e higiene. La modernidad de una institución tradicional*, cit., págs. 51-58; SEMPERE NAVARRO, A. V. y MARTÍN JIMÉNEZ, R.: *El recargo de prestaciones*, Pamplona (Aranzadi), 2001, págs. 45 y ss. o PURCALLA BONILLA, M. A.: *El recargo de prestaciones por incumplimiento de normas de seguridad y salud laboral. Análisis crítico de su configuración jurídico- positiva*, Granada (Comares), 2000, págs. 47-54.

724 Sobre la cual incide de manera pertinaz la STS 17 abril 2007 (RJ 4802).

725 STS 20 marzo 1997 (RJ 2591).

726 Por su insistencia en el requisito, SSTSJ Cataluña 8 octubre 1991 (AS 5093), Andalucía/Málaga 14 enero 1998 (AS 713) o Castilla y León/Burgos 5 noviembre 2004 (JUR 72745/2005).

727 STS 8 octubre 2001 (RJ 1424).

728 Con meridiana claridad, y entre cientos, STSJ Castilla y León/Burgos 5 noviembre 2003 (JUR 186518/2004).

Sobre tales notas generales, las resultas de haber calificado como accidente de trabajo el siniestro bajo los efectos del alcohol y las drogas, apreciando para llegar a tal conclusión la vulneración, que también hubiera tenido lugar de medidas de seguridad por el empresario (y el informe de la Inspección de Trabajo resultará fundamental a estos efectos) llevan a colegir a los Tribunales que nada importará el estado de ebriedad o afectación por las sustancias tóxicas del trabajador, pues a la hora de aplicar el art. 164 TRLGSS estiman que lo esencial «no radica en analizar si el trabajador lesionado contribuyo a la producción del resultado dañoso con una actitud negligente, sino en determinar si el empresario infringió alguna norma de seguridad que, de haberse cumplido, lo hubiera evitado o minorado»[729]. En consecuencia, y en tales casos, exigirán esta específica responsabilidad al empresario proyectando las consecuencias de la calificación primera[730]; eso sí, en algunos supuestos ponderando el estado del empleado a la hora de moderar el grado del recargo a aplicar, en una atípica concurrencia de culpas que, teniendo en cuenta las dos conductas en presencia —omisión de medidas de seguridad y consumo de alcohol, drogas y otras sustancias—, sirve para minorar el desvalor de la negligencia empresarial como factor causal en el accidente[731]; llegando, en el extremo, a proclamar la existencia de omisión de medidas de seguridad como motivo por el cual califican de laboral el accidente, pero, no pudiendo acreditar la incidencia de aquellas en el siniestro, exoneran completamente al empresario de esa responsabilidad[732].

En cuanto hace a la repercusión sobre la Seguridad Social complementaria, resulta evidente que, calificado el siniestro como de origen laboral, su proyección sobre el beneficio contemplado en convenio —o en contrato— será automático, habida cuenta de que la interpretación de sus cláusulas habrá de hacerse acudiendo al ordenamiento de la Seguridad Social, que es el aplicado por el juzgador para declarar su origen profesional[733].

---

729 STSJ Castilla y León/Valladolid 11 octubre 2006 (JUR 257014).

730 STSJ Comunidad Valenciana 30 noviembre 2017 (JUR 53000/2018).

731 SSTSJ Andalucía/Granada 14 enero 2009 (AS 14729) y 11 mayo 2011 (JUR 327443); Comunidad Valenciana 24 septiembre 2009 (AS 1271/2010) y 13 diciembre 2016 (JUR 113890) o Galicia 2 marzo 2010 (AS 953).

732 STSJ Galicia 31 octubre 2016 (JUR 262563). Mostrando las contadas ocasiones en que se ha procedido a la exoneración y las razones para no ponderar la negligencia, Cruz Villalón, J. y Javier Ramírez, C.: «La responsabilidad de Seguridad Social en materia de Seguridad y Salud en el trabajo», *Tema Laborales*, núm. 50, 1999, pág. 254 o Muñoz Molina, J.: «El recargo por prestaciones en caso de accidente de trabajo y enfermedad profesional», *Revista del Ministerio de Trabajo y Asuntos Sociales*, núm. 59, 2005, pág. 153.

733 AA. VV.: *Las mejoras voluntarias en la negociación colectiva*, Parte I, Madrid (Ministerio de Trabajo y Asuntos Sociales), 2006, págs. 888 y ss. o Roqueta Buj, R.: *Las mejoras voluntarias de la Seguridad Social. Los planes y fondos de pensiones y los contratos de seguro*, Valencia (Tirant lo Blanch), 2010, págs. 82 y ss. Por su contundencia, STS 14 abril 2010 (RJ 2485).

Por esta vía procederá el traslado al empresario y/o de la compañía de seguros de esta responsabilidad que, por cuanto hace a la incapacidad temporal, muestra la clara tendencia a garantizar el porcentaje del 100 % de la base reguladora, con el claro propósito de mantener el salario real a lo largo de todo su transcurso[734]. Por su parte, en la incapacidad permanente lleva a una discriminación mucho más palpable, pues muchas veces solo se extiende al accidente de trabajo, aunque en otras comprende también la enfermedad profesional y en mucho menor porcentaje —y obviamente con cuantías notoriamente inferiores— se extiende a las contingencias comunes[735].

No cabrá, por ende, exoneración alguna de tal responsabilidad a partir de un nuevo enjuiciamiento sobre la calificación del origen del siniestro, aunque si abrirá un frente de polémica importante respecto del contrato de seguro a través del cual se exterioriza tal responsabilidad[736].

En efecto, suele ser casi costumbre que, aun cuando el empresario haya cubierto la contingencia con una compañía (en otro caso la responsabilidad será suya cuando a él sea imputable la insuficiencia objetiva)[737], la póliza contemple como clausula limitativa la exclusión de los accidentes o enfermedades sobrevenidos por causa de embriaguez, consumo de drogas o uso de estupefacientes.

A este respecto es importante retener cuanto es doctrina jurisdiccional, situada en «la distinción entre cláusulas lesivas, limitativas y delimitadoras: las primeras son siempre inválidas, en tanto que las limitativas pueden alcanzar validez si cumplen las dos condiciones que enumera la ley; esto es, que destaquen de modo especial y que sean específicamente aceptadas por escrito. La consideración como lesiva de una cláusula se fundamenta en la desproporción o desequilibrio insuperables que, en la economía del contrato, produce en perjuicio del asegurado. Este vicio de lesividad comporta la nulidad de la cláusula y no la del resto del contrato, esquema que responde al conocido de la nulidad parcial del contrato. Por el contrario, puede entenderse que son cláusulas limitativas las que restringen los derechos del asegurado, sin llegar a producir la desproporción o desequilibrio de su posición jurídica en la economía del

734 Así lo constatan San Martín Mazzucconi, C.: «La protección de la incapacidad temporal en la negociación colectiva», *Revista Española de Derecho del Trabajo*, núm. 125, 2005, págs. 888 y ss. o López Insúa, B. M.: «Las mejoras voluntarias por incapacidad temporal en el ámbito público y privado», en AA. VV.: *Público y privado en el Sistema de Seguridad Social*, Murcia (Laborum), 2013, págs. 576-578.

735 Alarcón Castellanos, M. y Roldán Martínez, A.: «Estado de las mejoras voluntarias de la Seguridad Social en la negociación colectiva de ámbito estatal tras las reformas de 2012», en AA. VV.: *Público y privado en el Sistema de Seguridad Social*, cit., págs. 533-549.

736 Fernández Domínguez, J. J. y Rodríguez Escanciano, S.: «El seguro colectivo de mejoras voluntarias por contingencias profesionales: sus controvertidas notas características», *Actualidad Laboral*, núm. 3, 2010, págs. 261-282.

737 STSJ Galicia 16 octubre 2017 (JUR 278725).

contrato. Por ello, se consideran válidas si cumplen los requisitos formales antes reseñados. Ocurre, sin embargo, que una buena parte de la cláusula que merece el calificativo de limitativas supone, a la vez, un instrumento de limitación del riesgo cubierto por el contrato. Por ello, el criterio mayoritario en la doctrina y en la jurisprudencia es tratar de separar ambos tipos de cláusulas, excluyendo a las puramente determinadas del riesgo cubierto del doble requisito impuesto a las puramente limitativas por el art. 3 de la Ley de Contrato de Seguro. De esta forma, existe consenso en considerar que los derechos del asegurado son delimitados siempre que una cláusula acote el riesgo objeto de cobertura por medio del contrato de seguro y, por el contrario, son limitados solo cuando tal cláusula, al perfilar el riesgo cubierto, excluya supuestos que de ordinario o usualmente queden comprendidos del mismo»[738].

Bajo tal razonamiento se justifica la validez de las cláusulas que exoneran de responsabilidad a la aseguradora de la mejora voluntaria cuando en la póliza se han excluido de manera expresa (clara y aceptada por el empresario) los siniestros acaecidos bajo el efecto de alcohol y drogas[739], pudiendo provocar graves quebraderos de cabeza no solo jurídicos, sino también económicos para el empleador, muchas veces ignorante de la dimensión del problema que el alcohol puede suponer para su entidad.

Pero no acaban en las anteriores las repercusiones, pues, con el objetivo de llevar a una reparación integral del daño, al lado o junto con el recargo e incluso la mejora voluntaria (como alternativa o con carácter complementario), cabrá también exigir la responsabilidad civil al empresario respecto del resultado de la incapacidad o fallecimiento de origen profesional del trabajador que sufre por el siniestro bajo los condicionantes analizados.

Una vez afirmada la compatibilidad sobre su naturaleza aquiliana o contractual a través del principio de unidad de culpa[740], y unificada su exigibilidad en la jurisdicción social [(art. 2 b) LJS] para salvar el grave quebranto a la seguridad jurídica[741], el Tribunal Supremo despeja algunas incógnitas y mantiene otras respecto de la implicación derivada de haber calificado como profesional el accidente bajo la influencia del alcohol o las drogas[742].

---

738 Recordando numerosos precedentes que perfilan y asientan su doctrina, STS 18 febrero 2016 (RJ 942).

739 STSJ Canarias/Sta. Cruz de Tenerife 15 julio 2016 (JUR 221498).

740 Sobre el proceso de decantación, Luque Parra, M.: *La responsabilidad civil del empresario en materia de Seguridad y salud laboral*, Madrid (CES), 2001, págs. 15 y ss. o Gutiérrez-Solar Calvo, B.: *Culpa y riesgo en la responsabilidad civil por accidentes de trabajo*, Madrid (Civitas/Thomson), 2004, págs. 241-288.

741 Sobre las diferencias en el tratamiento en uno y otro orden, baste comprobar cuanto se afirmará como doctrina social y una de las últimas muestras del criterio civil que recoge la SAP León 17 febrero 2016 (AC 796).

742 Por todas, Mercader Uguina, J. R.: *Indemnización derivada del accidente de trabajo. Seguridad Social y Derecho de Daños,* Madrid (La Ley), 2001, págs. 138 y ss. o, volviendo

En doctrina que luego tantas veces volverá a reiterar, sienta como «no procede aplicar en el ámbito laboral una responsabilidad plenamente objetiva o por resultado (...) por su clara inoportunidad en términos finalísticos, pues tal objetivación produciría un efecto "desmotivador" en la política de prevención de riesgo laborales, porque si el empresario ha de responder civilmente siempre hasta resarcir el daño en su integridad, haya o no observado las obligaciones medidas de seguridad, no habría componente de benéfico alguno que le moviese no solo a extremar la diligencia, sino tan siquiera a observar escrupulosamente la normativa en materia de prevención, y exclusivamente actuaría de freno posible de sanción administrativa, cuyo efecto disuasorio únicamente alcanzaría a las más graves infracciones (de sanción cuantitativamente mayor) (...). El empresario no incurre en responsabilidad alguna cuando el resultado lesivo se hubiese producido por fuerza mayor o caso fortuito, por negligencia exclusiva no previsible del propio trabajador o por culpa exclusiva de terceros no evitable por el empresario, pero en todos estos casos es el empresario a quien le corresponde acreditar la concurrencia de esa posible causa de exoneración, en tanto que él es titular de la deuda de seguridad y habida cuenta de los términos cuasi objetivos en que la misma está concebida legalmente»[743].

A partir de tal tesis, y siendo cierto que no es igual la culpa del empresario (quien organiza y controla el proceso de producción y protege al trabajador de sus propios descuidos cuando fuere factible) que la del trabajador (quien sufre el siniestro), se admite la posibilidad de que el primero aporte prueba de haber agotado la diligencia que era exigible y/o de la concurrencia de alguna causa de exoneración, entre las cuales la ingesta de alcohol o drogas podría encontrar un hueco; en otro caso, de nuevo cabrá la acumulación de prestación (recargo/responsabilidad civil con los problemas ínsitos al contrato de seguro adaptados o no al nuevo patrón de medir) que han quedado significados[744].

3.2.3.3. Los efectos incapacitantes de la adicción al alcohol y las drogas

Los contados trabajos de campo en los cuales obra una aproximación al análisis de la incidencia del abuso y adicción al alcohol sobre la capacidad

sobre aquellas tras la doctrina jurisdiccional comentada, Monerri Guillen, C.: *La responsabilidad civil derivada de accidente de trabajo. Valoración del daño*, Murcia (Laborum), 2017, en particular págs. 35 y ss.

743 Luego ampliamente reiterada, SSTS 30 junio 2010 (RJ 6775).

744 Arenas Viruez, M.: «La repercusión de la culpa de un accidente de trabajo en la determinación de la responsabilidad penal y civil del empresario», *Aranzadi Social*, T. III, 2011, págs. 97 ss. o Valdeolivas García, Y.: *Aseguramiento y protección social de los riesgos profesionales. Análisis a la luz de la responsabilidad social en materia preventiva*, Albacete (Bomarzo), 2012, págs. 94-99.

laboral del trabajador coinciden en su valoración final: la falta de sensibilidad a la hora de apreciar el alcoholismo como una enfermedad incapacitante en sí misma, prefiriendo atender a sus manifestaciones físicas o psíquicas[745].

Así ocurre de manera paradigmática en los supuestos de incapacidad temporal, donde únicamente los estadios más avanzados, con evidentes repercusiones físicas o psíquicas (hepatologías, depresión, deterioro mental, etc.), se suelen atender a través de bajas para tratamientos dirigidos específicamente a abordar la raíz de la patología[746].

El ocultamiento del problema por el interesado, quien insta la baja sobre la base de las secuelas de un consumo excesivo que le impide trabajar, y la falta de medios —tiempo de consulta o falta de formación específica— en quienes asumen la Atención Primaria para poder detectar y/o afrontar con solvencia esos episodios en una fase temprana, constituyen las principales barreras. De ahí la importancia conferida en la Estrategia Nacional de Adicciones a la formación adecuada de los profesionales sanitarios para saber detectar a las personas con problemas en los estadios iniciales y llevar a cabo intervenciones breves capaces de evitar un mayor deterioro en la salud; de ahí, también, la insistencia en la previsión de programas preventivos en las empresas (con la cooperación necesaria entre los servicios de Atención Primaria y las Mutuas Colaboradoras de la Seguridad Social, cuyos servicios médicos también están llamados a conocer y abordar esta patología) a partir de las cuales cabe unir esfuerzos con un triple propósito: de un lado, reconocer la importancia de una enfermedad que puede ser abordada de manera automática desde sus primeras manifestaciones; de otro, la garantía del puesto de trabajo —con las facilidades necesarias a estos efectos— para aquel que inicia el tratamiento; en fin, la comprensión del sistema público que, asumiendo la entidad propia y característica del problema, no dude en conferir la prestación mientras el afectado siga el proceso de curación cuando así lo requieran las pautas médicas indicadas.

Hasta tanto tenga lugar el cambio para introducir una nueva sensibilidad en todos los actores, proseguirá una inercia de todo punto insatisfactoria, en la cual la incapacidad temporal es el refugio buscado por el trabajador para episodios de falta de aptitud por el abuso del alcohol o las drogas sin afrontar

745 Castejón Castejón, J.: *El papel de las condiciones de trabajo en la incapacidad temporal por accidente común y accidente no laboral*, Tesis Doctoral, Barcelona (Universidad de Barcelona), 2002, págs. 76-83., destacando la estadística recogida en pág. 80 o Burgos Ruiz de Castroviejo, S.; Díaz García, A. M. y Roldán León, J.: «Valoración de la incapacidad laboral. Equipo de Valoración de Incapacidades», *Rehabilitación. Revista de la Sociedad Española de Rehabilitación y Medicina Física*, Vol. 92, núm. 61, 2008, págs. 291-314.

746 Párrafos enormemente descriptivos de tal proceder, por ejemplo, en SSTSJ Cantabria 10 diciembre 2004 (JUR 78013), Aragón 3 mayo 2005 (JUR 163962), Baleares 5 diciembre 2006 (JUR 83645/2007), Castilla y León/Burgos 4 julio 2007 (JUR 308584), Galicia 16 febrero 2016 (JUR 55786), Asturias 23 mayo 2017 (JUR 178254) o Comunidad Valenciana 27 noviembre 2018 (JUR 62348) y 29 octubre 2019 (JUR 199217).

—ni reconocer— cuanto pudiera ser el germen de situaciones agravadas con el tiempo y el mantenimiento de la adicción.

Prueba acabada de este panorama insatisfactorio pueden ser tres escenas que se repiten con cierta frecuencia:

a) En primer lugar, la incidencia laboral de estas situaciones de baja, por lo común presentadas como «depresión»[747], en las cuales se sigue consumiendo y el empresario lo conoce. Frecuentemente llevan a considerar la presencia de un fraude a la incapacidad temporal, reaccionando con un despido cuya calificación varía en función de variables de lo más heterogéneas (día en que se produce, espacio en el que tiene lugar, graduación de la bebida, consumo en familia, con amigos o en solitario, etc.)[748], pero, en general (la excepción vendría dada cuando son de una entidad como para considerar que tal ingesta es siempre negativa)[749], conducen a valorar su improcedencia valorando las circunstancias en presencia del trabajador afectado[750].

b) En los supuestos en los cuales el alcoholismo está ya arraigado no deja de ser infrecuente la incomparecencia del interesado a los reconocimientos médicos exigidos en el art. 174.1 1.° LGSS. Las Mutuas han sido especialmente activas a la hora de aplicar esta causa de extinción de la prestación y, conforme indica la mejor doctrina a través de dos ejemplos gráficos, la doctrina en suplicación dista de mostrar un sentido univoco.

Así en un primer ejemplo, y respecto de quien padece pancreatitis derivada de toxicomanía al alcohol, con los episodios de pancreatitis aguda, hipertensión y *delirium tremens*, y está ingresado en una comunidad terapéutica habiéndose producido un deterioro cognitivo (trastorno amnésico, confusión mental, etc.) y trastornos de personalidad en la forma de analizar o entender la realidad habiendo dejado de acudir a los reconocimientos efectuados en tiempo y forma, el Tribunal estima que «esta repetida ausencia (...) no puede sostenerse normalmente sobre el mentado descargo si se tiene en cuenta que la misma situación clínica nunca obstó, a lo largo de las sucesivas semanas, para presentarse al médico de cabecera de la Seguridad Social que expedía los correspondientes partes de confirmación,

747 Así, ocurre incluso cuando obre un alcoholismo crónico diagnosticado, según muestra STSJ Baleares 5 diciembre 2006 (JUR 83645/2007).

748 Un análisis acabado en Goerlich Peset, J. M. y Nores Torres, L. E.: «El fraude a la incapacidad temporal como causa de despido», *Información Laboral*, núm. 11, 2017, BIB 2017\43177.

749 STSJ Comunidad Valenciana 21 abril 2005 (AS 1556).

750 Así, afirmando que no consta su carácter de consumo indebido y que se produjo en horario nocturno [STSJ Comunidad Valenciana 26 mayo 2006 (AS 3027)], no fue acreditada su repercusión negativa, las bebidas eran de baja graduación y se realizó en compañía de otras personas [STSJ Asturias 19 octubre 2007 (AS 480/2008)] o el consumo lo fue de cervezas en pequeña cantidad (y sopesando su corta graduación) y no aparecía expresamente contraindicado [STSJ Castilla-La Mancha 26 marzo 2010 (AS 1586)].

dos de los cuales son inmediatamente anteriores a aquellas ausencias, por lo que cabe entender que las condiciones mentales eran las mismas para cumplimentar uno y otro requisito»[751].

De signo totalmente diferente es la muestra proporcionada por quien no acude a los reconocimientos de la Mutua cuando afecta a un trabajador dado de baja por una «depresión» que responde a un alcoholismo desde muy joven al que puso remedio mediante tratamiento, pero en el que ha vuelto a recaer tras su adicción al medicamento que tomaba para no beber, presentando un cuadro de dependencia alcohólica, sintomatología depresiva con relación autolítica estructurada y aislamiento social. Condicionantes, todos, que llevan al juzgador a entender que ha podido sufrir una confusión mental, pues el mismo día se había previsto la confirmación con la sanidad pública, y la coincidencia de fechas y circunstancias se podía justificar, dado su estado y el hecho de que nunca había recibido asistencia médica por la mutua[752].

c) En los supuestos de persistencia en la dependencia del alcohol, incluso con calificación médica de alcoholismo crónico, es frecuente que desde la incapacidad temporal se transite a la incapacidad permanente (por lo común una incapacidad permanente total), lo cual hará que, en tanto el importe de la incapacidad temporal previa puede ser superior a la incapacidad permanente posterior, no quepa dar efectos retroactivos a la resolución del INSS, «compensando» cantidades recibidas en exceso bajo aquella primera contingencia[753]. En el extremo opuesto bien pudiera suceder que se agotara el periodo máximo de incapacidad temporal y, sin embargo, no reconocer incapacidad permanente alguna —aun cuando siga siendo beneficiario de asistencia sanitaria—, manteniendo tanto el grado de intensidad o dependencia, como las consecuencias del alcoholismo y/o la toxicomanía para la aptitud social y laboral del afectado[754], debiendo ser ponderadas, en estos supuestos, «todas las pruebas a su alcance: si está o no en tratamiento, desde cuando está en tal situación y las secuelas físicas y neumológicas»[755]. Abren tales casos el extenso debate sobre los límites, muchas veces difusos, de separar cuanto es temporal de lo verdaderamente permanente, y seguirá con el correlativo sobre los grados de incapacidad permanente y la eventual revisión por agravamiento (o mejoría).

En este punto, y aun cuando —según ha quedado expuesto— será necesario atender a las concretas circunstancias en presencia, y en el caso de juicio a la prueba presentada al juzgador (tanto la técnica relativa a la profesión del afectado

751 STSJ Aragón 3 mayo 2005 (JUR 163962).

752 STSJ Baleares 5 diciembre 2006 (JUR 83645/2007).

753 En ejemplo paradigmático, STSJ Comunidad Valenciana 27 septiembre 2017 (JUR 302383).

754 En la memoria la tantas veces recordada STS 14 febrero 1976 (RJ 1976).

755 STSJ Canarias/Las Palmas 30 diciembre 2002 (JUR 215381).

como, en particular, la pericial para acreditar la situación médica del afectado, ya sea documental del EVI —no suele comparecer a juicio—, la infrecuente del médico del servicio de salud como testigo/perito, la del forense —por lo común en diligencias finales— o la de médicos propuestos por el interesado)[756], donde su sana crítica no podrá prescindir del especial valor de quienes forman parte de la sanidad pública (al prevenir su mayor objetividad y no menor valor científico)[757], lo cierto es que en los Tribunales se encuentran dos pautas generales a sopesar:

a) Con variantes en su concreción, pero la misma reflexión de fondo, cabe encontrar en distintas Salas una verdadera formula ritual que reelabora la reconocida como exposición primera, a cuyo tenor —recopilando las partes más significativas de cada uno de los discursos—: «Respecto del alcoholismo debe señalarse que el elemento relevante no es cuan grave es la dependencia, sino la limitación funcional que esta provoca, pues la dependencia, en sí misma, no puede tomarse como referencia a efectos de determinar la repercusión funcional que para el trabajo en general o para la profesión habitual en particular pueda significar, sino que lo verdaderamente importante a estos efectos son sus secuelas[758] (...).

El alcoholismo es tributario, según su intensidad, de la incapacidad permanente total e incluso de la incapacidad permanente absoluta (asociado, por ejemplo, a cirrosis, hepatitis, etc.). Cuando es severo ha de tenerse en cuenta no sólo la repercusión física de la enfermedad, sino el fundamental componente psíquico, con mermas significativas desde el punto de vista volitivo y cognitivo, dada la trascendencia para poder regir la persona y la difícil compatibilidad con las exigencias de cualquier profesión, por mínima responsabilidad que ésta conlleve (...) El alcoholismo es una enfermedad cuya proyección sobre la capacidad laboral depende obviamente de sus específicas circunstancias, hasta el punto que en la casuística de los Tribunales en ocasiones se le ha negado virtualidad discapacitante, en tanto que en otras se le ha llegado a considerar integrante de capacidad absoluta (...) En concreto, al alcoholismo con los síntomas más extremos (pseudo esquizofrenia paranoide alcohólica o alucinaciones alcohólicas síndrome de Korsakoff y delirio celotípico) es incluso incompatible con cualquier tipo de trabajo, porque el sujeto no puede gobernarse y además se dan todas los elementos que configuran la invalidez (riesgo propio y ajeno, falta de rendimiento, de calidad y de habitualidad en el trabajo) (...).

---

756 Sobre el valor de estas pruebas ALBERT EMBUENA, V.: «Las pruebas en los procesos de incapacidad permanente; en especial, la prueba pericial», *Información Laboral*, núm. 4, 2014, págs. 129-158 o HERNÁNDEZ MARTÍNEZ-CAPELO, C. *et alii*: *La prueba pericial médica*, Madrid (La Ley), 2008, págs. 429 y ss.

757 Atribuida a la STSJ Galicia 26 marzo 2004 (JUR 140933).

758 Preámbulo que cabe leer en SSTSJ Cataluña 4, 5 y 6 julio 2016 (JUR 206139, 206328 y 207604), 23 junio, 21 julio y 24 octubre 2017 (JUR 261418, 286061 o 2523/2018), 21 octubre 2019 (JUR 334461), 3 febrero 2020 (JUR 124078) y 16 julio 2020 (JUR 323918).

Así reproducido [,descendiendo a muestras significativas,] en la casuística de los Tribunales[759] se encuentran, de un lado, resoluciones donde se les ha negado cualquier virtualidad incapacitante[760], y de otro, resoluciones en las que se ha llegado a considerar integrante de incapacidad absoluta[761]; grado este que igualmente se ha declarado en supuestos de acusado en inveterado etilismo determinantes de acusado deterioro cerebral y/o hepático, con múltiples ingresos en el servicio de urgencias por *delirum tremens*[762]. El etilismo, aun sin tales intensas manifestaciones, ha sido también reconocido como tributario de incapacidad permanente total cuando se trata de profesiones cuyo desempeño en las circunstancias de la enfermedad supondría un peligro evidente para el demandante, compañeros y terceras personas. Por ejemplo, en el supuesto de un peón albañil[763] o porque suponen limitación para tareas que requieran de ejercicio físico intenso (mayor que moderado), o, incluso, porque exista el riesgo de una exposición a la ingesta de tóxicos hepáticos[764] o porque la adicción alcohólica resultaría, en tales casos, incompatible con la actividad de camarero»[765] [766].

b) Otra línea o pauta de gran difusión pone el acento en la posibilidad (o no) de recuperación de cuanto incapacita al trabajador para prestar servicios, asumiendo que «la reversibilidad en cuestión depende de la razonable previsión técnica de curación de la enfermedad o patología, que puede descartarse, si se produce tal negativo pronóstico en cualquier instante del tratamiento médico. Cierto es que existen tratamientos desintoxicadores de duración larga, pero también lo es que en cualquier fase del tratamiento puede preverse su fracaso, si pericialmente tal pronóstico es fundado. La duración de la incapacidad temporal puede resultar a tal efecto indiciaria para, por vía de presunción, deducir una mayor eficacia del tratamiento, pero no asegura que con la mayor duración del mismo se obtenga el resultado positivo de curación, sin lugar a dudas al respecto. Pueden ser exitosos o fracasados tanto los tratamientos largos como los

---

759 Tenor reproducido en SSTSJ Cantabria 13 septiembre 2006 (AS 2644), Baleares 21 junio 2010 (JUR 297313) y Navarra 21 septiembre 2012 (JUR 14909/2013).

760 Citando la STS 14 diciembre 1976 (RJ 5521) y SSTSJ Castilla y León/Valladolid 26 octubre 1998 (AS 7142) o Canarias/Sta. Cruz de Tenerife 8 marzo 1999 (AS 5457).

761 Mencionándola STSJ Cataluña 14 octubre 1999 (AS 3346).

762 Aludiendo a las SSTSJ Galicia 3 marzo 1999 (Rec. 859/1992) y 25 mayo 2000 (Rec. 4716/1998).

763 Con mención de la STSJ Cantabria 11 mayo 2005 (JUR 134095).

764 Refrendo STSJ Cantabria 31 mayo 2006 (JUR 190349).

765 Con cita de la STSJ Baleares 22 febrero 2005 (JUR 91207).

766 El discurso retomado nuevamente en el patrón-tipo incluido en las SSTSJ Cataluña 4, 5 y 6 julio 2016 (JUR 206139, 206328 y 207604) o 23 junio, 21 julio y 24 octubre 2017 (JUR 261418, 286061 y 2523/2018).

cortos, ya que la ciencia médica se mueve tanto en parámetros cuantitativos como en otros cualitativos y la respuesta del paciente no es idéntica en todo momento»[767].

Obra, de este modo, una premisa que inspira el criterio de algunos Tribunales para tomar en consideración cómo «la enfermedad no constituye más que un hábito prescindible con un ejercicio de voluntarismo»[768], «que no se combate solo farmacológicamente, sino que es el propio individuo quien tiene que poner de su parte y reconocer la situación en que se encuentra para salir de ese abismo, sin embargo, con reconocimiento de la dificultad del tratamiento y el largo camino a reconocer»[769]. Se alzará, así como premisa para no reconocer la incapacidad permanente «la falta de indicación alguna de que no pueda ser puesto en cura su alcoholismo»[770]; en formulación positiva:

De un lado, la necesidad de «un tratamiento serio y riguroso» se eleva como condición *sine qua non* para reconocer la incapacidad[771], de modo que no cabrá aspirar a lucrarla «si no se ha afrontado mínimamente la enfermedad, lo que en el supuesto de fracaso permite subvenir las consecuencias profesionales de la patología con reconocimiento de la prestación»[772]; es decir, «aprovechando las posibilidades terapéuticas y de rehabilitación aunque sean de recuperación incierta, pues lo contrario supondría negar o controvertir el éxito de grupos con tanta trascendencia social como Alcohólicos Anónimos y otros programas de deshabituación específica»[773].

De lo contrario, cuando «el tratamiento no se ha iniciado o los intentos han sido esporádicos, (...), es decir, que existan posibilidades terapéuticas y de rehabilitación, pese a que la curación se presente incierta», la contestación habrá de ser negativa para el interesado[774].

De otro, y a resultas de lo anterior, tomar en consideración las «amplias posibilidades terapéuticas» del alcoholismo y la drogadicción[775], valorando

767 STSJ País Vasco 1 diciembre 1994 (AS 4973).

768 STSJ País Vasco 23 septiembre 2004 (AS 2584).

769 STSJ Cantabria 13 septiembre 2006 (AS 2644).

770 STS 5 febrero 1987 (RJ 789).

771 STSJ Cantabria 13 septiembre 2006 (AS 2644).

772 STSJ Cantabria 10 diciembre 2003 (JUR 78013/2014).

773 STSJ Cantabria 26 diciembre 2000 (Rec. 566/1999).

774 El literal, entre más, de SSTSJ Madrid 21 marzo 2017 (JUR 120181) o Cataluña 23 julio 2017 (JUR 261418).

775 Sirvan los ejemplos contenidos en SSTSJ Galicia 16 febrero 2016 (JUR 55786) y 26 mayo 2017 (JUR 170807); Andalucía/Sevilla 13 octubre 2016 (JUR 260180); Cataluña 5 julio 2016 (JUR 206328) y 23 junio 2017 (JUR 261418); Madrid 21 marzo 2017 (JUR 120181); Cantabria 7 abril 2017 (JUR 143639) o Asturias 13 mayo 2017 (JUR 178254) y 8 enero 2018 (JUR 50225).

la abstinencia o éxito del tratamiento como un factor que lleva negar la existencia de una incapacidad permanente[776], o que sea un factor a ponderar en la solicitud de un grado más elevado de incapacidad[777] o, como variante —preferible—, si el tratamiento es de duración prolongada, reconociendo la incapacidad sin perjuicio de su revisión por mejoría[778].

Un exhaustivo análisis de los pronunciamientos de los Tribunales Superiores de Justicia de los últimos años —con los antecedentes que citan— permite corroborar todos los escenarios descritos, aportando algunos datos adicionales de interés, para llevar al siguiente resultante[779].

- En su mayor parte los pronunciamientos niegan la presencia de un motivo incapacitante cuando por sí solo no ha llevado a otras alteraciones físicas o psíquicas graves o severas[780]; mucho más cuando aún no se han explorado «las posibilidades terapéuticas o de rehabilitación existentes»[781] o estas han tenido éxito y el alcoholismo este «controlado» o «en remisión y/o no provoca ingresos o descompensaciones»[782].
- A estos efectos se pondera, por ejemplo, que el hecho de estar «en abstinencia de alcohol y en tratamiento que le permita asistir a su puesto de trabajo y prestar servicios con suficiente responsabilidad y profesionalidad (...), [para] una evolución clínica del alcoholismo concurrente no se acompaña de deterioro mental ni neurológico permanente, aunque se hayan producido recaídas si estas responden adecuadamente al tratamiento»[783]; igualmente, «sin que la circunstancia de tener que acudir dos veces por semana a una unidad de atención de dependencias con la finalidad de no recaer en la dependencia alcohólica sea relevante a los efectos de valorar la incapacidad permanente, pues ello no afecta a las capacidades para la realización del trabajo»[784]. Un tratamiento que, aunque haya puntuales recaídas

776 SSTSJ Galicia 7 marzo 2016 (JUR 73910) y 12 enero 2017 (JUR 27752); Cantabria 31 marzo 2016 (JUR 84529) o Asturias 26 abril 2016 (JUR 113938).

777 SSTSJ País Vasco 16 septiembre 2014 (JUR 287626) o Galicia 26 mayo 2017 (JUR 170807).

778 STSJ Castilla-La Mancha 4 abril 2019 (JUR 164531).

779 SSTSJ Asturias 7 junio 2016 (JUR 173651), Galicia 9 marzo 2017 (JUR 83687) y Cataluña 23 junio 2017 (JUR 261418)

780 Menos aún si «estaba en tratamiento con antabuse (disulfiram) sin que conste que el mismo haya fracasado», STSJ Galicia 16 febrero 2016 (JUR 55786).

781 SSTSJ Asturias 7 junio 2016 (JUR 173651), Cataluña 5 julio 2016 (JUR 206328), Galicia 12 enero 2017 (JUR 27752), Navarra 9 marzo 2017 (JUR 138814) o Cantabria 7 abril 2017 (JUR 143639).

782 STSJ Comunidad Valenciana 31 mayo 2016 (JUR 218165).

783 STSJ Madrid 21 marzo 2017 (JUR 120181)

784 Para llevar a la revisión de la incapacidad permanente total a la aptitud, STSJ Galicia 26 mayo 2017 (JUR 170807).

a las cuales también se responde, «solo demuestra que la patología no está curada, no que resulte incapacitante»[785]; siempre obviamente, teniendo presente que «si las lesiones afloran en fase de reagudización o de ocasionalidad (...) siempre cabe la posibilidad de pasarse a la situación de incapacidad temporal en el momento de crisis»[786].

- Una alternativa al planteamiento precedente viene dada cuando el trabajador sigue de baja sin curación y esta se presume incierta o a más largo plazo por el reconocimiento de una incapacidad permanente revisable y, de acaecer tal mejoría, se reconoce la aptitud del afectado[787].
- En función «de los distintos grados de evolución» y de las «consecuencias distintas en la capacidad de trabajo» que antaño mereciera como pautas a sopesar por el Tribunal Supremo[788], cuando se reconoce una incapacidad permanente por lo normal lo será en el grado total para la concreta incapacidad permanente solicitada por el interesado. Tal dato confiere una doble perspectiva:
- Por un lado, apertura lógica a todas las profesiones cuando el «alcoholismo se ha vuelto crónico, sin que se haya logrado que el afectado siga con proceso de rehabilitación con garantías de éxito más o menos previsibles (...), pues no puede mantenerse a lo largo de los años y *sine die* que existan posibilidades ciertas y más o menos próximos de recuperación»[789]. No obstante, su incidencia presenta singular relieve en alguna, encontrando ejemplos referidos a especialistas en factoría siderúrgica[790], oficial de fábrica de plásticos[791], técnico de programación[792], marmolista[793], oficial carretillero[794], técnico de reparaciones[795] o jefe/director de ventas[796]. Conforme cabe observar, puestos que en

785 STSJ Asturias 8 enero 2018 (JUR 50225).

786 Pasaje al cual muchas veces se acude como coletilla final, conforme muestran las SSTSJ Andalucía/Sevilla 13 octubre 2016 (JUR 260180), Galicia 9 marzo 2017 (JUR 83687) o Madrid 21 marzo 2017 (JUR 120181).

787 SSTSJ País Vasco 1 diciembre 1994 (AS 4973) y 16 septiembre 2014 (JUR 287626); Cataluña 14 octubre 1999 (AS 4973) o Galicia 26 mayo 2017 (JUR 170807).

788 STSJ Asturias 2 marzo 2001 (JUR 139654).

789 STSJ Galicia 29 diciembre 2017 (JUR 15599).

790 STSJ Asturias 2 marzo 2001 (JUR 139654).

791 STSJ Murcia 2 febrero 2004 (JUR 81522).

792 STSJ Extremadura 9 julio 2013 (JUR 255666).

793 STSJ Comunidad Valenciana 28 enero 2014 (JUR 21298).

794 STSJ Cataluña 21 julio 2017 (JUR 286061).

795 STSJ País Vasco 25 octubre 2016 (JUR 273123).

796 STSJ Galicia 28 julio 2016 (JUR 204284).

algunos casos requieren ejercicio físico superior al ordinario, siendo contraindicada la exposición a tóxicos hepáticos[797], o requieren una especial responsabilidad[798]; de ahí su relativa frecuencia en personal sanitario[799], empleados de seguridad[800], trabajadores de la construcción[801] y, con particular relieve, personal de hostelería[802], justificada en este caso por desarrollar su actividad «en un lugar no aconsejable ni adecuado para su adicción alcohólica (...), no siendo la profesión más indicada para convivir con dicha enfermedad, dado que [el afectado] está en contacto con bebidas alcohólicas»[803].

- Por otro, la gran dificultad para apreciar una incapacidad permanente absoluta o gran invalidez, ya de inicio, ya por revisión, fundada exclusiva o fundamentalmente sobre el alcoholismo padecido a la agravación progresiva en la adicción, lo cual lleva a rechazar muchos recursos o, sobre el grado de incapacidad total declarado (frente a la absoluta que se insta)[804], la no aceptación de la revisión a incapacidad permanente absoluta[805] o, incluso, la evolución a una gran invalidez[806].

797 STSJ Cantabria 31 mayo 2006 (JUR 190349).

798 STSJ Comunidad Valenciana 28 enero 2014 (JUR 111958).

799 Impecable el razonamiento que para un ATS contiene la STSJ Asturias 11 octubre 2012 (JUR 365397).

800 Auxiliar de seguridad en STSJ Murcia 12 abril 2010 (JUR 194191); por ser incompatible con los requerimientos de aptitud psicofísicos demandados por el Real Decreto 2487/1998, la situación de un vigilante de seguridad en STSJ Madrid 27 diciembre 2016 (JUR 27799).

801 Albañil [SSTSJ Cantabria 11 abril 2004 (JUR 134095) y Andalucía/Sevilla 16 julio 2009 (JUR 438907)], peón de albañil [Castilla y León/Valladolid 27 septiembre 2017 (JUR 253578)] u oficial de construcción [STSJ Asturias 29 enero 2016 (JUR 35681)].

802 Así cuando el alcoholismo afecta a un camarero [SSTSJ Baleares 22 febrero 2005 (JUR 91207) o Castilla y León/Valladolid 8 marzo 2017 (JUR 88539)], o un pinche o ayudante de cocina [(SSTSJ Baleares 14 julio 2016 (JUR 226719) o Castilla-La Mancha 16 noviembre 2017 (JUR 13773/2018)].

803 El literal de STSJ Castilla y León/Valladolid 8 marzo 2017 (JUR 88539). Cabrá observar, empero, cómo la profesión no es un dato fijo si el alcoholismo no está asentado como enfermedad, según muestra el supuesto de camarero recogido en STSJ Comunidad Valenciana 31 mayo 2016 (JUR 218165) o el mozo de almacén de un mesón, con proximidad al alcohol, pero del cual se sienta que «la profesión habitual no es esencialmente coincidente con la labor específica que se realice en un puesto de trabajo, sino aquella que esté cualificado para realizar», en la STSJ Andalucía/Sevilla 22 junio 2017 (JUR 213022).

804 SSTSJ Madrid 26 octubre 2016 (JUR 1488/2017), Asturias 28 febrero 2017 (JUR 74928) o Cataluña 25 octubre 2017 (JUR 32155/2018).

805 SSTSJ Andalucía/Málaga 17 mayo 2002 (JUR 239946), 23 junio 2016 (JUR 32980/2017) y 22 noviembre 2017 (JUR 76945/2018); Galicia 28 octubre 2005 (JUR 76294) y 12 julio 2016 (JUR 175519); Cataluña 21 julio 2016 (JUR 231466); Comunidad Valenciana 31 enero 2017 (JUR 146770) o Cantabria 8 febrero 2017 (JUR 59326).

806 Por ejemplo, SSTSJ Cataluña 6 julio 2016 (JUR 207604) o Andalucía/Sevilla 19 julio 2017 (JUR 243990).

- Los supuestos en los cuales se acaba reconociendo una incapacidad permanente absoluta —casi siempre por revisión de una incapacidad permanente total previa—, e incluso gran invalidez[807], siempre vienen acompañados de otras secuelas físicas o psíquicas o, también, evolución crónica del grado de alcoholismo[808] que convierten la enfermedad en realmente impeditiva de cualquier actividad.

Así, en la aproximación judicial más acabada que se conoce se afirma que «solo el alcoholismo con los síntomas más extremos (pseudo-esquizofrenia paranoide alcohólico, alucinaciones alcohólicas, psicosis de Korsakoff, delirio celotípico alcohólico) es incluso incompatible con cualquier trabajo porque el sujeto no puede gobernarse y además se dan todos los elementos que configuran la invalidez (riesgo propio y ajeno, falta de rendimiento, de calidad y habilidad en el trabajo). Sirva de muestra el supuesto analizado en el que el demandante, además de sus pensamientos autolíticos, presentaba una depresión mayor con posibles síntomas psicóticos, que le imposibilitan no solo para la recepción de órdenes, sino para la asunción de la propia autonomía de voluntad y conocimiento que requiere todo trabajo, por lo que no se trata de que pueda encuadrarse en actividades sedentarias o livianas, sino en una simple y sencilla organización del trabajo, la que no podía efectuar, al menos en aquel estado[809].

Cuando es severo ha de tenerse en cuenta no solo la repercusión física de la enfermedad, sino el fundamental comportamiento psíquico, con mermas significativas desde el punto de vista volitivo y cognitivo, dada la trascendencia para poder regir la persona y la difícil compatibilidad con las exigencias de cualquier profesión, por mínima responsabilidad que esta conlleve. Por ejemplo, cuando existen ideas hipocondríacas y de autolesión[810].

Las diferencias solo se corresponden con la incapacidad absoluta cuando su naturaleza, evolución relevante, facultades esenciales y diversas afectadas, así como las secuelas que conllevan (en especial las inherentes a un padecimiento psiquiátrico) suponen indudable deficiencia de raciocinio y personalidad [pues] aborda un trastorno depresivo recurrente con episodios de depresión mayor e ideación autolítica, crisis convulsivas generalizadas secundarias a la ingesta etílica, atrofia cortico-subcorteal cerebral[811]; con depresión mayor[812]; o con anhedonia, con pérdida global de intereses y de autoestima, persistentes ideas de muerte y autolisis, vivencias delinoides y de

807 SSTSJ Madrid 20 noviembre 2012 (JUR 16645/2005) o Galicia 12 julio 2016 (JUR 175519).

808 STSJ Galicia 12 julio 2016 (JUR 175519).

809 Por referencia a la STSJ País Vasco 24 mayo 2005 (JUR 192079).

810 STSJ Cantabria 14 febrero 2001 (JUR 136528).

811 STSJ Galicia 28 octubre 2005 (JUR 76294/2006).

812 STSJ Andalucía/Málaga 15 mayo 2002 (JUR 239946).

runa psicofísica, trastorno de sueño, dificultad de atención y concentración, polialgias multifocales (expresión clínica de su alcoholismo inveterado) si se había desarrollado además el Síndrome de Korsakoff, con deterioro progresivo e irreversible de la personalidad[813].

También en el caso de diabetes, hiperlipemia, hipertensión arterial, cardiopatía isquémica y otras anexas[814] o con cardiopatía arteroesclerosa, insuficiencia mitral 2/4, insuficiencia triscupe ligera[815] o alteración de la función hepática y, sobre todo cáncer de faringe»[816].

Así, a partir de este rápido repaso (al cual cabría añadir algunos otros construidos bajo los moldes de la jurisprudencia elaborada en la década de los 80 del siglo pasado, pero que mantiene toda su vigencia y actualidad)[817] cabría completar —o ratificar— el elenco anterior para poner de relieve alguna de las asociaciones del alcoholismo con otras secuelas físicas o psíquicas en orden a declarar la incapacidad permanente absoluta.

De este modo, y entre las secuelas físicas o enfermedades de esta naturaleza internamente aparecen la cardiopatía isquémica[818], la cirrosis hepática[819], diferentes tipos de cáncer en cuyo desarrollo se descubre la influencia del alcohol[820], la artritis gotosa y evolucionada en las manos con pérdida importante de movilidad[821] o la neuropatía con afectación de miembros superiores e inferiores[822]; entre las psíquicas, además de los trastornos de diversa especie así calificados[823], la alteración mayor con falta de control de los impulsos y pérdidas de memoria[824], la psicosis delirante crónica[825], la esquizo-

813 STSJ Castilla-La Mancha 16 septiembre 2003 (JUR 167499/2004).

814 STSJ Galicia 4 abril 2003 (JUR 214236).

815 STSJ Galicia 7 febrero 2003 (JUR 148405).

816 STSJ Castilla y León/Valladolid 22 abril 2002 (JUR 156148).

817 Baste remitir a la recopilación contenida en las SSTSJ Comunidad Valenciana 28 enero 2014 (JUR 111958) o Asturias 10 mayo 2016 (JUR 138825) y 24 octubre 2017 (JUR 16331/2018).

818 SSTSJ Asturias 11 octubre 2012 (JUR 365397), Andalucía/Málaga 28 mayo 2015 (JUR 171144) o Asturias 26 diciembre 2019 (JUR32541).

819 STSJ Castilla y León/Valladolid 2 octubre 2000 (JUR 20215/2001).

820 SSTSJ Canarias/Sta. Cruz de Tenerife 12 mayo 2014 (JUR 249250), Castilla y León/Valladolid 22 octubre 2014 (JUR 287601) o Galicia 15 mayo 2015 (JUR 144926).

821 STSJ Andalucía/Sevilla 19 julio 2017 (JUR 243990).

822 STSJ Andalucía/Sevilla 6 junio 2017 (JUR 243795).

823 SSTSJ Andalucía/Málaga 17 mayo 2002 (JUR 239946) o Galicia 28 octubre 2005 (JUR 76294/2006).

824 STSJ Andalucía/Granada 13 octubre 2010 (JUR 132128).

825 STSJ Galicia 22 octubre 2001 (JUR 69109/2002).

frenia paranoide alcohólica[826], trastornos ansioso depresivos[827], el síndrome Wernrke-Korsakoff[828] o la oligofrenia[829].

3.2.3.4. Requisito de alta o situación asimilada al alta para acceder a las prestaciones e inscripción como demandante de empleo: la excepción (limitada) en los supuestos de alcoholismo y adicción a las drogas

En este repaso apresurado a las singularidades más notables que el consumo de alcohol y drogas muestra en el Sistema de Seguridad Social no cabrá obviar, como colofón, la triste realidad en la cual se encuentran quienes padecen esta enfermedad y que, de no poder acceder a otra prestación, vendrán abocados a sobrevenir a través de la prestación contributiva de desempleo, el subsidio asistencial o la renta activa de inserción.

En su día el Tribunal Supremo unificó doctrina considerando en situación asimilada al alta al beneficiario de la renta activa de inserción, en tanto «se viene exigiendo el figurar inscrito como demandante de empleo durante doce o más meses, esto es, ser un parado de larga duración, dato relevante porque en nuestro Sistema de Seguridad Social siempre se ha considerado en situación de alta al parado involuntario que continuaba desempleado tras agotar las prestaciones y subsidios por desempleo»[830]. De tal beneficio ya gozaban las otras dos prestaciones, pero bajo la condición de mantener una inscripción como demandante de empleo a partir de la cual resulta patente su intención de permanecer dentro del Sistema.

La situación del alcohólico o drogadicto puede llegar a ser tan deteriorada que frecuentemente desconoce la formalidad administrativa y, dados los exigentes periodos de carencia a acreditar para acceder desde una situación de no alta a la mayor parte de las prestaciones, habrían de ver rechazada (ellos o sus herederos en caso de fallecimiento) la solicitud[831].

Precisamente para otorgar protección a realidad tan lamentable y digna de atención, desde hace mucho tiempo el Tribunal Supremo ha adaptado cuanto el mismo califica como «interpretación humanizada, flexible e individualizada»[832] del requisito de alta que contempla los trastornos físicos y —sobre todo— psíquico provocados por las adicciones.

---

826 SSTSJ País Vasco 24 mayo 2005 (JUR 192079) y Cataluña 6 julio 2016 (JUR 207606).

827 STSJ Asturias 10 mayo 2016 (JUR 138825).

828 STSJ Galicia 28 octubre 2005 (JUR 76294/2006).

829 STSJ Galicia 12 julio 2106 (JUR 175519).

830 STS 5 mayo 2014 (RJ 2847).

831 Una breve y aguda presentación del problema en TOSCANI GIMÉNEZ, D.: *El régimen de las pensiones de incapacidad permanente: dudas y obligaciones de solicitantes y beneficiarios*, cit., págs. 46 y ss.

832 STSJ Madrid 26 noviembre 2007 (JUR 278161).

En un esquema final que se va construyendo en aluvión[833], y luego tantas veces se reproduce, baste la síntesis que ofrece, con sus referencias internas, el pronunciamiento de un Tribunal Superior de Justicia[834] a partir del cual esta interpretación «trata así de proteger situaciones de evidente necesidad evitando elementos de rigidez que en ocasiones desactualizarían el propio espíritu protector de la Seguridad Social. Y ello le ha permitido eludir el criterio general [de exigir alta o situación asimilada al alta] para considerar que, pesa a rupturas temporales [en la relación de aseguramiento], sigue vivo el *animus laborandi* y por ello se cumple el requisito de situación asimilada al alta, cuando el alejamiento intermedio del sistema obedece a especiales circunstancias, entre las cuales cabe destacar las siguientes: a) la enfermedad que provoca la declaración de invalidez [incapacidad] ya estaba instaurada, y con tal carácter, en la fecha en que se produjo el cese en el trabajo, supuesto en el cual debe entenderse cumplido el requisito, no ya de asimilado, sino de alta[835]. b) La situación de alta en Seguridad Social existe cuando se inicia la enfermedad, cuyo posterior desarrollo es tan grave que explica que se hayan descuidado los resortes legales prevenidos para continuar en alta[836]. c) Aparece, en fecha anterior o coetánea a la interrupción de la inscripción, una dolencia tan deteriorante de la voluntad del trabajador (enfermedad mental, etilismo crónico, adicción prolongada a las drogas, etc.) que introduce un desorden en la vida ordinaria del trabajador capaz de explicar el abandono de los trámites burocráticos necesarios para el acceso o la permanencia en la Oficina de Empleo[837]. d) La inscripción como demandante de empleo se produce en un momento posterior a una incapacidad laboral transitoria [incapacidad temporal hoy] cuya extinción ha sido impugnada en vía judicial, pero cuando aún no ha recaído sentencia firme confirmando o revocando el alta médica[838]. e) Un interregno de breve duración en la situación de demandante de empleo que no revela su voluntad de apartarse del mundo laboral»[839].

Precisamente al calor de los supuestos enunciados en las letra b) c) y e), pero fundamentalmente en atención al último de ellos, y casi siempre en relación con las prestaciones de incapacidad permanente y muerte y supervivencia[840], se ha creado un cuerpo de doctrina judicial sólida considerando que el

833 Un esquema completo de las fases de ampliación en Sánchez Carretero, R. M.: «El animus laborandi en las prestaciones de la Seguridad Social», *La Ley*, núm. 8559, 2015.

834 STSJ Cantabria 26 octubre 2007 (JUR 46587).

835 SSTS 12 noviembre 1992 (RJ 8800) y 9 octubre 1995 (RJ 7675).

836 SSTS 2 febrero 1987 (RJ 756) y 21 marzo, 12 julio y 13 septiembre 1988 (RJ 2341, 5811 y 6887).

837 SSTS 19 noviembre 1997 (RJ 8616) y 27 mayo 1998 (RJ 5700).

838 STS 26 enero 1998 (RJ 1056).

839 STS 9 noviembre 1999 (RJ 9500).

840 Según muestra la STS 22 febrero 2017 (RJ 709) y recopile con amplitud la STSJ Andalucía/Granada 19 marzo 2015 (JUR 142285).

alta no se pierde por una baja en la inscripción siempre y cuando: en primer lugar, y como condición *sine qua non*, el hábito ya presentara una gravedad o magnitud suficiente para justificar el desconocimiento de la obligación[841]; en segundo término, que el periodo de baja en la inscripción fuera breve, situándolo como media en 6 meses[842], o, en los casos más graves de etilismo crónico, en 9 meses[843].

841 Para negar el beneficio cuando careciera de tal gravedad [STSJ Galicia 26 octubre 2016 (JUR 250692)] o si la recaída en el alcoholismo se produjo después del apartamento del mundo laboral [STSJ Navarra 9 marzo 2017 (JUR 138814)].

842 La cifra indicativa, en SSTS 12 marzo 1998 (RJ 2565) y 9 noviembre 1999 (RJ 9500).

843 Conforme contempla la STS 16 diciembre 1999 (RJ 9821). En algunos supuestos límite se admiten, en atención a las circunstancias, periodos más amplios [STS 22 febrero 2017 (RJ 709)].

CAPÍTULO IV

BUENAS PRÁCTICAS EN LA NEGOCIACIÓN COLECTIVA SOBRE EL TRATAMIENTO DE LAS ADICCIONES EN LA EMPRESA

4.1. Las diferentes perspectivas expuestas

El tratamiento de las adicciones en el trabajo por la negociación colectiva ha adoptado desde el año 2017 hasta la actualidad un prometedor enfoque que invita a pensar en positivo. La evolución de los planteamientos hacia la rehabilitación del trabajador aparece cada vez en más textos y de manera más nítida; y ello a pesar de la tradicional proyección que el problema siempre ha adoptado en este contexto bajo la forma de infracciones laborales (catalogadas comúnmente como graves o muy graves), o el tratamiento que ha merecido para el legislador a la vista del todavía hoy mantenimiento de la embriaguez habitual o toxicomanía como causa de despido en el art. 54.2.f ET.

Este cambio de perspectiva, sin embargo, todavía precisa de empeño y perseverancia, por cuanto, si bien las iniciativas continúan creciendo de forma prometedora, el proceso es lento y gradual, con perfiles que distan de ser uniformes. Tras más del millar de convenios analizados cabe observar cómo la aparición de perfiles no sancionadores aumenta considerablemente desde el año 2017.

Dentro de la variedad de propuestas planteadas, resulta patente el tránsito en la filosofía que late detrás de la regulación de la misma realidad, lo cual, unido a los heterogéneos perfiles proporcionados por la muestra, hace difícil una valoración de las diversas medidas no sancionadoras dentro de una visión progresiva en el tratamiento de las adicciones.

Partiendo de esta premisa, procede ordenar las iniciativas de buenas prácticas en el tratamiento de las adicciones en el trabajo a través de tres posiciones fundamentales: la primera, desde la vigilancia de la salud del trabajador, vinculada casi de forma exclusiva a las adicciones con sustancia y con el escenario más variado dentro de los tres escenarios, al oscilar desde la integración del trabajador en programas de tratamiento y reinserción como medida fundamental, hasta la utilización de test de control de consumo en el trabajo asociados manifiestamente al ejercicio de competencias disciplinarias por el empresario; el segundo, las alternativas planteadas desde los convenios a la sanción disciplinaria, las cuales, a pesar de ser las más cercanas a la alternativa tradicional por ser las primeras en aparecer, introducen cierto grado de sensibilidad sobre el problema, al mostrar interés en la recuperación de la persona afectada, aun cuando sigan concibiendo la adicción como un problema personal del trabajador; y, por último, y como forma de abordaje más garantista, las alternativas que se alejan de la sanción para abrazar la asistencia, la prevención y la rehabilitación, con propuestas que van desde sencillas propuestas que proyectan un cambio de perspectiva y concienciación de todo tipo de adicciones incluso las que no implican sustancia, como la ludopatía o el uso de las tecnologías de la información, hasta proyectos ambiciosos destinados a erradicar las adicciones en el trabajo a corto, medio o largo plazo.

Además, previo análisis de cada uno de estos tres contextos será preciso mencionar distintas alternativas esporádicamente mencionadas en los convenios y vinculadas a cualquiera de estos niveles en atención a su propósito. Como ejemplos, la negativa empresarial a vincularse con otras entidades en campañas que potencien o promuevan el consumo de productos tóxicos para la salud como el alcohol[844]; la expresa exclusión en el menú ofrecido a los empleados de bebidas alcohólicas[845], o la prohibición del abono de estos gastos en las dietas[846]; las advertencias sobre el cuidado que debe tenerse respecto a su consumo en los protocolos sobre acoso (en tanto vía de escape para quien sufre el hostigamiento)[847] o de igualdad[848]; y, con carácter

844 Anexo 4.11 Código de Conducta incorporado al CC Cruz Roja Española en Barcelona (BOP Barcelona 23/08/2018)

845 Art. 55 CC Parque de Atracciones de Madrid (BO Comunidad de Madrid 13/04/2019); art. 30 CC Frasarria, SL (BOP Barcelona 15/01/2019); art. 72 CC Opel España, SLU (BOP 16/03/2018) o art. 30.1 CC Burgdiagonal, SL (BOP Barcelona 16/01/2018).

846 Muy utilizado en el Sector de Transporte de Enfermos y Accidentes en Ambulancia, según recogen el art. 18 CC de Galicia (DO Galicia 10/06/2019); art. 42 CC Empresa Valenciana de Emergencias Médicas, SL (BOP Valencia 19/03/2019); art. 20 CC de Canarias (DO Canarias 13/05/2019); art. 15 CC de Murcia (BO Región Murcia 13/07/2018); art. 18 CC de Castilla y León (BO Castilla y León 11/07/2018); art. 34.11 II CC de Extremadura (DO Extremadura 17/03/2017); art. 32 CC Ambulancias Ponient, SL (BOP Tarragona 01/03/2017) o art. 25 Servicios Auxiliares Sanitarios de Urgencias, SL (BO Comunidad de Madrid 19/11/2016).

847 «Este tipo de problemas puede dar lugar a que el trabajador afectado o trabajadora afectada, con el objeto de disminuir la ansiedad, desarrollen comportamientos sustitutorios (drogas, alcohol o cualquier otro tipo de adicciones), que además de comportamientos patológicos en sí mismos, están en el origen de otras patologías (...) El entorno familiar y social del afectado padecerá las consecuencias de tener una persona cercana amargada, desmotivada, sin expectativas ni ganas de trabajar, y que padecerá posiblemente algún tipo de trastorno psiquiátrico, con o sin adicción alguna», art. 71 CC Sector Comercio Islas Baleares (BO Islas Baleares 14/12/2019).

848 Anexo 4 CC Compañía Cervecera de Canarias, SA (BO Canarias 27/09/2017).

general, las prohibiciones de consumo de tabaco, alcohol, estupefacientes o drogas de cualquier tipo durante la jornada y en el lugar de trabajo[849], como elemento que evita un riesgo cierto para el interesado, sus compañeros o terceros[850] y demuestra una responsabilidad específica en el propio cuidado y en la atención debida hacia los demás[851].

4.2. Vigilancia de la salud de los trabajadores

La creciente presencia en los convenios de cláusulas que regulan el uso de pruebas de cribado de alcohol y drogas refleja, en gran medida, el cambio señalado en la negociación colectiva hacia alternativas que no buscan de forma exclusiva la meta punitiva en el tratamiento de las adicciones. Sobre la utilización de estos test en la empresa, el Tribunal Constitucional tuvo oportunidad de emitir su criterio por cuanto hace a los derechos fundamentales implicados de los empleados sometidos a control[852], realizando una exhaustiva lectura del art. 22 LPRL. A pesar de ello, ha tardado bastante tiempo en traducirse su mensaje a través de renovados intentos de recuperar aquella práctica floreciente a finales del siglo pasado e inicios del presente de destinar un espacio propio al control de las adicciones con sustancia.

A partir de esta visión inicial, también permitía apuntar, con toda probabilidad, la presencia de un ámbito llamado a mezclar las filosofías más encontradas respecto al abordaje del consumo problemático de alcohol y drogas en el trabajo. Así conviven posiciones extremas capaces de ir desde aquella cuya pretensión radica en obtener por esta vía una prueba «científica» (no ya la indiciaria que pueden aportar los testigos) del incumplimiento del trabajador

849 En algunas ocasiones, se entiende necesario precisar que se extiende, también, a los «turnos de festivo» [Anexo II CC Golf Gorraiz, SA, de Egües (BO Navarra 25/06/2019)] o a las asambleas [art. 13.4.° CC Grafitech Ibérica, SL, de Cendea de Olza (BO Navarra 31/07/2018)].

850 Art. 33.5 CC Autobuses Logroño, SA (BO La Rioja 15/02/2019); art. 36 CC Valoriza Servicios Medioambientales, SA (Centro de Trabajo de Najerilla-Moncalvillo) (BO La Rioja 03/10/2018); Anexo II.7 CC Muebles y Ballestas Hispano Alemanas Projects, SL (BOP Castellón de la Plana 21/11/2020); art. 42 bis CC Roquette Laisa España, SA (BOP Valencia 17/08/2018); art. 37.3 CC LNPLR Guadalajara, SL (BOP Guadalajara 18/07/2018); art. 38.2 CC Pay and Play, SL (BOP Alicante 28/06/2018); art. 30 *in fine* CC Manipulado y Envasado de Cítricos, Frutas y Hortalizas de la empresa Juan Motilla, SL (BOP Valencia 15/06/2017); art. 29 *in fine* CC Cots Hermanos, SLU (BOP Valencia 09/02/2017); art. 31 *in fine* CC Juan Motilla (BOP Valencia 09/02/2017) o art. 38.2 CC Hostelería de Carbonell, SL (BOP Alicante 4/01/2017).

851 En ambos sentidos, que muestran el Anexo IX («Código de Conducta de Mercasevilla») XV CC de la empresa Mercados Centrales de Abastecimiento de Sevilla. Mercasevilla, SA (BOP Sevilla 15/04/2019) o Anexo 7 CC Viza Automoción, SA (BOP Pontevedra, 01/03/2019).

852 STCo 196/2004, de 15 de noviembre.

para utilizarla en un eventual proceso de despido disciplinario, a aquella en renuncia específica a cualquier propósito sancionador y la exclusiva intención de servir al interés en el tratamiento y rehabilitación de quien padece la adicción.

Por este motivo, y a la vista del heterogéneo contexto, la decantación de las mejores prácticas en este ámbito requiere el apunte de algunas de las opciones destinadas a servir de aval a la hora de discernir los patrones de regulación:

1.- Llama la atención el hecho de recoger —o no— algún tipo de indicación sobre la necesidad de remitir, para la práctica de las pruebas de cribado, bien a una imprecisa referencia en «la normativa general»[853], o bien —y más correcto— a un protocolo existente —pero solo excepcionalmente recogido en detalle— de aplicación en el sector o en la organización[854].

Los avances más notables, ante la falta de tal construcción sistemática, aparecen en las garantías personales que adornan la posición jurídica del empleado, la intervención de los representantes de los trabajadores y la encomienda de la realización de esta prueba a personal cualificado.

A.- Respecto a las garantías personales del empleado sometido a control, cabe observar cómo las referencias a su pilar fundamental, el consentimiento informado, son muy limitadas —aun cuando fuere en la versión del derecho de oposición[855]—, al confundir probablemente la obligatoriedad del test con la exigencia de información completa para la obligada aquiescencia que ha de acompañar cualquier toma de muestras.

A estas limitadas referencias al consentimiento informado (convenientemente delimitado por el Tribunal Constitucional) procede unir el escaso interés mostrado respecto de la información sobre los resultados a proporcionar al interesado[856]; y ello a pesar de las abundantes referencias a la no discriminación en la selección para su realización o en las medidas a adoptar

853 Art. 21 CC Acha Movilidad Enkarterri, SA (BO Bizkaia 05/07/2017); art. 40.3 CC Zahoz Gestión, SL (BOP Toledo 23/06/2017) o art. 20 *in fine* CC Cofares Canarias, SA (BOP Sta. Cruz de Tenerife 08/03/2017).

854 Art. 37 III CC Autopista Central Gallega, Cesa (DO Galicia 17/02/2020); art. 69 CC Acosol, SA (BOP Málaga 20/08/2019); art. 36 CC Centro de Trabajo de Fomento de Construcciones y Contratas en Logroño (BO La Rioja 02/08/2019); art. 37.4.º III CC Puertos del Estado y Autoridades Portuarias (BOE 15/06/2019); art. 56 I CC Atalaya Riotinto Minera, SLU (BOP Huelva 08/04/2019); art. 51 CC Provincial de Transporte de Viajeros por Carretera de Alicante (BOP Alicante 20/03/2019); art. 39 CC Valoriza Servicios Medioambientales, SA, en Sto. Domingo de la Calzada (BO La Rioja 28/01/2019); art. 30 *in fine* CC Transporte Sanitario de La Rioja UTE (BO La Rioja 24/12/2018); art. 54.4 Carburos Vía Augusta Logistics, SL (BOE 16/11/2018) o art. 30 CC Centro de Trabajo de Urbaser, SA, en Alfaro (BO La Rioja 18/10/2017).

855 Art. 35.8 CC Servicio de Emergencias Médicas y Urgencias, SL (SEMYU 112) de Almería (BOP Almería 06/03/2020); art. 33 CC Terminales Químicas, SA —TERQUIMSA—, Centro de Trabajo de Barcelona (BOP Barcelona 12/11/2019).

856 Art. 20 *in fine* CC Cofares Canarias, SA (BOP Sta. Cruz de Tenerife 08/03/2017).

a la luz de las conclusiones obtenidas[857], la «intimidad, confidencialidad y dignidad»[858], el entorno de privacidad durante su realización[859], la obligada confidencialidad respecto a eventuales positivos[860], la «dignidad, intimidad y respeto a la persona»[861] o combinaciones de factores invocadas casi de forma ritual para aludir la necesidad de garantizar la «dignidad e intimidad»[862].

Los aspectos técnicos de los controles y de los equipos a utilizar reproducen un panorama semejante, pues mientras han recibido notable atención las características de los equipos (como su calibrado, verificación, suministro, homologación o el carácter reglamentario de los mismos)[863], los aspectos técnicos únicamente aparecen citados de manera esporádica en alusión, por ejemplo, a la existencia de pruebas de contraste y su método[864], o la especi-

857 De esta forma habrá de traducirse en la práctica la referencia a «no podrán ser usados con fines discriminatorios», en el art. 54.4 CC Vía Augusta, SA (BOP Zaragoza 06/06/2019); art. 67 CC Hermandad Farmacéutica del Mediterráneo, Sociedad Cooperativa Limitada (BOE 29/12/2017) y art. 54.4 CC Carburos Vía Augusta Logistics, SL (BOE 16/11/2018).

858 Art. 18 CC Servicios Integrales de Transporte de Viajeros Avant Group (BOP Barcelona 15/01/2020); art. 11 CC Campanevado, SL (BOP Barcelona 01/08/2019); Capitulo XI CC Boteros Amarradores de Tarragona, SL (BOP Tarragona 07/12/2018); art. 22 CC Urbaser, SA (BOP Huelva 29/08/2018); art. 12 CC Autocares Canals, SA (BOP Barcelona 22/06/2018); art. 67 CC Hermandad Farmacéutica del Mediterráneo, Sociedad Cooperativa Limitada (BOE 29/12/2017) o art. 11 CC Autocares Santa Susanna, SL (BOP Barcelona 24/10/2017).

859 Art. 51 CC Sector Transporte de Viajeros por Carretera de Alicante (BOP Alicante 20/03/2019).

860 Art. 17.4.3 CC HBA, SL (BOP Granada 03/07/2019); art. 27 CC Metro de Málaga, SA (BOP Málaga núm. 21/03/2019); art. 36 *in fine* CC Sector Auto-Taxi Comunidad Autónoma Andaluza (BO Junta de Andalucía 08/02/2019); art. 102 CC BP Oil España, SAU (BOP Castellón de la Plana 31/01/2019); art. 52 CC Empresa Regional del Campo (BO Canarias 23/10/2018) o art. 33.4 CC Sector de Empaquetado de Tomates de la Provincia de las Palmas (BOP Las Palmas 31/12/2018).

861 Art. 36 CC Centro de Trabajo de Fomento de Construcciones y Contratas en Logroño (BO La Rioja 02/08/2019); art 39 CC Valoriza Servicios Medioambientales, SA, en Sto. Domingo de la Calzada (BO La Rioja 28/01/2019); art. 36 CC Residuos Urbanos de Jaén, SA (BOP Jaén 18/06/2018); art. 30 CC Centro de Trabajo Urbaser, SA, en Alfaro (BO La Rioja 18/10/2017) o art. 21 CC Acha Movilidad Enkarterri, SA (BO Bizkaia 05/07/2017).

862 Art. 39.3 e) CC Sector Industria Vinícola de Navarra (BO Navarra 16/04/2019) o art. 29.3.° e) CC Sector Oficinas y Despachos de Navarra (BO Navarra 14/03/2017).

863 Art. 11 CC Campanevado, SL (BOP Barcelona 01/08/2019); art. 69 CC Acosol, SA (BOP Málaga 20/08/2019); art. 26 CC Logística Robledo, SL (BO Principado de Asturias 01/03/2019), Cap. XI Boteros Amarradores de Tarragona, SL (BOP Tarragona 07/12/2018); art. 41 c) CC CESPA, SA (BOP Sevilla 27/04/2018); art. 34 b) CC Sector Transporte de Mercancía, Mudanzas, Guardamuebles y Logística de Zaragoza (BOP 24/03/2018) o art. 11 CC Autocares Santa Susanna, SL (BOP Barcelona 24/10/2017).

864 Art. 13 CC Servicios Integrales de Transporte de Viajeros Avant Group, SL (BOP Barcelona 15/01/2020); art. 11 CC Campanevado, SL (BOP Barcelona 01/08/2019); art. 11 Kautras, SL (BOP Barcelona 10/07/2019); art. 26 CC Logística Robledo, SL (BO Principado de Asturias 01/03/2019) o Cap. XI CC Boteros Amarradores de Tarragona, SL (BOP Tarragona 07/12/2018).

ficación del tipo de muestra que garantice su fiabilidad, por referenciar, entre otras, —y fundamentalmente— a sangre o aire espirado[865].

B.- La intervención de los representantes de los trabajadores queda referida a través de la simple y frecuente alusión a la «representación legal», sin mayor matiz; aun cuando a veces, esta aparezca atribuida de manera más concreta a la comisión paritaria[866] o, en su lugar, a los sindicatos firmantes[867], la representación sindical[868], la representación unitaria[869], o la cualificada *ratione materiae*, ya sea comisión al efecto creada en convenio[870], el delegado de prevención[871] o el comité de seguridad y salud[872].

Las funciones atribuidas a esta representación varían enormemente, pudiendo ir desde la comprobación de los sistemas aplicados y el cumplimiento de los objetivos previstos[873], a la presencia física en la realización de los controles[874], la responsabilidad sobre toda la política dependiente de las mis-

865 Como relevantes excepciones, art. 35.8 CC Servicios de Emergencias Médicas y Urgencias, SL (SEMYU 112) de Almería (BOP Almería 06/03/2020); Cap. XI CC Boteros Amarradores de Tarragona, SL (BOP Tarragona 07/12/2018) y art. 21 CC Acha Movilidad Enkarterri, SA (BO Bizkaia 05/07/2017).

866 Art. 17.4.3 CC HBA, SL (BOP Granada 03//07/2019) o art. 27 CC Metro de Málaga (BOP Málaga 21/03/2019). En cambio, su papel es fundamental y único cuando se trata de negociar el protocolo en disp. adicional 3.ª 3 CC Sector Transporte de Viajeros por Carretera de los Servicios Discrecionales y Turísticos, Regulares Especiales, Regulares Temporales y Regulares de Uso Especial de la Comunidad de Madrid (BO Comunidad de Madrid 06/12/2017) o de efectuar el estudio previo sobre cómo efectuar los controles en art. 22 *in fine* CC Astilleros de Santander, SAU (BO Cantabria 28/06/2019).

867 Art. 33 B) CC Sector Transporte de Mercancías, Mudanzas, Guardamuebles y Logística de Zaragoza (BOP Zaragoza 24/03/2018).

868 Art. 33.4 CC Sector de Empaquetado de Tomate de la Provincia de las Palmas (BOP Las Palmas 31/12/2018) y art. 52 CC Empresa Regional del Campo (BO Canarias 23/10/2018).

869 Art. 36 Centro de Trabajo de Fomento de Construcciones y Contratas en Logroño (BO La Rioja 02/08/2019); art. 39 CC Valoriza Servicios Medioambientales, SA, en Sto. Domingo de la Calzada (BO La Rioja 28/01/2019); art 30 *in fine* CC Transporte Sanitario de La Rioja UTE (BOP La Rioja 24/12/2018); art. 30 Centro de Trabajo de Urbaser, SA, en Alfaro (BO La Rioja 18/10/2017) o art. 21 CC Acha Movilidad Enkarterri, SA (BO Bizkaia 05/07/2017)

870 Art. 33 CC Terminales Químicos, SA —TERQUIMSA—, Centro de Trabajo de Barcelona (BOP Barcelona 12/11/2019).

871 Art. 54.4 CC Vía Augusta, SA (BOP Zaragoza 06/06/2019).

872 Art. 37.4 III CC Puertos del Estado y Autoridades Portuarias (BOE 15/07/2019) o art. 87 *in fine* CC Agencia de Medioambiente y Agua de Andalucía (BO Junta de Andalucía 20/12/2018).

873 Art. 32 B) CC Sector de Transporte de Mercancías, Mudanzas, Guardamuebles y Logística de Zaragoza (BOP Zaragoza 24/03/2018).

874 Art. 32 o) *in fine* CC Gestión de Parques y Animales, SL (BO Comunidad de Madrid 20/07/2019), en el cual se añade que firmará y garantizará el resultado y, si resultara positivo, firmará también el acta que elevará el enfermero, quedando así certificado el resultado; art. 39.3 e) CC Sector de Industrias Vinícolas de Navarra (BO Navarra 16/04/2019);

mas[875], la notificación de la interrupción de la actividad que ha de acompañar a la realización del test o a su resultado positivo[876]. Con carácter más amplio figuran la información pasiva respecto a su realización y/o sobre el proceso seguido en las pruebas de cribado[877], la planificación o diseño —existente o futurible— del protocolo y/o de la confección de programas o procedimientos a seguir[878] o el control de la finalidad para la cual van a ser aplicadas las pruebas[879].

C.- Las referencias al personal sanitario cualificado exigido por los arts. 22.6 y 30 LPRL son frecuentes[880], aun cuando lo sea por distinguir únicamente, y de forma esporádica, entre aquellos sujetos llamados a realizar los test y los responsables de llevar a cabo las pruebas de confirmación o contraste; atribuyéndole, en estas contadas ocasiones, el positivo obtenido en la prueba previa a los servicios de vigilancia de la salud[881]. De esta forma, también cabe dar cuenta de una eventual designación genérica —sin dis-

art. 22 CC Urbaser, SA (BOP Huelva 29/08/2018); art. 21 CC Acha Movilidad Enkarterri, SA (BO Bizkaia 05/07/2017) o art. 29.3 e) CC Sector de Oficinas y Despachos de Navarra (BO Navarra 14/03/2017).

875 Art. 33 CC Terminales Químicos, SA —TERQUIMSA—, Centro de Trabajo en Barcelona (BOP Barcelona 12/11/2019).

876 Art. 87 *in fine* CC Agencia de Medioambiente y Agua de Andalucía (BO Junta de Andalucía 20/12/2018).

877 Art. 37 III CC Autopista Central Gallega, Cesa (DO Galicia 17/02/2020); art. 14.6 CC Metro de Sevilla, Concesionaria de la Junta de Andalucía, SA (BOP Sevilla 21/12/2019); art. 17.4.3 CC HBA, SL (BOP Granada 03/07/2019); art. 37.4 CC III Puertos del Estado y Autoridades Portuarias (BOE 15/06/2019); art. 54.4 CC Vía Augusta, SA (BOP Zaragoza 06/06/2019) o art. 27 CC Metro de Málaga, SA (BOP Málaga 21/03/2019).

878 Art. 37 III Autopista Central Gallega, Cesa (DO Galicia 17/02/2020); art. 36 Centro de Trabajo de Fomento de Construcciones y Contratas en Logroño (BO La Rioja 02/08/2019); art. 22 *in fine* CC Astilleros de Santander, SAU (BO Cantabria 28/06/2019); art. 39 CC Valoriza Servicios Medioambientales, SA, en Sto. Domingo de la Calzada (BO La Rioja 28/01/2019); art. 30 *in fine* CC Transporte Sanitario de la Rioja UTE (BO La Rioja 24/12/2018); disp. adicional 3.ª 3 CC Sector de Transporte de Viajeros por Carretera de los Servicios Discrecionales y Turísticos, Regulares Especiales, Regulares Temporales y Regulares de Uso Especial de la Comunidad de Madrid (BO Comunidad de Madrid 06/12/2017) o art. 30 CC Centro de Trabajo de Urbaser, SA, en Alfaro (BO La Rioja 18/10/2017).

879 Art. 51 CC Sector Transportes de Viajeros por Carretera de Alicante (BOP Alicante 20/03/2019).

880 Referencia a la cual, sin duda, habrá que reconducir la alusión en algún convenio efectuada a las «autoridades competentes», art. 16 CC Igoa y Patxi, SL de Egüés (BOP Navarra 28/05/2019); también al «personal autorizado (ej. Mutua)» al cual alude el art. 21 CC Acha Movilidad Enkarterri, SA (BO Bizkaia 05/07/2017).

881 Art. 13 CC Servicios Integrales Transporte de Viajeros Avant Group, SL (BOP Barcelona 15/01/2020); art. 11 CC Campanevado, SL (BOP Barcelona 01/08/2019); art. 11 Kautras, SL (BOP Barcelona 10/07/2019); art. 26 CC Logística Robledo, SL (BOP Asturias 01/03/2019); art. 13 CC Canals, SA (BOP Barcelona 14/03/2017) o art. 13 CC Autocares Congosto, SL (BOP Barcelona 30/09/2020).

tinción del tipo de control— a los servicios médicos[882] —a veces precisando que los serán del servicio de la propia empresa[883] o los de prevención[884]—, a un centro médico o al médico facultativo del centro sanitario o del instituto médico[885], al personal de la mutua[886] o, incluso, «a una compañía independiente»[887]. Con todo, conforme ha quedado expuesto, la clave reside en requerir «personal sanitario con competencia técnica, formación y capacidad acreditada»[888].

2.- En la línea descrita, procede hacer referencia a los análisis sobre consumos de alcohol, sustancias o estupefacientes incluidos sin evidente motivación en los reconocimientos previos o posteriores a la contratación[889], los cuales repiten, en su mayor parte, un contenido igual al establecido por los reconocimientos anuales[890]. Aun cuando estas pruebas de vigilancia de la salud no generen mayor reparo en los supuestos en los cuales hubiere mediado un accidente o un incidente —entre otros motivos porque en muchos casos así lo puede exigir la autoridad laboral[891]—, resulta más cuestionable la justificación *a priori* y *per se* sobre su pertinencia desde el punto y hora en el cual constituyen pruebas con carácter discrecional o aleatorio (así como las abiertamente «dirigidas»[892] o planteadas como «sorpresivas» o resultado del «azar»)[893], pues, en tanto resulta preciso acreditar su carácter indispensable,

---

882 Art. 102 CC BP Oil España, SAU (BOP Castellón de la Plana 31/01/2019).

883 Art. 39.3 e) CC Sector Industrias Vinícolas de Navarra (BO Navarra 16/04/2019) o art. 29.3 e) CC Sector Oficinas y Despachos de Navarra (BO Navarra 14/03/2017).

884 Art. 69 CC Acosol, SA (BOP Málaga 20/08/2019) o art. 51 CC Trasporte de Viajeros por Carretera Alicante (BOP Alicante 20/03/2019).

885 Cap. XI CC Boteros Amarradores de Tarragona, SL (BOP Tarragona 07/12/2018).

886 Art. 23 CC Sector Metal Comercio de Zamora (BOP Zamora 09/08/2017) o art. 21 CC Acha Movilidad Enkarterri, SA (BO Bizkaia 05/07/2017).

887 Art. 33 CC Terminales Químicas, SA —TERQUIMSA—, Centro de Trabajo de Barcelona (BOP Barcelona 12/11/2019).

888 Art. 26 CC Logística Robledo, SL (BOP Asturias 01/03/2019).

889 Extendiéndose a los dos tipos de exámenes, art. 54.4.1.° CC Vía Augusta, SA (BOP Zaragoza 06/06/2019); art. 21 CC Transporte de Viajeros por Carretera de Alicante (BOP Alicante 20/03/2019) y art. 54.4 CC Carburos Vía Augusta Logistics, SL (BOE 16/11/2018).

890 Contemplado solo para trabajadores de nueva incorporación en art. 44 *in fine* CC UTE Valls i Cespa del Grupo Ferrovial, SA, en el Municipio de Valls (BOP Tarragona 10/10/2019) y Cap. IX CC Transmol Logística, SLU (BOP Huelva 21/01/2017).

891 Art. 37 III CC Autopista Central Gallega, Cesa (DO Galicia 17/02/2020); art. 17.4.3 CC HBA, SL (BOP Granada 03/07/2019); art. 27 CC Metro de Málaga, SA (BOP Málaga 21/03/2019) o art. 54.4 CC Carburos Vía Augusta Logistics, SL (BOE 16/11/2018).

892 Art. 69 CC Acosol, SA (BOP Málaga 20/08/2019).

893 Art. 33 CC Terminales Químicos, SA —TERQUIMSA—, Centro de Trabajo de Barcelona (BOP Barcelona 12/11/2019).

procederá demandar la prueba sobre la existencia de otros medios menos molestos para el empleado[894].

Por otro lado, resulta habitual en los textos consultados su realización a empleados que manifiesten evidentes signos de intoxicación etílica o consumo de drogas y otras sustancias[895]; requiriendo, en ocasiones, el testimonio de compañeros, superiores o terceros corroborando la situación como solventes testigos de tal supuesto de afectación[896], así como estableciendo una correlación casi natural entre el desconocimiento de la obligación de sometimiento a estas pruebas y la sanción por falta grave o muy grave, con tratamiento idéntico al dispensado a quien hubiere pasado el test cuando fuera positivo el resultado[897].

---

894 Art. 17 CC Metro de Bilbao, SA (BO Bizkaia 27/04/2020); art. 14.6 Metro de Sevilla, Concesión de la Junta de Andalucía, SA (BOP Sevilla 21/12/2019); art. 17.4.3 CC HBA, SL (BOP Granada 03/07/2019); art. 27 CC Metro de Málaga, SA (BOP Málaga 21/03/2019); art. 102 CC BP Oil España, SAU (BOP Castellón de la Plana 31/01/2019); art. 90.3 CC Sociedad Pública de Ferrocarriles Vascos, SA (BO País Vasco 28/11/2018); art. 54.4 CC Carburos Vía Augusta Logistics, SL (BOE 16/11/2018); Anexo 2 CC Empresas Distribuidoras de Gases Licuados del Petróleo (GLP), Gas Butano y Propano de la Provincia de Sta. Cruz de Tenerife (BOP Sta. Cruz de Tenerife 05/03/2021); art. 36 CC Residuos Urbanos de Jaén, SA (BOP Jaén 18/06/2018); art. 21 *in fine* CC Rafelbunyol, SA, Medio Propio (BOP Valencia 17/08/2018); art. 41 C) CC CESPA, SA (Limpieza Pública de Tomares) (BOP Sevilla 27/04/2018); art. 45 CC CEPSA Aviación, SA (BOP Sta. Cruz de Tenerife 10/04/2017) o art. 30 *in fine* CC Cofares Canarias, SA (BOP Sta. Cruz de Tenerife 08/03/2017).

895 Art. 17.4.3 CC HBA, SL (BOP Granada 03/07/2019); art. 54.4 CC Vía Augusta, SA (BOP Zaragoza 06/06/2019); art. 27 CC Metro Málaga, SA (BOP Málaga 21/03/2019); art. 36 *in fine* CC Sector Auto-Taxi Comunidad Autónoma de Andalucía (BO Junta de Andalucía 08/02/2019); Cap. XI CC Boteros Amarradores de Tarragona, SL (BOP Tarragona 07/12/2018) o art. 18.2 i) CC Sector de Industrias de Aceite y sus Derivados (BOP Barcelona 20/03/2018).

896 Art. 36 CC Centro de Trabajo de Fomento de Construcciones y Contratas en Logroño (BO La Rioja 02/08/2019); art. 39 CC Valoriza Servicios Medioambientales, SA, en Sto. Domingo de la Calzada (BO La Rioja 28/01/2019); art. 30 Centro de Trabajo de Urbaser, SA, en Alfaro (BO La Rioja 18/10/2017); art. 22 CC Urbaser, SA (BOP Huelva 29/08/2017). Exigiendo prueba de testigos, art. 23 CC Sector Metal Comercio de Zamora (BOP Zamora 09/08/2017); confiando en que así lo hubieran advertido compañeros y/o superiores, art. 40.3 CC Zahoz, SL (BOP Toledo 23/06/2017) o estableciendo la obligación de los trabajadores de poner estas circunstancias en conocimiento de la dirección de la empresa o de los representantes de los trabajadores, art. 32 CC Velpa, SA (BOE 16/05/2017).

897 Entre muchos más, por su relación con estas modalidades específicas de test de control, art. 37 III CC Autopista Central Gallega, Cesa (DO Galicia 17/02/2020); art. 23 CC Servicios Integrales de Transporte de Viajeros Avant Group, SL (BOP Barcelona 15/01/2020); art. 14.6 CC Metro de Sevilla (BOE 21/12/2019); art. 11 CC Campanevado, SL (BOP Barcelona 01/08/2019); art. 11 CC Kautras, SL (BOP Barcelona 10/07/2019); art. 16 CC Igoa y Patxi, SL, de Egüés (BO Navarra 28/05/2019); Cap. XI CC Boteros Amarradores de Tarragona, SL (BOP Tarragona 07/12/2018); art. 22 Urbaser, SA (BOP Huelva 29/08/2018); art. 13 CC Autocares Canals, SA (BOP Barcelona 22/06/2018); art. 11 CC Autocares Santa Susanna, SL (BOP Barcelona 24/10/2017); art. 40.3 CC Zahoz Gestión, SL (BOP Toledo 23/06/2017); o, en fin, art. 20 *in fine* CC Cofares Canaria, SA (BOP Sta. Cruz de Tenerife 08/03/2017).

3.- La mayor parte de los convenios proclaman el carácter obligatorio de estos test para el trabajador[898], a pesar de claramente alejarse del juicio pretendido por el Tribunal Constitucional; o si así fuera, un manifiesto fracaso en su empeño. De este modo, en muy pocas ocasiones (además de los supuestos en los cuales así lo habilita una ley en relación con la protección de riesgos específicos y actividades de especial peligrosidad)[899], obra una

898 Admitiendo la posible obligatoriedad por ley, entre las excepciones más relevantes, art. 52 CC Empresa Regional del Campo (BO Canarias 23/10/2018) o, siguiendo su literal, art. 33.4 CC Sector de Empaquetado de Tomate de la Provincia de Las Palmas (BOP Las Palmas 31/12/2018); permitiendo que los empleados que no quieran someterse puedan manifestarlo así y quedar «excluidos de la lista del personal a contrastar», art. 33 CC Terminales Químicos, SA —TERQUIMSA—, Centro de Trabajo de Barcelona (BOP Barcelona 12/11/2019). Peculiar es el supuesto en que la obligatoriedad o no dependerá, en el caso concreto, de cuanto considere el comité de seguridad y salud, según contempla el art. 87 *in fine* CC Agencia de Medio Ambiente y Agua de Andalucía (BO Junta de Andalucía 20/12/2018).

899 Así el art. 80 CC Empresas Proveedoras Civiles Privadas de Tránsito Aéreo de Mercado Liberalizado y Sujetas a Régimen Concesional (BOE 14/08/2018), aplicando la normativa sobre controladores aéreos:

«El proveedor de servicios de tránsito aéreo no permitirá que un controlador/a o alumno/a controlador/a de tránsito aéreo, ejerza sus atribuciones cuando existan indicios razonables de disminución de la capacidad psicofísica o cuando se encuentre bajo los efectos de alguna sustancia psicoactiva, alcohol o algún medicamento que pudiera impedirle ejercer las atribuciones a las que se refiere la licencia, de manera correcta y segura. Todo ello sin perjuicio de las posibles acciones disciplinarias que puedan derivar de esta situación.

Asimismo, el proveedor de servicios de tránsito aéreo establecerá procedimientos adecuados, que serán aprobados por la ASA, para tratar los casos de reducción de la capacidad psicofísica, y que permitan al titular de una licencia de controlador o alumno/a controlador/a de tránsito aéreo notificar que se ha dado cuenta de una disminución de dicha capacidad, o que se encuentra bajo los efectos de alguna sustancia psicoactiva o algún medicamento que pudiera impedirle ejercer las atribuciones que confiere la licencia, de manera correcta y segura.

Cuando concurran estas circunstancias, la autoridad nacional de supervisión competente, de oficio, a instancias del proveedor de servicios de tránsito aéreo, del proveedor de formación o del propio controlador/a o alumno/a controlador/a, podrá requerir al interesado para que renueve su certificado médico, o iniciar un procedimiento de revocación o suspensión de la eficacia del certificado médico del que sea titular el controlador/a o alumno/a controlador/a».

En el mismo sentido, e invocando la disposición final segunda Real Decreto 1308/2011, de 26 de septiembre, respecto al personal expuesto a radiaciones ionizantes, art. 62.3 CC Equipos Nucleares, SA, SME (BOE 07/08/2019).

Probablemente el ejemplo más elaborado a partir de las previsiones contenidas en el último de los Reglamentos mencionados sea el de Iberdrola, fechado en octubre de 2015 bajo el título «PG-066. Procedimiento para el control y análisis preventivos para detectar el consumo de alcohol, sustancias tóxicas o estupefacientes». En su contenido, tras un recuerdo del alcance subjetivo, la normativa aplicable y la definición de los términos más significativos, se establece el detalle de las funciones que corresponde asumir a cada quien dentro de la entidad, desde el Director de la Central, pasando por el Jefe de Soporte, el Servicio Médico, el personal de Seguridad Física y Formación o los Jefes de la Unidad Organizativa, hasta alcanzar a cuantas medidas corresponden al resto del personal. En referencia a la excepción a la voluntariedad dada por el hecho de estar ante una actividad capaz de constituir un peligro para el interesado, los demás trabajadores u otras personas susceptibles de ser considerados terceros a estos efectos. Cuando así aparece mencionada tal exigencia, la tónica viene dada por invocar de manera genérica la exigencia de plenas facultades físicas y mentales para desarrollar la actividad, siendo realmente singular una mayor fundamentación[900], que no obstante cabe entender implícita, al menos en su proyección subjetiva, cuando no alcanza una extensión sin más a toda la plantilla, sino que se entra a detallar los concretos colectivos a los cuales habrán de atender y afectar —o hacerlo especialmente— las pruebas de cribado[901].

---

este caso cifradas en acudir en condiciones al lugar de trabajo, comunicar y aportar justificantes de las recetas de medicamentos que pudieran ser detectados en las pruebas, presentarse en el lugar donde debe realizarse el control en el tiempo requerido, recibir formación anual e informar al superior si una persona aparentemente ha infringido la prohibición de consumo.

El núcleo del protocolo se centra en el propio procedimiento en sentido estricto, a desarrollar en una zona adecuada, previa convocatoria a los relacionados en la lista de asignación que se elabora de forma aleatoria (y a los cuales procederá sumar cuantos muestren un comportamiento anormal), quienes deberán presentarse con 30 minutos de antelación (en caso contrario se entenderá que rechazan pasarlo y se considerará su negativa como desobediencia). Las pruebas a realizar serán de aire espirado para alcohol y saliva para sustancias tóxicas y estupefacientes, siempre con equipos calibrados y certificados; en el supuesto de necesidad de confirmación, la prueba será sobre muestra de sangre, a depositar en un tubo sellado, aplicándose todas las garantías que acompañan a la cadena de custodia.

Si es resultado fuera negativo, se producirá la incorporación al trabajo; en caso de ser no negativo, se efectuará la comunicación a través de la cadena de mando y se iniciará, previo consentimiento del interesado, el procedimiento previsto para un caso positivo, con el ofrecimiento al interesado de la posibilidad de transporte hasta su domicilio.

La falta de cooperación (o adulteración o alteración de una muestra) será comunicada al responsable de la implantación del procedimiento y será considerada falta laboral; si se tratare de un trabajador de una empresa colaboradora, le será comunicado al responsable de esta en el lugar del emplazamiento.

Con la regulación de la protección de datos, la información a los representantes de los trabajadores y la remisión al convenio colectivo y a la normativa interna para la imposición de sanciones finalizan las 18 páginas dedicadas a desglosar tan exhaustiva información.

900 Art. 17.4.3.1.° CC HBA, SL (BOP Granada 03/07/2019).

901 Cabe mencionar, como muestras, las referencias, por ejemplo, a «puestos de conducción y quienes desarrollen su actividad dentro del "galibo de vía"» [art. 17 CC Metro Bilbao, SA (BO Bizkaia 27/04/2020)]; «los/as trabajadores/as de esta empresa cuya prestación de servicios se encuentra relacionada, directa o indirectamente, con el servicio de amarre y desamarre de buques, transporte de lanchas y otros servicios portuarios» [Cap. XI CC Boteros Amarradores de Tarragona, SL (BOP Tarragona 07/12/2018)]; «sobre todo a los/a conductores/as de los vehículos de distribución» [Anexo 2 CC Sectorial Empresas Distribuidoras de Gases Licuados del Petróleo (GLP), Gas Butano y Propano de la Provincia de Sta. Cruz de Tenerife (BOP Sta. Cruz Tenerife 05/03/2021)]; las determinadas por la comisión encargada de establecer los controles, respecto de los trabajadores que así se estime oportuno, «tanto propios como de la Industria Auxiliar» [art. 22 *in fine* CC Astilleros de Santander, SAU (BO Cantabria 28/06/2019)]; «especialmente a aquellos trabajadores destinados o que desempeñen actividades relacionadas

4.- Por último, procederá observar la diversidad de criterios respecto al dato de vincular o no la finalidad de los test con la potestad sancionadora del empresario. Frente a cuantos criterios de forma tácita —e incluso expresa[902]— acercan su regulación a este planteamiento punitivo, cabe dar cuenta de aquellos para los cuales, y de manera contundente, la prueba realizada al trabajador no puede ser utilizada «a efectos disciplinarios, pues su finalidad no es la de conocer si el trabajador consume alcohol y otras drogas, sino si el hipotético consumo de tales sustancias afecta negativamente al comportamiento del trabajador, inhabilitándolo para el desempeño de su puesto de trabajo por los riesgos que genera su estado»[903].

Bajo esta perspectiva preventiva y no punitiva, merecerá la pena resaltar aquellas propuestas cuyo objeto radica en «preservar la seguridad colectiva del trabajo y proteger y promover la seguridad y salud del/la trabajador/a implicado/a»[904], «determinar las causas y adoptar las medidas de protección de salud de los trabajadores»[905], desarrollar «una política preventiva, de bienestar, partici-

---

con el tráfico y la operativa del servicio de transporte que realiza la empresa a operaciones de tráfico» [art. 17.4.3 CC HBA, SL (BOP Granada 03/07/2019)]; «aquellas ocupaciones que contemplen en sus protocolos específicos estas medidas» [art. 37.4.° III CC Puertos del Estado y Autoridades Portuarias (BOE 15/03/2019)]; «personal de conducción» [art. 40 CC Jiménez Lopera, SA (BOP Granada 22/02/2019)]; «particularmente aquellos destinados en la línea (...) las partes expresamente acuerdan que el personal que realice funciones de Coordinador de Operaciones, Operador de Líneas y Técnico Operaciones» [art. 27 CC Metro del Málaga, SA (BOP Málaga 21/03/2019)]; «personal de conducción (...), siendo la causa la calificación de transportes de carga peligrosa (gasolina, gasóleos, etc....)» [art. 29 CC Candispe, SL (BO Comunidad de Madrid 21/10/2017)]; «aquellos destinados a funciones relacionadas con la operación, conservación y mantenimiento, incluyendo instalaciones y sistemas operativos» en una autopista [art. 37 III CC Autopista Central Gallega, Cesa (DO Galicia 17/02/2010)]; «los trabajadores y trabajadoras que conduzcan vehículos para el desempeño de su trabajo» [art. 32 B) *in fine* CC Sector Transporte de Mercancías, Mudanzas, Guardamuebles y Logística de Zaragoza (BOP Zaragoza 24/03/2018)]; por no seguir, «conductores y demás personal de movimiento» [disp. adicional 3.° 3 CC Sector de Transporte de Viajeros por Carretera de los Servicios Discrecionales y Turísticos, Regulares Especiales, Regulares Temporales y Regulares de Uso Especial de la Comunidad de Madrid (BO Comunidad de Madrid 06/12/2017)].

902 De esta forma cuando se sienta que los trabajadores «deben conocer que su finalidad es la averiguación del consumo de alcohol y/o drogas y que el resultado positivo en el consumo de estas sustancias puede generar la extinción de su contrato de trabajo», art. 35.8 CC Servicio de Emergencias Médicas y Urgencias, SL (SEMYU 112) de Almería (BOP Almería 06/03/2020).

903 Art. 13 CC Servicios Integrales de Transporte de Viajeros Avant Group, SL (BOP Barcelona 15/01/2020); art. 11 CC Campanevado, SL (BOP Barcelona 01/08/2019); art. 11 Kautras, SL (BOP Barcelona 10/07/2019); art. 11 CC Autocares Canals, SA (BOP Barcelona 22/06/2018); art. 11 CC Autocares Santa Susanna, SL (BOP Barcelona 24/10/2017) o art. 11 CC Autocares 6, SLU (BOP Barcelona 14/03/2017).

904 Art. 87 *in fine* CC Agencia de Medio Ambiente y Agua de Andalucía (BO Junta de Andalucía 20/12/2018).

905 Art. 54.4 CC Vía Augusta, SA (BOP Zaragoza 06/06/2019) o CC Carburos Vía Augusta Logistics, SL (BOE 16/11/2018).

pativa, de no sanción y de integración»[906] o, en fin, atribuir funciones de «control sindical con el fin de que no se produzca el despido o la adaptación, sino la excedencia con reserva de puesto de trabajo hasta la rehabilitación [del afectado]»[907].

El cambio de tendencia es más evidente de otorgar prioridad a la persona sometida al control sobre el propio plano preventivo. Así sucede cuando, al contemplar su obligatoriedad, añaden como justificación el dato de que «tienen como fin inmediato (...) la necesidad de la desintoxicación para realizar estos trabajos y el compromiso, por parte de la dirección de la empresa, a la hora de adoptar las medidas que fueren necesarias a fin de realizar los correspondientes seguimientos de cara a favorecer la curación del trabajador»[908] o que el «reconocimiento será procurado en condiciones que no obstaculicen las posibilidades de recuperación del afectado»[909].

Sobre estos progresos puntuales, que en muchos casos suponen esbozos de planteamientos más completos sobre los test de cribado, resultará preciso traer a colación los dos modelos susceptibles de ser considerados más avanzados en el diseño de este tipo de pruebas, por reunir muchas de las características significadas, agrupadas bajo un esquema ya acabado.

4.2.1. Modelo de test de transporte por carretera

El primer modelo, obtenido de dos convenios sectoriales del sector de transporte por carretera, es pionero en el tiempo, y su primera expresión data del año 2016. En el consta la continuidad en un comportamiento ejemplar y la expansión de una idea avanzada en cinco fases detalladas[910]:

A. Finalidad

El objeto de dichos controles consiste en verificar el respeto a los límites establecidos en estas materias por la normativa en vigor, para así «garantizar la seguridad de los empleados y de los usuarios».

B.- Criterios de aplicación

A reglón seguido establecen un apartado específico llamado a precisar el número de controles, el procedimiento a seguir para efectuarlos y las

906 Art. 37 III CC Autopista Central Gallega, Cesa (DO Galicia 17/02/2020).

907 Art. 52 CC Empresa Regional del Campo (BO Canarias 23/10/2018) o art. 33.4 CC Sector Empaquetado de Tomate de la Provincia de Las Palmas (BOP Las 31/12/2018).

908 Cap. XI Boteros Amarradores de Tarragona, SL (BOP Tarragona 07/12/2018).

909 Art. 37.4 III CC Puertos del Estado y Autoridades Portuarias (BOE 15/06/2019).

910 Art. 43 y Anexo 2 CC Sector Transporte por Carretera del Principado de Asturias (BO Principado de Asturias 31/01/2020); sobre el tenor exacto de su precedente, y coincidiendo con la versión inicial del anterior, art. 30 y Anexo II CC Sector de Transporte de Viajeros por Carretera de Cantabria (BO Cantabria 20/12/2019).

condiciones materiales para su realización. El esquema merece una reproducción literal:

«1. Cada empresa podrá efectuar como máximo 3 procesos de controles cada año, de duración máxima cada uno de dos meses. En cada proceso se podrá hacer control de consumo de alcohol o de drogas, o de ambos.

2. La empresa deberá preavisar por escrito y con acuse de recibo como mínimo con 15 días naturales a la representación de los trabajadores de su intención de llevar a cabo el control y los posibles concretos meses en que se llevaran a cabo, debiendo ser dos meses consecutivos en cada proceso. En el supuesto de centros de trabajo para los que no exista delegados de personal, la comunicación a que se refiere este punto la efectuará la empresa por escrito y con acuse de recibo a los dos sindicatos firmantes del presente convenio colectivo. Dentro de esos dos meses los controles deberán desarrollarse como máximo en dos días naturales consecutivos, y la empresa no tendrá que preavisar las fechas concretas dentro de esos dos meses en que se llevaran a cabo. Una vez preavisado el proceso, la empresa no tendrá la obligación de realizar efectivamente el control, si bien el mismo se descontará de los 3 procesos anuales máximos posibles.

3. El número de empleados de la empresa a que como máximo se realizará control en cada uno de los tres procesos será del 15 % de la plantilla. No se podrá realizar el control más de dos veces a un mismo empleado en un año. En empresas de menos de 7 trabajadores podrá haber como máximo al año un solo proceso de dos meses, y se podrá realizar como máximo a 2 conductores siguiendo lo establecido en el presente Acuerdo.

4. Se procurará crear las menores molestias a los empleados, evitando, en todo caso, realizar las pruebas a la vista de los viajeros o en lugares que no reúnan las mínimas condiciones higiénicas».

C.- Personal implicado, procedimiento a seguir y resultados en la práctica de las pruebas de alcohol

Su contenido, capaz de influir de manera en el del segundo modelo (el cual, y en tal sentido, habrá de ser considerado como un «procedimiento abreviado»), diferencia el personal implicado en cuatro grupos:

«1. Personal designado por la Dirección de la empresa para la realización del control. La persona o personas designadas por la empresa (personal propio o ajeno), contarán con la capacitación necesaria en relación al uso de los equipos y al procedimiento para efectuar los controles.

2. Empleado o empleados objeto de realización de las pruebas.

3. un representante de los trabajadores. A tales efectos, la empresa comunicará con la antelación imprescindible a la representación de los trabajadores la realización de las pruebas. En el supuesto de que la representación de los trabajadores decline su presencia o la necesidad de estar presente, el procedimiento se desa-

rrollará según lo descrito en el presente artículo, siendo válido su desarrollo. En el supuesto de centros de trabajo para los que no exista delegados de personal la comunicación a que se refiere este punto la efectuará la empresa a los dos sindicatos firmantes del presente convenio colectivo.

4. Un profesional sanitario con competencia técnica, formación y capacidad acreditada».

D.- Procedimiento a seguir en las pruebas de consumo de drogas

Con una descripción detalla del itinerario a cubrir, y lejos de la generalidad antes expuesta, enuncia:

> «La empresa podrá realizar pruebas de detección de consumo de drogas. Consisten en la determinación de drogas en saliva mediante el aparato homologado *"**Dräger Drug Test 5000**"*, cuya verificación oficial esté vigente. Estará a disposición de los trabajadores de la empresa o de sus representantes legales el registro de la verificación del equipo con el que se han realizado las pruebas.
>
> Como ya se ha anticipado, cuando se realicen las pruebas hay que cumplimentar la hoja, o modelo, establecido al respecto por la empresa, relacionando todos los trabajadores que se someten a las mismas e incluyendo en número correlativo de la prueba que marca el equipo al inicio y al final de los controles. Estas hojas estarán a disposición de los representantes de los trabajadores siempre que lo soliciten.
>
> Los pasos a seguir para realizar la mencionada prueba son los siguientes:
>
> En primer lugar, se retira la caperuza de protección del colector oral y se le entrega al probante. Este coloca el colector en su boca, realizando un movimiento lateral entre la mejilla y la encía, tomando una muestra de saliva.
>
> Tan pronto como se haya recogido suficiente saliva el indicador incorporado se pondrá azul, y el casete de prueba se devolverá a la persona que realiza la prueba. Esta, que estará observando todo el proceso, coloca el kit de prueba y el cartucho en el analizador esperando el resultado que aparecerá claramente en pantalla en unos minutos.
>
> El test comprobará de manera rápida y precisa muestras de saliva en busca de drogas tales como anfetaminas, metanfetaminas, opiáceos, cocaína, benzodiacepinas y cannabis».

A continuación, expone los valores a partir de los cuales la muestra ha de ser considerada como positivo, y con sendas previsiones conclusivas vienen a completar el procedimiento. La primera constituye una advertencia: «las personas que estén bajo tratamiento médico en el momento de la realización de las pruebas habrán de anunciarlo antes de la realización de las mismas, indicando qué tipo de medicamentos están tomando en esos momentos». A tenor de la segunda, referida a la prueba de contraste, «en el caso de conductores, si el resultado de la prueba estuviera por encima de los límites legalmente establecidos, se recogerá una segunda muestra que será transportada mediante cadena de custodia al laboratorio de Medicina Legal. Los resultados se darán únicamente al personal designado. Las tiras con los resultados de las mediciones deben estar cumplimentadas con todos los datos requeridos, incluyendo el nombre del sometido a las pruebas, y de su firma, así como el del medidor, también con plasmación de su firma».

E.- El Marco de Tratamiento (remisión)

Resulta de especial, finalmente, la incorporación de una alternativa destinada a quienes tienen problemas de adicción. En ella, a la par de recoger, en lo fundamental, las iniciativas analizadas en el segundo modelo a continuación expuesto, extiende su contenido a otras, para así conformar un verdadero programa al de alcohol y drogas en las entidades afectadas por el convenio. Obra, de este modo, el salto de calidad derivado de ofrecer el «Marco de Tratamiento» a quienes comuniquen su problema con carácter previo a cualquier incidente o accidente y decidan incorporarse al programa de deshabituación. En este sentido:

> «para que tal Marco resulte de aplicación a los empleados, son requisitos indispensables que:
>
> 1. El empleado que sea un consumidor dependiente de drogas o alcohol, lo comunique a la empresa de forma que exista constancia documental de que efectuó tal comunicación.
>
> 2. Que tal comunicación la haya efectuado el empleado con carácter previo a que la empresa le haya requerido individualmente a efectuar las pruebas que se describen en este acuerdo o, en su caso, con carácter previo a un requerimiento por los Cuerpos y Fuerzas de Seguridad a efectuar el tipo de pruebas que se describen en tales apartados.
>
> Una vez efectuada tal comunicación, y para poder beneficiarse del Tratamiento que posteriormente se describe, el empleado deberá someterse a un Reconocimiento Médico por la Empresa con control de alcohol y estupefacientes para verificación. Si del resultado se desprendiera efectivamente un consumo habitual, el empleado no será objeto de sanción siempre que solicite una suspensión del contrato de trabajo durante entre 8 meses y 1 año a elección del trabajador con el objeto durante ese tiempo de someterse a programas de rehabilitación, y que será concedida por la empresa con reserva de puesto de trabajo y los derechos adquiridos. La empresa, como medida participativa y asistencial, informará al empleado de los centros existentes en el Principado de Asturias de ayuda a la eliminación o disminución de este tipo de consumos»[911].

911 Anexo 2 CC Sector Transporte por Carretera del Principado de Asturias (BO Principado de Asturias 31/01/2020)

4.2.2. El modelo más común en la regulación del test

El segundo modelo, y que más difusión ha alcanzado (al extremo de llevar a un auténtico «modelo»)[912], consta, por lo normal, de tres partes. A ellas, en una versión más acabada, cabe añadir una cuarta destinada a las drogas:

A) Propósito de las pruebas

Como primer punto, fija el objetivo de los controles de consumo: «con el objeto de garantizar la seguridad de los trabajadores y de los clientes usuarios del transporte, y con base en la Ley de Prevención de Riesgos Laborales, la empresa podrá efectuar pruebas al personal de conducción destinadas a controlar el consumo de alcohol. El objeto de tales pruebas se cifra en verificar que los empleados son superan los límites establecidos en estas materias por la normativa en vigor en cada momento».

B) Personas presentes en los controles

En un segundo punto detalla cuantas personas habrán de estar presentes, diferenciando cuatro grupos de concernidos:

> «1. Personas designadas por la dirección de la empresa para realización del control. La persona o personas designadas por la empresa (personal propio o ajeno), contarán con la capacidad necesaria en relación al uso de los equipos al procedimiento para efectuar los controles.
>
> 2. Trabajador o trabajadores objeto de realización de las pruebas. En este sentido, se procurará crear las menores molestias a los mismos, evitando, en todo caso, realizar las mismas a la vista de los clientes, demás trabajadores o cualquier otra persona ajena a la empresa, salvo las expresamente autorizadas para tal práctica.
>
> 3. Un representante legal de los trabajadores, si hubiere tal representación. A tales efectos, el empresario comunicará con la antelación imprescindible a la representación legal de los trabajadores la realización de las pruebas. En el supuesto de que la representación de los trabajadores decline su presencia o la necesidad de estar presente, el procedimiento se desarrollará según lo descrito en el presente, siendo válido su desarrollo.
>
> 4.- Un profesional sanitario».

C) Procedimiento y resultados

Por último, aborda el procedimiento a seguir:

> «1. Se efectuará una primera prueba de control de expirado [espirado] mediante aparatos debidamente homologados y verificados.

---

912 Art. 24 CC Jiménez Lopera, SA (Jilosa) (BOP Sevilla 13/04/2019); art. 40 CC Jiménez Lopera, SA (BOP Granada 22/02/2019); art. 31 CC Tranvía de Vélez, SA (BOP Málaga 12/07/2018); art. 42 CC UTE de Guadalajara (BOP Guadalajara 10/07/2018) o art. 29 CC Candispe, SL (BO Comunidad de Madrid 21/10/2017).

2. Si del resultado de esta primera prueba se desprendiera que el empleado supera el límite legal, se procederá a efectuar una segunda medición transcurrido no menos de quince minutos desde la primera. Antes de efectuar la segunda prueba, se preguntará al trabajador empleado sobre cuestiones que pudieran influir en el resultado de la medición (consumo de alcohol o sustancias, si ha fumado, si se encuentra tomando algún medicamento, si ha vomitado).

3. Si del resultado de la segunda prueba se desprendiera la superación de los límites legalmente establecidos, el trabajador será relevado de su servicio, y se procederá, con la voluntad y consentimiento previo del interesado, de manera inmediata, por personal sanitario, a efectuar extracción de sangre al mismo para remisión a laboratorio y certificación final de los niveles. El análisis de sangre es voluntario para el trabajador, entendiéndose que acepta el resultado de la segunda prueba en el supuesto de que rechazara su opción a realizar la extracción de sangre para análisis».

Finaliza con dos resultados, uno formal y otro material:

«De todo lo acontecido durante el desarrollo del procedimiento descrito se levantará en detalle la correspondiente acta.

La superación de los niveles legalmente determinados constituirá falta muy grave que podrá ser sancionada con despido. La misma consideración tendrá la negativa del trabajador a efectuar las pruebas según la forma y el procedimiento descrito en el apartado anterior».

D) Previsiones específicas para el consumo de drogas

Por su parte, algunos convenios han querido añadir un protocolo específico para el control de consumo de drogas, destinado a proporcionar respuesta satisfactoria a sus circunstancias singulares, disponiendo al efecto como[913]:

«La empresa podrá realizar pruebas de detección de consumo de drogas. Consisten en la determinación de drogas en saliva mediante un aparato homologado, cuya verificación oficial esté vigente. Estará a disposición de los trabajadores de la empresa o de sus representantes legales el registro de la verificación del equipo con el que se han realizado las pruebas.

La persona encargada de realizar los controles de drogadicción podrá ser de la empresa o ajena a la misma, pudiendo ser identificada en cualquier momento, contando con la formación necesaria para el manejo del equipo, así como conocimiento de las normas a seguir para interpretar los resultados.

En este sentido se procurará crear las menores molestias a los trabajadores afectados, evitando, en todo caso, realizar las mismas a la vista de los clientes, demás trabajadores o cualquier otra persona ajena a la empresa, salvo las expresa-

913 Arts. 25 y 26 CC Irubus, SAU (BO Islas Baleares 15/06/2019) o art. 36.2 y 3 CC Sector del Alquiler de Vehículos Sin Conductor de Islas Baleares (BO Islas Baleares 17/03/2018).

mente autorizadas para tal práctica, o en lugares que no reúnan las más mínimas condiciones higiénicas.

Como se ha anticipado, cuando se realicen las pruebas hay que cumplimentar la hoja, o modelo, establecido por la empresa, relacionando todos los trabajadores que se someten a las mismas, e incluyendo el número correlativo de la prueba que marca el equipo al inicio y al final de los controles. Estas hojas estarán a disposición de la representación legal de los trabajadores siempre que las soliciten»[914].

4.3. Apoyo al trabajador en su recuperación y postergación de la decisión disciplinaria a adoptar

Estas opciones fueron las primeras planteadas en los convenios y tenían como objetivo evitar una doble condena al trabajador: tanto la derivada de su propia adicción, como la impuesta por su empleador, muchas veces la pérdida del puesto de trabajo. Ambas han permanecido vinculadas desde su origen por su esencia disciplinaria; sin embargo, con el tiempo, han evolucionado hasta apartarse de esta, bien facilitando opciones al trabajador para abordar la adicción y evitar la consecuencia punitiva, bien alejándose del resultado sancionador en su expresión más grave, como es el despido.

4.3.1. Las facilidades para la recuperación del trabajador

Diversos convenios permiten observar una referencia expresa a las facilidades puestas a disposición por la empresa para lograr su integración en programas de rehabilitación o desintoxicación, siempre y cuando haya tenido información de este problema, bien directamente a través del propio trabajador, bien a través de pruebas o reconocimientos médicos realizados[915].

Muchas de estas ofertas no van más allá de constituir una gran idea a partir de la cual no dejará de ser una cuestión que en exclusiva concierne a la persona del afectado, con quien de esta forma el empleador se «solidariza» antes de tener que llegar a otras decisiones que, por ejemplo, pudieran cuestionar su conducta y comportamiento desde el punto de vista disciplinario, de deterioro de la imagen corporativa o de rendimiento. De esta forma, el

914 Art. 43 y Anexo 2 CC Sector Transporte por Carretera del Principado de Asturias (BO Principado de Asturias 31/01/2020).

915 Conforme los amplios términos planteados en art. 30 CC Sector de Empresas de Transporte de Mercancías por Carretera de Segovia (BOP Segovia 16/04/2019) y art. 48 CC Médicos del Mundo, SL (BOE 08/02/2019). En referencia a que propiciarán y facilitarán tanto el tratamiento como la reincorporación, disp. adicional 3.ª g) CC Industrias Siderometalúrgicas de Ávila (BOP Ávila 08/07/2019) o art. 39 CC Sector de Industrias Siderometalúrgicas de Segovia (BOP Segovia 03/12/2018).

convenio, en una primera fase, trata al trabajador como una persona enferma y lo encamina a los servicios médicos para la recuperación con el objetivo de evitar conductas capaces de merecer la aplicación del régimen disciplinario; en segunda instancia, y si comete alguna infracción, le aplicará la norma con el mismo rigor que a cualquier otro empleado[916].

Este propósito también es evidente cuando proclama su intención de favorecer procesos de reintegración o deshabituación, aun cuando tales propósitos vayan acompañados de locuciones como «sin que ello suponga asunción de coste alguno para la empresa»[917]. En ocasiones, aparece recogido el régimen regulador de estas facilidades al empleado afectado, como, por ejemplo, en las situaciones de pérdida del permiso de conducción bajo los efectos de las drogas o el alcohol, para las cuales contempla la asignación de otros puestos o funciones, o, en su defecto —y si es reincidente—, la suspensión del contrato hasta su recuperación[918], con las variantes dadas por pasar a la

916 Art. 49 d) CC Grupo Parcial Cepsa (BOE 28/02/2018); con variante que añade, además de la posible sanción, la retirada de cualquier actividad de conducción, art. 36 CC Centro de Trabajo de Fomento de Construcciones y Contratas en Logroño (BO La Rioja 02/08/2019).

917 Estos extremos son recogidos en los convenios ya referidos del Sector de Limpieza de Edificios y Locales de algunas provincias de Castilla y León, según arts. 29 CC de Zamora (BOP Zamora 18/10/2018); art. 38 CC de Segovia (BOP Segovia 21/09/2018); art. 38 CC de Salamanca (BOP Salamanca 17/09/2018); art. 36 CC de Palencia (BOP Palencia 31/08/2018) o art. 42 CC de León (BOP León 23/05/2018). Igual ocurre con los arts. 39 CC Industrias Siderometalúrgicas de Segovia (BOP Segovia 03/12/2018) o disp. adicional 3.ª g) CC Industrias Siderometalúrgicas de Ávila (BOP 08/07/2019).

918 Baste el ejemplo que proporciona el art. 32 a) CC Empresa Municipal de Transportes Urbanos, SA —EMTUSA— (BO Principado Asturias 03/09/2018):
«1. Durante el período de cumplimiento de la pena o sanción de suspensión del permiso de conducción, el trabajador será destinado provisionalmente a cubrir otro puesto de trabajo o función, que será libremente asignado por la empresa de entre los que resulten compatibles con el cumplimiento efectivo de la pena o sanción. En caso de que fuese de inferior categoría, el trabajador percibirá las retribuciones correspondientes al puesto o función que efectivamente desempeñe aunque éstas fueren inferiores a las que con anterioridad viniera percibiendo en activo.
2. Si el trabajador rechazase el puesto de trabajo o función al que provisionalmente le asignare la empresa, el contrato de trabajo quedará suspendido y consiguientemente quedará la empresa temporalmente exonerada de abonar retribuciones así como de cotizar a la Seguridad Social y de sus demás obligaciones patronales, hasta el momento en que el trabajador se reincorpore de manera efectiva al servicio activo, lo que deberá hacer el día laborable siguiente a la finalización del cumplimiento de la pena o sanción.
3. Si la pena o sanción de suspensión del permiso de conducción impuestas al trabajador lo fuesen a consecuencia de la ingestión de bebidas alcohólicas con tasas superiores a las que legal o reglamentariamente se establezcan, o por conducción bajo los efectos de estupefacientes, psicotrópicos, estimulantes y cualquier otra sustancia de efectos análogos, se aplicará lo dispuesto en los apartados 1) y 2) inmediatamente precedentes cuando sea la primera vez que esto ocurra. Sin embargo, en el caso de que el mismo trabajador fuera posteriormente condenado o sancionado con una nueva suspensión del permiso de conducción por otro hecho también relacionado con el consumo de alcohol o drogas, cometido antes o después del que hubiese dado origen a la anterior suspensión del permiso,

situación de una excedencia especial creada para estos supuestos[919], una excedencia voluntaria[920] o combinaciones de las opciones propuestas[921].

Por todo ello, procede dejar constancia de opciones que, a pesar de ser tradicionalmente contempladas en los convenios y en su día suponían avanzadas propuestas, en la actualidad, debido a la falta de compromiso empresarial, presentan una total falta de ambición. En este sentido, cabrá diferenciar tres tipos de cláusulas: en primer lugar, la reducción de jornada, con idéntica reducción de salario, para poder seguir la terapia[922]; en segundo término,

pero en todo caso antes de transcurridos tres años desde la finalización del cumplimiento de la misma, se suspenderá el contrato de trabajo durante el cumplimiento de la nueva pena o sanción de suspensión del permiso de conducción, sin que por tanto exista obligación por parte de la empresa de asignarle puesto compatible».

En una segunda muestra se establece, con variantes sobre el ejemplo anterior, que «si con motivo de estos controles o pruebas se produjera una no aptitud, se celebrará una reunión entre la representación legal de los trabajadores y la empresa con el fin de informar al trabajador de las medidas expuestas en el presente artículo; el trabajador, en primer lugar, consumiría las vacaciones que le restaran por disfrutar, a continuación, la empresa le concedería una licencia sin retribución hasta completar un máximo de treinta días naturales, a contar desde la fecha de la realización del reconocimiento médico.

En este periodo de treinta días naturales el conductor deberá pasar un nuevo reconocimiento médico. Si el resultado del mismo es negativo, podrá reincorporarse a su puesto de trabajo. Si el resultado es nuevamente positivo, el trabajador se situará en excedencia voluntaria, no retribuida, si bien el tiempo de la misma será acordada entre la empresa y el trabajador, que estimarán la duración de la misma en base a la información que conste en cuanto a medidas de protección de salud aplicadas, siempre con el objetivo común de la curación del mismo. La incorporación se producirá en la primera vacante que se produzca de su categoría, una vez obtenida la aptitud médica tras este período de excedencia», art. 54.4 CC Vía Augusta, SA (BOP Zaragoza 06/06/2019) o art. 54.4 CC Carburos Vía Augusta Logistics, SL (BOE 16/11/2018).

919 Art. 34.1 CC Feix Servicios Integrales, SL (BOP Valencia 09/03/2017).

920 Art. 29.2.° *in fine* CC Grupo de Empresas de Servicios del Real Automóvil Club de España (BOE 21/04/2015).

921 De esta forma, la previsión en virtud de la cual el punto de partida viene dado por considerar la existencia de una falta laboral y, para tal eventualidad, recoger la alternativa de, por una parte, y si la suspensión no supera los 30 días (que no sería aplicable al supuesto), disfrutar las vacaciones anuales que le quedan pendientes; por otra, y si superior a 30 días (que es el realmente de interés), ponderar la «suspensión del contrato de trabajo hasta un máximo de doce meses, cesando la obligación de abonar salario y de cotizar a la Seguridad Social. Llegado su vencimiento sin que el trabajador hubiese recuperado su permiso, el contrato se extinguirá definitivamente, sin derecho a indemnización alguna, sin perjuicio de que el trabajador pueda solicitar la excedencia voluntaria en los términos previstos en el apartado 2 del presente artículo, salvo que la falta cometida tuviera las consecuencias disciplinarias que en este convenio se contemplan como muy graves que pudiera dar lugar a la extinción del contrato»; al respecto, art. 25.5 B) CC Ombuds Servicios, SL, Protección Castellana, SLU y UTE Thyssen (BOE 11/07/2018). Ciñendo la suspensión a los supuestos de privación del carnet por menos de seis meses cuando no hubiera otro puesto, art. 21 CC Acciona Facility Services, SL (BOP Valencia 22/11/2017).

922 Art. 42.3.° D) CC Corporación General Química, SA y Cogeneración Gequisa, SA —COGESA— (BO Territorio Histórico de Álava 17/10/2018).

la amplia diversidad de excedencias especiales articuladas a tal propósito, manteniendo el beneficio de reserva de puesto de trabajo —computando o no a efectos de antigüedad[923]—, en ocasiones sin mayores detalles[924], pero en otras fijando el plazo de suspensión en un periodo máximo[925] o mínimo[926] —susceptible incluso de prórroga[927]—, ciñendo su concesión a una única vez[928] —o con un periodo de carencia mínimo[929]— o requiriendo en algunos supuestos tanto la necesidad de solicitar por escrito la reincorporación al puesto de trabajo cuando cese la causa para el reconocimiento de tan singular situación[930], como la constancia de vigilancia médica[931] o el documento destinado a acreditar «el seguimiento riguroso del tratamiento y el certificado del personal médico de la desaparición la citada dependencia»[932]; por último,

923 Entendiendo que computa o que no lo hace, dos ejemplos de dos convenios del mismo sector y la misma provincia: art. 32.6 b) CC Úbeda Restauración, SL (BOP Jaén 19/06/2018) y art. 32.6 b) CC Zoido Restauración, SL (BOP Jaén 19/06/2018); en el art. 36. f) 2 CC Sector Hostelería Provincia de Jaén se confirma el cómputo a efectos de antigüedad (BOP Jaén 18/11/2020).

924 Con exclusiva referencia a la reserva de puesto de trabajo, art. 20.2.2.° CC Consignatarios de Buques y Transitarios de Alicante (BOP Alicante 07/10/2019).

925 Resultando no superior a un año en el art. 22.1 d) CC Sector Hostelería Islas Baleares (BO Islas Baleares 12/07/2018). Con un sesgo mixto, pues se establece un mínimo de 3 meses y un máximo de 5 años, pero exigiendo una antigüedad mínima de 1 año, art. 22.B.2) VI CC Grupo de Empresas Generali España (BOE 17/07/2017); mínimo de 1 año y máximo de 4 años en art. 5 en art. 50 B) c) CC Sector de Elaboración de Productos Cocinados para su Venta a Domicilio (BOE 20/12/2016).

926 Es habitual la referencia al plazo de un año. Así es recogido, por ejemplo, en art. 15.4 CC Sector Empresas Organizadoras del Juego del Bingo en Cataluña (DO Generalitat de Catalunya 19/02/2020); art. 35 B) c) CC Comercio Textil de la Provincia de Barcelona (BOP Barcelona 18/11/2019); art. 32.6 b) CC Úbeda Restauración, SL (BOP Jaén 19/06/2018); art. 32.6 b) CC Zoido Restauración, SL (BOP Jaén 19/06/2018); art. 27.2 c) CC Sector Empresas Comercializadoras de Juegos Colectivos de Dinero y Azar (BO Comunidad de Madrid 16/06/2018) o art. 21 e) 6 CC Sector de Alquiler de Vehículos Sin Conductor Islas Baleares (BO Islas Baleares 07/03/2018).

927 Art. 32 CC Unión de Detallistas Españoles, Sociedad Cooperativa, Trípode, SA y G-3 Servicio de Asesoramiento, SA (BOE 31/07/2018) o art. 36. f) CC Sector Hostelería Provincia de Jaén (BO Jaén 18/11/2020).

928 Art. 22. 1 d) CC Sector Hostelería Islas Baleares (BO Islas Baleares 12/07/2018) o art. 21 e) 6 CC Sector Alquiler de Vehículos sin Conductor Islas Baleares (BO Islas Baleares 17/03/2018).

929 Art. 27.2 c) Sector Empresas Comercializadoras de Juegos Colectivos de Dinero y Azar (BO Comunidad de Madrid 16/06/2018).

930 Art. 36. f) CC Sector Hostelería Provincia de Jaén (BOP Jaén 18/11/2020).

931 Art. 21 e) 6 CC Sector Alquiler de Vehículos Sin Conductor Islas Baleares (BO Islas Baleares 17/03/2018) o art. 50 B) c) CC Sector de Elaboración de Productos Cocinados para su Venta a Domicilio (BOE 20/12/2016).

932 Art. 22.1 d) CC Sector Hostelería Islas Baleares (BO Islas Baleares 12/07/2018) o 21 e) 6 CC Sector Alquiler de Vehículos Sin Conductor Islas Baleares (BO Islas Baleares 17/03/2018).

la concesión de licencias o permisos para tratamiento de rehabilitación, en algunos casos limitados en el tiempo[933] o condicionados a su realización en centros reconocidos por la Administración, pero siempre con carácter no retribuido[934].

Al respecto cabe reseñar cómo, frente a esta tendencia clásica centrada en el tiempo requerido para cumplir con los tratamientos de adicciones, surge otra diferente, mucho más moderna, y en este sentido constitutiva de una práctica destacable por su buen propósito. Esta visión parte de premisas con alusión a la «flexibilidad y adaptación de jornada como uno de los sistemas a adoptar»[935] por los servicios de prevención para abordar las adicciones, o también relativas a que «el personal con (...) adicciones a las drogas y/o el alcohol o a otras patologías similares tendrá derecho a la reordenación en la medida de lo posible de tiempo de trabajo mediante la adaptación horaria, la aplicación del horario flexible o de otras formas de ordenación del tiempo de trabajo»[936].

Algún criterio ejemplar une las dos líneas en presencia, pues reconoce, por una parte, al trabajador el «derecho a una reducción de jornada con disminución proporcional de su retribución, por el periodo de tiempo que sea necesario para realizar el programa de tratamiento», así como «el derecho a disfrutar de un permiso sin sueldo especial aunque no se den las condiciones para su disfrute establecidas en el presente convenio por el periodo imprescindible para realizar el programa de tratamiento». Al mismo tiempo, valora —y lo hace en primer lugar— que «la persona tendrá derecho a una modificación temporal de horario siempre que no afecte al servicio a prestar, para acudir a los programas de tratamiento», por cuanto el objetivo último perseguido por toda la regulación «es ayudar a que la persona pueda recuperar la salud y desarrollar su trabajo en la organización en las mejores condiciones posibles»[937].

---

933 Un mínimo de 3 meses y un máximo de 18 meses en art. 32.3 VII CC Oficinas y Despachos de Huesca (BOP Huesca 07/12/2018); máximo 6 meses, por ejemplo, en art. 37.2 c) CC Agencia de Servicios Sociales y Dependencia de Andalucía (BO Junta Andalucía 02/11/2018).

934 Entre otros, los ejemplos que subrayan esa —indirecta— falta de coste para la empresa, pero clara pérdida para el trabajador, en art. 33.2 b) CC Estatal de Tejas, Ladrillos y Piezas Especiales de Arcilla Cocida (BOE 11/10/2019); art. 64.2 c) CC Agencia de Medio Ambiente y Agua de Andalucía (BO Junta de Andalucía 20/12/2018) o art. 86 CC Grundforce (BOE 21/02/2018).

935 Art. 37.1 2 CC Servi Control Rubí, SL (BOP Barcelona 23/08/2018).

936 Art. 16 3 *in fine* CC Ciclo del Agua, SA —BCASA— (BOP Barcelona 18/04/2018).

937 Art. 48 CC Médicos del Mundo, SL (BOE 08/02/2019).

4.3.2. Modulación del régimen disciplinario

Mención aparte procederá efectuar a cuantos convenios, sin abandonar la perspectiva preventiva, matizan la gravedad de la conducta del trabajador en función a dos circunstancias: la primera, excepcional, condiciona la aplicación de la sanción al cumplimiento previo de la obligación recíproca que pesa sobre la empresa de «haber puesto las medidas para que el trabajador supere la enfermedad»[938]; la segunda, más común, hace pender la ejecución de la medida disciplinaria al rechazo del empleado a someterse a un proceso de rehabilitación o tratamiento.

La variedad de connotaciones dentro de la última de las alternativas enunciadas permite destacar como más llamativas las siguientes:

1. En alguna ocasión añade garantías formales sobre el resultado (a «acreditar mediante certificación del centro sanitario de rehabilitación») y/o tiempo límite al beneficio de dicho tratamiento («sin que a través del mismo [el trabajador] supere máximo de tres meses»)[939].
2. Algunos textos exigen al trabajador una diligencia subjetiva en el empeño, expresada, por ejemplo, mediante la determinación de haber puesto las medidas necesarias; debiendo constar el tratamiento adecuado a través de la certificación oportuna de los servicios médicos o psicológicos, u obrar su esfuerzo de manera patente a la hora de «normalizar tanto su salud como su vida laboral»[940].
3. También incluye garantías de procedimiento para acompañar tal solución, como la habilitación de reuniones *ad hoc* con el comité de seguridad y salud, adoptando las medidas necesarias para garantizar la máxima confidencialidad y respeto a la intimidad del afectado, el archivo de las actuaciones una vez acreditada la superación del proceso de desintoxicación o la comunicación a los representantes de los trabajadores previa autorización expresa del interesado[941].

---

938 Art. 37.2 f) CC Estatal del Sector de Desinfección, Desinsectación y Desratización (BOE 10/04/2018).

939 Art. 30 CC Sector de Empresas de Transporte de Mercancías por Carretera de Segovia (BOP Segovia 15/04/2019) y art. 60.3 j) II CC Nacional de Servicios de Prevención Ajenos (BOE 07/10/2017).

940 Art. 66.6 CC Grupo ASV Servicios Funerarios (BOE 17/06/2020).

941 En cláusula de estilo que acompaña a distintos convenios colectivos del Sector de Limpieza de Edificios y Locales de Castilla y León, conforme recoge el art. 39 CC de Zamora (BOP Zamora núm. 10/10/2018); art. 38 CC de Segovia (BOP Segovia 21/09/2018); art. 38 CC Salamanca (BOP 17/09/2018); art. 36 CC de Palencia (BOP Palencia 31/08/2018) o art. 42 CC de León (BOP León 23/05/2018). Igual ocurre con los arts. 39 CC Industrias Siderometalúrgicas de Segovia (BOP Segovia 03/12/2018) o disp. adicional 3.ª g) CC Industrias Siderometalúrgicas de Ávila (BOP Ávila 08/07/2019).

4. En fin, y como correlato lógico a la exigencia de una diligencia subjetiva en el empeño, solo excepcionalmente ha lugar a una «renuncia» al ejercicio de acciones punitivas por el supuesto de haber optado por el sometimiento a terapia[942]. Cuanto ocurrirá será, más bien, una previsión en convenio destinada a contemplar la suspensión de la sanción —o la concesión de una oportunidad previa[943]—, la cual «se alzará si se abandona o no se completa el programa de rehabilitación»; añadiendo, además, cómo «en ningún caso se producirá tal efecto en los supuestos de reincidencia en la misma falta» tras haber dispuesto de aquella primera oportunidad[944].

En muchos convenios, por contra, las previsiones actúan directamente sobre la sanción (en lugar de modular el tipo de infracción), bien para eliminar la consideración como falta muy grave cuando obre un informe facultativo sobre la adicción del trabajador[945] (o pueda alcanzar tal evidencia por cualquier otra vía)[946], bien, precisamente, por «aceptar someterse a tratamiento de superación de su adicción, [pues] esta circunstancia será, necesariamente, tenida en cuenta para graduar la sanción disciplinaria»[947].

---

942 Art. 49.3 CC Sector de Empresas Alquiladoras de Grúas Móviles Autopropulsadas de Cantabria (BO Cantabria 25/05/2018); si bien, en este caso, se mantiene en el art. 47 r) la calificación como falta grave, «sin perjuicio de lo dispuesto en el art. 58» (precepto que no existe).

943 Bajo los términos que figuran en el art. 24 c) 11 CC Cruz Roja Española en Almería (BOP Almería 10/03/2021).

944 Art. 37 *in fine* II CC Autopista Central Gallega, Cesa (DO Galicia 17/02/2020); art. 40.3.5 CC Estatal de Tejas, Ladrillos y Piezas Especiales de Arcilla Cocida (BOE 11/10/2019); art. 61.3 j) CC Quirón Prevención, SLU (BOE 25/06/2019); art. 72.5 CC Estatal del Corcho (BOE 14/05/2020) o art. 60.3 j) II CC Nacional de Servicios de Prevención Ajenos (BOE 07/10/2017).

945 Art. 34.3.° h) Texto Refundido CC Corporación de Prácticos del Puerto y Ría de Vigo, SLP (BOP Pontevedra 07/10/2016).

946 Incluida la vía indirecta de acceso a una incapacidad temporal o permanente temporal por este motivo, según contempla el art. 66.15 CC Agencia de Servicios Sociales y Dependencia de Andalucía (BO Junta de Andalucía 02/11/2018).

947 Art. 42 Torrebi, SA (BOP Valencia 03/07/2019); art. 98 g) III CC Marco del Grupo Viesgo España (BOE 02/08/2018); art. 32 CC de Unión de Detallistas Españoles, Sociedad Cooperativa Trípode, SA y G-3 Servicios y Asesoramiento, SA (BOE 31/07/2018) o art. 40.2 CC Confederación Sindical Comisiones Obreras de Andalucía (BO Junta de Andalucía 12/07/2018).

4.4. La materialización del compromiso: desde las declaraciones de intenciones a la planificación efectiva

A partir del planteamiento precedente, cabrá observar cómo el tratamiento tradicional de las adicciones en la empresa a través de la negociación colectiva ha experimentado una evolución positiva hacia posiciones similares a un programa de intervención, partiendo de planteamientos alejados del despido o de utilización de pruebas y test de cribado para el control de las adicciones en los trabajadores.

La culminación de estos propósitos empresariales encuentra expresión a través de actuaciones que, sin perder el objetivo preventivo de evitar los riesgos[948], tienen las metas ambiciosas de constituir una regulación «en el espíritu de adaptar los puestos de trabajo a las características individuales de las personas, y no al revés»; añadiendo que tal «adaptación se realizará con especial atención para los/las trabajadores/ras minusválidos y discapacitados, igual que [por cuanto afecta a aquellos con problemas] en toxicomanías y consumo de drogas a fin de garantizar su plena integración laboral, evitando el desarrollo de tareas "marginales"»[949].

De esta manera, es evidente la aparición de un contexto prometedor, en algunas ocasiones limitado en sus retos a la concienciación, conforme ocurre al remarcar el empeño fehaciente por «realizar las actividades preventivas y las actuaciones encaminadas a eliminar (...) los síndromes de dependencia de alcohol, drogas, fármacos y otras sustancias»[950]. En otras, destinadas con mayor precisión a identificar el conjunto de acciones: ofrecer «asesoramiento e información sobre mecanismos de ayuda a los trabajadores afectados por los problemas derivados del consumo de tabaco, alcohol y otras drogas en el centro de trabajo»[951]; en un plano más genérico, acometer las oportunas ac-

948 De esta forma el convenio que, como discurso previo, incide en que la falta de «regulación específica sobre el consumo de alcohol y otras drogas, como riesgo laboral propiamente dicho», no hace desaparecer la necesidad de «dar cumplimiento el art. 15.1 a) y b) LPRL de "evitar los riesgos" y, en su caso, evaluar y combatir dichos riesgos desde su origen. Todo ello, regulado en concordancia con lo dispuesto en los arts. 18 y 20.3 ET y demás legislación de aplicación», art. 103.3.° VI CC General de Ferralla (BOE 14/03/2019). Un sentido más completo, para incluir dentro de la política de seguridad y salud la «lucha contra las dependencias», en art. 29 CC Transportes Urbanos de Badajoz, SA (DO Extremadura 02/08/2017); también en art. 29.6 CC Arania, SA (BO Bizkaia 03/10/2017).

949 Art. 52 CC Empresa Regional del Campo (BO Canarias 23/10/2018).

950 Art. 66 IV CC Castilla-La Mancha Media (DO Castilla La Mancha 21/05/2019).

951 Art. 39.12 CC Real Federación Andaluza de Fútbol (BO Junta de Andalucía 13/03/2019); art. 22 CC Urbaser, SA (BOP Huelva 29/08/2018) y art. 27 CC Ayuntamiento de Yunquera (BOP Málaga 21/08/2018).

ciones de información, formación y sensibilización[952]; en algunas ocasiones excepcionales, llegando incluso a proclamar el «derecho a facilitar la rehabilitación del personal que sufra algún tipo de drogodependencia»[953] o, actitudes más comprometidas, tales como «colaborar con las instituciones en las campañas de prevención que a tal efecto se diseñen» (tras reconocer que alcoholismo y drogodependencia constituyen un problema social)[954]; «atender a las personas afectadas que muestren interés de rehabilitación, guardando la confidencialidad que el tema requiere y dirigiéndolos hacia asociaciones adecuadas para dar solución a sus problemas»[955] o diseñar prácticas de concienciación, como el compromiso para las empresas de «difundir entre los empleados información suficiente sobre los riesgos de ludopatía y del consumo de alcohol y drogas para la salud»[956].

Lo llamativo de estos supuestos, por encima de su eficacia, es la evidencia del cambio de tendencia a la hora de enfocar el problema, aun cuando muchos convenios todavía mantienen prescripciones relativas a sancionar manifestaciones derivadas de las adicciones. Por ello, desde sus variados postulados —que parten desde modestos compromisos genéricos y declaraciones de intenciones hasta completos y operativos planes de actuación— cabe destacar el elemento, tan significativo como novedoso, dado por la ampliación del catálogo de adicciones a cuantas, sin sustancia, también constituyen un grave problema de salud para quienes la padecen, y, aun así, no han merecido todavía un régimen propio.

4.4.1. Las adicciones sin sustancia

A la luz de la atención proporcionada al alcohol y las drogas en cuanto a asistencia, prevención y rehabilitación, cabrá dar cuenta de cómo emergen de forma significativa puntuales alusiones a otros tipos de patologías de diferente naturaleza pero misma sensación adictiva, por lo común identificadas como adicciones sin sustancia.

Las referencias a este tipo aparecen, en la mayor parte de las ocasiones, de la mano de los efectos del alcohol y las drogas, entre las cuales constan

952 Disp. adicional 1.ª CC Empresa Municipal de Limpieza de Colegios y Dependencias Municipales, SA (BOP Huelva 17/12/2018).

953 Art. 21 k) CC Personal Laboral del Ayuntamiento de Tudela de Duero (BOP Valladolid 27/12/2014).

954 Acuerdo adicional 1.º CC Provincial de Consignatarios de Buques y Transitarios de la Provincia de Alicante (BOP Alicante 07/03/2019).

955 En tenor prácticamente idéntico, art. 11 CC Integración de Complementos Auxiliares, SL de Orkoien (BO Navarra 03/09/2019) o art. 44 CC BSH Electrodomésticos España, SA (BO Territorio Histórico de Álava 23/05/2018).

956 Art. 66 CC Sector Almacenaje y Distribución de Alimentación de la Provincia de Zaragoza (BOP Zaragoza 06/08/2019)

alusiones, por ejemplo, al «derecho a facilitar la rehabilitación del personal que sufra algún tipo de drogodependencia o adicción social»[957]; el correlativo a una excedencia de un año de duración con reserva de puesto de trabajo «en caso de adicciones bajo supervisión médica», con la necesidad de «negociar un protocolo de prevención de las drogodependencias y adicciones en el ámbito laboral»[958]; la mención genérica a cómo, dentro de la política de seguridad y salud, habrá de ser añadido específicamente un apartado relativo a la «lucha contra las dependencias»[959]; el compromiso de «impulsar y potenciar las medidas previstas en las áreas de intervención en el plan de drogodependencia alcoholismo y demás conductas adictivas del empleador»[960]; o en fin, aquella otra relativa a que «en los supuestos de embriaguez habitual, conducta adictiva u otra adicción considerada patológica padecida por un/a trabajador/a (...), se tenderá a favorecer la recuperación de este mediante la aplicación de los programas o medidas que se consideren necesarios para alcanzar este objetivo»[961].

De lo abstracto ha lugar una evolución a lo concreto cuando la previsión convencional alude a cómo procede elaborar, en el plazo de seis meses, un plan de actuación para incluir en el ya vigente de alcohol y drogas «el tratamiento de las situaciones de ludopatía y dependencia de las TIC»[962], o al reconocer expresamente «el derecho a un permiso retribuido de un mínimo de 3 meses y un máximo de 18 para terapia de ludopatía y de uso incorrecto y abusivo de la tecnología de la información: internet, redes sociales y telefonía móvil»[963].

Sin embargo, la mayor parte de las alusiones a este tipo de adicciones aparecen vinculadas a la ludopatía, como acompañamiento a las regulacio-

957 Art. 21 k) CC Personal Laboral del Ayuntamiento de Tudela de Duero (BOP Valladolid 27/12/2014).

958 Arts. 23.7, 61.3 j) y 73 *in fine* CC Quirón Prevención, SLU (BOE 25/06/2019).

959 Art. 29 CC Transportes Urbanos de Badajoz, SA (DO Extremadura 02/08/2017).

960 Art. 101 CC Ayuntamiento de Valencia (Personal Laboral) (BOP Valencia 15/07/2019); en similar sentido, art. 75.3 CC Sector Transporte de Mercancías por Carretera, Logística y Mensajerías (BOP Valencia 03/12/2020).

961 Art. 20.2 CC Personal Laboral del Ayuntamiento de Torrejón del Rey (BOP Guadalajara 28/06/2018); art. 94.7 VIII CC Personal Laboral al Servicio de la Administración de la Junta de la Comunidad de Castilla-La Mancha (DO Castilla-La Mancha 09/11/2017) y art. 33.3.° CC Personal Laboral del Excmo. Ayuntamiento de Guadalajara (BOP Guadalajara 10/06/2021).

962 Cláusula 9 II CC Entidades Públicas Empresariales Administrador de Infraestructuras Ferroviarias de Alta Velocidad (BOE 16/07/2019).

963 Esta cláusula, que se extendía también a adicciones con sustancias, contemplaba como previsión común que, «a tal efecto, será necesario que la persona afectada aporte justificante médico tanto del diagnóstico como del compromiso de realización de la terapia con los plazos inicialmente previstos en ella por la entidad que los realice», art. 32.3 CC Oficinas y Despachos de la Provincia de Huesca (BOP Huesca 13/10/2016).

nes previstas para la adicción al alcohol y a las drogas. De esta forma, obra una mención a las previsiones sobre adicciones con sustancias, al aparecer «en nuestra sociedad como una mera forma de dependencia de las personas afectando a su salud y a su entorno personal y profesional», lo cual hace precisa la difusión entre los empleados de información relativa a sus riesgos anejos[964].

Tal cometido implica al comité de seguridad y salud, en cuyo seno habrá lugar a la propuesta de la promoción de «campañas de prevención, planes preventivos de vigilancia de la salud y cualquiera otra actividad destinada a la mejora de la salud del personal»[965], adjudicándole la labor de control respecto a la reinserción y recuperación (junto con la prevista para los casos de SIDA, alcoholismo, dependencias y tabaquismo), bajo la consideración como «enfermedad social»[966]. Al respecto, además de prestar atención y asistencia prevista en favor de todos los empleados afectados[967] (respecto de los cuales contemplan medidas como el Plan de Ayuda al Empleado[968] o protocolos respecto a la ludopatía)[969], también cabe dar cuenta de la preocupación por el problema que pudieran sufrir terceros, según reconoce algún convenio de sector[970].

4.4.2. Las declaraciones de intenciones

En muchos convenios, la vaguedad del contenido y de los objetivos propuestos, así como el componente de compromiso a futuro a percibir en las

964 Art. 66 CC Almacenaje y Distribución de Alimentación de la Provincia de Zaragoza (BOP Zaragoza 06/08/2019).

965 Art. 136.7 CC Ford España, SL (BOE 26/07/2019); con semejante literal, por ejemplo, art. 93.7 CC Autojuntas, SAU (BOP Albacete 07/01/2019); art. 95.7 CC Global Spedition, SL (BOE 17/11/2016) o art. 90.7 CC Fridul, SA (BOP Albacete 07/11/2016).

966 Art. 38 CC Sector Comercio de Flores y Plantas (BOE 06/09/2018).

967 Art. 11 CC Integración de Complementos Auxiliares, SL, de Orkoien (BO Navarra 03/09/2019).

968 Art. 45 CC Android Industries Zaragoza, SL (BOP Zaragoza 12/12/2019) o art. 28.1 b) 9 CC Opel España, SLU (BOP Zaragoza 16/03/2018).

969 Art. 69 *in fine* CC Acosol, SA (BOP Málaga 20/08/2019).

970 De esta forma, en la definición de categorías para situar en el Grupo V (Admisión y Control) y VI (Operador/a de Apuestas Deportivas) a personas llamadas a negar la entrada a quienes lo tuvieran prohibido o a comprobar la no inclusión de quien insta la entrada en el Registro de Interdicción de Acceso al Juego [art. 22 CC Sector de Empresas Organizadoras de Juego de Bingo (BOE 07/10/2017)], o la declaración acerca de procurar «la dignificación y el reconocimiento de la actividad del juego del bingo, desarrollada de manera responsable como servicio lúdico y de ocio que genera empleo y riqueza, en contraste con la lacra que supone para el sector de la actividad de juego ilegal» [art. 86 CC Sector de Empresas Organizadoras del Juego de Bingo (BOE 07/10/2017)].

locuciones empleadas, evidencia cómo el propósito a transmitir no deja de ser un elenco formal de intenciones.

En este sentido, y respecto a la vaguedad de los objetivos propuestos, pueden servir como ejemplos cuantos vienen a incidir en un concepto más amplio de conversión de la empresa en un «espacio saludable», dentro del cual queda incorporado el afrontamiento de las adicciones[971], o cuantos sitúan la posible iniciativa a emprender en la «mejora de la salud y el bienestar de la plantilla», poniendo en el mismo nivel «la lucha contra el consumo de tabaco y alcohol» y las prácticas de actividades deportivas[972].

En ocasiones utilizan otras expresiones destinadas a aclarar, en cierto modo, los objetivos y el compromiso exigidos por el proyecto, como exigir el consenso con los otros firmantes a la hora de «aplicar cualquier norma, conflicto o situación derivada de este tipo de adicciones (...) [,y a tal fin las partes] se comprometen a negociar protocolos de actuación e intervención en supuestos de conflictos laborales por cuestiones de drogodependencias»[973]; establecer un calendario de negociación con reuniones hasta tanto obre un acuerdo respecto al riesgo de ingesta abusiva de alcohol y drogas[974]; aprobar una instrucción de seguridad[975]; añadir —en propuestas más completas— actividades de apoyo asistencial[976]; establecer reuniones futuras con el pro-

971 Concretando, eso sí, que «los firmantes se comprometen a trabajar en políticas específicas, con distribución de normas y valores claros en todos los niveles de la organización», para así diseñar, de futuro, el conjunto de actuaciones que conformarán el plan; encabezamiento Cap. III CC Hermandad Farmacéutica del Mediterráneo, Sociedad Cooperativa Limitada (BOE 29/12/2017).

972 Art. 49 CC Vithas Alicante (BOP Alicante 13/02/2020).

973 Art. 43 CC Sociedad Cooperativa Ganadera Sierra de San Pedro (DO Extremadura 19/02/2020); art. 21.6 CC Mancomunidad de Municipios Río Bodión (DO Extremadura 10/10/2019); art. 33 II CC FONDECYT-PCTEX (DO Extremadura 14/08/2019); art. 40 CC Sector Comercio en General de la Provincial de Cáceres (DO Extremadura 24/05/2018); art. 32 CC Agencia Extremeña de la Energía —AGENEX— (DO Extremadura 18/07/2017) o art. 29 CC Deutz Spain, SA (DO Extremadura 04/02/2021).

974 Disp. adicional CC Sector Siderometalúrgico e Instalaciones Eléctricas de la Provincia de Sta. Cruz de Tenerife (BOP Sta. Cruz de Tenerife 27/12/2017). Como alternativa al programa —que también se recoge— se alude al establecimiento de «medidas para buscar soluciones a situaciones y riesgos laborales derivados de lo mismo [consumo de alcohol y drogas con afectación en el ámbito laboral»], art. 112 *in fine* XIX CC Seat, SA (BOE 28/09/2016).

975 Art. 45 CC UTE Valls i Cespa, del Grupo Ferrovial, SA, en el Municipio de Valls (BOP 10/10/2019).

976 A modo de ejemplo cabe mencionar el que prevé que el proceso de negociación y acuerdo serán actuaciones que «tendrán como objetivos la salud y seguridad y se darán con la participación y cooperación de la dirección, los sindicatos, el servicio de prevención y los trabajadores. Estarán protocolizadas e irán dirigidas a reducir las causas y consecuencias del consumo de alcohol y drogas en la empresa, tanto

pósito de diseñar el protocolo de actuación para el control de consumo[977]; remitir a un protocolo destinado a prevenir los comportamientos adictivos[978] o establecer un programa o medidas de recuperación atentas a la ayuda requerida por el empleado[979].

Como ejemplos del componente de compromiso de futuro pueden servir expresiones en las cuales aparece ceñido al propio de las partes signatarias de impulsar «programas globales de información, prevención e intervención», destinados a «eliminar los hábitos» y «garantizar el acceso a los tratamientos de deshabituación»[980].

En algunas ocasiones aquel aumenta cuando las medidas y objetivos propuestos vinculan no solo a las partes firmantes, sino también a determinados colectivos de representantes, órganos o entidades y, sobre todo, bien al comité de seguridad y salud en el trabajo, bien a la comisión constituida de manera general para atender temas de prevención de riesgos laborales, de seguridad y salud o específicamente creada a fin de abordar problemas de adicciones. Sin perjuicio de remitir a un posterior análisis las implicaciones de estos dos órganos en los objetivos propuestos, es preciso tener presente cómo la derivación más frecuente de responsabilidades viene atribuida, ora

desde un punto de vista preventivo como de apoyo asistencial a los trabajadores afectados.
Dichas actuaciones, desde un punto de vista preventivo, asistencial y de reinserción, persiguen los siguientes objetivos: a) Proporcionar la salud por medio de la prevención del consumo de alcohol y drogas. b) Fomentar la colaboración y responsabilidad de todo el colectivo laboral en cumplimiento de esta actuación preventiva. c) Proporcionar información y apoyo al tratamiento a los trabajadores con problemas. d) Prevenir y reducir accidentabilidad laboral y el absentismo. e) Mejorar la productividad, calidad del trabajo y las relaciones laborales», en art. 50 bis CC de ámbito estatal para la fabricación y comercialización de frutas y hortalizas frescas, seleccionadas, limpias, troceadas y lavadas, listas para consumir o cocinar (BOE 04/01/2017).

977 Acuerdo de 27 de diciembre de 2018 por el que se aprueba el Calendario Laboral de la Construcción de Guadalajara (BOP Guadalajara 03/01/2019).

978 Art. 49.3 CC UTE Pavapark, SL-Aupalsa, SA, Grúa de Valencia (BOP Valencia 23/08/2019); arts. 23.7, 61.3 j) y 23.7 CC Quirón Prevención, SLU (BOE 25/06/2019); art. 64 CC Sector de Empresas y Trabajadores de Trasporte de Enfermos y Accidentados en Ambulancia (Transporte Sanitario) de la Comunidad Autónoma Valenciana (DO Generalitat Valenciana 06/08/2019); art. 76.3 CC Sector Transporte de Mercancías por Carretera, Logística y Mensajerías (BOP Valencia 03/12/2020) y art. 87.5 CC Compañía Española de Laminación, SL (BOP Barcelona 15/11/017).

979 Art. 45.3 CC Empresa Android Industries, SL (BOP Zaragoza 12/12/2019); en parecidos términos y para distintos ámbitos de personal público de Castilla-La Mancha, entre otros, art. 20.3 CC Personal Laboral Ayuntamiento Torrejón del Rey (BOP Guadalajara 28/06/2018); art. 94.7 VII CC Personal Laboral al Servicio de la Administración de la Junta de Comunidades de Castilla—La Mancha (DO Castilla-La Mancha 09/11/2017) o art. 33.3.° CC Personal Laboral Excmo. Ayuntamiento de Guadalajara (BOP Guadalajara 10/06/2021).

980 Art. 33 CC Servi Control Rubí (BOP Barcelona 23/08/2018).

a la comisión paritaria[981], ora al servicio de prevención[982] o, incluso y como últimos legitimados para alcanzar el consenso dentro de la empresa, a los representantes de los trabajadores[983].

4.4.2.1. Las capacidades del Comité de Seguridad y Salud

Instalar el debate sobre la lucha contra las adicciones en el órgano del diálogo social por la prevención de riesgos laborales en la empresa implica reconocer por parte de esta la considerable importancia que merece el problema.

Las menciones a tal circunstancia varían en los convenios con distinto tenor, como la propuesta «al empleador correspondiente [de] la necesidad de establecer ayudas médicas y psicológicas para los trabajadores drogodependientes y alcohólicos»[984]; prestar la necesaria «colaboración con el servicio de prevención en ofrecimiento de asesoramiento e información sobre mecanismos de ayuda»[985]; recibir, junto con los delegados de prevención, una formación específica que les permita una participación activa en el «estudio de planes de prevención, asistencia y reinserción sobre alcoholismo y otras

---

981 De esta forma, arts. 31.2 d) y 32 *in fine* VII CC Marco Estatal de Servicios de Atención a las Personas Dependientes y Desarrollo de la Promoción de la Autonomía Persona (BOE 21/09/2018); añadiendo que, «caso de establecerse por la comisión paritaria estos protocolos, no podrán elaborarse protocolos distintos sobre estas materias en ámbitos inferiores», art. 6 b) CC Transporte de Viajeros por Carretera de Zaragoza (BOP Zaragoza 13/03/2020).

982 En esta encomienda se llega a convertir a los servicios de prevención en gestores de los programas en su totalidad, conforme ocurre cuando se afirma que «impulsarán programas globales de información, prevención e intervención en la empresa que contribuyan a eliminar los hábitos que incidan en una relación entre condiciones de trabajo y consumo de alcohol o de otras sustancias que generan dependencia, así como garantizar [el] acceso a tratamientos de deshabituación, contemplando la flexibilidad de adaptación de jornada como uno de los sistemas a adoptar y acciones oportunas», art. 37.1.2 CC Servi Control Rubí, SL (BOP 23/08/2018). En tal sentido, las «políticas saludables que coadyuven la rehabilitación del trabajador» tendrán lugar, en este caso a través de la oferta por el servicio de prevención, a quien quiera voluntariamente adherirse, de «la posibilidad de acudir a terapias que no tendrán coste alguno para el empleador», art. 42 bis *in fine*, CC Roquette Laisa España, SA (BOP Valencia 17/08/2018) o Exposición de Motivos Cap. III CC Hermandad Farmacéutica del Mediterráneo, Sociedad Cooperativa Limitada (BOE 29/12/2017); al servicio médico, para que informe de los trámites a seguir para acogerse al programa que proporciona la compañía, art. 102 CC BP Oil España, SAU (BOP Castellón de la Plana 31/01/2019).

983 Art. 37 III CC Autopista Central Gallega, Cesa (DO Galicia 17/02/2020); art. 33.3.° CC Bebidas Refrescantes de la Comunidad Valenciana (DO Generalitat Valenciana 06/02/2020); art. 16.2 CC Fabricación de Pasta, Papel y Carbón de Guipuzkoa (BO Guipuzkoa 13/09/2019) o art. 67 CC Hermandad Farmacéutica del Mediterráneo, Sociedad Cooperativa Limitada (BOE 29/12/2017).

984 Art. 34 e) III CC Puertos del Estado y Autoridades Portuarias (BOE 15/06/2019).

985 Art. 27 CC Ayuntamiento de Yunquera (BOP Málaga 21/08/2018).

drogodependencias, programas de salud mental, inspirados en los principios de confidencialidad y voluntariedad», teniendo presente que «los delegados de prevención de los centros emitirán un informe fundamentado no vinculante en relación con los planes que sobre esta materia se pudieran establecer en las empresas»[986]; «conocer y cooperar en programas y campañas de prevención, reconocimientos preventivos y cualquier otra actividad destinada a la promoción y mejora de la salud de los trabajadores, con especial hincapié en el Programa de Ayuda a Empleados con problemas de alcohol, drogas y ludopatía»[987]; «concretar las medidas que han de adoptarse en un programa de actuación»[988]; o, como expresión más significativa, aquella que alude a la elaboración de un plan de prevención, intervención y reinserción del cual pocas noticias obran, salvo su existencia de futuro[989], precisando, eventualmente, cómo habrá de servir de impulso a «la actitud proactiva de la prevención y evitando la acción punitiva y sancionadora»[990].

El propio convenio configura, en gran medida, el plan de prevención, intervención (asistencia) y reinserción en alusión a este último supuesto, al menos para algunas ocasiones, por cuanto remite al órgano responsable de elaborar documentos las claves fundamentales; así la necesidad de que obedezca al «mayor consenso desde el inicio»; la fijación de los objetivos generales en «la promoción de la salud integral de los trabajadores y trabajadoras y la mejora de sus condiciones de trabajo, consiguiendo un clima laboral más positivo, con el fin de modificar los factores de riesgo»; la raíz de unas disposiciones llamadas a encontrar fundamento en «el respeto a la persona y la consideración de los problemas de alcohol y dependencias como enfermedades reconocidas por la OMS»; en fin, su elaboración como plan propio «en el marco del Plan Nacional», o su fundamento en la «constatación de que es el medio laboral donde puede constituirse el marco más apropiado para la prevención y reinserción del personal afectado»[991].

986 Art. 66.5 18 II CC Hospitales de Agudos, Centros de Atención Primaria, Centros Sociosanitarios y Centros de Salud Mental, concertados con el Servicio Catalán de Salud (BO Generalitat de Catalunya 05/03/2019).

987 Art. 28.1 b) 9 CC Opel España, SLU (BOP Zaragoza 16/03/2018).

988 Art. 26 *in fine* V CC Ayuda a Domicilio de Huelva (BOP Sevilla 10/04/2018).

989 Arts. 23.7, 61,3 h) y 73 *in fine* CC Quirón Prevención, SLU (BOE 25/06/2019); art. 61 d) Sector Establecimientos Sanitarios de Hospitalización y Asistencia Privada de Aragón (BO Aragón 10/004/2019) o art. 28.2 CC Sector de Establecimientos Sanitarios, Hospitalización, Consulta y Asistencia de Baleares (BO Islas Baleares 16/09/2017).

990 Art. 69 CC Sociedad Regional de Abastecimiento de Aguas, SAU —SOREA— (BOP Barcelona 02/01/2019).

991 Art. 121 CC Excelentísima Diputación Provincial de Valencia para su personal sujeto a régimen jurídico laboral, Sector No Sanitario (BOP Valencia 11/02/2020).

4.4.2.2. El papel de las Comisiones de Seguridad y Salud

La Comisión de Seguridad y Salud, surgida —como muchas otras— con la intención de mantener dinámico y actualizado el convenio por los firmantes, es la encargada de atender el conjunto de responsabilidades derivadas de la lucha contra las adicciones en la empresa desde una perspectiva amplia. Esta visión abierta en su contenido obedece a la necesaria coexistencia con otras en un contexto donde el objetivo queda situado en la promoción integral de la salud (con alusión especial a aspectos tales como el consumo de alcohol, drogas, tabaquismo, actividad física, riesgos cardiovasculares, etc.) y precisa una coordinación con las áreas técnicas o grupos constituidos para analizar «las actuaciones [indeterminadas] que en esta materia se puedan llevar a cabo»[992].

Además, cabe mencionar otras alusiones convencionales atribuyéndoles, de manera más específica, funciones tales como la elaboración de propuestas «de acuerdo a la comisión negociadora sobre control de alcohol y drogas para personal que conduzca»[993]; «la elaboración de un programa [o un protocolo] de actuación en el ámbito de las drogodependencias»[994]; «proponer y promover junto con la representación empresarial y la Administración, campañas de reinserción y recuperación en los casos de SIDA, alcoholismo, tabaquismo y ludopatía, dándoles la condición de enfermedad social»[995]; realizar estudios y evaluaciones de la incidencia del alcoholismo y la drogadicción en el sector[996] o confeccionar estudios de planes de prevención, asistencia y reinserción sobre alcoholismo y otras drogodependencias[997].

---

992 Arts. 34 y 48 IX Acuerdo Marco Grupo Repsol (BOE 04/01/2018).

993 Disp. Adicional 3.ª CC Empresa Air Transport Leipzig GMBH Sucursal en España (BOE 15/05/2018).

994 Disp. final 1.ª CC Cespa Gestión de Residuos, SA (Servicio de Gestión de Residuos del Hospital Universitario «La Paz») (BO Comunidad de Madrid 14/07/2018) o art 31.2 d) VII CC Marco estatal de Servicios de Atención a las Personas Dependientes y Desarrollo de la Promoción de la Autonomía Personal (Residencias Privadas de Personas Mayores y Ayuda a Domicilio) (BOE 21/09/2018). Ceñida al «estudio de los posibles casos de drogodependencia que pudieran surgir, así como a la búsqueda de soluciones», se refiere el art. 41.4 CC Extremadura Avante, SLU (DO Extremadura 31/07/2018); al «estudio y elaboración de un plan de información, prevención y rehabilitación para cuantos empleados lo requieran», art. 54.4 CC Brilen, SA, Novapet, SA y Brilen Tech, SA (BOP Huesca 15/03/2017).

995 Contenido que se mantiene desde hace años, por remisión al veterano Acuerdo Nacional para la Prevención y el Tratamiento de la Drogodependencias en el Medio Laboral de 30 de julio de 1994, art. 38 j) CC Sector de Comercio de Flores y Plantas (BOE 06/09/2018); en igual sentido, apéndice al art. 66 recogido en el Anexo VI CC Iberdrola Grupo 2021-2024 (BOE 02/03/2021).

996 Art. 38.4 p) CC Estatal del Sector Laboral de la Restauración Colectiva (BOE 14/05/2021) o art. 46.4 q) III CC Sector Distribución de Mayoristas de Alimentación de Cataluña (DO Generalitat de Catalunya 16/07/2020).

997 Art. 66.5.18 II CC Hospitales de Agudos, Centros de Atención Primaria, Centros Sociosanitarios y Centros de Salud Mental, concertados con el Servicio Catalán de la Salud (BO Generalitat de Catalunya 05/03/2019).

4.4.3. Delimitación del enfoque perseguido

La exposición precedente evidencia cómo el objetivo a alcanzar debe quedar situado en la planificación adecuada de la intervención preventiva y de ayuda al afectado.

A este respecto, muchos son los convenios en los cuales las partes firmantes, con el propósito de alcanzar esta meta, detallan acciones concretas, objetivos a distinto plazo o describen la necesidad de cooperación y participación de todos los implicados. Cabe citar, como ejemplo, la siguiente estructura literal (muy similar en algunos otros supuestos)[998]: «1.- Prevenir conductas de consumo de drogas y alcohol. 2.- Fomentar la responsabilidad y la colaboración de todo colectivo laboral, con la finalidad de cumplir las normas que se establezcan en el plan. 3.- Proporcionar asesoramiento, información y tratamiento a los trabajadores y trabajadoras afectados y a

998 La semejanza es evidente, por ejemplo, art. 58 CC Personal Laboral Ayuntamiento de Lebrija (BOP Sevilla 24/07/2018):

«El comité de seguridad y salud realizará un plan de prevención contra las drogodependencias. Las acciones del plan estarán orientadas hacia la consecución del objetivo de salud y se desarrollará con la cooperación y participación de todas las partes implicadas: corporación, sindicatos, empleadas/os municipales y Organismos oficiales.

Las actuaciones que se establezcan irán dirigidas a evitar, reducir y prevenir las causas y consecuencias del consumo de drogas y alcohol en el medio laboral, mediante acciones preventivas, asistenciales y rehabilitadoras.

Los objetivos básicos del plan serán:

- Prevenir conductas de consumo de drogas y alcohol y demás conductas adictivas.
- Fomentar la responsabilidad y la colaboración de todo el colectivo laboral, con la finalidad de cumplir las normas que se establezcan en el Plan.
- Proporcionar asesoramiento, información y tratamiento a los trabajadores y trabajadoras.
- Hacer efectivo este plan, en sus diferentes fases:

a.- Estudio de incidencias.

b.- Estudio de necesidades.

c.- Desarrollo de las acciones concretas dentro del Plan».

En semejante sentido, en el art. 85 CC Empresa Vega Mayor, SL, de Milagro (BO Navarra 06/03/2018):

«En el marco de la prevención de la drogodependencia, ambas partes se comprometen a llevar a cabo actuaciones mediante un proceso de negociación y acuerdo que se plasmarán por escrito.

Dichas actuaciones, tendrán como objetivos la salud y seguridad y se darán con la participación y cooperación de la dirección, los sindicatos, el servicio de prevención y los trabajadores. Estarán protocolizadas e irán dirigidas a reducir las causas y consecuencias del consumo de alcohol y drogas en la empresa, tanto desde un punto de vista preventivo como de apoyo asistencial a los trabajadores afectados. Dichas actuaciones, desde un punto de vista preventivo, asistencial y reinsertador, persiguen los siguientes objetivos:

- Promocionar la salud por medio de la prevención del consumo del alcohol y las drogas.
- Fomentar la colaboración y responsabilidad de todo el colectivo laboral en el cumplimiento de esta actuación preventiva.
- Proporcionar información y apoyo al tratamiento a los trabajadores con problemas.
- Prevenir y reducir la accidentalidad laboral y el absentismo.
- Mejorar la productividad, calidad del trabajo y las relaciones laborales».

sus familiares, con la finalidad de que puedan reinsertarse en el medio socio laboral. 4.- Prevenir y reducir la siniestralidad laboral. 5.- Mejorar la productividad y la calidad del trabajo. 6.- Reducir el absentismo. 7.- Armonizar las relaciones laborales»[999].

Otros convenios enuncian las medidas concretas a adoptar en el futuro, ordenadas, por ejemplo, a «un modelo personalizado y diversificado [con] evaluación de riesgos de los factores psicosociales de la organización y de las condiciones ambientales del trabajo que pueden favorecer el mantener el uso indebido de drogas». De esta forma, surge la propuesta de adoptar medidas, a título de mera muestra, tales como «flexibilización de horarios y adaptación de jornada» para quienes «decidan someterse a pruebas de asistencia y deshabituación», tras «contemplar las condiciones de trabajo de las que derivan hábitos de consumo», conscientes de que «cada etapa del proceso de reinserción implicará una flexibilidad determinada, por lo que se negociarán distintas adaptaciones del horario en base a las necesidades de cada etapa de tratamiento». Al final, quienes manifiestan el problema «serán tratados como personal especialmente sensible, se garantizará el mantenimiento de su puesto de trabajo y se mantendrá su derecho a la formación y a la promoción durante el proceso de rehabilitación. En ninguna circunstancia se producirá una merma económica»[1000].

De forma más significativa, el grado de compromiso aumenta cuando el objetivo señalado toma forma de plan en el propio convenio, y en concreto a través de una fórmula específica y repetida en su literal[1001] —o en una versión abreviada—, cuya introducción o presentación admite variables escasamente significativas. Ofrece la doble ventaja de mostrar cómo la sensibilidad alcanza en su extensión a sujetos y ámbitos de negociación bastante amplios y, a la par, de ofrecer un marco bien aquilatado dentro del cual cabrá articular el concreto programa en cada ocasión considerada oportuna. Su contenido queda resumido a través del siguiente tenor literal:

> «El consumo de drogas legales e ilegales implica problemas de salud con repercusiones individuales y colectivas. El inicio o incremento del consumo de drogas

---

999 En distintos momentos y sectores un muestreo de mismo tenor lleva a señalar, por ejemplo, el art. 89 CC Transportes Urbanos Autobuses de Alcoy, SA —TUASA— (BOP Alicante 02/07/2019); art. 62 CC Personal Laboral Ayuntamiento de Punta Umbría (BOP Huelva 01/03/2018); art. 34 CC Ayuntamiento de Rafelbunyol (BOP Valencia 07/02/2014) o art. 51 CC Ayuntamiento de Pulpi (BOP Almería 27/04/2011).

1000 Art. 29 CC Fundación Formación y Empleo de Asturias (BO Principado Asturias 11/07/2019).

1001 En referencia solo a sus rasgos preventivos (remitiendo a futuras medidas educativas, informativas y formativas que incidan en la prevención del consumo y el fomento de hábitos saludables) y asistencial (destinado a devolver la salud a quien solicite el acceso a programas de desintoxicación), la breve dicción que contiene, a título de mera muestra, el art. 34 CC Corporación Alimentaria Peñasanta, SL (Centro de Granda) (BO Principado de Asturias 17/04/2019).

en el medio laboral viene en muchos casos determinado por condiciones de paro, precariedad o malas condiciones de trabajo. De ahí que se estime conveniente incluir en este convenio, con la excepción de lo concerniente al consumo de tabaco para lo que se estará a lo dispuesto en la normativa legal específica, el siguiente plan integral de propuestas, en su vertiente preventiva, asistencial, reinsertiva, participativa, no sancionadora, voluntaria y planificada:

Preventiva. Se priorizarán medidas educativas, informativas y formativas que motiven la reducción y el uso inadecuado de drogas y promocionen hábitos saludables. Así mismo se potenciará la modificación de factores de riesgo y la mejora de las condiciones de trabajo.

Asistencial. Se facilitará el acceso a los programas de tratamiento a aquel personal que lo solicite.

Reinsertiva. El objetivo fundamental de toda acción es devolver la salud a la persona y facilitar la reincorporación del personal a su puesto de trabajo.

Participativa. Toda iniciativa empresarial relacionada con las drogodependencias será consultada, con carácter previo, a la representación unitaria o sindical del personal, o en su defecto al propio personal.

No sancionadora. El personal que se acoja a un programa de tratamiento no podrá ser objeto de sanción o despido y se le asegurará su reincorporación inmediata a su puesto de trabajo.

La Comisión Paritaria concretará las medidas aquí expuestas en un programa de actuación que será de aplicación con efecto a la entrada en vigor del presente convenio»[1002].

1002 Art. 32 VII CC Marco Estatal de Servicios de Atención a las Personas Dependientes y Desarrollo de la Promoción de la Autonomía Personal (Residencias Privadas de Personas Mayores y del Servicio de Ayuda a Domicilio) (BOE 21/09/2018); en igual sentido, art. 55 CC Estatal de Acción e Intervención Social (BOE 03/07/2015, cuya prorroga se recoge en BOE 01/02/2019) o art. 52 CC Cruz Roja Española en Guadalajara (BOP Guadalajara 21/01/2020).

El éxito del modelo hace que cuanto establece el convenio sectorial nacional se reproduzca a nivel autonómico y/o provincial o de empresa, y el provincial se traslade de manera mimética a otras provincias. En ejemplos de estos últimos años, art. 33 CC Cruz Roja Española en Sta. Cruz de Tenerife (BOP Sta. Cruz de Tenerife 31/07/2019); art. 27 CC Sector Privado de Residencias para la Tercera Edad. Servicios de Atención a Personas Dependientes y Desarrollo de la Promoción de la Autonomía Personal de la Comunidad Valenciana (DO Generalitat Valenciana 18/05/2020); art. 15 CC Fundación Residencia «La Solana» (BOP Teruel 30/05/2019); art. 23 CC Empresa Dependencias en Extremadura (DO Extremadura 20/05/2019); art. 50 UTE IV Tunstall Televida-GSR-Grupo Igualmequisa (BO País Vasco 01/04/2019); art. 36 CC Asociación Estabón Iniciativas de Promoción de Empleo (BO Comunidad de Madrid 29/09/2018); art. 27 CC Cruz Roja Española en Barcelona (BOP Barcelona 23/08/2018); art. 25 CC Cruz Roja Española en Girona (BOP Girona 24/04/2018); art. 26 CC Sector Ayuda a Domicilio Sevilla (BOP Sevilla 10/04/2018); art. 48 CC Cruz Roja Española en Islas Baleares (BO Islas Baleares 24/03/2018); art. 42 CC Sector Centros de Tercera Edad de Bizkaia (BO Bizkaia 09/02/2018); art. 25 CC Atención Sociosanitaria a Domicilio para la Provincia de Ciudad Real (BOP Ciudad Real 21/12/2017); art. 25 CC Cruz Roja en Burgos (BOP Burgos 29/09/2017); art. 13 CC Kiabi España KSCE, SA (BOE 23/09/2017); art. 25 CC Socidependex, SLL (DO Extremadura 11/07/2017); art. 33 CC Cruz

Con todo, y al margen de estos modelos breves y uniformes, aquellos más ambiciosos y desarrollados pueden ser tradicionalmente clasificados en dos grandes tipos: cuantos, desde la política de responsabilidad social empresarial, siguen el esquema de los norteamericanos Planes de Asistencia al Empleado, a su lado otros más «clásicos», que parten de una vertiente preventiva (vinculados claramente a cuanto establece el art. 16 LPRL) e incorporan mejoras sociales consensuadas a cambio de asistencia y rehabilitación.

4.4.3.1. Los Planes de Ayuda al Empleado

Considerados como un híbrido entre acuerdo cuasi convencional y política empresarial de responsabilidad social corporativa, los Planes de Ayuda al Empleado abrieron en España una corriente de opinión destinada a configurar políticas internas de empresa a modo de expresión tanto de compromiso pactado como de Responsabilidad Social[1003]. Su origen cabe situarlo en los veteranos planes de la ONCE, cuya causa radicaba en su propio objeto social, y de Telefónica, que, además de la natural preocupación por los trabajadores contenía el propósito de no quedarse atrás en la carrera con sus competidores a la hora de emular la idea de cumplir con los estándares de la OIT al respecto.

Estos dos planes clásicos, que respondían a un procedimiento, propósito y orientación distintos a los de intervención preventiva (respecto de cuanto se concibe como un riesgo laboral y mueve a la intervención a partir del compromiso normativo recogido en un convenio), abrieron la puerta a otros de similares características, y más concretamente de entre los cuales merece destacar los acto seguido enunciados:

A.- Puerto de Barcelona

Las medidas incorporadas por el Puerto de Barcelona en 1992 a su convenio colectivo relacionados con controles aleatorios de alcohol (y más tarde ampliados a otras sustancias adictivas), a la luz de cuanto recogía el convenio de ámbito estatal (en lo referente a competencias del comité de seguridad y salud para proponer al organismo público correspondiente ayudas individualizadas a drogodependientes y la atribución al servicio de prevención de ciertos programas de «prevención de salud públicos», entre los cuales estaban

---

Roja Española en Granada (BOP Granada 12/05/2017); art. 25 CC Plan Senior, SLL, para su Centro de Trabajo de Plasenzuela (DO Extremadura 17/02/2017) o art. 19 CC Cruz Roja Española en Ávila (BOP Ávila 15/02/2016).

1003 Sin noticias sobre su contenido, a una «política corporativa a nivel internacional», que incluiría alcohol y drogas como parte del *«responsible care»*, alude el art. 54 E) CC Al Air Liquide España, SA, Air Liquide Medicinal, SLU, y Air Liquide Ibérica de Gases, SLU (BOE 30/06/2018).

incluidos el tabaquismo y el alcoholismo)[1004], desembocaron en un protocolo completo y especifico de lucha contra las adicciones que ha ido evolucionando sobre un doble objetivo: de un lado, la detección del consumo; de otro, la concienciación de los trabajadores.

Respecto a la detección del consumo, el protocolo centra sus metas en del alcohol, la cocaína, el cannabis, las benzodiacepinas, las anfetaminas, el éxtasis y los opiáceos. Para el alcohol prevé controles aleatorios antes de empezar el trabajo y, si existen sospechas de consumo o en caso de accidente, utilizando el aire espirado y, para el caso de positivo (0,25 mg/l en aire y 0,5 g/l en sangre), repetición de la prueba con etilómetro. Para otros tóxicos contempla pruebas aleatorias en orina (EMIT) con correlación en sangre (espectofotometría de masas), antes de iniciar el turno, a dos trabajadores.

Como parámetros en la detección en tales supuestos considera: para el análisis de presuntivo, 300 mg/ml, 100 mg/ml y 1000 mg/ml según se trate de opioides y cocaína, cannabis o anfetaminas; para el confirmativo, 150 mg/ml, 15 mg/ml y 500 mg/ml, respectivamente. No es, sin embargo, el único método. En caso de accidente acude a la saliva. Los análisis en sangre se realizarán «solo en casos excepcionales, bajo indicación médica, por riesgos para la salud del trabajador y/o asociados a prácticas encubiertas de consumo», «ya que se relación de forma directa con la concentración en sangre en ese momento [y] resulta más costoso». También contempla acceder a este método una vez al mes, y con carácter aleatorio.

Respecto a la concienciación de los trabajadores para evitar el consumo de sustancias tóxicas en la empresa, o acudir bajo sus efectos, el protocolo opta por un servicio de seguridad y salud propio (en busca de «un contacto más cercano y continuo con los trabajadores»), en cuyo seno desarrolla —contando con la cooperación de la Dirección General de Drogodependencias y Sida de la Generalitat— campañas periódicas de concienciación.

El trabajador deberá abandonar el puesto de trabajo tanto si muestra su negativa a realizar la prueba como de quedar confirmado el positivo, con la oportuna aplicación del régimen sancionador. La sanción puede ser retirada si el trabajador acepta someterse al Programa de Ayuda creado para ofrecer soluciones a los problemas de drogadicción.

Este Programa, monitorizado por un Grupo de Ayuda (integrado por miembros de comité de empresa, el servicio médico, un jubilado ex-consumidor y un terapeuta psicólogo especialista en drogadicción), ofrece la oportunidad de terapia individualizada (o la alternativa de acudir a grupos de ayuda externos) y medicación, contemplando medidas tales como: restricción de áreas, adaptación o reubicación de puesto de trabajo, baja laboral o, en casos graves de dependencia, internamiento. El seguimiento consiste en controles ex-

1004 En el vigente, arts. 34 e) y 37. 4.° VIII CC Puertos del Estado y Autoridades Portuarias (BOE 15/06/2019).

haustivos de drogas/alcohol en orina en días alternos y financiación del tratamiento, si esto fuera lo recomendado, arbitrando medidas de adaptación o permisos. Las recaídas llevarán a plantear la posibilidad del ingreso en un centro especializado.

La confirmación de contar con un estado de salud compatible con las funciones a realizar, pudiendo ser provisional (a la espera de resultados concluyentes) o progresiva, e informando el Grupo de Ayuda a la dirección sobre una ubicación acorde durante las primeras fases del proceso, es el único camino previsto para la reincorporación al trabajo del trabajador afectado.

B.- El modelo de EasyJet Handling Spain, Sucursal en España

El convenio colectivo de EasyJet Handling Spain, Sucursal en España, establece, en su Anexo III[1005], una política de «tolerancia 0» a poner en relación con las «quejas, las denuncias de irregularidades, acciones disciplinarias y enfermedad», siendo de aplicación al personal propio, a las contratas y a los visitantes de sus instalaciones, en la confianza de que todas las «empresas y agencias con las que trabaja desarrollen y apliquen esta política (...) de manera efectiva y compatible con la suya».

El convenio refleja la preocupación de los firmantes por la seguridad, pero tiene presente que, además de tal peligro, el consumo «también afecta al desempeño individual del trabajador, sus relaciones interpersonales, a la moral y al negocio». En este sentido, reconoce la posibilidad de considerarlo una enfermedad, e invita a los empleados con el problema a solicitar ayuda médica a la empresa al amparo de un programa construido sobre cuatro pilares: «1) Alentar a los empleados con problemas de alcoholemia o consumo de sustancias a buscar ayuda cuanto antes. 2) Asegurar que los pasajeros o compañeros de trabajo no están en peligro como consecuencia del consumo de alcohol o sustancias por los empleados. 3) Educar a los empleados que ocultan, permiten o conspiran con compañeros de trabajo que tienen problemas relacionados con el consumo de alcohol o sustancias que no ayudan al individuo. 4) Ofrecer apoyo, consejo y asesoramiento confidencial o la ayuda necesaria, a los empleados o compañeros de trabajo de los que sospechen o puedan conocer que tienen un problema de dependencia y dar formación a los *train managers* sobre cómo tratar dichos problemas rápidamente y de manera coherente y eficaz».

La iniciativa recoge algunos aspectos significativos de la normativa de aviación civil que vincula a los afectados y no deja espacio alguno para el alcohol y las drogas, con extensión a todos los lugares de trabajo y, además del consumo, penaliza la posesión o el suministro en el interior de la empresa. Alcanza, incluso, al consumo previo a la prestación cuando su incorporación al trabajo suponga superar el límite superior al legal, así como cuando el em-

1005 Anexo III en III CC EasyJet Spain, Sucursal en España (BOE 03/02/2016).

pleado viaje como pasajero, desarrolle tareas de *«positioning»* o *«standby»* o vista uniforme. En este sentido, si cualquier responsable tuviere noticias de que un empleado acude a su puesto bajo influencia de sustancias, «deberá relevarlo de la prestación de servicio hasta que se hubiera realizado la oportuna investigación».

La autoridad competente deberá ser informada cuando de cualquier accidente o incidente cuando medie sospecha de la existencia de consumo. El trabajador implicado deberá suministrar dicha información al día siguiente del suceso y no podrá trabajar hasta tanto exista certeza, previa evaluación de la situación —por lo normal— por el facultativo, de que no existe riesgo ni para el trabajador ni para terceros.

Por cuanto hace al procedimiento, «la apariencia o el comportamiento de una persona pueden dar lugar a sospechas de consumo de alcohol o drogas, pero habrá que valorar, siempre que sea posible, del modo más claro posible a través de la realización de pruebas objetivas. El hecho de que el comportamiento de una persona sugiera que pueda estar bajo la influencia del alcohol o de las drogas, necesitará ser moderado por otras consideraciones, tales como aquellas medicaciones que integran una pequeña cantidad de alcohol que puede producir un comportamiento inadecuado o la persona puede experimentar fuertes cambios emocionales [de ahí la obligación de informar sobre tal medicación cuanto pueda influir en sus funciones]. Es importante, por tanto, que estas situaciones sean gestionadas cuidadosamente. El empleado/a deberá ser conducido a un lugar discreto para seguidamente ser entrevistado por su responsable que deberá documentar todos los detalles. Si las observaciones son corroboradas, se comunicará al empleado/a para que pueda explicar para su comportamiento. Finalmente, cuando se desprenda que existen suficientes razones para sospechar de la situación de encontrarse la persona bajo la influencia del alcohol o las drogas se informará a las autoridades para que procedan a la realización de las pruebas pertinentes».

Una vez el empleado ha sido localizado bajo los efectos del alcohol o las drogas, será suspendido de empleo y quedará a la espera de la correspondiente investigación, cuyas conclusiones podrán activar un régimen disciplinario que va desde la imposición de medidas sancionadoras hasta el despido. Sin embargo, el mecanismo sancionador queda pendiente de alguna de las siguientes situaciones: «a) La persona afectada rechaza la ayuda y el apoyo. b) La persona reincide en su comportamiento. c) En todo caso, si se produce un accidente como consecuencia de estar el empleado bajo la influencia del alcohol o sustancias. Si la persona se presenta de manera voluntaria ante la empresa buscando su apoyo por sufrir una dependencia de las drogas y/o el alcohol y no ha iniciado su trabajo por esa razón, no se enfrentará a acción disciplinaria alguna. Si posteriormente, el apoyo, tratamiento y/o el consejo de la empresa no se tienen en cuenta u ocurre un incidente por el consumo de estas sustancias, deberá afrontar la acción disciplinaria».

La empresa, garantizando la debida confidencialidad, procurará la ayuda y consejo para la rehabilitación de quienes lo soliciten y, por tanto, anima a cuantos empleados sospechen o sean conscientes de su problema con el alcohol o drogas, a requerir la ayuda ofrecida. De esta forma, «si un *"line manager"* identifica un problema con el consumo de alcohol o de sustancias, su responsabilidad consistirá en asegurar que su respuesta va a ser confidencial, abierta y comprensiva y que al empleado se le ofrece la ayuda apropiada y será alentado para recibir el tratamiento especializado a fin de permitirle continuar con su trabajo o volver al mismo para trabajar de forma segura».

La influencia de este plan ha visto su reflejo en otros que lo reproducen de forma literal (aun cuando omiten algunos epígrafes, con lo cual contienen una versión «reducida» a lo que interesa a la compañía), si bien introduce dos variantes significativas: en primer lugar, señala que, «detectado el problema de consumo de alcohol o de sustancias, de no existir baja médica por parte del facultativo autorizado, el empleado deberá situarse en situación de excedencia voluntaria por el periodo de rehabilitación. Esta excedencia dará lugar a reserva de puesto de trabajo»; en segundo término, y en coherencia con lo anterior, si el empleado se presenta voluntariamente buscando apoyo, la empresa se compromete «a adoptar las medidas previstas en el art. 65 del Convenio»; es decir, movilidad, permutas y excedencias[1006].

C.- Levi Strauss de España, SA y su original Programa de Ayuda al Empleado

Partiendo de la excepcional situación de esta empresa, pues en España rige sus relaciones por el Convenio del país de origen, resulta de especial interés el estudio de su art. 15, intitulado «Programa de Drogas y Alcohol». Su texto establece el siguiente literal: 1) «La Empresa llevará a cabo completamente el actual Programa de Drogas y Alcohol (vigente el 14/02/1992) de una manera congruente en todos los centros de trabajo». A tal fin, y «siguiendo la plena puesta en práctica de la política y evaluación de su efectividad, las partes acuerdan entablar un diálogo para discutir cualesquiera enmiendas propuestas al programa». 2) «La Empresa y el Sindicato vigilarán conjuntamente el uso de "los acuerdos de última oportunidad" y plantearán sus inquietudes acerca de cómo se utilizan a través de un proceso conjunto». 3) «Habrá otro desarrollo de la política de Drogas y Alcoholismo formación del trabajador después de 2003».

En posteriores revisiones del convenio tuvo lugar la incorporación del nuevo PAE, el cual, siguiendo la tendencia de Estados Unidos, no solo comprende las adicciones, sino otros problemas en el lugar de trabajo (relaciones con los compañeros, estrés, etc.), emocionales (ansiedad, depresión, etc.) o personales (relación con los hijos o el divorcio, por ejemplo). En cuanto respecta

1006 Anexo III CC II Convenio colectivo de Menzies Aviation Ibérica, SA (BOE 25/10/2017).

específicamente al alcohol y las drogas, siguiendo la instrucción general a los trabajadores (en particular a los responsables de los diversos departamentos para aprender a identificar los síntomas de afectación por las sustancias psicoactivas), y sin renunciar a otro tipo de medidas para el supuesto de ignorar la posibilidad de incorporarse a la iniciativa ofertada o fracasar en el intento de superar la conducta nociva, contempla el asesoramiento confidencial y profesional para ayudar a resolver sus problemas a los afectados, bajo la idea de reducir el impacto del hábito sobre el desempeño de su actividad laboral, y al tiempo mejorar el clima de trabajo.

D.- La alternativa de Fomento de Construcciones y Contratas S.A.

La empresa Fomento de Construcciones y Contratas S.A. (FCC), en la contrata del Consejo Comarcal del Tarragonés, incluyó la iniciativa propia del «Programa preventivo del consumo de alcohol y otras drogas». Esta comienza su exposición —a pesar de su mención en convenio[1007]— con una premisa considerada modélica por el INSHT, en la cual afirma su naturaleza de una medida de RSC: «Trabajamos según las directrices de la Responsabilidad Social Corporativa, ya que, como empresa responsable con su personal, y entendiendo la problemática de la sociedad actual del consumo de alcohol y drogas como un problema también de la empresa, es nuestra obligación velar por la seguridad y salud de nuestro personal».

Como síntesis de este planteamiento, conviene resaltar los siguientes puntos:

- Proyecta una «imagen del programa» a través de acciones de difusión, mensajes positivos y formación dinámica, con campañas de sensibilización completadas con otras de estricta formación (en ambos casos con un compromiso activo de la Administración) y orientadas a un cambio hacia hábitos saludables. Como ventajas principales resalta su carácter transversal (por buscar la concienciación a nivel interno de todos los departamentos de la Delegación) y su conformación de un «programa preventivo de una problemática social, no empresarial», mostrando la satisfacción por haber conseguido involucrar y trabajar conjuntamente con la Administración Pública.
- Como objetivos generales señala: el sentido de pertenencia y compromiso con la entidad y la propia imagen de la empresa; la mejora y promoción de las relaciones inter-laborales; el clima de trabajo; la prevención y reducción de la accidentabilidad laboral, de medidas disciplinarias y del absentismo y periodos de baja; o, por último, la contribución a un puesto de trabajo más productivo, seguro y saludable. Como objetivos específicos: optimizar las vías de comunicación

1007 Art. 38 CC FCC, SA, para la Contrata del Consejo Comarcal del Tarragonés (BOP Tarragona 15/03/2017).

para que los empleados puedan exponer sus inquietudes en materia de salud; identificar y modificar los factores ambientales del entorno laboral con eventual incidencia en el consumo de drogas y alcohol; vigilar *in situ* tal consumo, en particular en cuantas ocupaciones, por su actividad, puedan poner en peligro su vida y la de terceros; disminuir y eliminar tal ingesta en el trabajo y fuera del mismo; o, en fin, informar y sensibilizar a la plantilla sobre mitos, efectos y riesgos del alcohol y otras drogas, en particular los que derivan de su uso en el ámbito laboral.

- Contempla la elaboración de un reglamento interno de reconocimientos médicos, con previsiones tanto para los supuestos de resultados negativos como positivos; en este último caso, diferenciando entre resultados de un valor inferior a 0,25 mg/l o superior (al cual queda asimilado el positivo en drogas), pues a la hora de adoptar una decisión, esta puede oscilar desde la retirada del servicio con jornada retribuida hasta la consideración como falta muy grave merecedora del despido.
- Articula internamente un plan de actuación construido a tres partes: campañas de sensibilización (información y formación); detección, a petición del afectado, por reconocimiento médico (inicial o periódico, promovido por la empresa o por el interesado) o mediante test de despistaje (de aire —para alcohol—, saliva —para drogas— y de orina y sangre —en circunstancias específicas y como medio de confirmación— y con carácter planificado, aleatorio, por sospecha de intoxicación aguda, en caso de accidentes laborales o de seguimiento); en fin, actuación, adaptada a las necesidades de cada trabajador, con intervención breve, asesoramiento, seguimiento (voluntario) y/o la eventual necesidad de atención especializada en materia de drogodependencias y de una posible etapa de reinserción laboral supervisada por el servicio médico de empresa.
- Recoge una línea de seguimiento, revisión y mejora a cargo de una comisión evaluadora, de composición paritaria y con participación externa de la Administración competente *ratione materiae*, tomando en consideración índices prefijados para la consecución de los objetivos propuestos.
- Por último, contempla, en la mejor tradición de los PAE americanos, una extensión de la ayuda (intervención, tratamiento y seguimiento) no solo a toda la plantilla, sino el asesoramiento a familiares y/o amistades con hábito de riesgo. De la misma forma, recoge la implicación del cliente en el seguimiento y valoración del programa, la realización de controles en horario laboral ordenados a comprobar la óptima condición de los empleados y la dotación de protocolos de actuación y reglamentación de su operatividad y ejecución.

E.- La iniciativa de Opel España S.L.U.

Por último, el convenio en vigor de la empresa Opel recoge una de las experiencias más veteranas en el diseño de los PAE, la cual tiene como objetivo «luchar contra el alcohol, drogas y ludopatía» y representa una copia casi literal del modelo de su empresa matriz alemana[1008].

La adopción del programa propuesto aparece justificada por dos motivos principales: por un lado, y en tanto «la OIT recomienda a todas las empresas y sindicatos la importancia de ayudar a las personas que tienen problemas con el alcohol y otras adicciones», para cumplir con tal indicación, reconociendo cómo «la participación del comité de empresa y sindicatos, y su cooperación con el departamento de prevención y comité de seguridad y salud en el trabajo, es necesaria en el desarrollo de una prevención eficaz de este tema»; por otro, el consumo de alcohol y drogas en el trabajo, «además de una disminución de las facultades físicas y psíquicas de los individuos, conlleva un incremento en el riesgo de accidentes, teniendo presente que dicho riesgo no solo afecta al individuo, sino también a sus compañeros de trabajo», a lo cual se añade la ludopatía, «incorporada en nuestra sociedad como una nueva forma de dependencia de las personas, afectando a su salud y a su entorno personal y profesional».

El Código de Conducta de la entidad, recogido en el Anexo II, en el apartado correspondiente a las «Conductas Derivadas de Dependencias» describe la existencia del PAE recogido en su art. 30, y añade cómo, «siendo voluntaria la incorporación a este programa, la existencia del mismo no podrá ser utilizada para justificar actividades o conductas que estén consignadas en este código de conducta».

En cuanto respecta al propio Programa de Ayuda al Empleado, describe un doble objetivo básico: 1) «Difundir entre todos los empleados información suficiente sobre los riesgos (...) del consumo de alcohol y drogas para la salud». 2) «Atender a las personas afectadas que muestren un vivo y sincero interés de rehabilitación, guardando la necesaria confidencialidad que el tema requiere, y dirigiendo a estos hacia las asociaciones y personas adecuadas para dar solución a sus problemas». En atención al compromiso empresarial, «cualquier empleado (...) podrá solicitar la incorporación a dicho programa, demostrando su voluntad de seguir los tratamientos que le fueran marcados por los expertos»; también este rasgo de aquiescencia resulta imprescindible «para el seguimiento (...), teniendo en cuenta la confidencialidad del contenido, [para garantizar lo cual] el comité de empresa designará un representante de cada central sindical, que junto con un representante del personal se reunirán de forma regular con los miembros del departamento de prevención responsables del mismo».

1008 Art. 30 XIV CC Opel España, SLU (BOP Zaragoza 16/03/2018).

4.4.3.2. Los programas preventivos

Como antecedente a los Planes de Ayuda al Empleado, y tras las altas incidencias manifestadas en algunas organizaciones (ENSIDESA), siniestros ocurridos (Metro de Madrid) o el elevado volumen de sanciones motivadas por el consumo de alcohol y/o drogas (RENFE), en los años 80 aparecieron los primeros planes o programas empresariales en materia de alcohol y drogas.

A.- El programa de Metro de Madrid

El Acuerdo de 3 de marzo de 1988, promovido a causa de un polémico y trágico siniestro, supuso un considerable avance en la política de la entidad Metro de Madrid sobre alcohol y drogas. Bajo su literal,

> «consideradas como enfermedades comunes el alcoholismo y la drogadicción, la empresa, no obstante, gestionará el tratamiento de las mismas. La duración de este periodo —no superior a 9 meses, salvo casos excepcionales— será establecida de común acuerdo entre los servicios especializados de la compañía y el especialista responsable del tratamiento. Transcurrido este plazo será de plena aplicación a la normativa vigente.
>
> El presente compromiso dejará de tener efecto en caso de que el afectado no se someta voluntariamente al tratamiento ofrecido por la empresa o cuando aceptado este se produzca interrupción o inobservancia del mismo por decisión del interesado.
>
> En ningún caso las situaciones contempladas en este apartado darán lugar a percepciones diferentes a las que correspondan a trabajadores rebajados con expedientes de disminución de facultades por enfermedad común».

Desde entonces muchos han sido los cambios en cuanto procede calificar como una trabajada evolución, cuya última etapa ha de quedar situada en la suscripción del convenio colectivo inmediatamente anterior al vigente, cuando contemplaba la «revisión del proceso de vigilancia toxicológica para su implantación, en el primer semestre de 2014, sustituyendo progresivamente a los actuales»[1009].

Además de lo expuesto, resalta otra «normativa interna», la cual precisaría de superior transparencia para ser completamente ejemplar, y remite a dos protocolos: el «Procedimiento de recogida de muestras biológicas para la determinación de alcohol y otras drogas de abuso» (o GML-03) y el «Procedimiento en discapacidad de origen toxicológico» (o GML-02).

Por cuanto hace al último, comienza distinguiendo la situación en cual puede estar el trabajador afectado (incapacidad temporal o permanente o, como variantes cuando aquellas no procedan, limitación o rebaje temporales

---

1009 Cláusula 34 CC Metro de Madrid, SA (BO Comunidad de Madrid 17/04/2014).

o permanentes —categorías separadas en función de que se puedan o no realizar las principales tareas del puesto, así como de la existencia o no de fecha de finalización—, aun cuando el rebaje definitivo también conoce la apertura de expediente de disminución de facultades por «situación clínica labor de incumplimiento reiterado de los requisitos de aptitud físico médica») y deposita la confianza en la vigilancia de la salud como elemento de asistencia (en tanto permite un programa personalizado que se adapte a las circunstancias), rehabilitación y reinserción (en tanto señala la situación del trabajador en el proceso de recuperación y el momento en el cual procede la reincorporación o, en su caso, la discapacidad para el desempeño) y también de prevención, no en vano proporciona indicadores relacionados con posibles consumos o de consumos problemáticos.

En lo que respecta al «Procedimiento de recogida de muestras biológicas para la determinación de alcohol y otras drogas de abuso» (o GML-03), elaborado por el Servicio de Prevención y Medicina Laboral en mayo de 2015, distingue los procedimientos para la detección del alcohol (aire espirado mediante alcoholímetro) y drogas (saliva, utilizando SalivaScan). En el caso de las pruebas en saliva añade los detalles sobre recogida de muestra, activación de la toronda de recolección y, para el caso de positivo, el procedimiento del envío del material al laboratorio encargado con las garantías anejas (cadena de custodia). Para drogas también admite la detección en orina (anticuerpos monoclonales) y su procedimiento. En todo caso, acompaña modelos de actas sobre toma de datos, consentimiento informado (con información relevante a transmitir) y resultados, previendo pruebas de contraanálisis en el plazo de 7 días. Como cambio fundamental, los test serán aleatorios, correspondiendo al comité de seguridad y salud la determinación de cuándo y quienes habrán de quedar sometidos al nuevo procedimiento de vigilancia.

Si el empleado está en situación de adaptación temporal (porque puede realizar las funciones principales de otro puesto al cual ha sido adaptado) o definitiva al puesto (porque no puede hacer tal), habrá de ser informado de su limitación y previsible duración y será sometido a controles, para vigilar un eventual consumo, que serán aleatorios y sin previo aviso, en un número no inferior a cuatro y por un periodo aproximado de entre seis y doce meses. De no detectar el consumo, habrá lugar a la reincorporación, salvo cuando afectase a conductores de vehículos en vías principales y transporte de viajeros, respecto de los cuales obrará una limitación adicional de entre tres y seis meses, con pruebas toxicológicas en un número no inferior a tres. Igual proceso de control a través de test se contempla en un proceso de seguimiento con extensión, para vigilar las recaídas, durante un periodo máximo de diez años.

B.- Convenios colectivos provinciales de Transporte por Carretera de Cantabria y Asturias

Conforme cabe dar cuenta, el sector de transporte por carretera presenta una modélica respuesta a uno de los grandes obstáculos de la actividad que es el consumo de sustancias. Esta, con extensión a todo el sector provincial, adquiere un significado hasta ahora desconocido, pues supone la implicación de todas las empresas y trabajadores del ámbito productivo y presenta un potencial de expansión indudable. Por este motivo, procede no solo aludir su sistema ejemplar de realización de los controles, sino el «Marco de Tratamiento» que añade y que, por la transcendencia de la alternativa de la cual es portador, incorpora en su literal[1010]:

> «No obstante, lo establecido en los párrafos anteriores las empresas reconocen que la drogodependencia o alcoholismo puede ser un problema social. El consumo abusivo y continuado de estas sustancias implica problemas de salud con repercusiones individuales y colectivas, y es desde esta perspectiva, desde la que la empresa configura el Marco de Tratamiento específico que a continuación se describe de estas situaciones. Para que tal Marco resulte de aplicación a los empleados son requisitos indispensables que:
>
> 1. El empleado que sea un consumidor dependiente de drogas o alcohol, lo comunique a la empresa de forma que exista constancia documental de que efectuó tal comunicación.
>
> 2. Que tal comunicación la haya efectuado el empleado con carácter previo a que la empresa le haya requerido individualmente a efectuar las pruebas que se describen en este Acuerdo o, en su caso, con carácter previo a un requerimiento por los Cuerpos y Fuerzas de Seguridad a efectuar el tipo de pruebas que se describen en tales apartados.
>
> Una vez efectuada tal comunicación, y para poder beneficiarse del Tratamiento que posteriormente se describe, el empleado deberá someterse a un reconocimiento médico por la empresa con control de alcohol y estupefacientes para verificación. Si del resultado se desprendiera efectivamente un consumo habitual, el empleado no será objeto de sanción siempre que solicite una suspensión del contrato de trabajo durante entre 8 meses y 1 año a elección del trabajador con el objeto durante ese tiempo de someterse a programas de rehabilitación, y que será concedida por la empresa con reserva de puesto de trabajo y los derechos adquiridos. La empresa, como medida participativa y asistencial, informará al empleado de los centros existentes en el Principado de Asturias de ayuda a la eliminación o disminución de este tipo de consumos.
>
> Si en los 15 días naturales anteriores a la finalización del período de suspensión del contrato el empleado no solicitara el reingreso, se tendrá por terminado el derecho a la suspensión del contrato con reserva del puesto de trabajo quedando extinguidos cualquier tipo de relación y derecho del empleado en la empresa. Si solicitara el reingreso con el preaviso indicado se le efectuará un reconocimiento médico por la empresa con control de consumo para verificación. En el caso de

1010 Art. 43 y Anexo 2 CC Sector Transporte por Carretera del Principado de Asturias (BO Principado de Asturias 21/01/2020); sobre el tenor exacto de su precedente de 2016, y coincidiendo con la versión actual del arriba mencionado, art. 30 y anexo II CC Sector de Transporte de Viajeros por Carretera de Cantabria (BO Cantabria 20/12/2019).

que el resultado del reconocimiento fuera negativo, el empleado se incorporara a su puesto de trabajo, debiendo someterse en el año natural inmediatamente posterior a su incorporación a dos controles en la forma descrita en el presente procedimiento».

C.- Del programa tradicional de RENFE a su resumen moderno en las continuadoras

En 1983, tras el conflicto colectivo suscitado por el alto número de sanciones cuya causa común solía estar en el consumo de alcohol, nace el programa de RENFE, pionero y más influyente en España en el tratamiento de las adicciones en el trabajo.

En 1985, tras su incorporación al VII Convenio un año antes, aparecen unas extensas normas internas consensuadas con la representación legal de los trabajadores que representan la antesala del Plan de Acción de 1989, cuyo contenido coincide —en lo fundamental— con las normas éticas de la *American Occupational Medical Association.* El desarrollo progresivo de este último en el tiempo, incorporando mejoras de todo tipo, acabo constituyendo una «normativa laboral interna» copiosa que se intentó sistematizar en 2003 y experimentó un incremento de manera continuada, para subsistir en medio de una doble inseguridad: de un lado, la dispersión convencional de sus integrantes originales con la adopción de decisiones en distintos momentos, lo cual de momento no han afectado (pero bien podrían hacerlo en un futuro próximo) a estas «Normas laborales», entre las cuales figuran cuantas ahora concitan la atención[1011]; de otro, no ser una regulación convencional, pues su fuerza de obligar deriva, ya de la remisión que a ella efectúan los convenios[1012], ya de ser el fruto de los acuerdos entre empleador y representantes de los trabajadores a lo largo del tiempo y que toman forma en el seno del conjunto normativo.

Desde la dificultad —y difícil accesibilidad— del texto, merece la pena destacar la división del plan de acción en un doble programa de prevención (salud laboral) y de atención y reinserción laboral (social).

En cuanto hace al programa de prevención, contando siempre con la implicación de los representantes de los trabajadores, diseña una variedad de iniciativas que al autocontrol individual añaden el control colectivo y aprovecha la unión de medios propios (médicos, psicólogos, enfermeros y trabajadores sociales) con medios comunitarios (como los planes nacionales, autonómicos

1011 Baste analizar, además de la cláusula reseñada en la nota anterior, las que refieren las Cláusulas 9.ª («Mesas técnicas de desarrollo») y 18.ª (Incorporación de Acuerdos) II CC Grupo Renfe (Entidad Pública Empresarial Renfe Operadora, Renfe Viajeros, SME, SA, Renfe Mercancías, SME, SA, Renfe Fabricación y Mantenimiento, SME, SA, y Renfe Alquiler de Material Ferroviario, SME, SA) (BOE 25/06/2019).

1012 Así clausula 5.ª II CC Entidades Públicas Empresariales Administrador de Infraestructuras y Administrador de Infraestructuras Ferroviarias de Alta Velocidad (BOE 16/07/2019).

o locales sobre drogas, así como la colaboración de otras Administraciones y Organismos públicas). Bajo su proceder, el fomento de la salud debe pasar por reconocimientos médicos preventivos y el asesoramiento que ayude a mejorar la calidad de vida, prestando especifica atención al fomento de actividades saludables en el tiempo libre de carácter cultural, deportivo, etc., para encontrar la mejora en las condiciones de trabajo y una política informativa y formativa abierta a la participación en actividades a tal efecto programadas.

En lo que respecta al programa de atención, fija como objetivos los de informar, asesorar y orientar hacia un tratamiento que facilite al trabajador la ayuda necesaria para solucionar los problemas relacionados con el consumo, así como dotarlo de los apoyos necesarios para lograr un estado en cual esté física, psíquica y socialmente en condiciones de conseguir la reintegración a la vida laboral y social. En todo momento permanecen a disposición de los métodos técnicos más avanzados en test de despistaje, tanto voluntarios como obligatorios (estos últimos en el marco legal que define la disp. adicional 6.ª Orden FOM/679/2015, de 15 de abril, para personal de circulación).

En este punto, preciso será diferenciar los supuestos de quienes solicitan asistencia bajo la forma de asesoramiento o tratamiento para el problema, en cuyo caso acceden al programa de atención (con variantes que pueden pasar desde una adaptación de jornada y/o puesto de trabajo a permisos o suspensiones duración mayor o menor —en función, también, de la conveniencia o no de continuar con el trabajo habitual y de poder o no realizar las tareas fundamentales del propio puesto o de otro adecuado al estado de salud—, incluidos aquellos supuestos de acceso a una incapacidad temporal) y cuantos otros dan positivo en uno de los controles aleatorios, en cuyo caso la cláusula 560 de las Normas mantiene la posibilidad de acuerdos disciplinarios con independencia de la posible incorporación del trabajador al Plan de Actuación.

El programa de reinserción (si fuera necesario) contempla un seguimiento del proceso para la reintegración que contiene controles tanto para verificar la ausencia de consumo, como para decidir el momento en el cual parece conveniente la reincorporación, manteniendo su operatividad incluso después de la integración en el trabajo (como también las medidas de apoyo si fuera menester) a modo de garantía para evitar recaídas o recidivas. Existe un límite máximo de dos oportunidades de tratamiento a solicitar u ofrecer a cada interesado, adaptando el procedimiento a cada persona en función de sus necesidades y circunstancias.

La influencia de esta propuesta ha sido considerable a la vista del amplio colectivo afectado y su difusión científica. Un ejemplo viene dado por el convenio suscrito por la entidad destinada a prestar el servicio de restauración y atención a bordo de los trenes de la propia RENFE, el cual incluye un epígrafe titulado «Plan de Prevención en Materia de Drogodependencia y Alcoholismo»[1013].

1013 Anexo I CC Ferrovial, SA, y los trabajadores adscritos al servicio de restauración y atención a bordo de trenes (BOE 26/01/2018).

De atender a su contenido, el compromiso inicial define políticas y objetivos con extensión a todos los ámbitos de la empresa, contando con la participación y cooperación de todas las partes mediante acciones de tipo preventivo, asistencial y de rehabilitación, siempre ordenadas a prevenir conductas de consumo, fomentar la responsabilidad y colaboración de todo el colectivo en el cumplimiento de esta política, así como proporcionar información, asesoramiento y tratamiento a los afectados a fin de lograr el reingreso con normalidad al medio y, también, dirigidas a mejorar la productividad y calidad en el trabajo.

Su financiación procede de un fondo de ayudas sociales constituido al efecto y, si la envergadura del problema lo requiere, recurre a los servicios comunitarios o a planes de drogas a distinto nivel territorial, firmando al efecto los oportunos convenios de colaboración.

El plan distingue las actuaciones en función de si afectan al personal a bordo de trenes o al resto del personal, definiendo las medidas que integran el «Programa de Prevención» (informativas, formativas, participativas y de otro tipo), su propósito, soporte básico y fases, así como la finalidad del «Programa de Atención y Reinserción Social», tanto a través de medios propios como de medios comunitarios.

Respecto de quienes trabajan a bordo de trenes, el proceso dependerá de si ha tenido lugar la solicitud voluntaria antes de haber sido detectado el problema mediante alguna analítica o no.

En el primer supuesto, «los pasos a seguir serán: [a] Evaluación por parte del personal técnico en Psicología Laboral, con el fin de proporcionar el asesoramiento y orientación necesarios en cada caso, y la derivación hacia un tratamiento externo, cuando fuera necesario. [b] Retirada provisional del puesto de trabajo mediante una propuesta de no aptitud temporal, presentada a la comisión que para estos efectos se cree (empresa-sindicatos-médicos). [c] Inicio del tratamiento gestionando a través de la Dirección de Recursos Humanos, el período de I.L.T [hoy incapacidad temporal] del trabajador. [d] Seguimiento del proceso de tratamiento, en el cual hay que determinar, en el momento de la reincorporación al trabajo, la conveniencia o no de continuar en su puesto habitual. En los casos en que esto no sea posible, se hará una propuesta de acoplamiento en otro puesto, presentada a la comisión (empresa-sindicatos-médicos). [e] En el caso de que se produzca el fracaso o la interrupción del tratamiento, se mantendrá la situación de no aptitud temporal; y se mantendrá abierta la oferta de un nuevo tratamiento, determinando el número de los mismos. Los fracasos sucesivos en el tratamiento, en el número que se determine, puede ser causa de no aptitud definitiva para el puesto de trabajo».

En cambio, si la solicitud voluntaria tiene lugar tras la detección del problema a través de un reconocimiento médico, contempla los siguientes pasos: «[a] Comunicación inmediata y directa de los casos en que haya resultados positivos a drogas y/o alcohol al responsable del tema, que será el encargado de hacer una primera evaluación de la situación y que determinará los siguientes pasos a seguir. [b] Retirar al agente de su puesto de forma temporal, realizando un seguimiento y un control del caso que permita determinar si puede volver a su puesto o es necesario realizar una oferta de tratamiento. Si este acepta, se seguirá el mismo proceso señalado en el punto anterior. [c] Si el agente no aceptara, se le retirará de su puesto mediante una propuesta de no aptitud temporal presentada a la comisión, manteniéndose en pie la oferta de tratamiento, y en caso de persistir la negativa, podría derivar en una situación de no aptitud definitiva. La detección de esta última situación impondría, debido a la ausencia de voluntariedad, la apertura del correspondiente expediente disciplinario, en el caso de que las conductas laborales de esta situación supongan motivo de sanción».

El resto de este programa queda completado con los siguientes extremos: 1) «En todos los casos, las comunicaciones que se hagan a las dependencias sobre la situación de los agentes, irán en términos de aptitud, sin hacer referencia directa a drogodependencia o alcoholismo y expresándolo como causa de salud». 2) «El resto del personal puede acceder al programa, con la novedad de que el agente no será apartado del puesto de trabajo salvo situación de incapacidad temporal aconsejada por el tratamiento». 3) «En todo el proceso obrará el necesario consentimiento informado y se garantizará que la tramitación de los resultados positivos se hará con la discreción que corresponde a una materia reservada. Únicamente cuando el trabajador no responda al tratamiento por falta de motivación o voluntad cabrá abandonar el carácter preventivo para aplicar las sanciones que correspondan».

D.- TMB (Transportes Metropolitanos de Barcelona): Transportes de Barcelona, SA (TB) y Ferrocarril Metropolitano de Barcelona, SA (FMB)

Las organizaciones Transportes de Barcelona, SA (TB) y Ferrocarril Metropolitano de Barcelona, SA (FMB) implantaron entre sus plantillas una estricta normativa interna fundada en los principios de asistencia especializada, no penalización, anonimato y confidencialidad, denominada «Procedimiento de soporte al personal con problemas de salud por trastornos adictivos y/o mentales muy graves».

Este procedimiento, negociado con los delegados de prevención, consensuado con el comité de seguridad y salud y supervisado por una comisión paritaria de seguimiento, presenta un contenido dividido en cinco puntos fundamentales:

1. Detección: bien a través de exámenes de salud (detectada o conocida por el médico con aceptación de tratamiento), autorreferencial (a partir de una solicitud de ayuda a la unidad de salud o trabajadora social), a petición de terceros (información facilitada por compañeros o

superiores, familiares directos o denuncia formal) o por otras fuentes conocidas (como encuestas de salud o indicadores de siniestralidad, absentismo, conflictos, etc.).

2. Inclusión en el Programa de Soporte: facilitando un reconocimiento previo e información y asesoramiento sobre los derechos y beneficios derivados de la integración en el Programa. Según el dictamen de evaluación sanitaria emitido por el servicio de prevención (previa consulta del médico de atención primaria), el resultado puede ser de apto, apto condicionado (con recomendación de no desarrollar tareas que impliquen riesgo para el trabajador o terceros y/o medidas de adaptación del puesto de trabajo) y no apto (para lo cual el facultativo de atención primaria habrá de notificar su incapacidad temporal).
3. Tratamiento: bajo el compromiso de facilitar al máximo la comunicación entre el responsable de Medicina del Trabajo, el trabajador social y el centro donde haya sido derivado el afectado.
4. Seguimiento personalizado por el médico del trabajo y el trabajador social durante 6-12 meses, según los casos.
5. Reincorporación. A tal efecto existen cuatro distintas posibilidades: cambio temporal de trabajo para facilitar el retorno al puesto inicial en un periodo razonable de tiempo, revisando el tratamiento, coordinándolo con el médico de atención primaria y, si fuera menester, cursando las bajas necesarias por incapacidad temporal; instancia ante el INSS (a partir del expediente clínico laboral elaborado conjuntamente con el Sistema Público de Salud), con consentimiento del trabajador, de propuesta de incapacidad permanente cuando la evolución no sea la esperada y no queda apreciar de recuperación médica y social; retorno al puesto de trabajo anterior en las mismas condiciones tras alta por curación o mejoría; por último, descripción, en informe confidencial del médico de trabajo, de puestos de trabajos incompatibles, necesidad de cambios temporales de puesto de trabajo o recomendaciones para la necesaria adaptación.

El procedimiento contempla medidas de tres tipos:

1. Organizativas. Con 8 tipos de decisiones: a) definición de límites de consumo permitidos para alcohol (en aire aspirado y sangre) y lista de sustancias prohibidas, incluyendo enunciado de drogas y de medicinas a evitar; b) información básica y accesible para todos los trabajadores (posters y trípticos, programas de FMB, información de programas y campañas en internet y acciones a cargo de los responsables del departamento); c) formación del programa de prevención de accidentes de trabajo relacionados con el consumo de alcohol, drogas y medicinas, antes y/o durante la jornada de trabajo, destinada a todos los trabajadores; d) facilidades para acceder al Programa de Soporte

y atender las consultas y solicitudes de asesoramiento médico y social formuladas por cualquier interesado; e) información y formación al personal sanitario; f) identificación de trabajadores especialmente sensibles; por último, g) coordinación con empresas contratadas.

2. Ambientales. Eliminación de bebidas alcohólicas dentro de la empresa y prohibición de consumo de bebidas alcohólicas o drogas dentro de la red y las instalaciones de la empresa.

3. De control y vigilancia de la salud. Realización de controles obligatorios de alcohol en aire exhalado y drogas en saliva por parte del servicio de prevención (mediante personal sanitario propio, auxiliares de prevención y personal sanitario de la entidad contratada). A través de un protocolo de carácter obligatorio que ordena todas sus fases (recogida de la muestra, manipulación, envasado, conservación, identificación, precintado y transporte al laboratorio), admite cinco tipos de control: planificados (con 48 horas de antelación), aleatorios, por sospecha de intoxicación aguda, en caso de accidente laboral (si vinculado a circulación viaria, seguridad general de clientes, uso de máquinas y equipos móviles para la manipulación de cargas, riesgo eléctrico, caídas a distinto nivel o funciones de responsabilidad directa sobre la seguridad y salud de personal a su cargo) y de seguimiento de casos.

CONCLUSIONES

PRIMERA: Resulta lugar común considerar que el consumo de alcohol, drogas y otras sustancias psicoactivas (sean o no legales) constituye un riesgo laboral. Lejos de tal, una aproximación cuidada al fenómeno habrá de llevar a calificarlo como un riesgo o problema social con transcendencia en el trabajo.

Dos datos llevan a tal conclusión: de un lado, el patrón de consumo ya está consolidado entre los jóvenes antes de su incorporación al empleo, siendo apenas apreciable su incremento en la etapa laboral; de otro, los propios afectados reconocen que son otros los factores principales de su adicción (placer, influencia social, problemas de relación o aburrimiento) y apenas si influyen —salvo de manera puntual o en menor medida— las condiciones de trabajo o los problemas laborales.

En este sentido habrán de ser revisados muchos de los estudios que centran su atención en el análisis exclusivo de esta concreta causa para explicar el consumo de sustancias, pues si bien tienen la virtud de destacar un componente capaz de incidir en el resultado, no pueden ni deben ocultar el origen multifactorial del fenómeno, en el cual confluyen, al tiempo, razones individuales (biológico-genéticas, género, edad, nacionalidad o rasgos de personalidad), familiares (consumo habitual en el hogar desde la niñez, problemas o conflictos, distanciamiento físico o emocional, desgracias familiares, etc.), sociales (vía para socializar, incitación del grupo de amigos, imitación de ejemplos populares o, dentro de las muchas variables conjugadas, desarraigo y falta de apoyo social) y, por supuesto, laborales.

Entre estas últimas han sido destacadas como causa del consumo —o de un mayor consumo— los elementos físicos (frío, calor, ruido, vibraciones, polvo, peligros químicos o biológicos, penosidad en la labor a realizar, etc.), los de relación (mal ambiente en el trabajo, conflictos derivados de una mala estructura y dirección de la empresa —incluidas la ambigüedad de rol o la ignorancia sobre el papel a asumir— y, entre otros más, la violencia interna o externa) o unas condiciones de trabajo no deseadas, vinculadas a la precariedad, a jornadas excesivas o irregulares, a una carga física o mental excesiva o un largo etcétera de desajustes entre lo esperado y lo recibido a partir de los cuales obra una equivalencia o relación casi automática entre problemas de cualquier tipo y recurso a las sustancias.

En verdad todos esos componentes habrán de ser analizados con tiento, pero difícilmente podrán ser considerados como origen y causa de un riesgo laboral, pues no «derivan» del trabajo salvo en casos excepcionales, como aquellos que conllevan fabricación, envasado, distribución, manejo y venta de alcohol; producción, empleo y distribución de medicamentos; en fin, y por solo acudir a los ejemplos más comunes, fácil o necesario contacto con las sustancias en un ambiente laboral dado, como comerciales, representantes, artistas u otros colectivos de todos conocidos. En el resto difícilmente «provendrán» del trabajo, sino que «se introducirán» en el trabajo; por tanto, y a lo sumo, las circunstancias productivas habrán de ser sopesadas como condición concurrente en la cual obraría un elemento volitivo último del empleado capaz de enervar una relación directa causa-efecto.

Examinado el requisito primero que demanda el art. 4. 2 LPRL para apreciar un riesgo laboral, aún restaría por analizar su segundo inciso, poniendo en relación el consumo con la situación de peligro grave para el trabajador, los compañeros o terceros, lo cual hará que determinados factores externos también deban ser considerados un riesgo laboral. Desde tal atalaya cabrá ponderar cómo, con carácter general, en el desarrollo reglamentario del art. 16. 2 LPRL no aparecen las adicciones como un índice a ponderar de manera necesaria, salvo para algunos colectivos específicos (vigilantes que portan armas, conductores de trenes, pilotos de aviones, helicópteros o barcos, etc.), y solo a partir de la necesaria revisión (por así exigirlo la negociación colectiva o algún incidente previo), se convierten en un dato preciso y explícito a considerar. En la práctica, aproximadamente, en un 5 % de los supuestos.

La perspectiva, obviamente, podrá y deberá variar de poner en conexión esta cuestión con la salud mental de los trabajadores, como una secuela o consecuencia de los emergentes riesgos psicosociales (estrés, fatiga, depresión síndrome de burnout, acoso, etc.), a cuyo través está llamada en un futuro próximo a ser sopesada en la dimensión que no ha merecido como riesgo autónomo.

SEGUNDA: De unir a la mencionada consideración desde el punto de vista preventivo las graves consecuencias para las empresas, bajo la forma de aumento del absentismo (o un presentismo con rendimiento alejado de lo óptimo), disminución apreciable en la productividad, incremento de la accidentabilidad o siniestralidad con las consecuencias de responsabilidad anejas o, en fin, la generalización de conductas antisociales y la pérdida de imagen, obra un factor poderoso para que todas hubieran de estar interesadas en intervenir.

En atención a cuanto manifiestan los trabajadores, su preocupación por el problema (considerándolo como uno de los grandes temas pendientes) y las quejas por el abordaje testimonial (en lo fundamental acciones informativas y, cuando más, iniciativas de formación poco consistentes, casi siempre centradas en el tabaco y el alcohol), que cuando se afronta suele ser zanjado con medidas disciplinarias, a menudo a través del despido de los afectados, sencillo resulta colegir, también, el interés de los empleados.

Desde el punto de vista económico general (costes en sanidad, bajas por incapacidad temporal, pensiones de incapacidad permanente, etc.), al tiempo que privado (pues la reacción a través del despido supone haber interiorizado con carácter general muchos costes tangibles e intangibles) y personal (deterioro psicofísico y de la capacidad productiva) existen, igualmente, poderosas razones para intentar vencer la inercia actual.

No parece que la vía de la Responsabilidad Social Corporativa (ni incluso la de origen negocial) sea la panacea, ni siquiera una respuesta adecuada para enfocar el problema, aun cuando suponga un valioso primer paso. Preciso será postular una actuación pública más incisiva (políticas más comprometidas) para que una grave cuestión social —y laboral— encuentre a través de la norma o —preferiblemente— la negociación colectiva cauce de solución adecuado, no en vano el hogar, la escuela y el centro de trabajo constituyen lugares especialmente apropiados para actuar frente a una «población diana» con problemas tan serios.

TERCERA: Un acercamiento cuidado al panorama internacional sirve para poner de relieve el voluntarismo de la OIT, lastrado por la inviabilidad de poder ir más allá de la recomendación y la orientación técnica; al tiempo, y dejando al margen supuestos excepcionales, la postergación en la Unión Europea del ámbito laboral a la hora de abordar el problema de las drogas, así como la interesada —y vergonzante— ausencia de una política actual frente al alcohol.

Impresión general sostenida, en el caso de la OIT, por cuanto —y dejando al margen lo que cupiera seguir de la aplicación general de los Convenios núms. 155 y 187— sus referencias al problema se quedan en unas Recomendaciones del año 1995 sobre tratamiento de cuestiones relacionadas con el alcohol y las drogas en el trabajo, así como en unos Principios rectores para pruebas destinadas a detectar el consumo de alcohol en el trabajo elaborados allá por 1993. Cuanto en su momento fueron pautas realmente pioneras, guías que impulsaron y sostuvieron la necesaria evolución, languidecen hoy superadas por el tiempo y las circunstancias (en particular el desfase técnico y hasta jurídico), asentándose la labor del Organismo internacional sobre la confianza depositada en las políticas de Responsabilidad Social Corporativa y la indudable autoridad de las publicaciones que sobre la materia sigue elaborando.

Por su parte, la Estrategia de la Unión Europea en materia de lucha contra la droga 2013-2020 (y su Plan de Acción 2017-2020) apenas si deja al ámbito laboral un espacio destinado a la información y la formación como vías más adecuadas para una prevención medioambiental selectiva e indicada. Quien acuda a una lectura sosegada de sus textos, y utilice el filtro del lugar de trabajo como instrumento para el análisis, podrá descubrir un panorama «claudicante»; otros asuntos cobran mayor trascendencia (tráfico de drogas, avances científicos para el tratamiento de los afectados, etc.), y sobre ellos se vuelca el afán coordinador, mientras que la prevención al calor del tiempo de actividad productiva o la reinserción socio-laboral de los afectados parecen asuntos destinados a las iniciativas que los diferentes Estados estén en disposición de adoptar.

Idéntica es la conclusión que cabe obtener respecto a la política a seguir sobre el alcohol. La existencia de una Estrategia y Plan de Acción separados de las iniciativas respecto a la droga es síntoma inequívoco de un diverso tratamiento; la falta de renovación de la primera, y la lógica ausencia de cualquier medida de planificación, constituyen la más clara evidencia de que, entre los importantes intereses económicos en presencia (muchas son las Regiones para las cuales el alcohol es principal fuente de ingresos) y la salud ciudadana, aquellos han ganado la batalla. Quedan, eso sí, algunas muestras de cuanto pudo haber sido, como el Plan 2012-2020 para reducir el uso nocivo del alcohol —el cual, curiosamente, deposita una gran confianza en los test de cribaje en el trabajo— o, en el seno de la «Hoja de Ruta 2020», la tarea encomendada al Observatorio Europeo de las Drogas y las Toxicomanías con su Estrategia 2025.

CUARTA: Con las miras siempre puestas en las bases normativas provenientes de la Unión Europea, que conforman un umbral de mínimos en materia preventiva y de protección de datos relativos a la salud [completadas por la Recomendación núm. R (97) 5 del Comité de Ministerios del Consejo de Europa o la influyente doctrina del TEDH al amparo de la Carta Europea de Derechos Humanos de 2000 y el art. 8 de Convenio Europeo de Derechos Humanos 1950] y abocan a un panorama muy heterogéneo en los distintos Estados, las iniciativas españolas en la materia obligan a considerar una doble fuente material: de un lado, la normativa estatal de carácter laboral, preventiva, de Seguridad Social, sanitaria y de protección de datos, así como las líneas públicas de actuación frente a las adicciones; de otro, la legislación autonómica sobre drogas y los diferentes planes territoriales destinados a hacer frente a tal lacra.

El enfoque de normativa estatal, desde el plano social, adolece de norte firme, coexistiendo la obligada prevención del riesgo con la facultad del despido, la preocupación por un entorno y unos trabajadores saludables con vías para la marginación *de facto* de quienes tienen o han tenido problemas de adicción, la garantía del respeto a la intimidad con previsiones en sentido opuesto que valoran ante todo la seguridad de los compañeros y de terceros o, en fin, la protección social dispensada a estos enfermos, pero casi siempre sin valorar los efectos incapacitantes *per se* de esta patología, sino sus secuelas físicas o psíquicas.

De atender al balance recogido en el Informe final destinado a evaluar la Estrategia Nacional sobre Drogas 2009-2016 y su segundo Plan de Acción (2013-2016), varios datos sirven para mostrar cómo, al lado de significativos logros (en particular la disminución de accidentes con presencia de alcohol y drogas), el entorno de trabajo muestra llamativas carencias, reconociendo que son manifiestamente mejorables prácticamente todos los aspectos ponderados: coordinación y cooperación en el sector del empleo, cobertura de los programas preventivos, desarrollo de habilidades y capacidades personales, ausencia de iniciativas para la detección e intervención precoz o, por no seguir, un bajísimo índice de reincorporación laboral que coadyuve a la inserción social, en especial cuando de mujeres se trata.

Lejos de una reacción acorde con las lagunas detectadas, la nueva Estrategia Nacional sobre Adicciones 2017-2024 (en realidad publicada en 2018), a la par que una plausible extensión a otro tipo de conductas adictivas (en lo fundamental el juego y el uso patológico de internet, medios digitales, videojuegos y redes sociales), la preocupación por un adecuado enfoque de género o la atención específica al grupo de edad más elevado con largos años de consumo, no contiene más que esporádicas menciones y poco incisivas actuaciones en el ámbito laboral (excepto en cuanto hace a la reincorporación como elemento fundamental para la reinserción social). La mejor prueba de lo afirmado viene dada por el acertado realce otorgado a los Servicios de Atención Primaria como cauce óptimo de intervención; a su lado, empero, y desconociendo los beneficios que una adecuada coordinación podría proporcionar, se ignora el potencial derivado de la colaboración con las Mutuas (quizá por desconfianza hacia su actual función, casi en exclusiva vinculada al afán de hacer disminuir el absentismo, con un planteamiento que podría ser otro muy distinto de variar las estrategias empresariales), en particular a través de los reconocimientos médicos y la gestión de la incapacidad temporal.

La perspectiva no varía de sopesar la normativa y planes de actuación diseñados por las comunidades autónomas; eso sí, permite comprobar diversos niveles de preocupación, que en el plano normativo son patentes en función de la fecha de elaboración —o de última reforma— de la ley, por cuanto solo las últimas ofrecen un enfoque biopsicosocial y se detienen en alternativas tales como la potenciación de reserva de puesto de trabajo en favor de los empleados sometidos a tratamiento. Mayores aún son las diferencias detectadas en los distintos planes: muchos de ellos no han sido renovados siquiera; en otros, al sincero reconocimiento de ausencia de iniciativas, no subsiguen más que propósitos genéricos de enmienda; en fin, la inmensa mayoría consideran la empresa como un lugar óptimo para intervenir y apuestan por la información y formación como fórmulas preventivas, así como la necesaria colaboración empresarial en los procesos de reinserción. Lamentablemente la autoevaluación contenida en el PAD 2017 no deja lugar a dudas: aún queda mucho camino por recorrer, en particular en cuantas comunidades autónomas apenas si han comenzado a andar o han retrocedido de manera apreciable durante la crisis de los últimos años.

QUINTA: Pese a las encarecidas recomendaciones contenidas en la práctica totalidad de los instrumentos internacionales, el peso y razón de los argumentos preventivos o el planteamiento unánime de la normativa y planes autonómicos, el Estatuto de los Trabajadores conserva una ambigua posición bajo la cual, junto a postulados genéricos en favor de la preservación de la salud y el empleo, se mantiene una causa específica de despido disciplinario vinculada a la embriaguez habitual y toxicomanía siempre que repercuta negativamente en el trabajo.

Este planteamiento disciplinario, de tanto arraigo y tradición como hoy en día sin sentido (pese a la confirmación de su implantación a través de la inmensa mayoría de los convenios colectivos), acaba suscitando muchos más problemas que soluciones aporta. Dos razones fundamentales obran en su contra: por una parte, de su consideración antaño como «un vicio digno de castigo», muchos Tribunales han evolucionado y pasan a destacar la eventual enfermedad del sancionado; por otra, la conjunción de los requisitos de habitualidad y repercusión negativa teje una urdimbre de incertidumbre tal sobre el resultado final de su decisión, que al empresario podría dejar de resultarle una alternativa de interés.

Por cuanto al primero de los motivos hace, la teoría gradualista lleva a fijar la atención en los factores objetivos y subjetivos en presencia a la hora de aplicar el tipo. Operación bajo la cual, y de la mano del principio de proporcionalidad, los unos llevarán a ponderar la gravedad en atención a datos tales como advertencias previas, trayectoria profesional, habitualidad o bien jurídico protegido; los otros a sopesar en último extremo el grado de culpabilidad. Esta se convertirá, a la postre, en el fiel de la balanza, con un resultante incierto en la valoración del juzgador: mientras en unos casos —la mayoría, ciertamente— se sigue primando la libertad inicial de ingerir drogas como elemento de convicción para poder imputar plenamente tan grave conducta, en otros se destaca la alteración en las facultades volitivas del consumidor habitual para apreciar una atenuante, e incluso una eximente, y rebajar el grado de la infracción, declarando la improcedencia —excepcionalmente la nulidad— de la decisión disciplinaria adoptada por el empresario.

Espacio de incertidumbre a cuya eliminación no coadyuvan con carácter general los convenios colectivos, en su mayor parte apegados a la letra de la ley (y no de manera esporádica a versiones anteriores de la misma). Pocos son cuantos entran en mayores matices de frecuencia, exigencia de advertencia o sanción previa, distinción según las funciones del trabajador o alternativas de tratamiento como oportunidad previa al despido; antes al contrario, un nutrido grupo cuanto hacen es prescindir de los elementos típicos en la ley, dados por la habitualidad o la repercusión negativa, configurando de este modo una conducta a la que el rigor jurídico no habría de emparentar con el tipo descrito en la letra f) del art. 54.2, sino con el cajón de sastre dado por la letra d) del precepto.

La prueba de la situación de embriaguez o afectación por las drogas se convierte en un primer obstáculo que, a falta de elementos objetivos a partir de los cuales mostrarlas de manera fehaciente (pruebas de detección de alcohol y drogas vedadas con carácter general sin el consentimiento informado del interesado), ha de ser acreditada a través de otros elementos de convicción que no dejan de ser muchas veces simples indicios o pareceres subjetivos; fracasando, por tanto, en el primer requisito a ponderar.

Igual ocurre con la necesidad de demostrar la habitualidad, en particular cuando el convenio no ha tenido la precaución de fijar los elementos que permitan separar el comportamiento ocasional o esporádico de los episodios reiterados, exigiendo sanción o amonestación o advertencia previa. Mayores problemas aún suscita la decisión de prescindir de tal elemento del tipo, solo de recibo cuando por la intrínseca gravedad derivada de realizar una actividad bajo tal estado (vigilantes de seguridad, personal de mantenimiento de máquinas, cocineros o, entre más y, sobre todo, conductores) aflore un espacio sancionador específico y merecedor de la máxima sanción disciplinaria. Con todo, tal habilitación permite apreciar una clara evolución —arriba significada— en el criterio de los Tribunales: no se estaría ya sancionando la embriaguez habitual y la toxicomanía por sí mismas, sino la transgresión de la buena fe que supone realizar la actividad bajo tales condicionantes.

En fin, el requisito de la repercusión negativa en el trabajo sirve para mostrar el carácter anacrónico de esta causa de despido, pues aboca a la necesidad de una doble prueba: en primer lugar, del estado del trabajador y —en su caso— comprobada reiteración en la conducta; además y, en segundo término, los perjuicios ocasionados al empresario. Arduo empeño que se facilitaría con tan solo centrar la atención en estos últimos, sencillos de reconducir a cualesquiera de las otras causas de despido, pues por lo común tomarán forma de ausencias o faltas de puntualidad no justificadas, desobediencia a las órdenes empresariales, disminución del rendimiento o ejecución defectuosa de lo encomendado, «mal beber» que lleva a comportamientos intolerables con el empresario, los compañeros o los clientes y en particular, las múltiples manifestaciones (pérdida de clientes, deterioro de la imagen de la entidad, perjuicios materiales, desatención en el servicio, origen de siniestros, etc.) que cabe englobar en la vulneración de la *bona fides* debida.

Sin perjuicio de explorar la viabilidad de encontrar un cauce apropiado en la ineptitud sobrevenida como causa de despido objetivo, parece de todo punto aconsejable prescindir de esta causa de sanción disciplinaria: no solo plantea gravísimos problemas en su operatividad; su presencia es, a la par, un factor que compromete gravemente la evolución de otra línea de actuación destinada a potenciar lo preventivo frente al impulso primario de acudir a lo punitivo.

SEXTA: La Seguridad Social está llamada a desempeñar un papel fundamental en la operación de transformación significada, aun cuando para ello resultan claves dos factores. En primer lugar, una pronta detección por los servicios de Atención Primaria (demandando una política común y coordinada a este respecto, aun cuando la competencia en materia sanitaria quede atribuida a las comunidades autónomas), para así prestar asistencia antes de que la enfermedad arraigue, para lo cual sería extremadamente útil —se insiste— una cooperación fluida con las Mutuas o empresas colaboradoras en la gestión de la incapacidad temporal. En segundo término, y en relación precisamente con esta prestación, la inseguridad laboral que sienten los afectados acaban por convertirla en un recurso de última hora (por cuanto hace a su invocación como causa, no así a su utilización al amparo de otros motivos que de ella derivan), en los estadios más avanzados y con evidentes repercusiones físicas y/o psíquicas; motivo por el cual un cambio en la perspectiva empresarial, ordenado a recuperar al trabajador, indudablemente repercutiría en un superior compromiso —y generosidad— de los gestores con las iniciativas centradas en el tratamiento de los afectados mientras estos precisen aquel proceso terapéutico incompatible con la prestación laboral.

Además de esta labor «preventiva» (en tanto destinada, al menos, a evitar males mayores), otros aspectos lastran el modelo inicial de protección social dispensado. De manera destacada, la disímil protección dispensada a las contingencias profesionales y a las comunes (muy alejada de aquel veterano afán por alcanzar una consideración conjunta de las contingencias) convierte en meta para quien ha sufrido un accidente obtener la vinculación la prestación laboral; ampliación a la cual contribuye de una manera apreciable una doctrina jurisdiccional elástica en grado sumo, que en los accidentes durante el trabajo, *in itinere* o en misión acaecidos con presencia de alcohol en el trabajador alcanzan señera expresión. De poco servirá, en la mayor parte de las ocasiones, argumentar la imprudencia temeraria de quien se acredita ha consumido importantes cantidades de alcohol y droga; lejos de apreciar tal —incluso cuando media infracción de normas de tráfico y se pone en peligro no solo la vida del interesado o de sus compañeros, sino también de terceros—, se considera mera imprudencia profesional para no enervar su calificación como accidente de trabajo.

Perspectiva o sensibilidad que, bajo una piadosa interpretación *pro beneficiario*, deriva en una cascada de responsabilidades para el empleador —a quien, por otra parte, no se permiten test de cribaje para impedir la prestación, debiendo confiar en su intuición, la colaboración dentro de la organización o la suerte para poder evitar la conducta de riesgo—, la cual afecta solo a la prestación, sino al recargo aplicado sobre la misma y a las eventuales —y frecuentes— mejoras voluntarias o a la responsabilidad civil derivada, cuyos contratos de seguro, por otra parte, con relativa frecuencia presentan cláusulas limitativas excluyendo los siniestros acaecidos bajo tales circunstancias.

En no menor medida influye la valoración de la incapacidad del alcohólico o toxicómano, declarada no sobre la base del grado de dependencia, sino de la limitación funcional que presenta para el trabajo habitual o para todo trabajo (esta última, o la gran invalidez, para supuestos realmente extraordinarios muy vinculados a ciertas profesiones que exigen gran esfuerzo físico o en las cuales existe el riesgo cierto de una exposición a la ingesta de tóxicos hepáticos), sopesando, en todo caso, no solo la repercusión física, sino el habitual deterioro psíquico, a veces gravísimo. El carácter reversible con un tratamiento, aun cuando sea de larga duración u obren puntuales recaídas, se alza así —salvo situaciones de deterioro palmario— como causa para la denegación (y subsiguiente goteo de bajas por incapacidad temporal), sin valorar la alternativa dada por el reconocimiento cuando se prevea tal posibilidad de regreso a la aptitud como algo incierto o a largo plazo, contemplando cuantas revisiones se estimen necesarias a fin de evitar situaciones de sobreprotección.

SÉPTIMA: A la hora de hacer balance sobre la evolución en el tratamiento de las adicciones por la negociación colectiva, un examen atento de los más de dos mil convenios analizados a lo largo de estos últimos cuatro años permite aludir a un progreso lento, pero netamente positivo, en la medida en la cual la perspectiva no sancionadora se va abriendo camino de manera significativa e imparable.

Las vías de compromiso al respecto varían de manera ostensible, pudiendo encontrar, junto a aproximaciones más o menos tradicionales otras perspectivas en tránsito hacia un tratamiento más sistemático, que se percibe de manera nítida en cuantos convenios contienen una planificación integral sobre el abordaje del problema del alcohol y las drogas en la empresa.

El primero de los modelos, con décadas de presencia ya en la negociación colectiva, sigue concibiendo el alcoholismo, o la drogadicción en general, como un «problema» del trabajador, con quien la empresa se solidariza, intentando ayudarlo a través de medidas puntuales portadoras de una especial sensibilidad con su situación, manifestada a través de diversas medidas ordenadas a facilitar su recuperación. Adaptación de jornadas, concesión de licencias y permisos —idealmente retribuidos—, suspensiones del contrato pactadas o concesión de excedencias ordinarias o diseñadas al calor de cuanto dispone el art. 46.6 ET, constituyen lugares comunes en ese afán de facilitar el acceso a una terapia recuperadora que devuelva al trabajador a una situación saludable.

El segundo encuentra desarrollo a partir de la vigilancia de la salud y el diseño de pruebas de cribado de alcohol y drogas a tal fin. Entre sus muestras cabrá observar, desde aquellas situadas en un extremo en el cual predomina el afán de obtener a través de este cauce una prueba «científica» sobre el incumplimiento del trabajador (lo cual remite a las fórmulas de afrontamiento más primitivas vinculadas a una reacción disciplinaria final), hasta las estrictamente preventivas situadas en el otro margen, en las cuales obra la renuncia expresa a cualquier propósito sancionador así como la manifestación específica de la intención de servir tan solo al interés en el tratamiento y rehabilitación del trabajador. En íntima relación con este carácter más o menos avanzado de los reconocimientos previstos estará, casi siempre, el respeto a la lectura que el Tribunal Constitucional efectúa del art. 22 LPRL, pues son precisamente los más interesados en la salud del trabajador los preocupados por recibir y diseñar protocolos concretos en defensa de los derechos fundamentales de quien va a ser sometido al test de despistaje. De este modo, la selección de la muestra y la prueba concreta a efectuar, las personas encargadas de llevarla a cabo, el procedimiento en su toma, traslado y conservación, la exigencia de laboratorios adecuados para eventuales pruebas de contraste, la comunicación de resultados o la indicación de las medidas concretas a adoptar son, entre otras más, referencias habituales en los diseños de cuantos convenios pretenda ofrecer garantías adecuadas al trabajador considerado como paciente.

Por último, cabrá dar cuenta de aquellos diseños en los cuales los distintos tipos de test no dejan de formar parte de un programa de actuación más amplio e integral, comprensivo no solo de la prevención, sino también de la asistencia y rehabilitación, en cuyo seno las pruebas de control no dejan de constituir un simple instrumento al servicio de un propósito final más elevado.

OCTAVA: De centrar la atención en los programas localizados cuyo perfil último responde al tratamiento integral de las adicciones (en plural, pues al lado de las aquí analizadas aparecen también menciones cada vez más frecuentes a la ludopatía y a la excesiva dependencia técnica), cabrá separar dos variantes en función de su estructura final: de un lado, los modelos más «clásicos», cuyo punto de partida es netamente preventivo, pero incorporan mejoras negociadas de carácter asistencial y rehabilitador; de otro, e inspirados en los Planes de Asistencia al Empleado de origen norteamericano y vinculados a la Responsabilidad Social Corporativa, cuantos centran más su atención en los estados de necesidad del trabajador afectado, buscando identificar a quienes sufren estos problemas, motivarlos para resolverlos y proporcionarles consejo y tratamiento cuando lo precisen.

Obedientes a una u otra perspectiva, su diseño final se corresponde a un modelo-tipo ideal donde, tras enunciar de manera expresa los principios vertebradores (fundamentalmente los de carácter universal, individualizado, consensuado y participado, integral e integrado, suficiente, coherente y gratuito, voluntario y con garantías suficientes de confidencialidad), obra una declaración formal del nivel de compromiso empresarial adquirido y se traza el itinerario de sus tres fases fundamentales: la preventiva, con acciones de información y sensibilización, formación (a trabajadores y responsables directos de las adicciones) y detección de situaciones de riesgos; la de asistencia, a cargo de los servicios médicos, tanto en supuestos leves como problemáticos, con la previsión —en este último caso— tanto de posibles intervenciones breves como, si fuera imprescindible, la remisión a servicios especializados; por último, una cuidada atención a la reincorporación laboral, con seguimiento en la evolución del afectado y gestión de las eventuales recaídas surgidas durante la fase de retorno.

La evaluación de la virtualidad del plan constituye el último eslabón de la cadena, con el propósito de preservar, y potenciar aún más si cabe, cuanto ha dado los resultados apetecidos, así como rectificar en cuanto admita un margen de mejora hasta poder alcanzar el objetivo final.

* * * * * *

Modificar formas de hacer y pensar firmemente arraigadas requiere paciencia y constancia. Evolucionar desde una perspectiva que sancionaba (y sanciona) el consumo de alcohol y drogas en la empresa, a otra que atienda a posibles problemas de adicción en el trabajador llama a un proceso gradual, donde quizás lo importante no sea tanto avanzar grandes proyectos, sólo excepcionalmente puestos en práctica (si bien dignos de alabanza por ser el modelo a emular), cuanto ir sumando iniciativas de manera tenaz a aquellas poco a poco asentadas en el panorama convencional. Conocidos de todos es: *ut sementem feceris, ita metes.*

BIBLIOGRAFÍA

AA. VV. (**Sagardoy Bengoechea, J. A.**, Dir.): *Debate parlamentario sobre el Estatuto de los Trabajadores*, T. II, Zaragoza (IES), 1981.

AA. VV. (**Earl, M.**, Comp.): *Perspectives on management: a multidisciplinary analysis*, Oxford (Oxford University Press), 1983.

AA. VV. (**Oborne, D. J. y Gruneberg, M. M.**, Eds.): *The physical environment at work*, Hardcover (John Wiley), 1983.

AA. VV. (**Hockey, R.**, Ed.): *Stress and fatigue in human performance*, Chichester (John Wiley), 1983.

AA. VV.: *Libro de Actas del X Congreso Nacional de Medicina, Higiene y Seguridad del Trabajo*, T. II, Madrid (MTSS), 1986.

AA. VV.: *Libro Blanco de las drogodependencias en Euskadi*, Vitoria (Servicio Central de Publicaciones del Gobierno Vasco), 1987.

AA. VV.: *Actas del I Congreso Nacional de Medicina del Trabajo*, T. II, Madrid (Ministerio de Sanidad y Consumo/Instituto Nacional de Salud), 1987.

AA. VV.: *Debate social ante las drogodependencias*, Vitoria (Servicio de Publicaciones del País Vasco), 1992.

AA. VV.: *I Jornada Internacional sobre Drogas en el Medio Laboral*, Madrid (Plan Nacional de Drogas), 1993.

AA. VV. (**Hartley, J. F. y Stephenson, G. H.**, Comps.): *Relaciones laborales (La psicología de la influencia y del control del trabajo)*, Madrid (MTSS), 1994.

AA. VV.: *Estudios del Ministerio Fiscal. Cursos de formación (I-1994)*, Madrid (Centro de Publicaciones del Ministerio de Justicia e Interior), 1995.

AA. VV. (**Iglesias Cabero, M.**, Coord.): *Comentario a la Ley de Prevención de Riesgos Laborales*, Madrid (Civitas), 1997.

AA. VV. (**Buendía, J.**, Ed.): *Estrés laboral y salud*, Madrid (Biblioteca Nueva), 1998.

AA. VV. (**Sempere Navarro, A. V.**, Dir.): *La negociación colectiva en el sector transporte por carretera*, Madrid (MTAS), 1999.

AA. VV. (**Rivero Lamas, J.**, Dir.): *La negociación colectiva en el sector hostelería*, Madrid (MTAS), 1999.

AA. VV. (**Monereo Pérez, J.** L., Dir.): *La negociación colectiva en el sector energético*, Madrid (MTAS), 2000.

AA. VV. (**Sánchez, M.**, Coord.): *La integración social de personas drogodependientes. Propuesta y práctica de un modelo*, Madrid (Cruz Roja Española/AGPND), 2002.

AA. VV. (**Montoya Melgar, A.**, Dir.): *La negociación colectiva en el sector sanitario*, Madrid (MTAS), 2004.

AA. VV. (**Villar Arévalo, L.**; **Cubero González, E.** y **Real Gil, A.**, Coords.): *Manual para la prevención comunitaria de las drogodependencias y adicciones en Andalucía*, Sevilla (Consejería para la Igualdad y el Bienestar Social), 2005.

AA. VV.: *Las mejoras voluntarias en la negociación colectiva*, Parte I, Madrid (Ministerio de Trabajo y Asuntos Sociales), 2006.

AA. VV. (**Navarro Botella, J.**, Dir.): *El consumo de alcohol y otras drogas entre las mujeres. Informe de resultados de las encuestas a mujeres en general y a escolares*, Madrid (Ministerio de Trabajo y Asuntos Sociales), 2007.

AA. VV.: *Guía para empresas interesadas en promover programas de prevención frente a drogodependencias*, Santiago de Compostela (Conselleria de Sanidade), 2008.

AA. VV. (**Boyle, G. J.**; **Matthews, G.** y **Saklofske, D. H.**, Eds.): *Handbook of Personality. Theory and testing*, Nueva York (Sage), 2008.

AA. VV.: *Avances en drogodependencias*, Madrid (Gafos), 2008.

AA. VV. (**Torres Hernández M. A.**, Coord.): *Historia de las adicciones en la España contemporánea*, Madrid (Ministerio de Sanidad y Consumo), 2008.

AA. VV.: *Monografía sobre el alcoholismo*, Barcelona (Socidrogalcohol), 2012.

AA. VV. (**Sánchez Pérez, P.**, Coord.): *El alcohol y la conducción*, Madrid (Ministerio del Interior/Dirección General de Tráfico), 2014.

AA. VV. (**Fernández Domínguez, J. J.** y **Rodríguez Escanciano, S.**, Dirs. y **Álvarez Cuesta, H.**, Coord.): *Tiempos de cambio y salud mental de los trabajadores*, Albacete (Bomarzo), 2017.

AAS, R. W. *et alii*: «The influence of alcohol consumption on sickness presenteeism and impaired daily activities. The WIROS secreening studies», *Plos one*, Vol. 12, núm. 10, 2017 (revista on line).

AGUILERA IZQUIERDO, R.: *Las causas de despido disciplinario y su valoración por la jurisprudencia*, Pamplona (Aranzadi), 1997.

AGUIRRE, J. I. *et alii*: «Drogodependencias en el ámbito laboral», en AA. VV.: *Debate social sobre drogodependencias*, Vitoria (Servicio de Publicaciones del País Vasco), 1992.

AGRA VIFORCOS, B.: «Dificultades de integración en una sociedad multicultural: los riesgos psicosociales entre los trabajadores inmigrantes», en AA. VV. (FERNÁNDEZ DOMÍNGUEZ, J. J. Y RODRÍGUEZ ESCANCIANO, S., Dir. y ÁLVAREZ CUESTA, H., Coord.): *Tiempos de cambio y salud mental de los trabajadores*, Albacete (Bomarzo), 2017.

AGRAWAL, A. *et alii*: «A twin study of personality and illicit drug use and abuse/dependence», *Twin Research and Human Genetics*, Vol. 7, núm. 1, 2004.

ALARCÓN CASTELLANOS, M. y **ROLDÁN MARTÍNEZ, A.**: «Estado de las mejoras voluntarias de la Seguridad Social en la negociación colectiva de ámbito estatal tras las reformas de 2012», en AA. VV.: *Público y privado en el Sistema de Seguridad Social*, Murcia (Laborum), 2013.

ALBERT EMBUENA, V.: «Las pruebas en los procesos de incapacidad permanente; en especial, la prueba pericial», *Información Laboral*, núm. 4, 2014.

ALBIOL MONTESINOS, I.: *El despido disciplinario y otras sanciones en la empresa*, Bilbao (Deusto), 1990.

ALHAMBRA PÉREZ, M. C. P. y **SEGURA ABAD, L. J.**: *El alcohol: cuestiones jurídico médicas*, Granada (Comares), 2001.

ALLAMAN, A.; BECCARIA, F. y **EINSTEIN, S.**: «A commentary of the limits of alcoholic beverage policies», *Alcohol and Alcoholism*, Vol. 52, núm. 6, 2017.

ALONSO GARCÍA, M.: *Curso de Derecho del Trabajo*, 9.ª ed., Madrid (Ariel), 1985.

ALONSO OLEA, M.: *El despido*, Madrid (IEP), 1958.

— *Las prestaciones sanitarias de Seguridad Social*, Madrid (Civitas), 1994.

— y **TORTUERO PLAZA, J. L.**: *Instituciones de Seguridad Social*, 14.ª ed., Madrid (Civitas), 1995.

— «Introducción general al despido y a sus causas», en AA. VV.: *Estudios sobre el despido. Homenaje al Profesor Alfredo Montoya Melgar en sus veinticinco años de Catedrático de Derecho del Trabajo*, Madrid (FDUCM), 1996.

— *Las prestaciones del Sistema Nacional de Salud*, Madrid (Civitas), 1999.

Alonso-Olea García, B.: «Sobre la naturaleza jurídica de las prestaciones sanitarias: ¿sanidad o sanidad y Seguridad Social? Reflexiones tras la publicación del Real Decreto-Ley 16/2012, de 20 de abril, de medidas urgentes para garantizar la sostenibilidad del Sistema Nacional de Salud y mejorar la celeridad y seguridad de sus prestaciones», *Nueva Revista Española de Derecho del Trabajo*, núm. 161, 2014.

Alonso Ramos, E.: «Límites de la "cultura de empresa"», *Revista del Ministerio de Trabajo e Inmigración*, núm. 76, 2008.

Álvarez Cuesta, H.: *La precariedad laboral: análisis y propuestas de solución*, Albacete (Bomarzo), 2008.

Alzaga Ruiz, I.: «La disminución voluntaria y continuada en el rendimiento de trabajo normal o pactado», en AA. VV. (Gil y Gil, J. L. y del Valle Villar, J. M., Coords.): *El despido disciplinario. Homenaje al Profesor Juan Antonio Sagardoy Bengoechea*, Madrid (Cinca), 2009.

Ames, G. M. y **Janes, C.**: «A cultural approach to conceptualizing alcohol and the workplace», *Alcohol Health and Research World*, Vol. 16, núm. 2, 1992.

Anderson, P. y **Baumberg, B.**: *Alcohol in Europe. A public health perspective (A report for the European Commission)*, Londres (Institute of Alcohol Studies), 2010,

Aparicio Tovar, J.: *La Seguridad Social y la protección a la salud*, Madrid, (Civitas), 1989.

APTA: «Incidencia del consumo de drogas en la población laboral española y problemática derivada», en AA. VV.: *I Jornada Internacional sobre Drogas en el Medio Laboral*, Madrid (Plan Regional de Drogas), 1993.

Arana, X. y **Germán, I.**: «Consumo de drogas: repercusiones socio-jurídicas en el ámbito laboral», s/f, en https://www.ehu.eus/documents/1736829/2118745/pdf.

Arenas Viruez, M.: «La repercusión de la culpa de un accidente de trabajo en la determinación de la responsabilidad penal y civil del empresario», *Aranzadi Social*, T. III, 2011.

Arévalo, J. M.; Masip, G. P. y **Abecia, L. C**: «Consumo de alcohol en una muestra de estudiantes universitarios», *Revista Española de Drogodependencias*, Vol. 22, 1997.

Arias Domínguez, A.: «Accidente de trabajador agrario en el lugar de trabajo con presencia de alcohol en sangre: ¿es de trabajo?», *Aranzadi Social*, T. V, 2012.

Artacoz, L.; Escribá-Aguir, V. y **Cortés L.**: «Género, trabajos y salud en España», *Gaceta Sanitaria*, Vol. 18, núm. 2, 2004.

ATRESMEDIA: «Informe Anual y de Responsabilidad Corporativa 2015», Madrid, 2015, en http://www.atresmediacorporacion.com/a3document/2016/04/20/DOCUMENTS/01502/01502.pdf.

Ávila Escribano, J. J. y **González Parra, D.**: «Diferencias de género en la enfermedad alcohólica», *Adicciones*, Vol. 19, núm. 4, 2007.

Babor, T. *et alii: Alcohol no ordinary commodity (Research and Public Policy)*, 2.ª ed., Nueva York (Oxford University Press), 2010.

Barreiro González, G.: *Diligencia y negligencia en el cumplimiento. Estudio sobre la prestación de trabajo debida por el trabajador*, Madrid (Centro de Estudios Constitucionales), 1981.

Bastida N. «Problemas laborales asociados al consumo de alcohol», *Adicciones*, Vol. 14, núm. 1, 2002.

Baylos Grau, A.: *Derecho del Trabajo: un modelo para armar*, Madrid (Trotta), 1991.

Beard, J. *et alii*: «Children of female sex workers and drug users: a review of vulnerability, resilence and family-centred models of care», *Journal of the International AIDS Society*, Vol. 13, núm. 2, 2010 (revista on line).

Begoña, E. y **Cortés, M. T.**: *Manual de adicciones para PIREs en formación*, Valencia (Socidrogalcohol), 2011.

Beltrán Aguirre, J. L.: «Sistema Nacional de Salud o asistencia sanitaria de la Seguridad Social», *Derecho y Salud*, Vol. 15, núm. 2, 2007.

Benavides, E. *et alii*: «Consumo de alcohol y otras drogas en el medio laboral en España», *Gaceta Sanitaria*, Vol. 27, núm. 2013.

Bennet, J. B. *et alii*: «Team awareness, problem drinking, and drinking climate: workplace social health promotion in a policy context», *American Journal of Health Promotion*, Vol. 19, 2004.

Berger, L. K.: «Employee drinking practices and their relationship to workplace alcohol, social control, and social availability», *Journal of Workplace Behavioral Health*, Vol. 24, 2009.

Bergstrom, G. *et alii*: «Sickness presenteeism today, sickness absenteeism tomorrow? A prospective study on sickness presenteeism and future sickness absenteeism», *Journal of Occupational and Environmental Medicine*, Vol. 5, núm. 6, 2009.

Blanco, A. y **Antequera, R.**: «Alcohol en la empresa», *Monografías Psiquiátricas*, Vol. 9, núm. 1, 1997.

Bogani Míguez, E.: «Las causas sociales del alcoholismo», *Documentación Social*, núm. 35, 1979.

Boletín Oficial de las Cortes Generales. Congreso de los Diputados, XII Legislatura, Serie A, 121/000013, 2107.

Botana López, J. M. «Comentario al art. 4», en AA. VV. (Iglesia Cabero, M., Coord.): *Comentario a la Ley de Prevención de Riesgos Laborales*, Madrid (Civitas), 1997.

Bower, B.: «Gene in bottle», *Science*, Vol. 140, 1991.

Bucci, N. y **Luna Cardozo, M.**: «Modelo de evaluación de riesgos psicosociales determinado por factores internos, individuales, doble presencia y externos para entornos laborales», *Revista Digital de Investigación y Postgrado UNEXPO*, Vol. 5, núm. 1, 2015.

Burgos Ruiz de Castroviejo, S.; Díaz García, A. M. y **Roldán León, J.**: «Valoración de la incapacidad laboral. Equipo de Valoración de Incapacidades», *Rehabilitación. Revista de la Sociedad Española de Rehabilitación y Medicina Física*, Vol. 92, núm. 61, 2008.

Caballero Vallés, P. J. *et alii*: «Consumo de alcohol y tabaco en el medio laboral. Estudio de 1.601 exámenes de salud», en AA. VV.: *Actas del I Congreso Nacional de Medicina del Trabajo*, T. II, Madrid (Ministerio de Sanidad y Consumo), 1987.

Cabrera, R.; Mencías, F. y **Río, P. A.**: «Determinación de drogas de abuso en el medio laboral. Ejemplo de una gran empresa», *Medicina del Trabajo,* Vol. 2, 1993.

Cabrero, E. *et alii*: «Programme contre la toxicomanie et l'alcoolisme dans l'entreprise ferroviaire espagnole "RENFE" 1990-1997», *Archives des Maladies Profesionnelles et de L'Environnement,* Vol. 61, 2000.

— **Posé, E.** y **Luna, A.**: «El abordaje de las drogodependencias en el mundo laboral. Experiencias en el sector transporte», *Archivos de Prevención de Riesgos Laborales,* Vol. 5, núm. 4, 2002.

Camas Roda, F.: *Las obligaciones del empresario en la normativa de prevención de riesgos laborales*, Madrid (La Ley), 2002.

— «El factor humano en un despido: ingesta de alcohol y buena fe en el ámbito laboral», *Nueva Revista Española de Derecho del Trabajo*, núm. 173, 2015.

Carlson, E.: «The effects of therapeutic workplace and heavy alcohol use on homelessness among homeless alcohol-dependent adults», *Drug and Alcohol Dependence*, Vol. 168, 2016.

Carro Igelmo, A. J.: *El despido disciplinario*, Barcelona (Bosch), 1984.

Casas Baamonde, M.ª E.: «La reforma de la protección de los riesgos profesionales», *Relaciones Laborales*, T. I, 1990.

— «"Doble" principio de subsidiariedad y competencias comunitarias en el ámbito social», *Relaciones laborales*, T. I, 1993.

Casas, M. J. y **Navarro, J. I.**: «Hijos de padres alcohólicos: su nivel de ansiedad en comparación con hijos de padres no alcohólicos», *Revista Latinoamericana de Psicología*, Vol. 33, núm. 1, 2001.

Castejón Castejón, J.: *El papel de las condiciones de trabajo en la incapacidad temporal por accidente común y accidente no laboral*, Tesis Doctoral, Barcelona (Universidad de Barcelona), 2002.

Castro Argüelles, M. A.: *El régimen disciplinario en la empresa* (*Infracciones y sanciones laborales*), Pamplona (Aranzadi), 1993.

Catano, R.; Clark, C. J. y **Tam, T.**: «Alcohol consumption among racial/ethnic minorities. Theory and research», *Alcohol Health Research World*, Vol. 22, núm. 4, 1998.

Cavas Martínez, F. y **Fernández Orrico, F. J.**: *La cobertura de las contingencias profesionales en el Sistema español de Seguridad Social*, Cizur Menor (Aranzadi/Thomson), 2003.

Centro de Investigaciones Sociológicas: *Actitudes de los Españoles frente al tabaco, alcohol y la droga,* Madrid (Banco de Datos del CIS), 1985.

Cercarelli, R. *et alii*: *Reducing alcohol: related harm in the workplace (An evidence review: full report)*, Melbourne (Health Promotion Foundation), 2012.

Cerro Esteban, J. A.: «Drogas duras y drogas blandas. Especial consideración de las denominadas drogas de diseño», en AA. VV.: *Estudios del Ministerio Fiscal. Cursos de formación (I-1994)*, Madrid (Centro de Publicaciones del Ministerio de Justicia e Interior), 1995.

Chacartegui Jávega, C.: «La protección reforzada de las contingencias profesionales en el ordenamiento jurídico español», en AA. VV. (Romero Ródenas, M. J., Coord.): *Accidentes de trabajo y sistema de prestaciones*, Albacete (Bomarzo), 2008.

Chapell, D. y **Di Marino, V.**: *Violence at mark*, Ginebra (OIT), 2006.

Charro Baena, B.: «El consumo de sustancias psicoactivas como riesgo psicosocial en el ámbito laboral. Una revisión», *International Psychology, Practice and Research*, Vol. 3, 2012.

Chávez, L. J. *et alii*: «Racial/ethnic workplace discrimination: association with tobacco and alcohol use», *American Journal of Preventive Medicine*, Vol. 48, núm. 1, 2014.

Chen, L.; George, M. A. y **Amstrong, R. W.**: «Country of birth and language spoken at home in relation to illicite substance use», *Canadian Journal of Public Health*, Vol. 93, 2002.

Ciscart Beà, N.: *El despido por embriaguez y toxicomanía,* Barcelona (Bosch), 1998.

Colell, E. *et alii*: «The relationship between labour market categories and alcohol use trajectories in midlife», *Journal of Epidemiology and Community Health*, Vol. 68, núm. 11, 2014 (revista on line).

Comas Arnau, D.: «Alcohol, drogas ilegales y deficiencia visual. El caso de la ONCE», *Integración*, núm. 1, 1989.

Conde, F. y **Herranz, D.**: *Procesos de integración de los emigrantes. Pautas de consumo de alcohol y modelos culturales de referencia*, Madrid (Crefat), 2004.

Conde Marín, E.: *La buena fe en el contrato de trabajo. Un estudio de la buena fe como elemento de integración del contrato*, Madrid (La Ley), 2007

Conde Martín de Hijas, V.: «Drogodependencia y Derecho Laboral», *Mapfre Medicina*, Vol. 4, núm. 3, 1993.

CONFEBASK: *Cómo prevenir los riesgos derivados del consumo de alcohol y otras sustancias en el ámbito laboral*, Vitoria (CONFEBASK), 2004.

Confederación Empresarial de la Provincia de Alicante: *Drogodependencias en el mundo laboral*, 2003, en http://www.coepa.es/prevención/ guías/_pdf716_drogodependencia.pdf.

Consejería de Sanidad. Junta de Comunidades de Castilla-La Mancha: *Plan Regional de Castilla-La Mancha de Drogodependencias y otras Adicciones*, Horizonte 2018, Toledo (Consejería de Sanidad de Castilla-La Mancha), 2016.

Contreras Casado, D.: «Inteligencia emocional y consumo de drogas en el ámbito laboral», *Revista de la Sociedad Española de Salud Laboral en la Administración Pública*, Vol. II, núm. 12, 2011.

Cooper, C. y **Dewe, P.**: «Well-being. Absenteeism, presenteeism, costs and challenges», *Occupational Medicine*, Vol. 58, 2008.

Cortés Tomás, M. T.; Giménez Costa, J. A. y **Motos Sellés, P.**: «Factores que incremental la vulnerabilidad hacía el alcoholismo», en AA. VV.: *Monografía sobre el alcoholismo*, Barcelona (Socidrogalcohol), 2012.

Costa, P. T. (Jr.) y **Mccrae, R. R.**: «Four ways five factors are basic», *Personality and Individual Differences*, Vol. 13, núm. 6, 1992.

Coto, J. C. *et alii*: «Trabajo y drogas», en AA. VV.: *Libro Blanco de los drogodependientes en Euskadi*, Vitoria (Servicio Central de Publicaciones del Gobierno Vasco), 1987.

Cruz Villalón, J. y **Javier Ramírez, C.**: «La responsabilidad de Seguridad Social en materia de Seguridad y Salud en el trabajo», *Tema Laborales*, núm. 50, 1999.

Dans Álvarez de Sotomayor, L.; Maneiro Vázquez, Y. y **Miranda Boto, J. M.**: «Personal de seguridad privada», en AA. VV. (Sempere Navarro, A. V. y Cardenal Carro, M., Dirs. y Arias Domínguez, A. Coord.): *El contrato de trabajo, Vol. II. Relaciones laborales especiales y contratos con peculiaridades*, Cizur Menor (Thomson/Aranzadi), 2011.

Dalley, J. W. *et alii*: «Nucleus accumbens D2/3 receptors predict trait impulsivity and cocaine reinforcement», *Science*, Vol. 315, 2007.

De la Cruz Godoy, M. J. *et alii*: *Adicciones ocultas (Aproximación al consumo diferencial de psicofármacos)*, Las Palmas (Colegio Oficial de Psicólogos de las Palmas, 2001 (reedición 2008).

— y **Herrera García, A.**: *Adicciones en mujeres*, Las Palmas (Colegio Oficial de Psicólogos de las Palmas), 2002 (2.ª ed. 2008).

De la Quesada, S. y **García Jiménez, M.**: *El plan de prevención de riesgos laborales en la empresa: organización, evaluación y planificación*, Granada (Comares), 2009.

Del Líbano, M. *et alii*: «Adicción al trabajo: concepto y evaluación», *Gestión Práctica de Riesgos Laborales*, núm. 27, 2006.

Delgado Ucelay, J.: «Faltas repetidas e injustificadas de asistencia al trabajo», en AA. VV.: *Estudios sobre el despido disciplinario*, 2.ª ed., Madrid (ACARL), 1992.

Delgado, F. y **Fernández. A.**: «Experiencia de un servicio de prevención y asistencia en problemas relacionados con el alcohol y otras drogas en el marco de los servicios médicos de empresa en la CTNE», en AA. VV.: *Actas del I Congreso Nacional de Medicina del Trabajo*, Madrid (Ministerio de Sanidad y Consumo), 1987.

Desdentado Bonete, A.: «El accidente de trabajo: entre la reparación y la prevención. Reflexiones para un centenario», en AA. VV.: *Seguridad Social. Una perspectiva histórica*, Madrid (Ministerio de Trabajo y Asuntos Sociales), 2001.

— y **de la Puebla Pinilla, A.**: *Despido y jurisprudencia: la extinción del contrato de trabajo en unificación de doctrina*, Valladolid (Lex Nova), 2002.

Desimone, J.: «Illegal drug use and employment», *Journal of Labour Economics*, Vol. 20, 2002.

Díaz Ruiz, S. *et alii*: «Accidentes laborales en la provincia de Málaga. Participación del alcohol etílico y las drogas de abuso», *Medicina y Salud del Trabajo*, Vol. 224, núm. 57, 2011.

Dos Santos Mabuchi, A. *et alii*: «The use of alcohol by workers of the garbage collection service», *Revista Latinoamericana Enfermagen*, Vol. 15, núm. 3, 2007.

Dotinga, A. *et alii*: «Alcohol y emigración: los problemas de medición en la investigación sobre consumo de alcohol entre inmigrantes marroquíes y turcos», *Adicciones*, Vol. 14, núm. especial, 2002.

Durán López, F.: *Jurisprudencia constitucional y Derecho del Trabajo*, Madrid (MTAS), 1992.

EDIS/FAD: *La incidencia de las drogas en el medio laboral de la Comunidad de Madrid*, Madrid (Agencia Antidroga), 1996.

— **FAD**: *La incidencia de las drogas en el medio laboral de la Comunidad Valenciana (I)*, Valencia (Generalitat Valenciana/FAD), 1999.

— **FAD**: *La incidencia de las drogas en el mundo laboral 2001*, Madrid (FAD), 2002.

— *El consumo de las drogas en Galicia*, Santiago de Compostela (SERGAS), 2004.

— *La incidencia de las drogas en el medio laboral de la Comunidad Valenciana (II)*, Valencia (Generalitat Valenciana), 2006

Edvardsen, H. M. *et alii*: «Use of alcohol and drugs among health professionals in Norway: a study using data from questionnaires and samples of oral fluid», *Journal of Occupational Medicine and Toxicology*, Vol. 9, núm. 8, 2013 (revista on line).

Edwards. C. E.: *Lugares de trabajo libres de drogas. Establecimiento de una política y un programa,* Arizona (HIDATA), 2004, disponible en https://www.drugwatch.org/component/phocadownload/category/3-reports.html?download=21:drug-free-workplace-guide-manual-spanish

Espada Sánchez, J. P.; Méndez Carrillo, F. X. e **Hidalgo Montesinos, M. D.**: «Consumo de alcohol en escolares: descenso de la edad de inicio y cambios en los patrones de ingesta», *Adicciones*, Vol. 12, núm. 1, 2000.

Espada, J. P. *et alii:* «Adolescencia: consumo de alcohol y otras drogas», *Papeles del Psicólogo*, Vol. 23, núm. 84, 2003.

Esteban Valencia, J. y **Pérez Gómez, A.**: «Ausentismo laboral y su relación con el consumo de alcohol y otras sustancias psicoactivas», 2008, en http://www.cicad.oas.org/OID/Mainlage/Costs/Protocol/Ausentismo.pdf.

Esteve, J. *et alii:* «Actuación en prevención y tratamiento de drogodependencia (alcoholismo) en ENSIDESA», en AA. VV.: *I Jornadas Internacionales sobre Intervención Sindical en Drogodependencias,* Madrid, 1991.

Estruch, R.: «Efectos del alcohol en la fisiología humana», *Adicciones*, Vol. 14, núm. 1, 2002.

Equipo Promocions: *Trabajar para vivir. Una propuesta innovadora de inserción sociolaboral*, Madrid (Miraguaro), 1999.

EUROFUND: *V Encuesta europea de condiciones de trabajo,* Luxemburgo (Oficina de Publicaciones Oficiales de la UE), 2012.

EWA: *Good practice review and case studies*, 2011, en http://www.ewaproyect.eu.

Executive Office of the President (Office of National Drug Control Policy): «How illicit drug use affect business and the Economy», 2011, en https://obamawhitehouse.archives.gov/ondcp/ondcp-fact-sheets/how-illicit-drug-use-affects-business-and-the-economy

FCC-Medio Ambiente (Delegación Tarragona-Lleida): *Programa preventivo del consumo de alcohol y otras drogas*, 2011, en https://es.scribd.com/document/441124158/Programa-contra-drogas-y-alcohol-2

Fernández Albor, A.: «Otra vez sobre la droga: ¿Qué resuelve la reciente reforma del art. 344?», en AA. VV.: *La problemática de la droga en España*, Madrid (Universidad Complutense de Madrid/Instituto de Criminología), 1986.

Fernández Avilés, J. A.: *El accidente de trabajo en el Sistema de Seguridad Social (Su contradictorio proceso de institucionalización jurídica)*, Atelier (Barcelona), 2007.

— «Las adicciones en el trabajo como riesgo profesional: prevención, aseguramiento y responsabilidades jurídicas», *Tribuna Social,* núm. 219, 2009.

Fernández-Costales Muñiz, J.: *Poder disciplinario empresarial y proceso especial de impugnación de sanciones*, Oviedo (CES del Principado de Asturias), 2005.

Fernández Domínguez, J. J.: *Pruebas genéticas en el Derecho del Trabajo*, Madrid (Civitas), 1990.

— y **Rodríguez Escanciano, S.**: «El seguro colectivo de mejoras voluntarias por contingencias profesionales: sus controvertidas notas características», *Actualidad Laboral*, núm. 3, 2010.

— *Alcohol y drogas en el trabajo. Del despido disciplinario y sus problemas a la prevención del riesgo y asistencia al trabajo*, Madrid (Wolters Kluwer), 2013.

— *Análisis de la problemática derivada del consumo de alcohol, drogas y otras sustancias en el ámbito laboral*, Madrid (CEOE), 2015.

— «Dificultades de inserción de mujeres con drogodependencias y otros trastornos adictivos», en *AA. VV. (Rodríguez Escánciano, S. y Martínez Barroso, M. R., Dirs. y Álvarez Cuesta, H., Coord.)*: *La inserción laboral de las mujeres con riesgo de exclusión social*, Valencia (Tirant lo Blanch), 2015.

— «La incidencia de los factores "extralaborales" en la salud mental de los trabajadores», en AA. VV. (Fernández Domínguez, J. J. y Rodríguez Escanciano, S., Dirs. y Álvarez Cuesta, H., Coord.): *Tiempos de cambio y salud mental de los trabajadores*, Albacete (Bomarzo), 2017.

— «El tratamiento jurídico de la incapacidad para el trabajo en el Sistema español de Seguridad Social», en AA. VV.: *Las incapacidades laborales y la Seguridad Social en una sociedad en transformación*, Murcia (Laborum), 2017.

— «La prescripción y dispensación de medicamentos en la doctrina del Tribunal Constitucional: algo más que una cuestión competencial», *Revista de Derecho de la Seguridad Social*, núm. 14, 2018.

Fernández Fernández, R.; Tascón López, R.; Álvarez Cuesta, H. y **Quirós Hidalgo, J. G.**: «Implicaciones jurídicas del consumo de tabaco en el ámbito de las relaciones laborales: *¿Quo vadis?*», *Revista de Trabajo y Seguridad Social* (*Centro de Estudios Financieros*), núm. 273, 2005.

Fernández López, M. F.: *El poder disciplinario en la empresa*, Madrid (Civitas/ACARL), 1991.

— «Perfiles del poder disciplinario», *Tribuna Social*, núm. 63, 1996.

Fernández Márquez, O.: *La acción extintiva en el contrato de trabajo (Un estudio sobre los plazos de su ejercicio en el Derecho Español)*, Cizur Menor (Aranzadi-Thomson/CES Asturias), 2007.

Fernández-Montalvo, J. y **Echeburúa, E.**: «El consumo excesivo de alcohol: un reto para la salud laboral», *Salud y Drogas*, núm. 1, 2001.

Fernández-Solá, J.: «Diferentes efectos del alcohol según el sexo», *Jano*, núm. 1636, 2007.

Fita Ortega, F.: «La relación laboral y el consumo de alcohol o sustancias tóxicas: en torno a la conveniencia de suprimir la embriaguez habitual o toxicomanía como causa de despido», en AA. VV. (Pérez Amorós, F., Dir.): *La extinción del contrato de trabajo*, Albacete (Bomarzo), 2006.

Foment de Treball Nacional: *Guía de abordaje de la drogodependencia en el ámbito laboral*, Barcelona (Foment de Treball Nacional), 2014.

Forcada Chapa, R.: «Inmigración y abuso de sustancias. Una aproximación a la realidad española», *Revista Española de Drogodependencia*, Vol. 31, núm. 31, 2008.

Forsyth, A. J. M.; Lennox, J. y **Emslie, C.**: «"That's cool, you're a musician and you drink": exploring entertainers' accounts of their unique workplace relationship with alcohol», *The International Journal of Drug Policy*, Vol. 36, 2016.

Fortuny, R.: «Evaluación de resultados y rentabilidad», *Mapfre Medicina*, Vol. 4, núm. 1993.

Frezza, M. *et alii*: «High alcohol levels in women. The role of decreased gastric alcohol dehydrogenase activity in first-pass metabolism», *New England Journal of Medicine*, Vol. 322, núm. 2, 1990.

Frone, M. R.: «Does permissive workplace substance use climate affects employees who do not use alcohol and drugs at work?. A U.S. national study», *Psychology of Addictive Behaviour*, Vol. 23, 2009.

Frone, M. R.: *Alcohol and illicit drug use in the workforce and workplace*, Washington (American Psychological Association), 2013.

Fundación Andaluza para la Atención a las Drogodependencias e Incorporación Social: *Los andaluces ante las drogas (X)*, Sevilla (Dirección General para las Drogodependencias y Adicciones de Andalucía), 2007.

Gallaguer, E. N. y **Vella-Brodrick, A. A.**: «Social support and emotional intelligence as predictors of subjective well-being», *Personality and Individual Differences*, Vol. 44, núm. 7, 2008.

Gallego Moya, A. *et alii*: «Relación de la personalidad y las conductas antinormativas de los amigos en el consumo de alcohol en los adolescentes», *Agora de Salut*, Vol. 1, 2015.

Gárate Castro, J.: *El rendimiento en la prestación de trabajo*, Madrid (Civitas), 1984.

— «La disminución continuada y voluntaria en el rendimiento», en AA. VV.: *Estudios sobre el despido disciplinario*, 2.ª ed., Madrid (ACARL), 1992.

— y **Cabeza Pereiro, J.**: *La negociación colectiva en el sector telecomunicaciones*, Madrid (MTAS), 2003.

García-Altés, A. *et alii*: «The social cost of illegal drug consumption in Spain», *Addiction*, Vol. 97, núm. 2, 2002.

García Blasco, J.: «Configuración jurisprudencial de la falta continuada como causa de despido», *Relaciones Laborales*, T. II, 1985.

García Fernández, M.: «El rendimiento debido en la relación de trabajo», *Revista Española de Derecho del Trabajo*, núm. 3, 1980.

García-Díaz, V. *et alii*: «Consumo de tabaco y alcohol según jornada laboral en España», *Gaceta Sanitaria*, Vol. 29, núm. 5, 2015.

García-Sempere, A.: «Los estudios del coste del absentismo: marco conceptual, limitaciones y resultados», *Adicciones*, Vol. 14, núm. 1, 2002.

García Viña, J.: *¿Prohibido fumar? La eliminación del tabaco en el lugar de trabajo. Un mecanismo para proteger la salud laboral*, Madrid (Tecnos), 2005.

Gil-Monte, P. R.: *El síndrome de quemarse por el trabajo (burnout). Una enfermedad laboral en la Sociedad del Bienestar*, Madrid (Pirámide), 2005.

Gil y Gil, J. L.: «Jurisprudencia sobre la embriaguez habitual y toxicomanía como causa de despido», *Documentación Laboral*, núm. 32, 1990.

Gobierno de España. Ministerio de Sanidad: *Informe 2020. Alcohol, tabaco y drogas ilegales en España*, Madrid (DGPNSD), 2020.

— *Estadísticas 2020*, Madrid (DGPNSD), Madrid (DGPNSD), 2020.

— *Encuesta sobre uso de Drogas en Enseñanzas Secundarias en España (ESTUDES 1994-2018/2019). Informe 2020*, Madrid (DGPNSD), 2020.

— *Encuesta sobre alcohol y otras drogas en España (EDADES), 1995-2019/2020*, Madrid (DGPNSD), 2021.

Gobierno de España. Ministerio de Sanidad, Política Social e Igualdad: *Estrategia Nacional sobre Drogas 2009-2016. Informe de la Evaluación Final*, Madrid (DGPNSD), 2009.

— *Encuesta Estatal sobre Consumo de Drogas en Estudiantes de Enseñanzas Secundarias (ESTUDES 1994-2010)*, Madrid (DGPNSD), 2010.

— *Plan de Acción sobre Drogas 2009-2012*, Madrid (DGPNSD), 2010.

— *Plan de Acción sobre Drogas 2013-2016*, Madrid (DGPNSD), 2013.

Gobierno de España. Ministerio de Sanidad, Consumo y **Bienestar Social**: *Estrategia Nacional sobre Adicciones 2017-2024*, Madrid (Delegación Gobierno para el Plan Nacional sobre Drogas), 2018.

Gobierno de las Islas Baleares (Consejeria de Salud y **Consumo)**: *Guía de la mujer y drogodependencias*, Palma de Mallorca (Dirección General de Salud Pública y Participación), 2007.

Gobierno Vasco (Departamento de Trabajo y **de Seguridad Social)**: *Consumo de drogas en el mundo laboral,* Vitoria (Servicio Central de Publicaciones del Gobierno Vasco), 1992.

Goerlich Peset, J. M.: «Despido con relación al tráfico de cocaína: transgresión de la buena fe contractual y derecho a la intimidad del trabajador», *Poder Judicial*, núm. 9, 1988.

— y **Nores Torres, L.E.**: «El fraude a la incapacidad temporal como causa de despido», *Información Laboral*, núm. 11, 2017.

Gorelli Hernández, J.: «Deber de obediencia y despido por desobediencia», *Revista Española de Derecho del Trabajo*, núm. 87, 1998.

Gómez Abelleira, F. J.: *La causalidad del despido disciplinario*, Madrid (Civitas/Thompson Reuters), 2009.

— «Las causas específicas del despido disciplinario», en AA. VV. (Sempere Navarro, A. V., Dir. y Martín Jiménez, R., Coord.): *El despido*, 2.ª ed., Cizur Menor (Thomson/Aranzadi), 2009.

González, J. C. y **Salgado, E.**: «Campaña de prevención de alcoholismo y drogodependencia en el medio laboral en el ámbito de la prevención de riesgos laborales. La experiencia del sector de estiba del Puerto de Barcelona», *Archivos de Prevención de Riesgos Laborales*, Vol. 3, núm. 3, 2000.

González del Río, J. M.: «Despido disciplinario y prescripción de faltas laborales», *Aranzadi Social*, núm. 18, 2001.

González Fernández, M. J., *et alii*: *Percepción y actitud de las empresas españolas ante el alcohol y otras drogas*, Madrid (ISTAS), 2006.

González Ortega, S.: *La negociación colectiva en el sector metal*, Madrid (MTAS), 2000.

— «Las enfermedades profesionales. Un concepto de delimitación compleja para un fenómeno social de relevancia», en AA. VV. (Barcelón Cobedo, S. y González Ortega, S., Investigadores Responsables): *Las enfermedades profesionales*, Valencia (Tirant lo Blanch), 2017.

Goñi Sein, J. L.: *El respeto a la esfera privada del trabajador. Un sentido sobre los límites del poder de control empresarial*, Madrid (Civitas), 1988.

Gowler, D.: «The meaning of management and the management o meaning», en AA. VV. (Earl, M., Comp.): *Perspectives on management: a multidisciplinary analysis*, Oxford (Oxford University Press), 1983.

Gutiérrez Fisac, J.: «Occupational accidents and alcohol consumption», *International Journal of Epidemiology*, Vol. 21, núm. 6, 1992.

Gutiérrez-Solar Calvo, B.: *Culpa y riesgo en la responsabilidad civil por accidentes de trabajo*, Madrid (Civitas/Thomson), 2004.

Head, J.; Stansfeld, S. A. y **Siegrist, J.**: «The psychosocial work environment and alcohol dependence. A prospective study», *Journal of Occupational and Environmental Medicine*, Vol. 61, 2004.

Herrera Wehbe, A. y **Lafuente Llera, A.**: «Screening de drogas de abuso en el personal laboral de Aragón. Estudios por edades», *Mapfre Medicina*, Vol. 4, núm. 3, 1993.

Hernández Martínez-Capelo, C. *et alii*: *La prueba pericial médica*, Madrid (La Ley), 2008.

Hierro Hierro, F. J.: «La prestación por asistencia sanitaria: cuestiones de encuadramiento», *Revista General de Derecho del Trabajo y de la Seguridad Social*, núm. 31, 2012.

Hjern, A. y **Allebeck, P.**: «Alcohol-related disorders in first —and second— generation immigrants in Sweden: a national cohort study», *Addiction*, Vol. 99, núm. 2, 2004.

Hoenicka, J.; Apuero, I. y **Ramos Atance, J. A.**: «Aspectos genéticos del alcoholismo», *Trastornos Adictivos*, Vol. 5, núm. 3, 2003.

Ibáñez Cuadrado, A.: «Genética de las adicciones», *Adicciones*, Vol. 20, núm. 2, 2008 (artículo on line). Por extenso, Fernández Domínguez, J. J.: *Pruebas genéticas en el Derecho del Trabajo*, Madrid (Civitas), 1990, y nota 354.

Ibañez, M. J. *et alii*: «Personality and alcohol use», en AA. VV. (Boyle, G. J.; Matthews, G. y Saklofske, D. H., Eds.): *Handbook of Personality. Theory and testing*, Nueva York (Sage), 2008.

Igartua Miró, M. T.: *La obligación general de seguridad*, Valencia (Tirant lo Blanch), 2000.

— *Sistema de prevención de riesgos laborales*, Madrid (Tecnos), 2008.

Iglesias Cabero, M.: *La extinción del contrato de trabajo*, Bilbao (Deusto), 1977.

Infante, C. y **Rubio-Colavida, J. M.**: «La prevalencia del consumo de tabaco en España», *Adicciones*, Vol. 16, núm. 2, 2004.

INSHT: *VI Encuesta nacional de condiciones de trabajo*, Madrid (INSHT), 2011.

Ivano Scandurra, R.; García-Altés, A. y **Nebot, M.**: «Impacto social del consumo abusivo de alcohol en el estado español: consumo, coste y políticas», *Revista Española de Salud Pública*, Vol. 85, núm. 2, 2011.

Jarrín Moreno, M. A.: *Utilidad diagnóstica del cuestionario AUDIT y de la TDC para detectar consumo de alcohol de riesgo en población laboral femenina*, Tesis Doctoral, Santander (Universidad de Santander), 2015.

Jiménez García, J.: *Participación y control en la empresa*, Las Palmas (Universidad de Las Palmas/UGT), 1994.

Joeman, L. M.: «Alcohol at work: the cost to employers», *Employment Gazette*, diciembre 1991.

Johansson, E.; Bakerman, P. y **Uutela, A.**: «Alcohol consumption and sickness absence: evidence from microdata», *European Journal of Public Health,* Vol. 19, núm. 1, 2009.

Junta De Castilla y **León**: *Guía para la inserción laboral de drogodependientes*, Valladolid (Consejería de Sanidad y Bienestar Social/Junta de Castilla y León), 1999.

Kahale Carrillo, D.: «La imprudencia temeraria en los accidentes in intinere», *Revista de Trabajo y Seguridad Social (Centro de Estudios Financieros)*, núm. 300, 2008.

Karasek, R. y **Theurell, T.**: *Healthy work, stress, productivity and the reconstruction of working life*, Nueva York (Basic Books), 1990.

Kendler, K. S. *et alii*: «Genetic and environmental influences on alcohol, caffeine, cannabis, and nicotine use from early adolescence to middle adulthood», *Archives of General Psychiatry*, Vol. 65, 2008.

King, R. *et alii*: *The genetic basis of common diseases*, Nueva York (Oxford University Press), 1992.

Lago Moreda, A.: «El factor humano es el causante principal de los accidentes de tráfico en el ámbito laboral», *Gestión Práctica de Riesgos Laborales*, núm. 99, 2012.

Laraña Rodríguez-Cabello, E.: «Las drogas como problema social. Tipologías y políticas de tratamiento», *Revista Española de Investigaciones Sociológicas,* núm. 34, 1986.

Landa, N. *et alii*: «Alteraciones neuropsicológicas en alcohólicos: un estudio exploratorio», *Adicciones*, Vol. 18, núm. 1, 2006 (artículo on line).

Lanjarón Barquín, D.: «Reembolso de gasto farmacéutico generado por prescripción de tratamiento farmacéutico con hormona de crecimiento», *Aranzadi Social*, núm. 17, 2011.

Lazarus, R.: *Estrés y emoción. Manejo de implicaciones en nuestra salud*, Bilbao (De Brouwer) 2000.

Leggat, P. A. y **Smith, D. R.**: «Alcohol-related absenteeism: the need to analyse consumption patterns to target screening and brief interventions in the workplace», *Industrial Health*, Vol. 47, 2009.

Lewis, R. J. y **Cooper, S. P.**: «Alcohol, other drugs and fatal work-related injuries», *Journal of Occupational Medicine*, Vol. 31, 1989.

Llaneza Álvarez, F. J.: *Ergonomía y psicología aplicada. Manual para la formación del especialista*, Valladolid (Lex Nova), 2005.

Lloret, D.: «Alcoholismo: una visión familiar», *Salud y Drogas*, Vol. 1, núm. 1, 2001.

López Cumbre, L.: *Cláusulas condicionales en el contrato de trabajo*, ensayo presentado como Segundo Ejercicio a las pruebas de habilitación para Catedrática de Universidad, Granada, 2007.

López Insúa, B. M.: «Las mejoras voluntarias por incapacidad temporal en el ámbito público y privado», en AA. VV.: *Público y privado en el Sistema de Seguridad Social*, Murcia (Laborum), 2013.

Long, E. C.: *Developmental trajectories on alcohol use and alcohol use disorder*, Disertación, Virginia Commonwealth University, 2017 (publicación on line).

López Cabreira, A.: «Riesgos psicosociales derivados de la precariedad laboral en la CAV: posibles líneas de actuación», *Lan Harremanak. Revista de Relaciones Laborales*, núm. 32, 2015.

Luján Alcaraz, J.: «Algunas reflexiones sobre el principio de proporcionalidad en la calificación del despido», en AA. VV. (Gárate Castro, J., Coord.): *Cuestiones actuales sobre el despido disciplinario*, Santiago de Compostela (Universidad de Santiago de Compostela), 1997.

Luque Parra, M.: «El aseguramiento del recargo por prestaciones por incumplimiento del deber de prevención de riesgos laborales», *Revista Española de Derecho del Trabajo*, núm. 96, 1999.

— *La responsabilidad civil del empresario en materia de Seguridad y salud laboral*, Madrid (CES), 2001.

Manjón-Cabeza Olmeda, A.: «Venta de cantidades mínimas de droga: insignificancia y proporcionalidad. Bien jurídico y (des)protección de menores e incapaces», en *Anuario de Derecho Penal y Ciencias Penales*, núm. 1, 2003.

Mansilla Izquierdo, F.: «Reflexiones en torno a la drogodependencia en el medio laboral», *Revista Española de Drogodependencias*, Vol. 32, núm. 1, 2007.

Marín Malo, M.: «Adiciones que dificultan las tareas profesionales», *Trabajo Social Hoy*, núm. 69, 2013.

— *La prevención del consumo de alcohol en el medio laboral. Obligaciones empresariales y medidas preventivas*, Tesis Doctoral, Pamplona (Universidad de Navarra), 2017.

— «La prevención del consumo de alcohol por parte de los trabajadores en la negociación colectiva de los años 2016 y 2017», *Información Laboral*, núm. 11, 2017.

Martín Díez, M. J. *et alii*: *Guía para la implantación de un plan de prevención de las adicciones en la empresa*, Bilbao (OSALÁN), 2014.

Martín Hernández, M. L.: *El derecho de los trabajadores a la seguridad y salud en el trabajo*, Madrid (CES), 2006.

Martín Sierra. J.: «Plan de acción contra las drogodependencias, alcoholismo y ludopatía en Renfe Operadora», en AA. VV.: *XXXVII Jornadas Nacionales de Socidrogalcohol*, Oviedo (Socidrogalcohol), 2010.

Martínez Barroso, M. R.: «El recargo en las prestaciones de Seguridad Social derivadas de contingencias profesionales como principal manifestación de la denominada responsabilidad social», en AA. VV. (Fernández Domínguez, J. J. y Fernández-Costales Muñiz, J., Dirs.): *Doctrina jurisprudencial en materia preventiva*, León (Eolas), 2008.

Martínez Selva, J. M.: *Estrés laboral. Guía para empresarios y empleados*, Madrid (Pearson Educación), 2004.

Martínez-Benlloch, I.: «Los efectos de las asimetrías de género en la salud de las mujeres», *Anuario de Psicología*, Vol. 34, núm. 3, 2003.

Masip, J. M.: *Prevención de riesgos laborales: estrategia, gestión y prevención de las adicciones en el mundo laboral*, Madrid (Síntesis), 1999.

— *et alii*: «Intervención especializada desde un equipo interdisciplinar en Telefónica», en AA. VV.: *Libro de Ponencias Socidrogalcohol, XVIII Jornadas Nacionales*, Madrid (Sociedad Científica Española para el Estudio del Alcohol, el Alcoholismo y las otras Drogodependencias), 1990.

McFarlin, S. K. y **Fals-Stewart, W.**: «Workplace absenteeism. A sequential analysis», *Psychology of Addictive Behaviors*, Vol. 16, núm. 1, 2002.

McMahon, T. J. *et alii*: «Looking for pappa: parenting status of men versus women seeking drug abuse treatment», *American Journal of Drug and Alcohol Abuse*, Vol. 31, núm. 1, 2005.

Melero, J. C. y **Ortíz, A.**: *Lugar de trabajo libre de drogas*, Bilbao (EDEX), 2002.

Mella Méndez, L.: *La formalización del despido disciplinario*, Granada (Comares), 1999.

Mediavilla Pablo, B. y **Barcina Sánchez, M.**: «Servicios sociales de empresa y servicios especializados. Una colaboración que se impone». *Revista de Treball Social,* núm. 119, 1990.

Mercader Uguina, J. R.: «El Reglamento de los Servicios de Prevención: crónica de una norma largamente esperada», *Relaciones Laborales*, núm. 8, 1997.

— *Indemnización derivada del accidente de trabajo. Seguridad Social y Derecho de Daños,* Madrid (La Ley), 2001.

— «El colapso plástico del accidente de trabajo y los elementos intrascendentes y carentes de valor en la articulación del juicio de contradicción en el recurso de casación para la unificación de doctrina», *Revista de Derecho de Seguridad Social*, núm. Extra-1, 2016.

Merino-Tejedor, E.; Boada-Grau, J. y **Primic-Kuzmica, A. J.**: «La relación entre la irritación laboral y la adicción al trabajo en una muestra ocupacional española», *Universitas Psychological*, Vol. 13, núm. 2, 2014.

Ministerio de Sanidad, Servicios Sociales e Igualdad: *Alcohol, conducción y accidentes de trabajo*, Madrid (MSSI), s/f.

Molina Pérez T. «El elemento objetivo y subjetivo en el delito de tráfico de drogas», *Anuario Jurídico y Económico Escurialense*, núm. 38, 2005.

Molina Navarrete, C.: «La protección de la salud en el Sistema de Seguridad Social: dos historias inacabadas y confusas de segregación normativa e institucional», en AA. VV. (Monereo Pérez, J. L.; Molina Navarrete, C. y Moreno Vida, M. N., Coords.): *La Seguridad Social a la luz de sus reformas presentes, pasadas y futuras. Homenaje al Profesor Vida Soria con motivo de su jubilación*, Granada (Comares), 2008.

Monereo Pérez, J. L.: *El recargo de prestaciones por incumplimiento de medidas de seguridad e higiene en el trabajo. La modernidad de una institución tradicional*, Madrid (Civitas), 1992.

— y **Molina Navarrete, C.**: «Configuración y delimitación técnica: la asistencia sanitaria como acción protectora del Sistema de Seguridad Social», en AA. VV. (Monereo Pérez, J. L., Dir.): *Las contingencias comunes protegidas por la Seguridad Social. Estudio de su régimen jurídico*, Granada (Comares), 2008.

Monerri Guillen, C.: *La responsabilidad civil derivada de accidente de trabajo. Valoración del daño*, Murcia (Laborum), 2017.

Montoya Melgar, A.: *La buena fe en el Derecho del Trabajo*, Madrid (Tecnos), 2001.

— «Asistencia sanitaria: de la Seguridad Social al Sistema Nacional de Salud (apunte para un estudio)», *Aranzadi Social*, T. V, 2004.

— «Libertad de empresa y poder de dirección del empresario», en AA. VV. (Pérez de Los Cobos Orihuel, F., Dir.): *Libertad de empresa y relaciones laborales en España*, Madrid (Instituto de Estudios Económicos), 2005.

Moreno Vida, M. N.: «La seguridad y salud en el trabajo: el deber de prevención de riesgos laborales. Un análisis desde la perspectiva de la Directiva 89/391/CEE», en AA. VV. (Monereo Pérez, J. L., Coord.): *La reforma del mercado de trabajo y la seguridad y salud laborales*, Granada (Universidad de Granada), 1996.

Morikawa, Y. *et alii*: «The effect of age on the relationship between work-related factors and heavy drinking», *Journal of Occupational Health*, Vol. 56, núm. 2, 2014.

Moya-Albiol, L. *et alii*: «Respuesta psicofísica de estrés en una jornada laboral», *Psicothema*, Vol. 17, núm. 2, 2005.

Muñoz Campos, J.: «El artículo 54. 1 ET y la jurisprudencia», *Relaciones Laborales*, núm. 6, 1986.

Muñoz Molina, J.: «El recargo por prestaciones en caso de accidente de trabajo y enfermedad profesional», *Revista del Ministerio de Trabajo y Asuntos Sociales*, núm. 59, 2005.

Muñoz Rivas, M. J. *et alii*.: «Influencia de la conducta antisocial en el consumo de drogas ilegales en población adolescente», *Adicciones*, Vol. 14, núm. 3, 2002.

Muñoz Ruiz, A B.: «Empresa saludable y promoción de la salud en la negociación colectiva: más allá de la prevención de riesgos laborales», *Información Laboral*, núm. 8, 2014.

Mutua Navarra: *El alcohol y las drogas en el ámbito laboral. Una realidad que afrontar*, Pamplona (Mutua Navarra) 2011.

Navarro Botella, J.: *La incidencia de las drogas en el mundo laboral*, Madrid (UGT), 1987.

— «El consumo de drogas», en AA. VV.: *Sociedad y drogas: una perspectiva de 15 años*, Madrid (FAD), 2002.

— y **Megías Valenzuela, E.**: *La incidencia de las drogas en el mercado laboral de la Comunidad Valenciana* (FAD/Generalitat Valenciana), 2006.

Navas-Luque, M. *et alii*: «Actitudes de aculturación y prejuicio: la perspectiva de autóctonos e inmigrantes», *Psycothema*, Vol. 18, núm. 2, 2006.

Nores Torres, L. E.: «Doctrina. La embriaguez y toxicomanía como causas de despido disciplinario», *Revista Española de Drogodependencias*, Vol. 29, núms. 3 y 4, 2004.

NTP 177: *La carga física de trabajo, definición y evaluación*, 1986 (Chavarría Cosar, R.).

NTP 179: *La carga mental del trabajo. Definición y evaluación*, 1986 (**Nogareda Cuixart, C.**).

NTP 260: *Trabajo a turnos: efectos médico patológicos*, 1989 (Úbeda Asensio, R.).

NTP 287: *Hipoacusia laboral por exposición a ruido: evaluación clínica y diagnóstico*, 1991 (Gaynés Palou, E. y Goñi González, A.).

NTP 295: *Valoración de la carga física mediante la monitorización de la frecuencia cardíaca*, 1991 (Solé Gómez, M. D.).

NTP 322: *Valoración del riesgo de estrés térmico: índice WBGT*, 1993 (Luna Mendaza, P.).

NTP 344: *Trabajos en situación de aislamiento*, 1995 (Oncins de Frutos, M.).

NTP 350: *Evaluación del estrés térmico. Índice de sudoración requerida*, 1994 (Luna Mendaza, R.).

NTP 380: *El síndrome del edificio enfermo. Cuestionario simplificado*, 1995 (Solé Gómez, M. D. y Pérez Nicolás, J.).

NTP 413: *Carga de trabajo y embarazo*, 1999 (Nogareda Cuixart, S.).

NTP 443: *Factores psicosociales: metodología de evaluación*, 1999 (Martín Daza, F. y Pérez Bilbao, J.).

NTP 445: *Carga mental de trabajo: fatiga*, 1997 (De Arquer, M. L.).

NTP 455: *Trabajos a turnos y nocturnos. Aspectos organizativos*, 1997 (Nogareda Cuixart, C. y Nogareda Cuixart, S.).

NTP 462: *Estrés por frío: evaluación de las exposiciones laborales*, 1997 (Luna Mendaza, P.).

NTP 489: *Violencia en el lugar de trabajo,* 1998 (Pérez Bilbao, J. y Nogareda Cuixart, C.).

NTP 499: *Nuevas formas de organizar el trabajo: la organización que aprende*, 1998 (Oncins de Frutos, M. y Mourenza Barrio, T.).

NTP 502: *Trabajo a turnos: criterios para su análisis*, 1998 (Nogareda Cuixart, C. y Nogareda, Cuixart, S.).

NTP 534: *Carga mental de trabajo: factores*, 1999 (De Arquer, M. L.).

NTP 544: *Estimación de la carga mental de trabajo: el método NASA TLX*, 2001 (de Arquer M. I. y Nogareda Cuixart, C.).

NTP 575: *Carga mental de trabajo: indicadores*, 1999 (De Arquer, M. I.).

NTP 601: *Evaluación de las condiciones de trabajo: carga póstural. Método REBA*, 2001 (Nogareda Cuixart, S.).

NTP 629: *Movimientos repetitivos: Método OCRA*: *actualización*, 2003 (Rojas Picazo, A. y Ledesma De Miguel, J.).

NTP 659: *Carga mental de trabajo: diseño de tareas*, 2005 (De Arquer, M. I. y Nogareda Cuixart, C.).

NTP 704: *Síndrome de estar quemado por el trabajo o «burnout» (I): definición y proceso de generación*, 2006 (Fidalgo Vega, M.).

NTP 705: *Síndrome de estar quemado por el trabajo o «burnout» (II): consecuencias, evaluación y prevención*, 2006 (Fidalgo Vega, M.).

NTP 720: *El trabajo emocional: concepto y prevención*, 2007, (García, E.; Martínez, I. M. y Salanova, M.).

NTP 730: *Tecnoestrés. Concepto, medida e intervención psicosocial*, 2007 (Salanova, M. *et alii*).

NTP 732: *Síndrome de estar quemado o «burnout» (III): instrumentos de medición*, 2007 (Breso Esteve *et alii*).

NTP 759: *La adicción al trabajo*, 2008 (Salanova, M. *et alii*).

NTP 776: *Promoción organizacional desleal: trepismo*, 2008 (Rolsma Tehsijarana, D. H.; García Romero, P. y Llacuna Morera, J.).

NTP 779: *Bienestar térmico. Criterios de diseño para ambientes térmicos confortables*, 2008 (Hernández Calleja, A.).

NTP 784: *Evaluación de las vibraciones de cuerpo completo sobre el confort, percepción y marco producido por el movimiento*, 2008 (Gómez-Cano Alfaro, M.).

NTP 795: *Evaluación del ruido en ergonomía: criterio RC MARKII*, 2009 (González Través, C.).

NTP 844: *Tareas repetitivas: método Ergo/IBV de evaluación de riesgos ergonómicos*, 2009 (Nogareda Cuixart, S. y García, C.).

NTP 853: *Recogida, transporte y almacenamiento de residuos sanitarios*, 2009 (Canalejas Pérez, P; Gadea Carrera, E. y Solórzan Pábrega, M.).

NTP 854: *Acoso psicológico en el trabajo: definición*, 2009 (Fidlgo Vega, M. *et alii)*.

NTP 858: *Servicios funerarios: exposición laboral a agentes biológicos*, 2010 (Constans Aubert, A. y Solans Lampurlanés, X.).

NTP 864: *Ruido en los sectores de la música y el ocio (I)*, 2010 (Vega Giménez, C.).

NTP 865: *Ruido en los sectores de la música y el ocio (II)*, 2010 (Vega Giménez, C.).

NTP 901: *Riesgo biológico: prevención en mataderos*, (Mirón Hernández, A.).

NTP 911: *Productividad y condiciones de trabajo (I): bases conceptuales para su medición*, 2011 (Bestratén Belloví, M.).

NTP 912: *Productividad y condiciones de trabajo (II): indicaciones*, 2011 (Bestratén Belloví, M.).

NTP 913: *Productividad y condiciones de trabajo (III): el modelo SIMAPRO*, 2011 (Bestratén Belloví, M:).

NTP 916: *El descanso en el trabajo (I): pausas*, 2011 (Nogareda Cuixart, S. y Bestratén Belloví, M.).

NTP 917: *El descanso en el trabajo (II): espacios*, 2011 (Bestratén Belloví, M. y Nogareda Cuixart, S.).

NTP 922: *Estrés térmico y sobrecarga térmica: evaluación de riesgos (I)*, 2011 (Monroy Martí, E. y Luna Mendoza, P.).

NTP 923: *Estrés térmico y sobrecarga térmica: evaluación de riesgos (II)*, 2012 (Monroy Martí, E. y Luna Mendoza, P.).

NTP 927: *Riesgo biológico en la industria biotecnológica*, 2012 (Hernández Calleja, A.).

NTP 950: *Estrategias de medición y valoración de la exposición al ruido (I): incertidumbre de la medición*, 2012 (García Ruiz-Bazán, J.).

NTP 951: *Estrategias de medición y valoración de la expresión al ruido (II): tipos de estrategias*, 2012 (GARCÍA RUIZ-BAZÁN, J.).

NTP 952: *Estrategias de medición y valoración de la exposición al ruido (III): ejemplos de aplicación*, 2012 (GARCÍA RUIZ-BAZÁN, J.).

NTP 960: *Ruido: control de la exposición (I). Programa de medidas técnicas o de organización*, 2013 (VEGA GIMÉNEZ, C.).

NTP 963: *Valoraciones: vigilancia de la salud en trabajadores expuestos*, 2013 (DE LA IGLESIA HUERTA, A.).

NTP 972: *Calidad de aire interior: compuestos orgánicos volátiles, olores y confort*, 2013 (GALLEGO PIÑOL, E. Y ROCA MUSSONS, X.).

NTP 1012: *Unidades de olor: evaluación de la molestia en ambientes interiores industriales*, 2014, (GALLEGO PIÑOL, E. *et alii*).

NTP 1036: *Estrés por frío (I)*, 2015 (MONROY MARTÍ, E. y LUNA MENDAZA, P.).

NTP 1037: *Estrés por frio (II)*, 2015 (MONROY MARTÍ, E. Y LUNA MENDAZA, P.).

NTP 1045: *Salud mental: etapas para su promoción en la empresa*, 2015 (GALVEZ HERRER, M. Y SOLÉ GÓMEZ, M. D.).

NTP 1064: *Calidad del aire interior. Contaminantes biológicos (I): estrategia de muestreo*, 2015 (CULVER GONZÁLEZ, M. D.).

NTP 1065: *Calidad del aire interior. Contaminantes biológicos (II): Tipos de muestreo*, 2015 (CULVER GONZÁLEZ, M. D.).

NTP 1085: *Calidad del aire interior: Equipos y materiales de oficina: contaminantes químicos*, 2017 (CULVER GONZÁLEZ, M. D.).

NTP 1090: *Riesgos laborales varios: marco conceptual (I)*, 2017 (BESTRATÉN BELLOVÍ, M. y FERRI TOMÁS, M.).

NTP 1091: *Riesgos laborales varios: marco conceptual (II)*, 2017 (BESTRATÉN BELLOVÍ, M. y FERRI TOMÁS, M.).

NTP 1096: *Liderazgo, conflicto y condiciones de trabajo (I): el análisis*, 2017 (BESTRATÉN BELLOVÍ, M. y CASTILLO BAIGES, F.).

NTP 1097: *Liderazgo, conflicto y condiciones de trabajo (II): la negociación*, 2017 (BESTRATÉN BELLOVÍ, M. y CASTILLO BAIGES, F.).

NÚÑEZ GONZÁLEZ, C.: *La evaluación de los riesgos derivados del trabajo*, Valencia (Tirant lo Blanch), 1999.

O'BRIEN, G. E.: «La evolución del sentido de trabajo», en AA. VV. (HARTLEY, J. F. Y STEPHENSON, G. H., Comps.): *Relaciones laborales (La psicología de la influencia y del control del trabajo)*, Madrid (MTSS), 1994.

Oborne, D. J.: «Vibration at work», en AA. VV. (Oborne, D. J. y Gruneberg, M. M., Eds.): *The physical environment at work*, Hardcover (John Wiley), 1983.

Observatorio Español de la Droga y **las Toxicomanías**: *Informe 2011*, Madrid (Ministerio de Sanidad, Política Social e Igualdad), 2011.

— *Encuesta 2013-2014 sobre consumo de sustancias psicoactivas en el ámbito laboral en España*, Madrid (Ministerio de Sanidad; Servicios Sociales e Igualdad), 2015.

— *Estadísticas 2015. Alcohol, tabaco y drogas ilegales en España*, Madrid (Ministerio de Sanidad, Servicios Sociales e Igualdad), 2015.

Observatorio Europeo de las Drogas y **las Toxicomanías (EMCDDA)**: *European drug prevention quality standards (A manual for prevention professionals)*, Luxemburgo (EMCDDA), 2011.

— *Informe Europeo sobre Drogas*, Luxemburgo (Oficina de Publicaciones de la UE/EMCDDA), 2014.

— *Strategy to 2025*, Luxemburgo (Oficina de Publicaciones de la Unión Europea), 2017.

Observatorio Español sobre Drogas: *Encuesta 2007-2008 sobre consumo de sustancias psicoactivas en el ámbito laboral en España*, Madrid (Ministerio de Sanidad, Política Social e Igualdad), 2011.

Ochoa Mangado, E.: «Mujer y drogodependencia», en AA. VV.: *Avances en drogodependencias*, Madrid (Gafos), 2008.

— y **Madoz Gurpide, A.**: «Consumo de alcohol y otras drogas en el medio laboral. España», *Medicina y Seguridad del Trabajo*, Vol. 54, núm. 213, 2008.

Odorne, G. S.: *El lado humano de la dirección*, Madrid (Díaz de Santos), 1989.

Oficina Internacional del Trabajo: *Factores psicosociales en el trabajo: naturaleza, incidencia y prevención (Informe del Comité Mito OIT-OMS sobre Medicina del Trabajo)*, 1984, en https://ilo.primo.exlibrisgroup.com/discovery/fulldisplay/alma992485103402676/41ILO_INST:41ILO_V2

OIT: *El papel de la OIT en la fiscalización del uso de drogas*, Ginebra (OIT), 1987.

— *Iniciativas en el lugar de trabajo para prevenir y reducir los problemas causados por el consumo de drogas y de alcohol*, Ginebra (OIT), 1988.

— *Alcohol y drogas. Programa de asistencia a los trabajadores*, Madrid (MTSS), 1989.

— *Tratamiento de cuestiones relacionadas con el alcohol y las drogas en el trabajo*, Ginebra (OIT), 1996.

— «Progresos en la lucha contra las drogas y el alcohol en el trabajo», *Revista de Trabajo*, núm. 23, 1998.

— *Alcohol and drug problems at work. The shift to prevention: drug abuse, alcoholism, occupational health, personnel policy*, Ginebra (OIT), 2003.

Ojeda Avilés, A.: «El tabaco y el Derecho del Trabajo: algunas preguntas sobre la política antitabaco en España», *Relaciones Laborales*, T. I, 2004.

Oliva, J. y **Rivera, B.**: «Los costes sociales del consumo de drogas ilegales en la Comunidad de Galicia», *Presupuesto y Gasto Público*, núm. 44, 2006.

OMS (Oficina Regional Para Europa): *European action plan to reduce the harmful use of alcohol 2012-2020*, Copenhage (OMS), 2012.

Orozco, R.: «El lugar donde ocurren las lesiones y su relación con el uso de alcohol. Estudio en sala de urgencias», *Salud Mental*, Vol. 28, núm. 5, 2005.

Ortiz Escribano, J.: *Condiciones de trabajo y consumo de drogas*, Madrid (UGT), 1994.

Ortiz Lallana, M. C.: «Causas, forma y efectos del despido disciplinario», *Revista Española de Derecho del Trabajo*, núm. 100, T. II, 2000.

Otero Dorrego, C.; Huerta Camarero, C. y **Duro Perales, N.**: «Drogodependencias en personal sanitario, una versión desde la Medicina del Trabajo (I): aspectos jurídico-legales y epidemiológicos», *Medicina y Seguridad del Trabajo*, Vol. 54, núm. 212, 2008.

Pacheco Reyna, L. *et alii*: «Consumo de alcohol en la población laboral sevillana», en **AA. VV.**: *Libro de Actas del X Consejo Nacional de Medicina, Higiene y Seguridad del Trabajo*, T. II, Madrid (MTSS), 1986.

Parker, K. R.: «Estrés, trabajo y salud: características laborales, contexto ocupacional y diferencias individuales», en AA. VV. (Buendía, J., Ed.): *Estrés laboral y salud*, Madrid (Biblioteca Nueva), 1998.

Pascual de Andrés, T.: «Problemática y actuaciones en la gran empresa», *Mapfre Medicina,* Vol. 41, núm. 3, 1993.

Pascual Pastor, F.: «Consecuencias sociales del consumo perjudicial de alcohol», en AA. VV.: *Monografía sobre alcoholismo*, Barcelona (Socidrogalcohol), 2012.

Pedrajas Moreno, A. y **Sala Franco, T.**: *Ausencias al trabajo y absentismo*, Valencia (Tirant lo Blanch), 2009.

Pérez Cárceles, M. D.: *Cribado de consuno de alcohol en trabajadores inmigrantes*, Madrid (Mapfre), 2007.

Pérez de los Cobos Orihuel, F.: «La Directiva Marco sobre medidas de seguridad y salud en el trabajo y la adaptación del ordenamiento español (I y II)», *Relaciones Laborales*, T. I, 1991.

Pérez Milena, A.: «Consumo cualitativo y cuantitativo de alcohol, tabaco y drogas en adolescentes», *Medicina de Familia*, Vol. 1, 2007.

Pidd, K.; Kostadinov, V. y **Roché, A.**: «Do workplace policies work? An examination of the drugs policies and workers' substance use», *International Journal of Drug Policy*, Vol. 28, 2016.

Plana Alumni, P. *et alii*: «Programa antialcohólico preventivo-asistencial en una empresa (S. A. Camp Benckiser S. A. y Camp Industrial S. A.)», en la **AA. VV.**: *Libro de Ponencias Socidrogalcohol. XVIII Jornadas Nacionales,* Barcelona (Socidrogalcohol), 1990.

Plan Nacional sobre Drogas: *Encuesta Estatal sobre Consumo de Drogas en Estudiantes de Enseñanzas Secundarias (ESTUDES 1994-2010)*, Madrid (Ministerio de Sanidad, Política Social e Igualdad), 2010.

Pons Díez, X.: «Modelos interpretativos de consumo de drogas», *Polis*, Vol. 4, núm. 2, 2008 (artículo on line).

Poquet Catalá, R.: *La actual configuración del poder disciplinario empresarial*, Valencia (Tirant lo Blanch), 2011.

Porret Gelabert, M.: «El absentismo laboral en la empresa española», *Revista Técnico Laboral,* Vol. 34, núm. 131, 2012.

Prados De Reyes, F. J.: «Prescripción de infracciones y faltas laborales», *Revista Española de Derecho del Trabajo*, núm. 100, T. II, 2000.

Purcalla Bonilla, M. A.: *El recargo de prestaciones por incumplimiento de normas de seguridad y salud laboral. Análisis crítico de su configuración jurídico- positiva*, Granada (Comares), 2000.

Pulido, J. *et alii*: «Estudios poblacionales en España sobre daños relacionados con el consumo de alcohol», *Revista Española de Salud Pública*, Vol. 88, núm. 4, 2014.

Quiros Hidalgo, J. G.: *La protección farmacéutica de la Seguridad Social*, Valladolid (Lex Nova), 2006.

Ramírez Olmedo, A. N.: «Identificación precoz de bebedores de riesgo en empleados públicos de la provincia de Cádiz», *Medicina y Seguridad del Trabajo*, Vol. 56, núm. 219, 2010.

Ramírez, A. S.: «Una versión del alcoholismo del padre desde la mirada de los hijos», *Health and Addictions*, Vol. 14, núm. 2, 2014.

Ramos, F.: *El síndrome de burnout*, Madrid (UNED), 1999.

Ramsey, J. D.: «Heat and cold», en AA. VV. (Hockey, R., Ed.): *Stress and fatigue in human performance*, Chichester (John Wiley), 1983.

Rehm, J. *et alii*: «Global burden of disease and injury and economic cost attributable to alcohol use and alcohol-use disorders», *Lancet*, Vol. 373, núm. 9682.

Ribas, E. *et alii*: «Los costes derivados del consumo de alcohol para el sistema productivo en España», *Adicciones*, Vol. 11, núm. 1, 1999.

Ríos Mestre, J. M.: «Accidente de trabajo y culpa del trabajador» en AA. VV. (Domblás, M. A. y Fernández Baraibar, M., Coords.): *Accidentes de trabajo y enfermedades profesionales*, Cizur Menor (Aranzadi), 2007.

Rivas Vallejo, P.: «Prestaciones por muerte y supervivencia: últimas tendencias jurisprudenciales», *Aranzadi Social*, T. V, 2000.

Rodríguez, J. L. *et alii*: *Orientaciones sobre intervención sindical en drogodependencias*, Madrid (CC. OO.), 2009.

Rodríguez Martín-Retortillo, R. M.: «Convenio OIT, núm. 187 OIT, sobre Marco Promocional para la Seguridad y Salud en el Trabajo: razones para su previsible ratificación por España», *Actividad Laboral*, núm. 5, 2009.

Rodriguez-Martos Dauer, A.: *Problemas de alcohol en el ámbito laboral*, Madrid (FAD), 1998.

Rodríguez-Piñero y **Bravo-Ferrer, M.**: «La regulación de los despidos disciplinarios: despido causal y readmisión obligatoria en el marco legislativo europeo», en AA. VV.: *Hacia un modelo democrático de relaciones laborales*, Zaragoza (Universidad), 1980.

Rodríguez Ramos, M. J.: «Embriaguez habitual o toxicomanía», en AA. VV. (Gorelli Hernández, J., Coord.): *El despido. Análisis y aplicación práctica*, Madrid (Tecnos), 2004.

Rodríguez Rodríguez, E.: *El poder disciplinario y la negociación colectiva*, Granada (Comares), 2008.

Rodríguez-Sañudo Gutiérrez, F.: «La trasgresión de la buena fe contractual como causa de despido», en AA. VV. (Montoya Melgar, A.; Martín Valverde, A. y Rodríguez-Sañudo Gutiérrez, F., Coords.): *Cuestiones actuales de Derecho del Trabajo. Estudios ofrecidos por los catedráticos españoles de Derecho del Trabajo al Profesor Manuel Alonso Olea*, Madrid (MTSS), 1990.

ROJO TORRECILLA, E.: «El despido disciplinario. Concepto y causas», en AA. VV.: *La extinción del contrato de trabajo. El despido*, Madrid (CGPJ), 1992.

ROMÁN DE LA TORRE, M. D.: *Poder de dirección y contrato de trabajo*, Valladolid (Grapheus), 1992.

RICARDO RIVAS, R.: «Algunos criterios ergonómicos sobre la distribución del tiempo de trabajo», *Salud Ocupacional*, núm. 55, 1994.

ROJO RODRÍGUEZ, C.: *Evaluación de los factores psicosociales de riesgo laboral, los riesgos psicosociales (burnout y acoso laboral) y el capital psicológico de una muestra de docentes no universitarios en la Región de Murcia*, Tesis Doctoral, Murcia (Universidad de Murcia), 2015.

ROMERO RÓDENAS, M. J.: *Sida y toxicomanías (Un análisis jurídico laboral y de Seguridad Social)*, Madrid *(Ibidem)*, 1995.

ROMMEL, A. *et alii*: «Occupational injuries in Germany: population-wide national survey data emphasize the importance of work-related factors», *Plos One*, Vol. 11, núm. 2, 2016 (revista on line).

RON RODRÍGUEZ, J.: «Experiencia sindical sobre el tratamiento y prevención del alcoholismo en ENSIDESA», en AA. VV.: I Jornadas Internacionales sobre Intervención Sindical en Drogodependencias, Madrid, 1991.

ROQUETA BUJ, R.: *Las mejoras voluntarias de la Seguridad Social. Los planes y fondos de pensiones y los contratos de seguro*, Valencia (Tirant lo Blanch), 2010.

RUBIO DE MEDINA, M. D.: *El despido disciplinario*, 9.ª ed., Madrid (Ariel), 1985.

RUIZ CANDINA, H. *et alii*.: «Comportamiento adictivo de la familia como factor de riesgo de consumo de drogas en jóvenes y adolescentes adictos», *Revista Cubana de Investigaciones Biomédicas,* Vol. 33, núm. 4, 2014.

RUIZ-FLÓREZ BISTUER, M. *et alii*: «Prevalencia de consumo de alcohol en trabajadores de la función pública», *Archivos de Prevención de Riesgos Laborales*, Vol. 20, núm. 2, 2017.

SALA FRANCO, T.: «La denominada "carta de despido"», en AA. VV.: *Estudios sobre el despido disciplinario*, Madrid (Asociación de Cajas de Ahorros para Relaciones Laborales), 1992.

— *et alii: Los límites legales al contenido de la negociación colectiva*, Madrid (MTAS), 2001.

SALGADO, J. F.: «The Five Factor Model of personality and job performance in the European Community», *Journal of Applied Psychology*, Vol. 82, núm. 1, 1997.

Sánchez Carretero, R. M.: «El animus laborandi en la prestaciones de la Seguridad Social», *La Ley*, núm. 8559, 2015.

San Martín Mazzucconi, C.: «Faltas y sanciones de los trabajadores (En torno al art. 58)», *Revista Española de Derecho del Trabajo*, núm. 100, 2000.

— «La protección de la incapacidad temporal en la negociación colectiva», *Revista Española de Derecho del Trabajo*, núm. 125, 2005.

Sánchez Agudo, L.: «El fumador pasivo», *Adicciones*, Vol. 16, núm. 2, 2004.

Sánchez Espada, J. P.; Pereira, J. R. y **García-Fernández J. M.**: «Influencia de los modelos sociales en el consumo de alcohol en los adolescentes», *Psicothema*, Vol. 20, núm. 4, 2008.

Sánchez Pardo, L.: *Evaluación de la efectividad de los programas de atención a drogodependencias en la empresa,* Madrid (Mapfre Medicina), 1994.

Sauter, S. L. *et alii*: «Capitulo 34. Factores psicosociales y de organización», en **AA. VV.**: *Enciclopedia de salud y seguridad en el trabajo*, Vol. II, Ginebra (OIT/INSHT), 2001.

Schaufeli, W.; Taris, T. y **Van Rhenen, W.**: «Workaholism, burnout and work engagement: three of a kind or three different kind of employee well-being», *Applied Psychology*, Vol. 57, núm. 2, 2005.

Scholl, L. A.; Strovoll, S. E. E. y **Moan, I. S.**: «Alcohol-related sickness absence among young employees: gender differences and the prevention paradox», *European Journal of Public Health*, Vol. 24, núm. 3, 2014.

Secades, R.: *Alcoholismo juvenil. Prevención y tratamiento,* Madrid (Pirámide), 2006.

Sempere Navarro, A. V. y **Martín Jiménez, R.**: *El recargo de prestaciones*, Pamplona (Aranzadi), 2001.

— y **Arias Domínguez, A.**: *Accidentes de tráfico*, Cizur Menor (Aranzadi/Thomson), 2010.

Senra Biedma, M.: «Las obligaciones del trabajador en materia de prevención de riesgos laborales. Sus responsabilidades», en AA. VV. (Aramendi Sánchez, P.): *La prevención de riesgos laborales. Últimas reformas y análisis de normativa específica en la materia*, Madrid (CGPJ), 2006.

Serrano Carbajal, J.: «El despido: la embriaguez y la falta de aseo», en AA. VV.: *Dieciséis lecciones sobre causas de despido*, Madrid (FDUCM), 1969.

Serrano-Fernández, M. J.: «A predictive study of antecedent variables of *workaholism*», *Pschicotema*, Vol. 28, núm. 4, 2016.

Serrat Moré, D.: «Problemas médico-legales del consumo de drogas», *Adicciones*, Vol. 15, núm. 1, 2003.

Simmons, K. P.; Sack, T. y **Miller, G.**: «Abuso sexual y sus implicaciones de la dependencia química de mujeres en tratamiento», *Revista de Toxicología*, Vol. 14, 1998.

Sonnestuhl, W. J.: *Working sober: the transformation of an occupational drinking culture*, Ithaca (Cornell University), 1996.

Sparks, K.; Faragher, B. y Cooper, L.: «Well-being and occupational health in the 21st century workplace», *Journal of Occupational and Organizational Psychology*, Vol. 74, núm. 11, 2001.

Spicer, R. S; Miller, T. R. y Smith, G. S.: «Worker substance use, workplace problems and the risk of occupational injury. A matched case-control study», *Journal of Studies on Alcohol*, Vol. 64, núm. 4, 2003.

Tejero Acevedo, R. *et alii*: «Implicaciones psico-legales del consumo de alcohol y otras drogas en el ámbito laboral», *Psicopatología Clínica, Legal y Forense*, Vol. 2, núm. 2, 2002.

Tobar, A.: «Programa de detección e intervención sobre dependencia alcohólica en el ámbito laboral. Comentarios a una experiencia», en **AA. VV.**: *II Congreso Mundial Vasco, Congreso de Drogodependencias. Análisis multidisciplinar,* Vitoria (Servicio Central de Publicaciones del Gobierno Vasco), 1988.

Tortajada Navarro, S. *et alii*: «Consumo de drogas y su percepción por parte de inmigrantes latinoamericanos», *Psicothema*, Vol. 20, núm. 3, 2008.

Toscani Giménez, D.: *El régimen de las pensiones de incapacidad permanente: dudas y obligaciones de solicitantes y beneficiarios*, 2.ª ed., Valencia (Tirant lo Blanch), 2012.

— «Las ampliaciones legales del concepto de accidente de trabajo», *Nueva Revista Española de Derecho del Trabajo*, núm. 116, 2014.

Triguero Martínez, L. A.: «El despido disciplinario», en AA. VV. (Monereo Pérez, J. L., Dir.): *Modalidades de extinción del contrato de trabajo: análisis de su régimen jurídico*, Granada (Comares), 2014).

Trucco, E. M.; Colder, C. R. y Wiezorek, W. F.: «Vulnerability to peer influence: a moderated mediation study to early adolescent alcohol use initiation», *Addictive Behaviors*, Vol. 36, núm. 7, 2011.

UGT: *Guía sectorial. La prevención de las drogodependencias en la Federación de Transportes, Comunicación y Mar* (FETCM), en www.ugt. es.campañas/FETC Mdrogas .pdf.

— *Guía sectorial. La prevención de las drogodependencias en la Federación de Servicios Públicos* (FSP), en www.ugt. es. campañas/ FSPdrogas. pdf.

— *Guía sectorial. La prevención de drogodependencias en la Federación Agroalimentaria*, en www.ugt.es.campañas/FTAdrogas.pdf.

— *Manual de formación en drogodependencias en el ámbito laboral para delegadas y delegados sindicales*, Madrid (UGT), 2003.

— *Mujer y drogodependencia en el ámbito laboral*, Madrid (Ministerio de Sanidad, Política Social e Igualdad), 2008.

— *Prevención de adicciones en los trabajadores de Instituciones Penitenciarias,* Madrid (UGT/Ministerio de Sanidad, Política Social e Igualdad), 2010.

— *Prevención de las drogodependencias en trabajadores/as de centros penitenciarios,* Madrid (UGT/Ministerio de Sanidad, Política Social e Igualdad), 2011.

— *Prevención del consumo de alcohol en el lugar de trabajo*, Madrid (UGT/MPSI), 2011.

— *Drogodependencia y adicciones*, Madrid (UGT), 2012.

Valdeolivas García, Y.: «Embriaguez habitual y toxicomanía», en AA. VV.: *Estudios sobre despido disciplinario*, 2.ª ed., Madrid (ACARL), 1992.

— *Aseguramiento y protección social de los riesgos profesionales. Análisis a la luz de la responsabilidad social en materia preventiva*, Albacete (Bomarzo), 2012.

Van Den Borne, I. *et alii*: «Entornos libres de humo de tabaco: mejora de la salud y el bienestar de las personas en el trabajo», *Revista Española de Salud Pública*, Vol. 77, núm. 1, 2003.

Verstraette, A. G. y Pierce, A.: «Workplace drug testing in Europe», *Forensic Science International*, núm. 121, 2001.

Vicente-Herrero, M. T. *et alii*: «Consumo de alcohol en población trabajadora española y repercusiones metabólicas», *Revista Cubana de Salud Pública*, Vol. 40, núm. 1, 2014.

— y **López González, A. A.**: «Consumo de alcohol en trabajadores españoles del Sector y Servicios. Variables sociodemográficas y laborales implicadas», *Ciencia y Trabajo*, Vol. 16, núm. 51, 2014.

— «Parámetros de riesgo cardiovascular, metabólico y de consumo de alcohol en población laboral», *Endocrinología y Nutrición*, Vol. 62, núm. 4, 2015.

— *et alii*: «Consumo de alcohol en España. Aspectos evolutivos. Una problemática con repercusiones en salud», *Revista Electrónica, Medicina, Salud y Sociedad*, Vol. 6, núm. 2, 2016 (revista on line).

Virtanen, M. *et alii*: «Long working hours and alcohol use: systematic review and meta-analysis of published studies and unpublished individual participant data», *British Journal of Medicine*, 2015, BJM 2015.

Von Eyben, F. E. y **Zeeman, G.**: «Riesgos para la salud derivados del consumo voluntario e involuntario de tabaco», *Revista Española de Salud Pública*, Vol. 77, núm. 1, 2003.

Volwoff, S.: *Evolutions technologiques, densité du travail, contraites temporelles. La dictature du temps*, Loussane (Page Deux), 1996.

Wilhelm, K. *et alii*: «Work and mental health», *Social Psychiatry and Psychiatric Epidemiology*, Vol. 39, 2004.

Wisnack, S. C.; Wilsnack, R. W. y **Kantor, L. W.**: «Focus on: women and the costs of alcohol use», *Alcohol Research*, Vol. 37, núm. 4, 2013.

Zamarch, M. y **Jester, A.**: «La cooperación social y la inserción laboral», *Salud y Drogas*, Vol. 7, núm. 1, 2007.

Zambrano Guerra, F. X. *et alii*: «Relación entre alcoholismo, el funcionamiento familiar y otras afecciones psicológicas», *Revista de Ciencias Médicas de la Habana*, Vol. 23, núm. 2, 2016.

Made in United States
Cleveland, OH
05 November 2026

47672472R00179